Nomos Universitätsschriften

Recht

Band 328

Dr. Rita Eggert

Urheberrechtsschutz bei Landkarten

Nomos Verlagsgesellschaft
Baden-Baden

Die Arbeit hat dem Promotionsausschuß Dr. jur. der Universität Bremen als Dissertation vorgelegen.

1. Gutachter: Prof. Dr. Norbert Reich
2. Gutachter: Vertr. Prof. Dr. Konstanze Plett

Colloquium am: 1. Dezember 1998

Die Deutsche Bibliothek – CIP-Einheitsaufnahme

Eggert, Rita:
Urheberrechtsschutz bei Landkarten / Rita Eggert. – 1. Aufl. – Baden-Baden : Nomos Verl.-Ges., 1999
(Nomos Universitätsschriften : Recht; Bd. 328)
Zugl.: Bremen, Univ., Diss., 1998
ISBN 3-7890-6235-9

1. Auflage 1999

Meiner Mutter

Vorwort

Diese Arbeit lag im Frühjahr 1998 dem Fachbereich Rechtswissenschaft der Universität Bremen als Dissertation vor. Tag der mündlichen Prüfung war der 01. Dezember 1998. Die vorliegende Abhandlung ist leicht überarbeitet und aktualisiert worden, indem die umgesetzte Urheberrechtsnovelle (EG-Datenbankrichtlinie) und die mittlerweile ergangene Rechtsprechung berücksichtigt worden sind.

Danken möchte ich an dieser Stelle besonders meinem verehrten wissenschaftlichen Lehrer Herrn Prof. Dr. Norbert Reich für die Betreuung als Doktorvater und für die schnelle Erstbegutachtung. Ich bin ihm insbesondere zu tiefem Dank verbunden, daß er mir ermöglicht hat, diese Dissertation zu verfassen und so meine beiden Berufe (Dipl.-Ing. (FH) für Kartographie und Juristin) in idealer Weise zu kombinieren. Er gab mir stets sehr wertvolle Hilfestellung, konstruktive Kritik, Verständnis und wissenschaftliche Freiheit.
Ebenso möchte ich Frau Vertr. Prof. Dr. Konstanze Plett für die Zweitbegutachtung und die hilfreichen Anregungen danken.
Ferner danke ich Herrn Johannes Braßler für die Unterstützung beim Korrekturlesen.

Im Mai 1999

Rita Eggert

Inhaltsübersicht

Inhaltsverzeichnis

2. Teil

Urheberrechtsschutz

1. Kapitel

Urheberrechtsschutz nach dem Urheberrechtsgesetz -Werk im Sinne des Urheberrechtsgesetzes-

2. Kapitel

Urheberrechtsschutz bei den konventionell erstellten Landkarten

3. Teil

Leistungsschutz

1. Kapitel

Leistungsschutz nach § 1 UWG

Abkürzungsverzeichnis

a.A.	anderer Auffassung
a.a.O.	am angegebenen Orte
AcP	Archiv für die civilistische Praxis
AfP	Archiv für die Praxis
AöR	Archiv des öffentlichen Rechts
Archiv PT	Archiv für Post und Telekommunikation
ATKIS	Amtliches Topographisch-Kartographisches Informationssystem
BAG	Bundesarbeitsgericht
BB	Betriebsberater
Bd.	Band
BGB	Bürgerliches Gesetzbuch
BGH	Bundesgerichtshof
BGHZ	Entscheidungssammlung des Bundesgerichtshofes in Zivilsachen
BR	Bundesrat
BT	Bundestag
BVerfG	Bundesverfassungsgericht
bzw.	beziehungsweise
CR	Computer und Recht
d.h.	das heißt
DKM	Digitales Kartographisches Modell
Diss.	Dissertation
DLM	Digitales Landschaftsmodell
DZWiR	Deutsche Zeitschrift des Wirtschaftsrechts
EG	Europäische Gemeinschaft
EGV	Vertrag zur Gründung der Europäischen Gemeinschaft
endg.	endgültig
EU	Europäische

EuR	Europarecht
f.	folgende
ff.	fortfolgende
FIW	Forschungsinstitut für Wirtschaftsverfassung und Wettbewerb
Fn.	Fußnote
FS	Festschrift
FuR	Film und Recht
GebrMG	Gebrauchsmustergesetz
gem.	gemäß
GeschMG	Geschmacksmustergesetz
GIS-System	Geo-Informationssystem
GPS	Global Positioning System
GRUR	Gewerblicher Rechtsschutz und Urheberrecht
GRUR Int.	Gewerblicher Rechtsschutz und Urheberrecht -Internationaler Teil-
Hrsg.	Herausgeber
i.S.d./e./v.	im Sinne des/der/eines/einer/von
JR	Juristische Rundschau
JZ	Juristenzeitung
KN	Kartographische Nachrichten
Kfz	Kraftfahrzeug
KUG	Gesetz betreffend das Urheberrecht an Werken der bildenden Künste
LG	Landgericht
LUG	Literaturuhebergesetz
NJW	Neue Juristische Wochenschrift
NJW - CoR	Recht der Computerpraxis
OGESIK	Computerprogramm für Objektgeneralisierung nach SK
OK	Objektartenkatalog

OLG	Oberlandesgericht
PatG	Patentgesetz
RBÜ	Revidierte Berner Übereinkunft
RG	Reichsgericht
RGSt	Entscheidungssammlung des Reichsgerichts in Strafsachen
RGZ	Entscheidungssammlung des Reichsgerichts in Zivilsachen
Rn.	Randnummer
Roh-DKM	Roh - Digitales Kartographisches Modell
S.	Seite bzw. auch Satz (bei Gesetzesparagraphen)
Schulze BGHZ	Erich Schulze, Rechtsprechung zum Urheberrecht, Entscheidungssammlung Bundesgerichtshof
Schulze OLGZ	Erich Schulze, Rechtsprechung zum Urheberrecht, Entscheidungssammlung Oberlandesgerichte
SK	Signaturenkatalog
Slg.	Sammlung
UFITA	Archiv für Urheber-, Film-, Funk-und Theaterrecht
UrhG	Urheberrechtsgesetz
UWG	Gesetz gegen den unlauteren Wettbewerb
vgl.	vergleiche
WRP	Wettbewerb in Recht und Praxis
ZEuP	Zeitschrift für Europäisches Privatrecht
ZfV	Zeitschrift für Vermessungswesen
ZG	Zeitschrift für Gesetzgebung
ZGR	Zeitschrift für Unternehmens- und Gesellschaftsrecht
ZHR	Zeitschrift für das gesamte Handels- und Wirtschaftsrecht
zit.	zitiert
ZUM	Zeitschrift für Urheber-und Medienrecht/Film und Recht

Einleitung

Bislang gibt es wenige höchstrichterliche Entscheidungen über den Urheberrechtsschutz von Landkarten und auch nicht allzu zahlreiche Abhandlungen der Literatur über die urheberrechtliche Thematik bei Landkarten. Die höchstrichterlichen Urteile lassen klare Anhaltspunkte, worin der urheberrechtliche Schutz bei Landkarten zu sehen ist, vermissen. Sie sprechen dann einer Landkarte eine eigenschöpferische Leistung zu, wenn angesichts der Eigenart des neuen Werkes die entlehnten eigenpersönlichen Züge des geschützten älteren Werkes verblassen. Andererseits verneinen sie zumeist eine solche Leistung, wenn die neue Karte sich nicht allzu weit vom Vorbild der älteren Karte entfernt habe, und bezeichnen dies als eine auffallende Ähnlichkeit[1]. Eine solche Argumentation hat zwar durchaus ihre Richtigkeit, bringt allerdings keine klaren Anhaltspunkte, woran die urheberrechtliche Beurteilung gemessen werden kann. Die Abhandlungen der Literatur sind in der Mehrzahl nicht sehr ausführlich. Diejenigen, die die Thematik jedoch ausführlicher beleuchten, sind aber nicht hinreichend differenziert. So wählen sie zwar teilweise den urheberrechtlichen Ansatzpunkt für eine Prüfung richtig, doch sind ihre Schlußfolgerungen zu undifferenziert. Der Ansatzpunkt für eine urheberrechtliche Beurteilung muß immer dort beginnen, worauf eine Karte aufgebaut werden kann, dem Abbild der Natur, also bei den Vermessungsergebnissen. Das Erstellen eines Abbildes der Natur ermöglicht eigentlich keinen Spielraum für ein eigenschöpferisches Schaffen. Hier gilt es jedoch anzusetzen und darzulegen, daß je kleinmaßstäbiger eine Karte ist, d.h. je weiter sie sich von dem absoluten Abbild der Natur entfernt hat, um so größer wird der Spielraum für ein eigenschöpferisches Schaffen.

Es gilt deshalb im folgenden, fundierte Ansatzpunkte für ein urheberrechtliches Beurteilen festzulegen, um so Bewertungsmaßstäbe für den Einzelfall zu haben. Dieses Fehlen einer hinreichend differenzierten Rechtsentscheidung sowie Abhandlung hat zu einer beträchtlichen Rechtsunsicherheit in Fachkreisen der Kartographie geführt, zumal der Rechtsprechung in ihren wenigen Entscheidungen die eindeutigen Maßstäbe fehlen, wann eine Landkarte ein urheberrechtlich geschütztes Werk darstellt. Dabei gilt es vor-

1 BGH-Urteil vom 3.7.1964 -I b ZR 146/62 -Stadtplan-, Schulze BGHZ 118, 14; OLG Stuttgart, Schulze BGHZ 118, 14 -Stadtplan-; OLG Frankfurt, Schulze OLGZ 201, 1 ff. -Stadtplan-; siehe auch : BGH-Urteil vom 28.5.1998 -I ZR 81/96 -Stadtplanwerk-, NJW 1998, S. 3353.

wiegend zu klären, ab welchem Mindestmaß an eigenschöpferischem Tun bei einer Landkarte von einer persönlichen geistigen Schöpfung gesprochen werden kann.

Letztlich sind nicht nur die unzureichenden Abhandlungen in der Literatur sowie die zu wenig stichhaltigen Begründungen in der Rechtsprechung das entscheidende Moment, warum es sich lohnt, sich mit dem urheberrechtlichen Schutz von Landkarten auseinanderzusetzen. Denn ein weiterer wesentlicher Grund, sich mit der urheberrechtlichen Problematik von Landkarten zu beschäftigen, ist die Tatsache, daß die Bedeutung von Landkarten in digitaler Form ständig zunimmt. Die Bedeutung von Landkarten in digitaler Form nimmt deshalb zu, da die Technik mittlerweile ausgezeichnete Software hervorgebracht hat, die nach der Umsetzung von analoger in digitale Form eine hohe Qualität aufweist, die den Ansprüchen eines Kartographen auf Genauigkeit, Präzision und Ästhetik sehr nahe kommt. Jedoch darf nicht verschwiegen werden, daß es die Qualität noch zu verbessern gilt. Diese fortschrittliche Technik hat natürlich einen Zuwachs des Einsatzes der digitalen Kartenerstellung zur Folge. Der Einsatz von digitalen Karten macht allerdings nicht in dem Bereich Kartographie halt, sondern vielmehr ist ein vermehrter Einsatz von GIS-Systemen -den Geoinformationssystemen- in anderen Bereichen zu beobachten. Allein in den Jahren von 1990 bis 1998 ist ein vermehrter Einsatz in den unterschiedlichsten Bereichen erfolgt. So sind beispielsweise folgende Bereiche zu nennen : Medizinforschung[2], Polizei[3], Rettungsdienst[4], Feuerwehr[5], Kommunalverwaltung[6], Rundfunksendernetzplanung[7], Notariat[8], Umwelt[9] sowie Kfz-Navigationssysteme[10]. Ein rasanter Anstieg wird von der GIS-Branche prognostiziert. Eine solche Entwicklung verstärkt die Notwendigkeit eines effektiven und transparenten Rechtsschutzes.

Durch die Technik lassen sich Vervielfältigungen der digitalen Kartenbestände wesentlich einfacher, schneller und mit besserer Qualität erstellen, was sicherlich zu solchen

---

2 Appelrath/Kamp, in Kophstahl/Sellge (Hrsg.), S. 215.
3 Werneke, in Kophstahl/Sellge (Hrsg.), S. 175 ff.
4 Werneke, a.a.O.
5 Werneke, a.a.O.
6 Dürr/Schmitt, ZfV 1992, S. 386.
7 Philipp, in Kophstahl/Sellge (Hrsg.), S. 161.
8 Christoffers, in Kophstahl/Sellge (Hrsg.), S. 189.
9 Jensen, in Kophstahl/Sellge (Hrsg.), S. 211 ff.
10 Hier sind beispielhaft zwei der größten Kfz-Navigationssysteme-Anbieter zu nennen: Bosch in Hildesheim und Nav-Tech in Frankfurt.

vermehrten Eingriffshandlungen führen wird. So gibt es nicht nur die digitalen Kartenbestände auf Festplatte, CD-ROM oder auf Diskette, sondern auch die neuen technischen Möglichkeiten des Netzwerk- und Online-Einsatzes. Dadurch sind auch neue Gefahrenquellen für Vervielfältigungen geschaffen worden.
Desweiteren sind durch die Digitalisierung der bisher vorliegenden analogen Karten und der damit erforderlichen Umsetzung in digitale Kartenbestände hohe Investitionen auf mehreren Ebenen notwendig. Dies ist zum einen die zu benötigende Hardware, die große Datenmengen speichern und schnell verarbeiten kann. Zum anderen sind hochwertige Aufnahmegeräte, wie Scanner mit hoher Auflösung, erforderlich, um die Fülle an Informationen aufzunehmen und diese an die andere Hardware weiterzugeben. Weiter bedarf es einer speziellen Software, die Generalisierungen ausführen kann. Ebenso ist der Fachmann gefragt, der sich mit der Hard- sowie Software und dem Erstellen von Landkarten gut auskennt. Und schließlich ist die Arbeitskraft desjenigen erforderlich, der die Umsetzung in digitale Kartenbestände und deren Abspeicherung/Anordnung auf die Datenbank vornimmt. Alle diese Erfordernisse verlangen hohe Investitionen. Insofern soll die vorliegende Arbeit klären, ob das derzeitige Urheberrechtsgesetz diesen neuen technischen Gegebenheiten gerecht wird und damit dem Urheber für seine digitalen Kartenbestände einen ausreichenden Schutz bieten kann.

Im ersten Teil soll die Entstehung einer Landkarte vorgestellt werden, um die vorliegende Arbeit nicht ausschließlich für den ratsuchenden Kartographen in Rechtsangelegenheiten nutzbringend zu machen. Sie soll darüber hinaus auch dem juristischen Leser Einblicke in die Welt der Kartographie ermöglichen. Erst wenn der Jurist fachlich fundierte Kenntnisse der Kartographie besitzt, ist es ihm möglich, solche differenzierten Rechtsentscheidungen zu fällen, die klare Anhaltspunkte bieten, worin und wann eine persönliche geistige Schöpfung bei Landkarten zu sehen ist.
Der erste Teil wird in zwei Kapitel aufgeteilt. Im ersten Kapitel wird die Entstehung einer neuen Landkarte nach der konventionellen Methode abgehandelt. Dabei wird ausführlich aufgezeigt, wie der Entwurf einer neuen Karte überhaupt vor sich geht. Gleichzeitig werden die Verwertungsmöglichkeiten einer Karte vorgestellt, um im urheberrechtlichen Teil Eingriffshandlungen von Dritten in den Schutzumfang des Urhebers beurteilen zu können. Im zweiten Kapitel wird ebenso vorgegangen, nur mit dem Unter-

schied, daß die Entstehung einer neuen Karte mit Hilfe der Datenverarbeitung und der digitalen Informationsverarbeitung dargestellt wird. Bei der Erstellung von digitalen Kartenbeständen soll insbesondere verdeutlicht werden, daß diese hohe Investitionen erfordert. Dies soll deshalb getan werden, um bei Nicht-Vorliegen der urheberrechtlichen Schutzvoraussetzungen die Notwendigkeit einer alternativen Schutzmöglichkeit zu verdeutlichen. Diese Reihenfolge der Abhandlung im ersten Teil, der konventionell erstellten Landkarten und der Entstehung einer Karte mit Hilfe der Datenverarbeitung und der digitalen Informationsverarbeitung, soll im zweiten Teil beibehalten werden.

Der zweite Teil besteht aus drei Kapiteln. Das erste Kapitel handelt den Urheberrechtsschutz nach dem Urheberrechtsgesetz -Werk im Sinne des Urheberrechtsgesetzes- ab. Erst wenn die grundlegenden Schutzvoraussetzungen und der Schutzumfang des Urheberrechtsgesetzes bekannt sind, kann an die eigentliche urheberrechtliche Beurteilung bei Landkarten gedacht werden.

Das zweite Kapitel konzentriert sich auf den Urheberrechtsschutz bei den konventionell erstellten Landkarten.

Das dritte Kapitel ist dem Urheberrechtsschutz bei den computererstellten Landkarten bzw. bei den digitalen Kartenbeständen gewidmet. Es wird in den Urheberrechtsschutz *vor* Erlaß der EG-Datenbankrichtlinie und in den Urheberrechtsschutz *nach* Erlaß der EG-Datenbankrichtlinie unterteilt. Auf die Ausführungen zum Urheberrechtsschutz *vor* Erlaß der EG-Datenbankrichtlinie wird aus mehrerlei Gründen nicht verzichtet. So soll einerseits untersucht werden, ob das Urheberrechtsgesetz *vor* Erlaß der EG-Datenbankrichtlinie einen ausreichenden urheberrechtlichen Schutz gewährt hat und, falls dies nicht der Fall sein sollte, welche Anforderungen folglich die EG-Datenbankrichtlinie zu erfüllen hat. Andererseits werden die Grundsätze, was eine persönliche geistige Schöpfung bei Sammelwerken und damit auch bei Datenbanken ausmacht, durch die EG-Datenbankrichtlinie nicht entkräftet. Desweiteren werden durch die Ausführungen zum Urheberrechtsschutz *vor* Erlaß der EG-Datenbankrichtlinie auch die Ausführungen zum Erlaß der EG-Datenbankrichtlinie erforderlich. Dadurch kann verdeutlicht werden, weshalb der europäische Gesetzgeber die Mitgliedstaaten verpflichtet hat, die EG-Datenbankrichtlinie mit ihren Regelungsinhalten in innerstaatliches Recht umzusetzen. Diese Ausführungen münden dann schließlich in dem Urheberrechtsschutz *nach* der Umsetzung der EG-Datenbankrichtlinie in innerdeutsches Recht durch den deutschen Gesetzgeber. Dieser Gang der Darstellung ermöglicht nicht nur zu prüfen, ob das derzeitige Urheberrechtsgesetz digitalen Kartenbeständen einen ausreichenden urheberrechtlichen Schutz bietet, sondern darüber hinaus, ob der deutsche Gesetzgeber seiner Pflicht, die EG-Datenbankrichtlinie in innerdeutsches Recht umzusetzen, ordnungsgemäß nachgekommen ist.

Der dritte und letzte Teil dieser vorliegenden Arbeit beschäftigt sich mit dem Leistungsschutz, der in zwei Kapitel aufgeteilt wird. Kapitel 1 setzt sich kritisch mit dem Leistungsschutz nach § 1 UWG, dem wettbewerblichen Leistungsschutz, auseinander. Es wird insbesondere zu prüfen sein, inwieweit ein solcher einen echten Leistungsschutz darstellen kann. Im zweiten Kapitel wird der Leistungsschutz nach dem Recht sui generis vorgestellt und dabei geklärt, ob hierdurch ein echter Leistungsschutz möglich ist. Dieses zweite Kapitel soll in den Leistungsschutz *nach Schaffung* des Rechts sui generis durch die EG-Datenbankrichtlinie und in den Leistungsschutz *nach Umsetzung* des Rechts sui generis in innerdeutsches Recht unterteilt werden. Durch die Darstellung der Regelungsinhalte des Rechts sui generis kann auch hier aufgezeigt werden, weshalb der europäische Gesetzgeber die Mitgliedstaaten verpflichtet hat, dieses neuartige Recht sui generis in innerstaatliches Recht umzusetzen. Erst wenn die Regelungsinhalte und deren Auslegung klar sind, kann geprüft werden, ob der deutsche Gesetzgeber das Recht sui generis ordnungsgemäß in innerdeutsches Recht umgesetzt hat.
Und letztlich, ganz am Schluß, wird das Gesamtergebnis dieser vorliegenden Arbeit zusammengefaßt.

1.Teil
Entstehung einer „neuen" Landkarte

1. Kapitel
Entstehung einer „neuen" Karte nach der konventionellen Methode

Die urheberrechtliche Beurteilung eines in Betracht kommenden Werkes erfordert fundierte Kenntnisse des betreffenden Bereichs eines Werkes. Erst wenn diese Kenntnisse gegeben sind, kann an die rechtliche Seite gedacht werden. Insofern ist es sinnvoll aufzuzeigen, wie überhaupt eine Landkarte entsteht bzw. wo Spielräume für ein eigenschöpferisches Schaffen bei der Entstehung einer Landkarte liegen können. Die Entstehung nach der konventionellen Methode bedeutet die Herstellung nach der klassischen Methode, ohne die Datenverarbeitung zu beanspruchen.
Die Entstehung einer Landkarte soll auf die Abhandlung des Entwurfs einer Landkarte begrenzt werden, da der Kartograph beim Entwurf Spielraum für ein eigenschöpferisches Schaffen hat. Bei der Kartenoriginalherstellung, der Reproduktionstechnik sowie dem Druck bleibt fast ausschließlich kein Spielraum für ein eigenschöpferisches Tätigwerden. Insofern sollen diese von einer näheren Betrachtung außen vor bleiben. Deshalb soll nur kurz erwähnt werden, aus welchen Arbeitsschritten sich die Kartenoriginalherstellung und die Reproduktionstechnik zusammensetzen. Sie besteht aus folgenden Arbeitsschritten : Herstellung der Linien -mittels Tuschezeichnung oder mittels Gravur-, Schrift, Herstellung der Farbdecker, Aufrasterung und Sammelkopie/Additionskopie. Der Druck bildet das letzte Glied in der Entstehungskette einer Landkarte.

§ 1 Entwurf einer neuen Karte

Die Entwurfsarbeit stellt die eigentliche eigenschöpferische Arbeit eines Kartographen dar. Inwieweit der jeweilige Kartograph seinen eigenschöpferischen Spielraum jedoch ausschöpft, hängt von ihm selbst ab und bestimmt, ob der Entwurf der Karte eine persönliche geistige Schöpfung ist. Hier setzen also die urheberrechtlichen Fragen an, ob die Voraussetzungen für eine persönliche geistige Schöpfung im jeweiligen Einzelfall gegeben sind. Hierbei lassen sich aber nur „Indizien“ bzw. Fallgruppen bilden, wann von einem eigenschöpferischen Schaffen gesprochen werden kann. Dies entbindet aber nicht von der Beurteilung des Einzelfalles, was jedoch erst an späterer Stelle verdeutlicht werden soll.[11] Die urheberrechtlich zu erfüllenden Schutzvoraussetzungen sollen ebenso erst später im urheberrechtlichen Teil dieser vorliegenden Arbeit aufgezeigt und erörtert werden.[12]

Hier geht es allein darum, wo ein Tätigkeitsfeld bzw. ein Spielraum für eigenschöpferisches Schaffen liegen kann. Die Entwurfsarbeit besteht im wesentlichen aus zwei Schöpfungsfeldern : der *Generalisierung* und der *Entwicklung von Signaturen.* Das Augenmerk der Betrachtung soll deshalb auf der Generalisierung und der Entwicklung der Signaturen liegen. Dies bedeutet jedoch nicht, daß ansonsten keine anderen Tätigkeiten die Entwurfsarbeit ausmachen. Denn hinsichtlich dieser eigentlichen Entwurfsarbeit muß der Kartograph auch Vorüberlegungen, wie beispielsweise über das Kartenformat, die Kartenrandgestaltung und den zu wählenden Maßstab, anstellen. Er muß an dieser Stelle genau wissen und zugleich festlegen, wie die endgültige Karte aussehen und welchen Aufgaben sie gerecht werden soll. Er muß also bereits wissen, welche Inhalte die Karte und welchen Maßstab sie erhalten soll. Die zu erfüllende Aufgabe hat Einfluß auf den zu wählenden Maßstab. Bei einer Wanderkarte ist es sinnvoll, einen größeren Maßstab zu wählen, um so überhaupt die einzelnen Wanderwege eintragen und darstellen zu können. Bei einer Bevölkerungskarte von Deutschland hingegen ist es zweckmäßig, sich für einen kleineren Maßstab zu entscheiden. Diese Vorüberlegungen sollen aber nicht näher betrachtet werden, da sie kaum Spielraum für ein eigenschöpferisches Schaffen bieten.

Die Kartenschrift ist ein sehr wichtiger Bestandteil einer Karte. Sie dient der Orientierung, Erläuterung und inhaltlichen Ergänzung[13]. Durch die Verwendung mehrerer Schriftarten können in einer Karte verschiedene Objektklassen gekennzeichnet werden. Damit zeigt sich, daß Schrift nicht nur ein erläuterndes Element ist, sondern auch eine inhaltliche Anreicherung bewirkt. Ferner können die unterschiedlichen Schriftlagen

11 Siehe hierzu : 2.Teil, 1. Kapitel, § 5 B. und 2. Kapitel, § 8 B.
12 Siehe hierzu : 2.Teil, 1. Kapitel, § 5 B. und 2. Kapitel, § 8 B.
13 So Imhof, S. 235; Hake/Grünreich, S. 103.

-vorwärtsliegend, rückwärtsliegend, stehend- symbolisch für eine Eigenschaft stehen. So wird meist eine rückwärtsliegende Schrift für Gewässer verwendet. Durch die Lage der Schrift -Schriftplazierung- kann eine klare Zuordnung zum bezeichneten Objekt hergestellt werden. Zudem können durch die Schriftlage ein flächenhaftes Objekt -Gebirge, Staatsgebiete-, ein lineares Objekt -Flußlauf- und ein lokales Objekt -Ortssignatur- beschrieben werden. Selbst durch die Schriftbreite und -stärke kann eine weitere Differenzierung erreicht werden.

Diese kurze Darstellung der Schrift zeigt, daß der Kartograph zwar durch die Wahl der Schrift der Karte eine eigene individuelle Note verleihen kann, diese aber nicht unendlich groß ist. Die verschiedenen Schrifttypen, die für Landkarten zur Anwendung kommen, werden nicht erst entwickelt, sondern liegen bereits vor. Eine neue Schrift zu entwickeln, hat hier keinerlei Raum; denn Landkarten müssen übersichtlich und gut lesbar sein. Sie bedürfen insoweit keiner Kunstschrift. Der Kartograph kann hier lediglich durch die Schriftgröße, durch die Schriftbreite und durch die Wahl, ob die Darstellung ausschließlich in Versalien oder in gemischten Buchstaben erfolgen soll, der Karte eine eigene individuelle Note verleihen. Die Schrift kann hier also nur im Zusammenhang mit den übrigen Gestaltungselementen gesehen werden und nicht allein. Der Spielraum für eine eigenschöpferische Gestaltung verbleibt also nur in der Auswahl der Schrift im Hinblick auf die Gesamtästhetik der Karte. Der Spielraum für ein eigenschöpferisches Gestalten bei der Kartenschrift ist insofern nicht allzu groß. Die Kartenschrift soll deshalb nicht näher urheberrechtlich betrachtet werden.

Das Hauptgewicht der Betrachtung soll somit bei der Generalisierung und der Entwicklung der Signaturen liegen, da diese die eigentliche Entwurfsarbeit ausmachen.

A. Die Generalisierung

Die Generalisierung kann deshalb die eigentliche persönliche geistige Schöpfung eines Kartographen sein, da diese die Handschrift des jeweiligen Kartographen zeigen kann. Der Kartograph hat hier die Möglichkeit zum eigenschöpferischen Schaffen/Tätigwerden. Denn beim Generalisieren kann er durch Vereinfachen/Glätten, durch Selektieren und insbesondere durch Betonen/Charakterisieren seine Sichtweise der betreffenden

Landschaft zum Ausdruck bringen. Zwar hat er dabei nicht den weiten Raum für ein eigenschöpferisches Tätigwerden, wie dies beispielsweise bei den Künstlern der Fall ist. Dies bedingt sich dadurch, daß eine Landkarte ein Abbild der Natur ist und deshalb ein Gebundensein an die Gegebenheiten der Natur erforderlich ist. Der Raum für ein eigenschöpferisches Tätigwerden nimmt jedoch bei zunehmend kleiner werdendem Maßstab zu. Eine kleinmaßstäbige Karte erfordert nämlich ein vermehrtes Generalisieren, das Vereinfachen/Glätten, das Vergrößern, das Selektieren und das Betonen/Typisieren/Charakterisieren des Darzustellenden. Denn je kleinmaßstäbiger eine Karte wird, desto mehr schrumpft einerseits das dargestellte Element der Ausgangskarte in seiner Größe in der Folgekarte, bis es schließlich unterhalb des Betrages der graphischen Mindest*größe* liegt. Das kann aber von einem normalen Auge mit „gesunder" Sehkraft nicht mehr wahrgenommen werden. Andererseits schrumpft auch der Mindest*abstand* zwischen den Elementen. So kann beispielsweise bei der Verkleinerung einer Höhenlinie von einem größeren Maßstab zu einem kleineren Maßstab der Mindestabstand zwischen der Krümmung der Höhenlinie derart zusammenschrumpfen, daß der Mindestabstand nicht mehr gewahrt ist. Das Auge nimmt dann durch das Zusammenlaufen zweier Linien nur noch einen Klecks wahr.
Um die Mindest*größe* zu wahren, gibt es zwei verschiedene Lösungsmöglichkeiten. Es kann zum einen das Prinzip der Lesbarkeit beachtet werden, d.h. das Objekt wird vergrößert und teilweise in seinem Umriß vereinfacht. Dadurch wird es unmaßstäblich wiedergegeben. Zum anderen ist ein Verzicht auf die Wiedergabe möglich, d.h. das Prinzip der Vollständigkeit wird eingeschränkt. Will man hingegen den Mindest*abstand* zwischen der Krümmung des Linienelements einhalten, bedarf es entweder der Glättung der Krümmung/Kurve oder der Vergrößerung des Abstandes und damit der Betonung/Charakterisierung dieser Krümmung. Die Lösung bei der Generalisierung von Linienelementen besteht also darin, die Linienführung zu glätten/vereinfachen, das Charakteristische der Linienführung herauszuarbeiten und dabei gleichzeitig das Umfeld der Linie in die Charakteristik miteinzubeziehen. Das bedeutet beispielsweise, daß bei der Generalisierung einer Höhenlinie die Äquidistanz berücksichtigt werden muß.
Diese aufgezeigten Möglichkeiten sind die eigentliche Entwurfsarbeit eines Kartographen, die Generalisierung. Generalisieren kann durch Objektauswahl, respektives Weg-

lassen, begriffliches und graphisches Zusammenfassen/Klassifizieren, Betonen, Übertreiben und Isolieren wichtiger Vorkommnisse/Charakterisieren, graphisch-figürliche Formvereinfachung sowie begriffliche und graphische Uniformierung gewisser Objekte erfolgen.[14]

Eine Generalisierung ist also immer dann erforderlich, wenn aus einer bereits vorhandenen Karte eine neue Karte entstehen soll, eine Folgekarte. Zumeist werden von den Ausgangskarten kleinmaßstäbigere Karten erstellt. Hier ist allein durch die Maßstabsveränderung eine Veränderung des Karteninhaltes bzw. der Form der einzelnen Gestaltungselemente notwendig.

Insgesamt läßt sich also sagen, daß die „Kunst" des Generalisierens darin besteht, ein charakteristisches, gut lesbares und übersichtliches Abbild der Landschaft zu schaffen. So äußerte sich Imhof[15] zutreffend, eine Karte mit einer sparsamen, aber sinnvollen Auswahl der Eintragungen leiste mehr als ein Blatt, das mit Belanglosigkeiten überfüllt sei.

I. Methoden der Generalisierung

Im allgemeinen gibt es zwei Methoden der Generalisierung. Dies ist zum einen das intuitive Generalisieren[16] und zum anderen das regelhafte Generalisieren.[17] Meist kommt das Generalisieren nicht in einer „reinen" Methode vor, sondern aus einer Mischung beider Methoden. Denn gerade bei dem regelhaften Generalisieren werden die Erfahrungswerte von bereits generalisierten Karten weitgehendst miteingebracht. Somit fließen indirekt auch die Ergebnisse des intuitiven Generalisierens mit ein.[18]

1) Intuitives Generalisieren

Intuitives Generalisieren bedeutet freies Generalisieren[19]. Dieses Generalisieren läßt sich nicht in formale Vorschriften pressen. Ein solches Generalisieren ist nur dem ge-

14 Imhof, S. 217.
15 Imhof, S. 217.
16 Hake/Grünreich, S. 114 f.
17 Hake/Grünreich, S. 115 ff.
18 Siehe hierzu auch : Hake/Grünreich, S. 114 f.
19 Hake/Grünreich, S. 115.

lernten und geübten Kartographen möglich, denn es bedarf zu dessen Vornahme fundierter geographischer Kenntnisse. So ist beim Generalisieren von Höhenlinien im Schwarzwald zu beachten, daß dort häufig V-Täler vorkommen. Diese Struktur muß nach dem Generalisierungsvorgang -dem *Vereinfachen/Glätten* und insbesondere dem *Betonen sowie Charakterisieren-* noch deutlich sichtbar sein. Sie darf nicht hinweggeglättet werden, sie muß vielmehr herausgearbeitet werden. Es gilt also, wichtige geographische Strukturen herauszuarbeiten bzw. deren Charakteristik zu betonen. Ein solches Vorgehen erfordert eigene Bewertungen der Landschaft. Durch das Kartographenhandwerk hat der Kartograph gelernt, wie er bei dem Generalisieren vorgehen muß. Dies entbindet ihn jedoch nicht von eigenen Entscheidungen, da jede Karte und die damit einhergehende Landschaft unterschiedlich sind. So sind eigene Wertungen und Schwerpunktsetzungen erforderlich bzw. unerläßlich.

2) Regelhaftes Generalisieren

Die Methode des regelhaften Generalisierens geschieht mittels des Ansatzes verbindlicher Regeln in Form von Gestaltungsvorschriften oder Computerprogrammen. Der Ansatz verbindlicher Regeln bezieht sich auf zwei verschiedenartige Ansatzpunkte. Dies kann zum einen der Ansatzpunkt der mehr empirischen Methode sein, die sich vorwiegend auf die Erfahrungen sowie auf die Analyse von Karten und die darin enthaltenen Generalisierungsergebnisse stützt. Zum anderen kann dies der Ansatzpunkt der mehr konstruktiven Methode sein, die sich fester Vorgaben geometrischer sowie sach- und zeitbezogener Art bedient. In der Praxis durchdringen sich aber häufig beide Ansatzpunkte, wie dies beispielsweise bei der Entwicklung und Erprobung eines neuen Zeichenschlüssels für eine Folgekarte der Fall sein kann[20]. Im einzelnen soll das regelhafte Generalisieren bei den topographischen Karten der Landesvermessungsämter dargestellt werden.

Diese beiden Methoden der Generalisierung sollen nachfolgend bei den verschiedenen Kartentypen näher erklärt und verdeutlicht werden. Es gibt verschiedene Karten, so die topographischen Karten, die thematischen Karten sowie die gemischten Karten. Nicht

20 So insbesondere auch : Hake/Grünreich, S. 114 - 117.

immer ist eine eindeutige Abgrenzung zwischen topographischen und thematischen Karten möglich. Es gibt also auch Misch- oder Übergangsformen. Die nachfolgende Betrachtung soll aber vornehmlich den reinen Kartentypen, den der topographischen und der thematischen Kartentypen gelten. Davon gehören die Ersterfassung und die topographischen Karten der Landesvermessungsämter zu den topographischen Kartentypen.

II. Die Generalisierung bei den verschiedenen Kartentypen

1) Die Ersterfassung

Die Ersterfassung[21] geschieht durch die Auswertung mittels Luftbilder/Orthophotos - photogrammetrische Auswertung-[22] und ergänzend durch die Aufnahme der Landschaft im Freien, also vor Ort.[23] Dabei nimmt der Erfasser[24] die einzelnen Gegenstände der Erdoberfläche auf. Die photogrammetrische Auswertung ist ein vermessungstechnisches (geodätisches) Meßverfahren, bei dem die Vermessung mit Hilfe von Photographien des eigentlich zu vermessenden Objektes erfolgt.[25] So wertet bei der photogrammetrischen Auswertung der Erfasser die Luftbilder/Orthophotos mittels der photogrammetrischen Auswertegeräte und Auswertemethode sowie seinem Wissen, Können und der Kombinationsgabe aus. Die Aufnahme der Landschaft im Freien geschieht mittels Tachymeter-

---

21 Zu bedenken gilt hier, daß nicht für jede zu erstellende Karte neu vermessen wird. Es wird in der Regel, und dies ist fast schon immer der Fall, eine einzige Ersterfassung durchgeführt, auf dieser bauen dann sämtliche weiteren Karten und Kartenwerke auf. Eine Ersterfassung soll jedoch nicht in dem ausschließlichen Sinne verstanden werden, daß diese nur ein einziges Mal während dem menschlichen Dasein getan wird. Nein, so kann dies nicht verstanden werden, sondern eine Ersterfassung ist auch eine solche, die *Fortführung bzw. Aktualisierung* ist. Das besagt, daß der Geodät, um die ersterfassene Karte zu aktualisieren, wieder in das Gelände geht, um diese den zwischenzeitlichen Veränderungen anzugleichen. Diese Aktualisierung kommt dann einer Ersterfassung gleich. Denn sämtliche Kartenwerke bauen wiederum auf dieser Aktualisierung bzw. Ersterfassung auf. Vor allem ist mittlerweile fast „alles Wesentliche“, um ein lückenloses Kartenwerk aufzubauen, aufgenommen und vermessen, und deshalb geht es *vorwiegend* um Aktualisierung.

22 Landesvermessungsamt Nordrhein-Westfalen (Hrsg.), Faltblatt : Die topographischen Karten 1 : 25 000, 1 : 50 000, 1 : 100 000, S. 2. Es gilt an dieser Stelle klarzustellen, *daß die Ersterfassung aber früher vorwiegend durch die Aufnahme im Freien stattgefunden hat, also durch Theodolit oder durch Meßtischaufnahme.*

23 Siehe hierzu auch : Kahmen, S. 532 - 561.

24 Der Erfasser ist Geodät und/oder Kartograph.

25 Bill/Fritsch, S. 57, 168.

Theodolite und Umrechnungsfaktoren[26] oder mittels Meßtischaufnahme (historisches Verfahren - heute nur noch vereinzelt)[27] oder auch neuerdings mittels GPS-unterstützender Methode (Global Positioning System)[28] sowie -alle drei Methoden- mit dem Wissen, Können und der Kombinationsgabe des Erfassers.

Die Aufnahme mittels GPS-unterstützender Methode ist ein satellitengestütztes Vermessungsverfahren, bei dem Signale von Satelliten, die die Erde im Abstand von ca. 20 000 km umkreisen, empfangen, umgerechnet und ausgewertet werden.[29] Dabei werden die Funksignale von einem GPS-Meßgerät, also einem Funkempfänger empfangen und von einem Computer umgerechnet sowie von dem Erfasser ausgewertet.[30] Die so gewonnenen und vermessenen Koordinatenwerte werden entweder für weitere kartographische bzw. geodätische Verfahren[31] verwendet oder in eine digitale Karte, die in einem Notebook gespeichert ist, eingetragen.

Die Aufnahme mittels photogrammetrischer Auswertung, die Aufnahme mittels Theodoliten und Umrechnungsfaktoren sowie die Aufnahme mittels GPS-Methode sind das Handwerkszeug, das gelernte Wissen. Aber wo beginnt der Spielraum für ein eigenschöpferisches Schaffen bei der Ersterfassung ? Die eigentliche Ersterfassung, auf der sich dann die nachfolgenden Karten entwickeln wird zumeist in dem Maßstab 1: 5 000, teilweise auch in einem größeren Maßstab oder in einem kleineren Maßstab vorgenommen.[32] Dieser Maßstab erfordert zwangsläufig ein Auswählen, denn es ist ja keine 1 : 1

---

26 Siehe hierzu auch : Bill/Fritsch, S. 165; Kahmen, S. 515.

27 Kahmen, S. 526 - 531 und auch S. 549 ff.

28 Siehe hierzu auch : Bill/Fritsch, S. 167, der aufzeigt, daß vermehrt Vermessungen unter Nutzung des satellitenbasierten Systems Navstar-GPS sowohl statische, d.h. durch längeres Aufstellen des Empfängers auf dem zu bestimmenden Punkt, als auch kinematische dreimimensionale globale Punktbestimmungen wie beispielsweise Flugzeug, Schiff oder Personenkraftwagen durchgeführt werden. Siehe auch : Kahmen, S. 540 f.

29 Wirtschaftsministerium Baden-Württemberg (Hrsg.), Broschüre : Dokumentierte Landschaft -Das öffentliche Vermessungswesen in Baden-Württemberg, S. 5; Kahmen, S. 567; siehe auch : Hake/Grünreich, S. 256.

30 Siehe hierzu auch : Kahmen, S. 572 f.; Bauer, S. 272 - 317.

31 Weitere kartographische bzw. geodätische Verfahren sind beispielsweise die Kartenerstellung, Fahrzeugnavigation, Leitsysteme, Statistik, Geomarketing.

32 In den westlichen Bundesländern ist die Aufnahme bzw. Umsetzung in eine Karte zumeist in dem Maßstab 1 : 5 000, jedoch teilweise auch in den Maßstäben 1 : 2 500, 1 : 12 500 und 1 : 25 000, und in den östlichen Bundesländern im Maßstab 1 : 10 000. Die Auswertung der Luftbilder geschieht zumeist in dem Maßstab 1 : 5 000, wobei die eigentlichen Luftbildaufnahmen in den Maßstäben 1 : 12 500 bzw. 1 : 13 000 oder in 1 : 25 000 erfolgen.

Aufnahme[33]. Der Erfasser kann also nicht alles, was von der Natur vorgegeben ist, miteinbringen. Hierbei wird er die wesentlichen Gegenstände aufnehmen, um so zum einen demjenigen, der diesen Teil der Erdoberfläche nicht kennt, ein anschauliches und möglichst genaues Abbild des jeweiligen Ausschnittes der Natur zu vermitteln. Zum anderen ist ein solches Abbild der Natur als Basis für die Folgekarten erforderlich. Die Ersterfassung verlangt also eine Erfassungsgeneralisierung, d.h. der Erfasser der Karte übernimmt nicht alles Vorhandene, sondern muß eine Auswahl dessen treffen, was er für seine Darstellung braucht. Der Erfasser muß dabei in der Lage sein, das Charakteristische der Landschaft bzw. richtiger der Erdoberfläche zu erfassen und in seine Aufnahme zu integrieren. Der Raum für ein eigenschöpferisches Schaffen ist bei der Ersterfassung aber nicht allzu groß. Zwar handelt es sich dabei um kein absolutes Abbild der Erdoberfläche, aber um ein naheliegendes Abbild. Denn der Erfasser muß sich bei einer solch großmaßstäbigen Erfassung weitgehendst an die Natur halten. Eine Aufnahme in einem großen Maßstab erlaubt ein relatives Abbild der Natur. So muß dieses Abbild den Inhalt der Landschaft inne haben : Straßen, Wege, Häuser, Siedlungen, Städte, Flüsse, Gelände, Wälder etc. Der Inhalt ist also ein von der Natur vorgegebener. So nimmt der Erfasser beispielsweise bei der Aufnahme eines Flusses dessen markante Punkte auf, um so möglichst ein genaues Abbild des tatsächlichen Flußverlaufs zu erhalten. Insoweit stellt sich hier das Problem, ob der Raum für ein eigenschöpferisches Schaffen ausreichend groß ist, um die Voraussetzungen für eine persönliche geistige Schöpfung zu erfüllen. Eine Antwort hinsichtlich des eigenschöpferischen Schaffens soll jedoch späterer Stelle[34] vorbehalten bleiben.

---

33 Hier muß aber zwischen der eigentlichen Koordinatenvermessung, den Koordinatenmeßwerten, und der Eintragung/Umsetzung bzw. Aufnahme in die Karte unterschieden werden. Die Objekte werden mit ihren Koordinatenwerten 1 : 1 aufgenommen, nicht aber wenn eine Übertragung bzw. Eintragung in eine Karte erfolgt. Eine solche kann nicht mehr als eine 1 : 1 Aufnahme bezeichnet werden, sie erfolgt ja in den genannten Maßstäben. Denn eine Umsetzung bzw. Aufnahme in eine Karte erfordert immer ein relatives Abbild der Erdoberfläche, bedingt durch den begrenzten Raum auf einem Blatt oder einer digitalen Speicherung. Die Aufnahmen der Luftbilder mittels Bildflug werden hingegen in den Maßstäben 1 : 12 500 bzw. 1 : 13 000 oder 1 : 25 000 vorgenommen, wobei die Auswertung in 1 : 5 000 erfolgt.

34 Siehe hierzu später : 2.Teil, 2. Kapitel, § 8 B. I 1).

2) *Die Folgekarten*

Bei den der Ersterfassung nachfolgenden Karten, den Folgekarten, ist zumeist -bei den Stadtplänen hingegen nicht in diesem Ausmaße- eine vermehrte Generalisierung erforderlich. Denn die Folgekarten sind kleinmaßstäbiger. Der Spielraum für die Möglichkeit eines eigenschöpferischen Schaffens wird um so größer, je kleinmaßstäbiger eine Karte ist und sich damit um so mehr von dem absoluten Abbild der Natur entfernt. Insofern handelt es sich um die kartographische Generalisierung, die Generalisierung im engeren Sinne. Dies ist ebenso der Fall bei der Bildung digitaler kartographischer Modelle, indem das zugrunde gelegte Objektmodell aufgrund der graphikbedingten Einschränkung generalisiert werden muß.

a) *Topographische Karten der Landesvermessungsämter*

Die Folgekarten der Landesvermessungsämter entstehen immer aus den zuvor festgelegten großmaßstäbigeren Karten. So wird die Karte im Maßstab 1 : 25 000 aus dem Maßstab 1 : 5 000 entwickelt, die Karte 1 : 50 000 wiederum aus der Karte 1 : 25 000 und so weiter. Der Entwurf einer topographischen Karte geschieht zum einen durch das Musterblatt und zum anderen durch die Umsetzung des Musterblattes sowie die Generalisierungen der Linienelemente und der Siedlungen. Wesentlich bei dem Entwurf einer amtlichen topographischen Karte ist, daß sich dieser an dem betreffenden Musterblatt des jeweiligen Maßstabs orientieren muß. Dies bedeutet jedoch nicht, daß derjenige, der die topographische Karte nach dem Musterblatt erschafft, keinen Spielraum für ein eigenschöpferisches Schaffen hat. Dieser verlagert sich vielmehr weitgehend auf die Generalisierungen der Linienelemente und teilweise bei Übersichtskarten auch auf die Siedlungen. Es ist also zwischen der Erschaffung des Musterblattes und der Generalisierung der Linienelemente bzw. der Siedlungen zu differenzieren.

aa) *Musterblatt*

Ein Musterblatt ist eine Zeichenerklärungsvorschrift, die sich in Kartenzeichen, Schrift, Kartenrahmen, Kartenrand, Falzung, Kartenfalttitel und Druckfarben gliedert. Kartenzeichen sind solche wie Grenzen, Wohnplätze, Industrieanlagen, Gebäude, Verkehrsnetz, Flughäfen, Gewässer, topographische Einzelheiten, Vegetation, Geländeformen,

Höhenlinien, Felsen und Gletscher.[35] Der Inhalt orientiert sich dabei zwar weitgehendst an den Gegebenheiten der Natur. Dennoch legt der Kartograph in dem Musterblatt fest, welche Inhalte/Elemente der Landschaft zur Darstellung in die Karte kommen sollen und wie diese in der topographischen Karte dargestellt werden. So werden die Gestaltung, Auswahl und gegenseitige Abstimmung der zahlreichen in den Musterblättern enthaltenen Signaturen, die Auswahl der vorgeschriebenen Schriftarten, das Höhenliniensystem -wie die Festlegung der Äquidistanz-, die Siedlungsdarstellung bzw. -auswahl und die verschiedenen Farbtöne der topographischen Karten vorgeschrieben. Der Kartograph nimmt damit eine *Strukturierung der Landschaft* vor, die sich unter anderem vorwiegend auf die Gelände-, die Linien- und auf die Siedlungsdarstellung bzw. -auswahl bezieht. Das Musterblatt ist also eine Gesamtkonzeption, wie beispielsweise die topographische Karte im Maßstab 1 : 25 000 auszusehen hat. Bei der Entwicklung eines solchen Musterblattes hat der Erschaffer das Ziel, ein relatives und charakteristisches Abbild der Natur zu schaffen. Hierbei muß er sich zwar an die Vorgegebenheiten der Natur halten, er hat dabei aber einen Gestaltungsspielraum, um eigenschöpferisch tätig zu werden. So hat er festgelegt, welche Kartenzeichen/Elemente/ Objekte vollständig erfaßt oder ausselektiert werden, wie und welche Elemente/Objekte zusammengefaßt, klassifiziert/typisiert -wie beispielsweise die Umwandlung in Signaturen- und bewertet werden. Dabei hat er eine *geometrisch-begriffliche Generalisierung*[36] vorgenommen. Desweiteren hat er festgelegt, welche Elemente/Objekte vereinfacht und durch Signaturierung vergrößert werden und welche dadurch verdrängt werden, die *rein geometrische Generalisierung*[37].

So heißt es beispielsweise im Musterblatt für den Maßstab 1 : 25 000 des Landesvermessungsamtes Nordrhein-Westfalen[38], daß nichtrechteckige Formen bei kleinen Gebäuden zu vermeiden sind, es sei denn, es handele sich um kreisförmige Pavillons, große Tanks und ähnliche Bauformen oder daß Häuserreihen und Reihenbauten, vor allem in Siedlungen, durch die Einzelgrundrisse dargestellt würden. Desweiteren werden bei-

35 Landesvermessungsamt Nordrhein-Westfalen (Hrsg.), Musterblatt für die Topographische Karte 1 : 25 000 S. 1 - 83; Hake/Grünreich, S. 376.

36 Siehe hierzu auch : Hake/Grünreich, S. 111 und insbesondere S. 112.

37 Siehe hierzu auch : Hake/Grünreich, S. 111 - 113.

38 Landesvermessungsamt Nordrhein-Westfalen (Hrsg.), Musterblatt für die Topographische Karte 1 : 25 000, 3.2 Wohnplätze und Industrieanlagen, S. 9.

spielsweise manche Straßen nicht mehr dargestellt. Stattdessen werden im Hinblick auf die noch vorzunehmende Verkleinerung in eine kleinmaßstäbigere Karte wichtige Straßen durch Liniensignaturierung verbreitert. Durch diese Verbreiterung werden andere Elemente verdrängt und damit verschoben oder gänzlich zum Verschwinden gebracht. Durch die Festlegung der Liniensignatur wird indirekt bestimmt, was vergrößert, verbreitert und hierdurch verdrängt wird. Die Liniensignatur wirkt sich damit auch auf die Generalisierung der Linienelemente aus.
Selbst die Gestaltung der Signaturen erfordert überspitzt ausgedrückt Generalisierungen. Es sind insbesondere die des Vereinfachens, Typisierens und Charakterisierens. So verlangt die Darstellung der Tannensignatur das Vereinfachen und das gleichzeitige Charakterisieren des Tannenspezifischen. Die Tannensignatur muß als solche für den Laien sofort erkennbar und von anderen Signaturen unterscheidbar sein.

Der Kartograph hat bei der Gestaltung des Musterblattes also einen Gestaltungsspielraum für ein eigenschöpferisches Schaffen. Inwieweit bei der Ausschöpfung dieses Spielraums eine persönliche geistige Schöpfung bejaht werden kann, bedarf der Klärung im urheberrechtlichen Teil.[39]

bb) Generalisierung der Linienelemente und der Siedlungen

Die eigentliche Liniengeneralisierung wird durch das Musterblatt jedoch nicht vorgeschrieben. Zwar werden in dem Musterblatt Generalisierungsbeispiele gegeben, dies sind aber, wie der Begriff sagt, lediglich Beispiele. Insofern hat der Kartograph Gestaltungsspielraum, um eigenschöpferisch tätig zu werden. Diese Generalisierung geschieht vorwiegend nach der intuitiven Methode. Bei der Liniengeneralisierung werden die Linienelemente vereinfacht/geglättet, vergrößert, verdrängt, betont und charakterisiert, um bei kleiner werdendem Maßstab die entsprechenden Mindestabstände einzuhalten[40] und um ein charakteristisches Abbild der Natur/Landschaft zu erhalten.
So erfordert die vorgeschriebene verbreiterte Liniensignatur ein Einnehmen von mehr Platz bzw. Raum. Dadurch kann der Mindestabstand zweier Linien -wie beispielsweise

---

39 Siehe hierzu : 2.Teil, 2. Kapitel, § 8 B. I. 2) a) aa).
40 Denn ohne eine solche Generalisierung würden die Krümmungen der Linien zusammenlaufen. Durch eine Maßstabsverkleinerung kann meistens der Mindestabstand nicht gewahrt werden.

einer Krümmung- nach der Verkleinerung teilweise bis überwiegend nicht mehr gewahrt sein. Folglich bedarf es entweder der Vergrößerung des Mindestabstandes, was wiederum zur Verdrängung umliegender Elemente/Objekte führt, oder der Vereinfachung/ Glättung der Krümmung. Ein Vereinfachen/Glätten bedeutet eigentlich ein Unterdrükken von Krümmungen. Bei der Vergrößerung des Mindestabstandes kann jedoch zugleich ein Charakterisieren der Krümmung vorgenommen werden. Das bedeutet eigentlich, daß das Typische/Charakteristische der Krümmung und seiner Umgebung eingearbeitet bzw. herausgearbeitet wird. Ebenso kann bei der Glättung einer Krümmung eine andere Krümmung betont/charakterisiert werden. Das Vereinfachen muß also im Zusammenhang mit dem Betonen/Charakterisieren des Landschaftstypischen gesehen werden. Die einzelnen Vorgänge sollen also nicht gänzlich voneinander betrachtet werden. Sie gehen miteinander einher. Die Generalisierung soll ja gerade das Charakteristische der Natur/Landschaft zum Ausdruck bringen.
Ein solches gleichzeitiges Einarbeiten der Charakteristik der Natur/Landschaft ist insbesondere auch bei der Gestaltung der Höhenlinien erforderlich. So wird die Form der Höhenlinie geglättet und deren charakteristischer Verlauf herausgearbeitet. Es wird also nicht jede einzelne Krümmung der Linie gezeichnet, sondern das Formtypische der Höhenlinie wird herausgearbeitet/betont und das Unwesentliche weggelassen.

Desweiteren hat der Kartograph zwar Gestaltungsspielräume bei der Siedlungsgeneralisierung, die jedoch *durch die Festlegungen des Musterblatts begrenzt* sind. Das Musterblatt legt fest, welche Gebäude erfaßt werden und wie die Gebäude darzustellen sind. Dabei zeigt es anhand von Generalisierungsbeispielen auf, wie diese Gebäude zusammengefaßt werden können. So sollen beispielsweise Wohn- und Wirtschaftsgebäude, öffentliche und nichtöffentliche Gebäude sowie Fabriken, Lagerhallen und ähnliche Bauten möglichst vollständig in die Karte aufgenommen und einheitlich als schwarze Flächen dargestellt werden. Gebäude sollen mit entsprechender Vereinfachung in die Karte aufgenommen werden, wobei kleine An- und Ausbauten unter 0,3 mm Ausdehnung, die nicht der Charakteristik dienen, fortfallen und unmittelbar an Straßen und Wege gesetzt werden, wenn der Abstand geringer als 0,2 mm ist. Durch das „Auswählen", was nicht der Charakteristik dient, kann der Kartograph zwar „wählen", wobei aber dieser Spiel-

raum nicht allzu groß ist. Desweiteren wird beispielsweise vorgegeben, daß Häuserreihen und Reihenbauten in Siedlungen durch Einzelgrundrisse dargestellt werden sollen und bei zu geringen Abständen der Häuser untereinander ihre Anzahl reduziert werden muß. Ein Spielraum zum eigenschöpferischen Tätigwerden wird dem Kartograph dort eingeräumt, indem bei der Gebäudegeneralisierung kleine und unbedeutende Gebäude, insbesondere Schuppen, Ställe innerhalb von Wohnplätzen bei Platzmangel eher weggelassen als zugesammengefaßt werden sollen.[41] Dieser Spielraum ist jedoch nicht allzu groß. Ebenso ist der Spielraum für ein eigenschöpferisches Tätigwerden bei der Darstellung der Siedlungsstruktur nicht sehr groß, wenn der Kartograph eine Auswahl der darzustellenden Häuser, Einzelgehöfte usw. treffen kann.[42] Denn in dem Maßstab 1 : 25 000 kann die Siedlungsstruktur noch „relativ naturgetreu" wiedergegeben werden. Bei einer Siedlungsgeneralisierung kann der Kartograph zwar theoretisch die Siedlungsstruktur des betreffenden Landschaftsausschnitts herausarbeiten. Dies ist aber von dem betreffenden Maßstab abhängig, d.h. in welchem Maße die betreffende Karte verkleinert werden und wie groß- oder kleinmaßstäbig die zu erstellende Karte sein soll.
Es bedarf hier nicht der weitgehenden Herausarbeitung der Siedlungsstruktur wie beispielsweise bei Übersichtskarten im Maßstab 1 : 100 000, 1 : 200 000, 1 : 500 000 oder 1 : 1 Mio. Bei diesen hat der Kartograph größere Spielräume für ein eigenschöpferisches Tun als bei einem Maßstab 1 : 25 000. Er kann bei den Übersichtskarten bzw. bei solchen kleinmaßstäbigen Karten insbesondere das Typische der Bevölkerungsdichte des speziellen Landschaftsausschnitts hervorbringen. Dem Kartenbenutzer soll dadurch verdeutlicht werden, ob es sich um ländliche Gebiete oder um Ballungsgebiete handelt. Zwar ist dies zum Teil bereits durch die „Tatsachen" der Landschaft vorgegeben, aber dennoch kann der Kartograph das Wesentliche der Siedlungsstruktur herausarbeiten, je kleinmaßstäbiger die Folgekarte wird. So können platzbedingt nicht mehr alle Orte aufgenommen werden, sondern müssen teilweise ausselektiert werden.
Insofern ist fraglich, ob die Siedlungsgeneralisierung der Folgekarte im Maßstab 1 : 25 000 überhaupt das erforderliche Maß für ein eigenschöpferisches Schaffen errei-

41 Siehe hierzu insbesondere : Landesvermessungsamt Nordrhein-Westfalen (Hrsg.), Musterblatt für die Topographische Karte 1 : 25 000, 3.2 Wohnplätze und Industrieanlagen, S. 9.

42 Siehe hierzu auch : Landesvermessungsamt Nordrhein-Westfalen (Hrsg.), Musterblatt für die Topographische Karte 1 : 25 000, 3.2 Wohnplätze und Industrieanlagen, S. 9.

chen kann. Eine Klärung dieser Frage soll aber erst im urheberrechtlichen Teil dieser Arbeit[43] vorgenommen werden.

Insgesamt kann also festgehalten werden, daß bei der Schaffung einer amtlichen topographischen Karte zwischen der Generalisierung, die das Musterblatt impliziert, und der Generalisierung der Linienelemente sowie der Siedlungen differenziert werden muß. Die Generalisierung, die das Musterblatt impliziert, ist weitgehendst die der konstruktiven Methode. Die Generalisierung der Linienelemente und der Siedlungen ist weitgehendst eine solche der intuitiven Methode. Spielraum für ein eigenschöpferisches Schaffen hat also derjenige, der das Musterblatt schafft, und derjenige, der die Liniengeneralisierung und die Generalisierung der Siedlungen vornimmt. Inwieweit hierin jeweils eine persönliche geistige Schöpfung im Sinne eines urheberrechtlich zu schützenden Werkes bejaht werden kann, wird im 2.Teil[44] untersucht und beantwortet.

b) Thematische Karten - topographische Grundlagenkarte und thematischer Inhalt

Eine thematische Karte ist eine Karte, in der Erscheinungen und Sachverhalte zur Erkenntnis ihrer selbst dargestellt sind. Der Kartengrund -Topographie- dient dabei nur zur allgemeinen Orientierung und/oder zur Einbettung des Themas[45]: Thematische Karten enthalten vorwiegend Erscheinungen oder Vorkommnisse nicht topographischer Art, solche jedoch, die mit der Erdoberfläche in Verbindung stehen. Es handelt sich hierbei stets um Dinge, die eine georäumliche Lage, Verbreitung oder Bewegung besitzen, sowohl um reale Dinge als auch um Beziehungen, Funktionen, Hypothesen, geistige Vorstellungen, Möglichkeiten, Projekte[46]. Thematische Karten beziehen sich also auf ein bestimmtes Thema, wie dies beispielsweise bei einer Tourismuskarte der Fall ist. Die Thematik hat dabei die „vorherrschende Stellung". Insofern muß die Grundlagenkarte zwar die Topographie ausweisen, nicht aber in allen Einzelheiten, wie dies beispielsweise bei einer topographischen Wanderkarte der Fall ist. Deswegen genügen für thematische Karten zumeist kleinere Maßstäbe. Diese kleineren Maßstäbe sind oft noch klein-

---

43 Siehe hierzu später : 2.Teil, 2. Kapitel, § 8 B. I. 2) a) bb).

44 Siehe hierzu später : 2.Teil, 2. Kapitel, § 8 B. I. 2) a).

45 Mehrsprachiges Wörterbuch kartographischer Fachbegriffe, Internationale kartographische Vereinigung 1973; siehe auch : Hake/Grünreich, S. 414.

46 Imhof, S. 12 f.

maßstäbiger als die amtlichen topographischen Karten, und erfordern insoweit mehr Generalisierungen als die amtlichen topographischen Karten. Der Spielraum für ein eigenschöpferisches Schaffen vergrößert sich dadurch. Die Generalisierungen tangieren dabei vorwiegend die *Liniengeneralisierungen.* Bei diesen kleinmaßstäbigen Karten ist ein verstärktes Betonen und Charakterisieren notwendig, um so eine gut lesbare Karte zu erhalten. Es ist hier also ein ausgeprägteres Betonen und Hervorheben des Linienverlaufs gefordert als bei den topographischen Karten. Kleinere Krümmungen werden zugunsten eines übergeordneten Verlaufs einer Linie aufgegeben. Eine überfüllte Grundlagenkarte würde die Darstellung der Thematik stören oder auch unlesbar machen. Der Kartograph muß vielmehr die Landschaft in ihrer Charakteristik hervorbringen, wobei sie sich nicht nur auf die Liniengeneralisierung und Geländegeneralisierung beschränkt, sondern sich auch auf die Siedlungsstruktur bezieht. Gerade bei thematischen Karten, die überwiegend kleinmaßstäbig sind, kann die Siedlungsstruktur der Landschaft und Ballungsgebiete deutlich herausgearbeitet werden. Dabei darf der Kartograph aber das Schwergewicht nicht auf die Detailliertheit der Landschaft legen, sondern er muß dieses auf deren Charakteristik verlagern. Damit vergrößert sich der Spielraum für ein eigenschöpferisches Tätigwerden je kleinmaßstäbiger die Karte ist.
Wenn also beispielsweise ein Kartograph die Höhenlinien in der topographischen Grundkarte im Maßstab 1 : 5 Mio. darstellen will und seine zur Verfügung stehenden Grundlagenkarten im Maßstab 1 : 2,2 Mio. sind, muß er umfangreiche Generalisierungen durchführen. So muß er die Krümmungen der Höhenlinien stark vereinfachen und gleichzeitig betonen/charakterisieren. Hierbei hat er einen wesentlichen größeren Spielraum für ein eigenschöpferisches Tätigwerden wie bei weniger kleinmaßstäbigen Karten.[47]

Die Thematik wird durch Signaturen und Diagramme dargestellt. Der Kartograph hat insbesondere bei der Entwicklung der Signaturen einen Spielraum, um eigenschöpferisch tätig zu werden. Eine Signatur ist eines der wichtigsten Gestaltungsmittel in Kar-

47 *Weniger* kleinmaßstäbige Karten sind bezogen auf die Maßstäbe 1 : 5 Mio. oder 1 : 2,2 Mio. beispielsweise Karten im Maßstab 1: 500 000 oder 1 : 250 000 etc.

ten. So ermöglichen vor allem die bildhaften Signaturen einen Spielraum für ein eigenschöpferisches Schaffen, was an späterer Stelle[48] ausführlich dargestellt werden soll. Diagramme können gestalterisch zur Veranschaulichung der speziellen Thematik nur im Zusammenhang mit der Gesamtkarte eingesetzt werden, da sie das Darzustellende nicht aus sich selbst heraus erkennen lassen. Sie bedürfen immer der Erklärung in der Legende. Diagramme sind nämlich graphische Darstellungen von Zahlenwerten, Zahlenwertgruppen und Zahlenwert-Relationen[49]. So gibt es beispielsweise Stab- oder Säulendiagramme, Flächen- oder Baukastendiagramme, Körper-, Quadranten-, Wind- und Kurvendiagramme.[50] Diese Diagramme bestehen überwiegend aus Stäben, Quadraten, Kreisscheiben, Würfeln, Kugeln und kubischen Blöcken. Die Gestalt der Diagramme ist also vorgegeben und muß nicht erst geschaffen werden. Somit verbleibt bei der Gestaltung der Diagramme kein Spielraum für ein eigenschöpferisches Schaffen, er reduziert sich vielmehr auf Null.

c) ***Stadtpläne***

Stadtpläne sind Karten, die den Bereich einer Stadt sehr detailliert wiedergeben, um so als Orientierungshilfe in der Stadt zu dienen. Stadtpläne gehören zwar auch zu den Folgekarten, sie erfordern aber nicht eine derart vermehrte Generalisierung wie die der topographischen Karten der Landesvermessungsämter und die der thematischen Karten. Dies bedingt sich weitgehend durch die relative Großmaßstäbigkeit. Stadtpläne sind zumeist im Maßstab 1 : 10 000, 1 : 15 000 und manchmal auch 1 : 35 000. Gerade ein Maßstab 1 : 10 000 bis 1 : 15 000 läßt wenig wenig Spielraum für ein eigenschöpferisches Tätigwerden bei der Generalisierung von Straßen und Siedlungen. Der Verlauf einer Straße kann nicht sehr charakterisiert werden, er muß weitgehend unbelassen bleiben. Durch die Verbreiterung der Straße wird ein Vereinfachen erforderlich. Lediglich in der Kategorisierung von Straßen kann ein Spielraum für ein eigenschöpferisches Schaffen bestehen, der jedoch nicht allzu groß ist und zumeist gegen Null geht. So werden die Straßen bzw. Verkehrswege zumeist nach vorgegebenen bzw. üblichen Katego-

48 Siehe hierzu : 1.Teil, 1. Kapitel, § 1 B. I.
49 Imhof, S. 72.
50 Hake/Grünreich, S. 426.

rien unterteilt, wie beispielsweise in Bundesstraßen, Hauptstraßen, Nebenstraßen usw. Solche Unterteilungen ergeben sich aus der Natur der Sache.

Bei der Siedlungsdarstellung ist hingegen der Spielraum für ein eigenschöpferisches Tätigwerden größer als bei der Straßendarstellung, aber auch nicht allzu groß. So können beispielsweise die Siedlungsdarstellungen und Gebäude, bei Nichteinhaltung des Mindestabstandes, zusammengefaßt sowie auf die Darstellung kleiner Gebäudevorsprünge verzichtet werden. Insofern werden die Häuser, die eng und entlang einer Straße verlaufen und deren graphischer Mindestabstand zur Straße nach Verkleinerung nicht mehr eingehalten werden kann, an die Straße -ohne Abstand- angeschlossen. In solch einem Tun ist kein Spielraum für ein eigenschöpferischen Schaffen, es kommt einem Vereinfachen gleich. Es kann aber beispielsweise die Siedlungs- bzw. die Bebauungsstruktur herausgearbeitet werden, indem der Unterschied zwischen der offenen und der geschlossenen Bauweise deutlich gemacht wird. Dies kann durch Blockdarstellung, Teilblockdarstellung und/oder Einzelhausdarstellung geschehen.

Der eigentliche Spielraum für ein eigenschöpferisches Schaffen liegt bei Stadtplänen in der Gestaltung von Signaturen. Inwieweit und worin dieser Spielraum bei der Gestaltung der Signaturen besteht, soll nachstehend bei der Entwicklung von Signaturen geklärt werden.

B. Die Entwicklung von Signaturen - Entwurf von Signaturen und deren Vorgehensweise

Signaturen werden nach Hake/Grünreich als abstrahierte Objektbilder oder konventionelle Zeichen, die man allen graphischen Variationen unterziehen kann, bezeichnet[51]. Nach Imhof[52] sind Signaturen genormte, uniforme Kleinfiguren oder in gewissen Fällen auch Farb- oder Rastertöne von bestimmter Bedeutung, Elemente der Zeichen- oder Bilderschrift. Dabei seien sie nicht auf die Karte beschränkt, sondern würden im menschlichen Leben als Ausdrucks- oder Mitteilungsform für Dinge aller Art eine außerordentliche Rolle spielen.

51 So Hake/Grünreich, S. 99.
52 Imhof, S. 60.

Entwurf von Signaturen bedeutet die Graphik der Signaturen zu entwickeln[53]. Hier kann man zwischen geometrisch geformten bzw. geometrischen Signaturen, bildhaften bzw. sprechenden Signaturen und Buchstaben- sowie Ziffernsignaturen differenzieren. Die Unterscheidung besteht in der äußeren Gestaltung der Signaturen -der Gestaltungsform- und in dem Gestaltungsspielraum. Dies soll durch eine getrennte Betrachtung zwischen den bildhaften und den abstrakten Signaturen geschehen. Die Ziffern bzw. Buchstaben werden bei den abstrakten Signaturen behandelt.

I. Bildhafte Signaturen

Bei dem Entwurf von bildhaften Signaturen besteht ein hinreichender Spielraum, um eigenschöpferisch tätig zu werden. Zu den bildhaften Signaturen gehören Aufriß- und Grundrißbilder von Objekten in individueller oder schematisierter Darstellung sowie die symbolhaften Darstellungen als typische und allgemeinverständliche Sinnbilder der Objekte (Merkmalsignatur).[54] Solche belassen genügend Raum für ein eigenschöpferisches Schaffen.

Wie bereits oben bei der Entwicklung des Musterblattes aufgezeigt worden ist, muß die bildhafte Signatur das Typische/Charakteristische des Darzustellenden verkörpern. Deshalb entsteht eine bildhafte bzw. sprechende Signatur durch Auswahl und Typisieren der Objekteigenschaften und durch Schematisierung der eigentlichen Form des Objektes. Um dies durchführen zu können, bedarf es ausreichender Kenntnisse über das darzustellende Objekt[55]. Erst wenn diese vorhanden sind, ist es möglich das Typische/Charakteristische herauszuarbeiten. So hat sich beispielsweise die Verfasserin bei dem Entwurf der Signaturenform über das Kunsthandwerk in Peru Kenntnisse verschafft, welches Kunsthandwerk vorwiegend vorkommt und welche Gestaltungsform das Kunsthandwerk hat. Diese hat sie durch Reiseführer, Kunstbücher, Besuch einer Peruausstellung in Berlin und einschlägiger Literatur des Iberoamerikanischen Instituts in Berlin -Stiftung preußischer Kulturbesitz- gewonnen. Das Kunsthandwerk in Peru

53 Eggert, S. 68; Neu entworfene Signaturen werden auch als Neukonzeptionen bezeichnet. Neukonzeptionen liegen dann vor, wenn neue Inhalte und Darstellungen in eine Karte gebracht werden.
54 Siehe hierzu : Hake/Grünreich, S. 99 f., 420 und 430; Imhof, S. 62, 65 - 66 und 68.
55 Eggert, a.a.O.

zeichnet sich besonders durch Keramiken und Webereien aus. Bei dem Vergleich der einzelnen kunstgewerblichen Gegenstände wurde deutlich, daß allen eine ähnliche Figur zu eigen ist. Diese ist eine menschliche oder menschenähnliche Figur, die stehend abgebildet ist und meist nach oben gestreckte Arme aufweist. Oft sind diese Darstellungen mit schlangenähnlichen Gebilden versehen. Die entwickelte Signatur für Kunsthandwerk muß das, was allen Darstellungen gemeinsam ist, zum Ausdruck bringen. Dabei genügt aber nicht nur das Darstellen, was allen eigen ist, sondern es muß vielmehr das Typische/Charakteristische herausgearbeitet werden. Ziel und Zweck einer Signatur ist, dem Benutzer der Karte deutlich und einprägsam zu machen, was die Signatur darstellt. Folglich ist für das Entwerfen einer bildhaften Signatur unerläßlich, sich mit der betreffenden Materie intensiv auseinanderzusetzen. Es ist also immer zuerst die Einverleibung der Thematik erforderlich. Erst diese ermöglicht ein Typisieren bzw. Charakterisieren. Der Kartograph kann also bei dem Charakterisieren bzw. Typisieren einen ihm zur Verfügung stehenden Spielraum ausschöpfen. Damit ist aber noch nicht beantwortet, ab welchem Maß von einer persönlichen geistigen Schöpfung gesprochen werden kann.[56]

II. Abstrakte Signaturen

Abstrakte Signaturen lassen das Darzustellende erst im Zusammenhang mit der Legende erkennen. Für sich allein betrachtet, sind sie wenig aufschlußreich. Sie lassen also das Darzustellende nicht aus sich heraus erkennen, wie dies bei den bildhaften Signaturen der Fall sein muß. Die geometrisch abstrakten Signaturen beschränken sich nämlich im wesentlichen auf die Gestaltungsmittel : Kreis, Rechteck, Quadrat, Säule, Rhomben und Sterne. Die Figuren können mitunter als Hohlformen, Vollformen oder teilgefüllte Formen auftreten.[57] Ein weiteres Variieren ist fast nahezu ausgeschlossen. Der Spielraum für ein eigenschöpferisches Schaffen bei der Gestaltung einer solchen abstrakten Signatur reduziert sich damit auf Null.

Ziffern werden als Index-, Schlüssel- oder Verhältniszahlen[58] benutzt.

---

56 Siehe hierzu später : bei Signaturen 2.Teil, 2. Kapitel, § 8 B. II. und bei Urheberrechtsschutz im allgemeinen 2.Teil, 1. Kapitel, § 5 B. II. 3).
57 Siehe hierzu auch : Imhof, S. 64 und Hake/Grünreich, S. 100.
58 So auch : Hake/Grünreich, S. 100.

Buchstaben können als Abkürzungen verständlicher sein als Symbole, wie dies bei geomorphologischen Karten der Fall ist. Unterstreichungen dienen als zusätzliche qualitative Angaben für das Objekt, um beispielsweise den Sitz einer Verwaltung kenntlich zu machen.[59] Die Buchstaben- und Zifferngestaltung ergibt sich aus der Natur der Sache, also aus naheliegenden Abkürzungen. Der Spielraum für ein eigenschöpferisches Schaffen reduziert sich deshalb auf Null.[60]

§ 2 Verwertungsmöglichkeiten bei einer Karte

Die Frage der Verwertungsmöglichkeiten einer Karte ist für den Urheber von entscheidender Bedeutung. Er muß nämlich für seine Schöpfung einen ausreichenden Lohn erhalten. Insofern bedarf es der Zustimmung des Urhebers hinsichtlich der Verwertung seiner geschaffenen Karte. Welche Bedeutung die Verwertungsrechte für den Urheber im einzelnen haben, soll erst bei der urheberrechtlichen Beurteilung beantwortet werden.[61] Hier geht es allein darum, welche Verwertungshandlungen bei einer Karte überhaupt vorkommen können und welche Eingriffshandlungen der Urheber von seiten Dritter zu befürchten hat.

Der Entwurf einer Karte kann auf eine andere Folie kopiert werden. Hierdurch kann bereits eine Kopie der persönlichen geistigen Schöpfung geschaffen werden. Das setzt aber voraus, daß der Entwurf eine persönliche geistige Schöpfung ist. Um jedoch eine fertige Vorlage für den Druck zu erhalten, bedarf der Entwurf der anschließenden Kartenoriginalherstellung und der Reproduktionstechnik. Das heißt nichts anderes, als daß vom Entwurf eine Reinzeichnung angefertigt werden muß, um so eine „ästhetische" bzw. „saubere" Zeichnung des Entwurfs zu erhalten. Diese Reinzeichnung wird farbgetrennt hergestellt. Für *fast* jede später zu druckende Farbe wird eine Folie angelegt. Dabei muß aber beachtet werden, daß zumeist nur in den drei bunten Grundfarben cyan, magenta, gelb und der unbunten „Farbe" schwarz eine Farbfolie erstellt wird.[62] Die Farbe grün er-

59 So auch : Hake/Grünreich, S. 100.

60 Siehe hierzu : Urheberrechtsschutz im allgemeinen : 2.Teil, 1. Kapitel, § 5 B. II. 3) und hinsichtlich der „Natur der Sache" die Ausführungen zum Sammelwerk : 2.Teil, 3. Kapitel, § 11 A. I. 1) a) bb).

61 Siehe hierzu : 2.Teil, 1. Kapitel, § 6 A. und insbesondere 2. Kapitel, § 10.

62 Die drei bunten Grundfarben und das unbunte Schwarz werden als die sog. kurze Farbskala bezeichnet. Siehe hierzu auch : Hake/Grünreich, S. 300.

gibt sich dann aus den Farben cyan und gelb. Diese farbgetrennten Folien sind für den Dritten zum Kopieren interessant. Denn ein Dritter wird es vorziehen eine Karte erst dann zu kopieren, wenn diese hinsichtlich der Erstellung ziemlich weit fortgeschritten ist. Würde er bereits den Entwurf kopieren, dann hätte er die vielen Arbeitsschritte der Kartenoriginalherstellung und der Reproduktionstechnik noch vor sich. Je nach Druckverfahren kann es erforderlich sein, von diesen Folien nochmals Folien zu ziehen, um so seitenverkehrte oder seitenrichtige Folien zu erhalten. Das Druckverfahren schreibt also vor, ob die Druckplatte seitenverkehrt oder seitenrichtig vorliegen muß. Die entstandenen farbgetrennten Folien werden dann auf die jeweilige Farb-Druckplatte kopiert. Mit den für die verschiedenen Farben erstellten Druckplatten kann dann der Druck der Karte erfolgen. Alle diese Vorgänge sind Kopien im Sinne des allgemeinen Sprachgebrauchs. Ein Dritter kann also vom Entwurf bis zur Druckplatte Kopien von persönlichen geistigen Schöpfungen ziehen, wenn der Entwurf bereits eine persönliche geistige Schöpfung ist. Inwieweit dies auch für die urheberrechtliche Seite zutrifft und inwiefern der Urheber hinsichtlich solcher Eingriffshandlungen von seiten Dritter geschützt ist, ist in dem urheberrechtlichen Kapitel[63] zu untersuchen und zu lösen.

2. Kapitel
Entstehung einer „neuen" Karte mit Hilfe der Datenverarbeitung und der digitalen Informationsverarbeitung

§ 3 Entstehung einer „neuen" Karte mit Hilfe der Geo-Informationssysteme (GIS-Systeme)

Ein GIS-System (Geo-Informationssystem) ist ein rechnergestütztes System, das aus Hardware, Software, Daten und Anwendungen besteht. So können mit ihm raumbezogene Daten digital erfaßt und redigiert, gespeichert und reorganisiert, modelliert und analysiert sowie alphanumerisch und graphisch präsentiert werden[64]. Eine digitale Informationsverarbeitung beginnt mit der Datenaufbereitung, setzt sich mit der Speiche-

---

63 Siehe hierzu später im näheren : 2.Teil, 2. Kapitel, § 10 A. I.

64 So Bill/Fritsch, Grundlagen der Geo-Informationssysteme, Bd.1, S. 5.

rung der Daten fort und endet mit der Ausgabe einer entstandenen Karte. Für eine urheberrechtliche Beurteilung der GIS-Systeme ist die Differenzierung zwischen der Datenbank und der Software zwingend.[65] Die Hardware kann hierfür außen vor bleiben.

Es werden nachfolgend unter A. und B. zwei verschiedene GIS-Systeme vorgestellt. Dies ist zum einen das amtliche GIS-System ATKIS und zum anderen ist es das Kfz-Navigationssystem im allgemeinen. Die Gründe für die getrennte Betrachtung dieser beiden Systeme liegen darin, daß einerseits ein vermehrter Einsatz von ATKIS-Raumdaten zu verzeichnen ist[66] und andererseits das amtliche GIS-System zumeist die Grundlage für ein Straßennetz der Kfz-Navigationssysteme bildet. Folglich „bedienen" sich die Hersteller der Kfz-Navigationssysteme des vorgegebenen Straßennetzes der Landesvermessungsämter. Sie digitalisieren entweder die Straßen und Verkehrswege aus dem digitalen Bestand von ATKIS am Bildschirm oder sie digitalisieren die analogen Karten der Landesvermessungsämter. Hierbei drängt sich einerseits die Frage auf, inwiefern die Straßen der Landesvermessungsämter urheberrechtlich geschützt sind und insofern einer Zustimmung von seiten der Landesvermessungsämter bedürfen. Andererseits ist zu klären, inwiefern in dem Digitalisieren ein eigenschöpferisches Tun gesehen werden kann, und wenn nicht, ob in dem Hinzufügen der thematischen Inhalte ein eigenschöpferisches Tun bejaht werden kann. Falls beides verneint werden sollte, ist wiederum fraglich, ob die Kfz-Navigationssysteme wenigstens unter leistungsrechtlichem Schutz stehen. Die Entstehung von GIS-Systemen erfordert hohe Investitionen. Dies sind zum einen der hohe Arbeitsaufwand und zum anderen hochleistungsfähige Soft- und Hardware. Die Hardware muß große Datenmengen speichern können, sie muß eine hohe Speicherkapazität aufweisen. Und schließlich bedürfen die Datenmengen einer schnellen Zugriffs- und Verarbeitungsmöglichkeit durch die Computerprogramme/die Software. Es tritt hier also das Problem der Abgrenzung von urheberrechtlichem zu lei-

65 Siehe hierzu : 2.Teil, 3. Kapitel, § 11 A. I. 1) und II. 1) und 2).

66 Voß/Heineke, ATKIS im Rahmen des Niedersächsischen Bodeninformationssystems (NIBIS), in Kophstahl/Sellge (Hrsg.), S. 181 ff.; Hanstein, Niedersächsisches Forstliches Informationssystem NIFIS, in Kophstahl/Sellge (Hrsg.), S. 207 ff.; Stelter, Aufbau der Straßeninformationsbank und digitale Methoden beim Straßenentwurf, in Kophstahl/Sellge (Hrsg.), S. 199 ff.; Jensen, ATKIS-Daten im GEOinformationsSystem UMwelt (GEOSUM) der Niedersächsischen Umweltverwaltung, in Kophstahl/Sellge (Hrsg.), S. 211 ff.; Dürr/Schmitt, ZfV 1992, S. 386; Burstedde, ZfV 1990, S. 265; Philipp, ATKIS-Daten in der Rundfunksendernetzplanung, in Kophstahl/Sellge (Hrsg.), S. 161; Apelrath/Kamp, ATKIS-basierter Raumbezug im Niedersächsischen Krebsregister, in Kophstahl/Sellge (Hrsg.), S. 215.

stungsrechtlichem Schutz auf. Um diese auftauchenden Fragen bzw. Probleme im urheberrechtlichen Teil dieser vorliegenden Arbeit beantworten zu können, bedarf es der Klärung, wo überhaupt ein Spielraum für ein eigenschöpferisches Tun gegeben ist. Hierzu ist die Beleuchtung der verschiedenen Entstehungsphasen und deren Spielräume für eigenschöpferisches Tun von ATKIS und von einem Kfz-Navigationssystem unerläßlich. Im nachfolgenden soll dies getan werden.

A. Entstehung eines GIS-Systems am Beispiel von ATKIS

ATKIS ist ein GIS-System auf amtlicher Ebene und heißt Amtliches Topographisch-Kartographisches Informationssystem. ATKIS wird in kartographischen Fachkreisen als Datenbank bezeichnet. Ob dies aus juristischer Sicht auch so gesehen werden kann, bedarf der Klärung an späterer Stelle.[67]

Konzeptionell umfaßt die „Datenbank" ATKIS die Landschaftsmodelle (DLM), die Roh-DKM und die kartographischen Modelle (DKM) der Erdoberfläche[68].

ATKIS wird zum einen nach dem Objektartenkatalog (OK) bzw. dessen Struktur aufgebaut. Dies läßt das DLM entstehen. Zum anderen wird ATKIS aus dem Signaturenkatalog (SK) bzw. dessen Struktur erstellt, was zu dem Roh-DKM führt. Das bedeutet, daß die bereits bestehenden Karten nach dem OK aufgenommen bzw. digitalisiert werden. Diese gewonnenen Daten werden wiederum nach dem SK zum Roh-DKM umgewandelt. So wird durch die Digitalisierung von bereits bestehenden Landkarten-„Werken" nach der Struktur des OK und des SK die digitale Datensammlung geschaffen. Dieses Roh-DKM bedarf noch der Verdrängungen, um graphisch Überlagerndes zu vermeiden, und der Liniengeneralisierungen, um so eine digitale Karte entstehen zu lassen. Es wird dadurch zum DKM. Die Liniengeneralisierungen werden dabei durch Computerprogramme „automatisch" ausgeführt. Das heißt, die Liniengeneralisierungen werden nicht durch das Computerprogramm gewonnen, sondern die Generalisierungsergebnisse müssen bereits vorliegen. So besteht also ein wesentlicher Unterschied zur Entstehung der konventionell erstellten topographischen Karte. Bei dieser liegt ein wesentlicher Raum

67 Siehe hierzu : 2.Teil, 3. Kapitel, § 11, A. I.

68 Der Unterschied zwischen DLM und DKM besteht darin, daß das DKM generalisierte Daten enthält und damit ein generalisiertes DLM darstellt.

für eigenschöpferisches Schaffen bei der Liniengeneralisierung. Dieser Raum für eigenschöpferisches Schaffen „verlagert" sich bei den Computerprogrammen auf die Entwicklung der Lösungsvorschrift der bereits vorliegenden Generalisierungsergebnisse. Die Generalisierungsergebnisse werden dabei zumeist aus bereits bestehenden Karten gewonnen und damit übernommen. Die Generalisierungsergebnisse können aber auch durch die Analyse von bereits bestehenden Generalisierungsergebnissen aus fertiggestellten Karten gewonnen werden. Bei dieser zweiten Möglichkeit wird vorwiegend nach der empirischen Methode -der konstruktiven Methode im engeren Sinne-, die sich auf die Erfahrungen sowie auf die Analyse von Karten und die darin enthaltenen Generalisierungsergebnisse stützt, vorgegangen. Entscheidend ist also, daß zwischen der Erschaffung der Generalisierungsergebnisse und der Entwicklung einer Lösungsvorschrift mittels Computerprogramm differenziert werden muß.

Vorerst läßt sich also sagen, daß bei der urheberrechtlichen Betrachtung von GIS-Systemen einerseits zwischen der Sammlung mittels OK und SK, andererseits den Generalisierungsergebnissen von Linien und letztlich den Computerprogrammen unterschieden werden muß.

Für eine spätere urheberrechtliche Beurteilung bedarf es aber der näheren Auseinandersetzung mit den möglichen Spielräumen für ein eigenschöpferisches Tätigwerden.

I. Entstehung des DLM - Digitalisieren der analogen Landkarten nach dem OK

Das DLM entsteht mittels Digitalisieren[69] und mittels gleichzeitiger Zuordnung des Objektartenkataloges (OK). Das bedeutet, daß bei diesem Digitalisieren nach dem Objektartenkatalog vorgegangen wird. Der „Inhalt"[70] des DLM ist in Objektartenkatalogen (OK) festgelegt[71].

Der ATKIS-Objektartenkatalog ist hierarchisch, objektorientiert und attributorientiert aufgebaut. Ein solcher Aufbau ist gewählt worden, um die Erdoberfläche gut nach geotopographischen Gesichtspunkten, also im Sinne einer vorwiegend geometrisch-topolo-

69 Das Digitalisieren geschieht im Maßstab 1 : 5 000, wobei das DLM 25 heute Basis-DLM ist und maßstabs*un*abhängig ist.

70 Inhalt bedeutet hier, die aufzunehmenden Objekte, nicht deren Geometrie, diese wird nämlich anhand des Digitalisierens aufgenommen.

71 Vickus, S. 52.

gischen Beschreibung der realen Welt, *strukturieren* zu können. So reicht die hierarchische Strukturierung der Erdoberfläche vom Objektbereich (z.B. Verkehr) über die Objektgruppe (z.B. Straßenverkehr) bis hin zur Objektart (z.B. Straße). Die Objektart bildet, hierarchisch betrachtet, die unterste, feinste Strukturierungsstufe. Weitergehendere Gliederungen und Qualifizierungen des Objektes erfolgen durch Attribute (z.B. Bundesstraße)[72]. Attributorientiert aufgebaut bedeutet also, daß die Landschaft nach Objektarten grob und mit Hilfe von Attributen fein gegliedert wird.

Mit Hilfe des Objektartenkatalogs soll zwar zum einen die Landschaft nach weitgehend topographischen Gesichtspunkten gegliedert werden, zum anderen sollen aber die topographischen Erscheinungsformen und Sachverhalte der Landschaft (Landschaftsobjekte[73]) klassifiziert und damit der Inhalt der Digitalen Landschaftsmodelle (DLM) festgelegt sowie die für den Aufbau der DLM erforderlichen *Modellierungsvorschriften* bereitgestellt werden.[74] So legt der Entwickler im OK genau fest, was aufgenommen bzw. was *selektiert* wird und *in welcher Genauigkeit* dies getan wird. In dem Objektartenkatalog heißt es wörtlich : „Im Hinblick auf die Aufgaben des Informationssystems darf eine *Objektauswahl im Sinne einer Generalisierung* dabei nur nach eindeutigen Regeln vorgenommen werden. Grundsätzlich dürfen Objekte nicht deshalb unerfaßt bleiben, weil sie bei einer graphischen Ausgabe wegen Platzmangels nicht dargestellt werden können. Dieser Schritt wird erst beim Übergang vom DLM zum Digitalen Kartographischen Modell (DKM) verwirklicht. Die Objekte werden nach ihrer *vorherrschenden Eigenschaft klassifiziert*, nach dem Dominanzprinzip. Sofern Landschaftsobjekte die angegebenen Mindestdimensionen unterschreiten und daher nicht als Modellobjekte erfaßt werden, sind sie einem der benachbarten Landschaftsobjekte zuzuschlagen“[75]. Das Klassifizieren ist ein Teilaspekt von einer Generalisierung. Ferner beinhaltet ein solches Zuschlagen ein Zusammenfassen und auch ein Vergrößern, was wiederum ein Teilaspekt einer Generalisierung ist. Der Entwickler des OK trifft also eine *Auswahl*, was das DLM enthalten soll. Er definiert deshalb in dem OK die Objekte des DLM, *deren qualitative und quantitative Erfassungskriterien, deren geometrische Modellierungsvor-*

72 Siehe auch Rolf Harbeck, Überblick über Konzeption, Aufbau und Datenangebot des Geoinformationssystems ATKIS, in Kophstahl/Sellge (Hrsg.), a.a.O., S. 16 f.
73 Landschaftsobjekte sollen im folgenden in ihrer Abkürzung als Objekte bezeichnet werden.
74 ATKIS-Gesamtdokumentation, Teil D, ATKIS-Objektartenkatalog (ATKIS-OK), S. 1(9).
75 ATKIS Gesamtdokumentation Teil D, a.a.O.

schrift sowie deren Attribute und Referenzen. Er trifft sowohl *geometrische als auch begrifflich-qualitative und quantitative Generalisierungsmaßnahmen.*[76] Bei dieser Auswahl/Selektion und Klassifizierung orientiert sich der Entwickler des OK an der *Gesamtkonzeption* ATKIS, d.h. wie eine digitale Karte in dem betreffenden Maßstab auszusehen hat, und damit auch an dem Musterblatt des betreffenden Maßstabs. So heißt es in dem OK wörtlich : „Das Erfassungskriterium legt in Verbindung mit den Regeln für die Objekt- und Objektteilbildung, der Definition der Objektarten und der Attribute den Umfang und die Genauigkeit der Objekterfassung fest. Der Inhalt *orientiert sich am Inhalt der topographischen Karten* mit den entsprechenden Kartenmaßstäben. So sind nach dem Objektartenkatalog beispielsweise Objekte dann für ein DLM 25[77] vollzählig zu erfassen, *wenn ihre topographische Bedeutung dem Maßstabsbereich 1: 25 000 angemessen ist* und wenn ein Objekt die angegebenen Mindestdimensionen erfüllt".[78] Insoweit entspricht der Aufbau von OK einem Teil des Musterblattes 1 : 25 000 und damit einem Teilaspekt von der Generalisierung des Musterblattes der analogen Karte. Es wird also eine derartige Struktur geschaffen, auf der dann die Signaturierung des SK ansetzen kann. Bei der Entstehung eines Musterblattes wurde ja bereits verdeutlicht, daß eine solche Strukturierung der Landschaft sich zwar an dem Vorgegebenen der Landschaft halten muß, dies aber einen Spielraum für ein eigenschöpferisches Schaffen des Entwicklers des OK nicht auszuschließen vermag.

Desweiteren ist fraglich, ob und inwieweit in dem Digitalisieren Raum für ein eigenschöpferisches Schaffen gegeben ist.

Das Umsetzen analoger Darstellungen in digitale Daten wird als Digitalisierung bezeichnet[79]. Hierbei ist zwischen dem Digitalisieren mittels Digitizer und dem Digitalisieren mittels Scanner zu unterscheiden. Es bestehen zwei Möglichkeiten das Digitalisieren nach dem OK vorzunehmen. So besteht einerseits die Möglichkeit die bestehende Karte zu digitalisieren und gleichzeitig nach der Struktur des OK aufzunehmen. Es be-

---

76 Vickus, S. 71 ff.

77 DLM 25 ist heute das Basis-DLM und ist maßstabs*un*abhängig. Die Konzeption des DLM richtet sich aber an der inhaltlichen und gestalterischen Konzeption der amtlichen topographischen Karte 1 : 25 000.

78 ATKIS Gesamtdokumentation Teil D, a.a.O.

79 Hake/Grünreich, S. 188.

steht aber auch die zweite Möglichkeit, die allerdings eines zusätzlichen Schrittes bedarf. Hier wird die vorliegende Karte zuerst vollständig durch Scannen erfaßt. Erst nach diesem Scannen wird nach der ersten Möglichkeit vorgegangen, indem am Bildschirm die „digitale“ Karte nach dem OK digitalisiert wird.

Die Digitalisierung mittels Digitizer -manuelle Digitalisierung- geschieht mit Hilfe visuell kontrollierter Einstellung der Meßmarke des Cursors.[80] Digitalisieren heißt punktweises Erfassen. Solche Punktaufnahmen sind unabdingbar, denn die Aufnahme mittels des Digitalisierens soll die Natur möglichst naturgetreu darstellen. Naturgetreu ist allerdings relativ und nicht absolut zu verstehen. Denn bei dem Digitalisieren mittels Digitizer hat der Kartograph einen Spielraum zum Auswählen der zu erfassenden Objekte. Dieser bestimmt sich danach, ob der Kartograph lediglich das punktweise Erfassen der vorhandenen Linie vornimmt oder ob er damit zugleich eine Generalisierung des Verlaufs der vorhandenen Linie verbindet.

Nimmt der Kartograph oder der Bearbeitende schlechthin die Gegebenheiten der vorhandenen Karte „unverändert auf“, so ist die „digitalisierte“ Karte weitgehend dieselbe. Dieses unverändert ist nicht ein unverändert, wie dies bei einer Kopie oder eines Filmabzuges der Fall wäre, sondern es sind durch eine andere Aufnahmetechnik Ungenauigkeiten vorhanden. Der Operateur hat hierbei die Möglichkeit, die aufzunehmenden Punkte „selbst“ zu bestimmen. Er wird dies jedoch sicherlich nicht völlig wahllos tun, sondern er wird nach bestimmten Kriterien vorgehen.[81] So wird er Knickpunkte einer sonst geraden Grenze, den Mittelpunkt eines lokalen Objekts oder einen Flächenschwerpunkt aufnehmen. Es werden also beispielsweise nicht die ganzen Straßenlinien in ihrem Verlauf aufgenommen, sondern es werden markante Punkte wie die von Kreuzungen oder Kurven digitalisiert. Diese Veränderungen sind jedoch vernachlässigbar gering. Bei diesem Vorgehen des nur punktweisen Erfassens[82] -ohne Generalisierung- werden die Generalisierungsergebnisse bzw. die eigenschöpferischen Elemente der vorhandenen Karte übernommen. Insofern sollte man von einer „Kopie“ sprechen. Somit hat das eigentliche Digitalisieren, also ohne gleichzeitige Generalisierung, einen verschwindend geringen Spielraum für ein eigenschöpferisches Tun. Der Spielraum redu-

80 So auch : Hake/Grünreich, S. 190.
81 Siehe hierzu auch die Ausführungen von Hake/Grünreich, S. 188 - 192.
82 Bei solch einem Vorgehen muß vielmehr die Rede von einem bedingt automatischen Tun sein.

ziert sich dabei auf Null. Dieses Digitalisieren nach der Struktur des OK bei der Entstehung des DLM hat insofern keinen Spielraum für ein eigenschöpferisches Schaffen.

II. Entstehung des Roh-DKM - aus dem DLM nach dem SK

Das Roh-DKM entsteht aus dem DLM, indem eine Objektgeneralisierung nach dem ATKIS Signaturenkatalog, dem SK, durchgeführt wird[83].

Die Objektgeneralisierung nach SK entspricht im wesentlichen der Generalisierung nach dem Musterblatt. Das heißt im einzelnen, daß eine Umstrukturierung der DLM-Objekte in die Roh-DKM Objekte stattfindet, indem eine *Zuordnung von Signaturen* vorgenommen wird. Der Entwickler bestimmt hier, wie diese Zuordnung von Signaturen vor sich zu gehen hat. Er entscheidet dabei, welche DLM-Objekte in das Roh-DKM aufgenommen, welche ausselektiert werden und wie diese ausselektierten Objekte graphisch in Signaturen dargestellt werden. Er hat hier einen Gestaltungsspielraum für ein eigenschöpferisches Tätigwerden. So definiert er zum einen in dem Signaturenkatalog die Verknüpfungen der Kartenobjekte des DKM mit den Objekten des DLM und zum anderen die graphische Repräsentation der Kartenobjekte, die Regeln zur Verwendung der Signaturen sowie die Verdrängungs- und Darstellungsprioritäten. Er trifft also eine *Auswahl nach quantitativen Kriterien.* Dies heißt, er muß ein *Vereinfachen der Geometrien* in Form von Übergängen von flächenhafter zu linienhafter Modellierung sowie eine Bildung von Kartenobjekten und damit eine *Klassifizierung* vornehmen.[84] So muß er in dem Signaturenkatalog festlegen, welche DLM-Objekte zu welcher Kartenobjektart führen. Dies genügt aber für ein Zuordnen nicht. Es bedarf vielmehr des zusätzlichen Vergleichs der weiteren *Selektionskriterien* auf der Ebene der Objektteile. Es müssen also die Attributwerte der DLM-Objektteile mit den Selektionskriterien der Kartenobjekt-

---

83 Vickus, S. 26, der sich dabei auf ATKIS bezieht und klarstellt, daß in der ATKIS-Gesamtdokumentation nicht von Objektgeneralisierung gesprochen wird, sondern stattdessen von topographischer und thematischer Generalisierung. Vickus kritisiert dies und zeigt auf, daß laut der ATKIS-Gesamtdokumentation die topographische Generalisierung die Generalisierung ist, die die Objektgeneralisierung nach OK ist. Die kartographische Generalisierung ist nach ATKIS-Dokumentation die Generalisierung nach SK und nach Vickus die eigentliche kartographische Generalisierung. Er macht hierbei insbesondere deutlich, daß die Objektgeneralisierung nach OK nicht ausschließlich eine topographische ist, sondern vielmehr eine topographische und thematische.

84 Vickus, S. 72.

art verglichen werden. Erst wenn hierin eine Übereinstimmung gegeben ist, kann der Objektart des DLM eine Kartenobjektart des Roh-DKM zugeordnet werden, indem der Name, der Objekttyp sowie die entsprechende Graphik -Signaturierung- nach dem SK eingetragen werden.[85] Durch diese Selektionskriterien werden die *Generalisierungen der Auswahl und Zusammenfassung* durchgeführt[86]. Die Zuordnung der Signaturen impliziert die *Generalisierung der Typisierung.*

So werden also für jedes darzustellende Signaturteil eine Kartenobjektgeometrie, eine Darstellungsgeometrie, ein Schriftzusatz und für die zu präsentierenden Eigennamen des Objektes Objektteile angelegt[87]. Unter Kartenobjektgeometrie ist die definierende Geometrie des Roh-DKM-Objektes zu verstehen. Obwohl sich diese direkt aus der Geometrie des DLM ableitet, bestehen zwischen der Geometrie im DLM und der Kartenobjektgeometrie Unterschiede. Diese Unterschiede in der Kartenobjektgeometrie sind aus den abweichenden Objektteilbildungsregeln, den Geometrietypübergängen und der Kartenobjektdefinition entstanden. Denn es sind mehrere Objektteile zu einem Objektteil zusammengefaßt worden, und die darzustellenden Signaturen implizieren die Generalisierung. Dieser beschriebene Vorgang zeigt, daß der Entwickler hier einen größeren Spielraum hat, um eigenschöpferisch tätig zu werden, als bei der Entwicklung des OK. Der Entwickler des SK hat mehrere aufeinander abzustimmende Entscheidungen zu treffen und somit auch Generalisierungen vorzunehmen, um zu der gewünschten Signaturierung zu gelangen.

Für diese Geometrietypwechsel sind, um aus der Ausgangsgeometrie die neue Geometrie, die der neuen Vektorelemente zu erhalten, Berechnungsfunktionen erforderlich. Diese Berechnungen und das dargelegte Überprüfen geschieht durch ein hierfür entwikkeltes Computerprogramm. Vickus hat aus den Modellierungen und den Ergebnissen der notwendigen Überführungen das Programm OGESIK (Objektgeneralisierung nach SK) entwickelt, und zwar für die Überführungen der DLM-Daten in die Roh-DKM-Daten[88]. Hier wird also deutlich, daß für diese Umwandlungen von dem einen System zu dem anderen System immer Berechnungen erforderlich sind.

---

85 Vickus, S. 99 ff.
86 Vickus, S. 100.
87 Siehe hierzu : Vickus, S. 100.
88 Vickus, S. 129.

Die Generalisierung nach dem Signaturenkatalog ist also nichts anderes als die Generalisierung mittels Musterblatt, nur mit dem Unterschied, daß die Generalisierung mittels Signaturenkatalogs auf digitaler Ebene abläuft und für die Überleitungen zwischen dem DLM und dem Roh-DKM ein Computerprogramm notwendig ist. Inwieweit in dem SK sowie in dem Computerprogramm eine persönliche geistige Schöpfung bejaht werden kann und inwieweit die Struktur des OK und des SK eigenschöpferisch im Sinne der Struktur eines Sammelwerkes oder einer Datenbank ist, gilt es erst an späterer Stelle[89] zu klären.

III. Entstehung des DKM - Generalisierung der Linien mittels Computerprogramme

Das DKM entsteht aus dem Roh-DKM. Dieses Roh-DKM bedarf aber einer kartographischen Generalisierung. Es handelt sich hierbei um die Generalisierung im engeren Sinn. Sie ist erforderlich für die Folgekartenerstellung bzw. der Erschaffung eines digitalen kartographischen Modells. Bei dem digitalen kartographischen Modell beruht die Generalisierung auf den graphikbedingten Einschränkungen, denen das zugrundegelegte Objektmodell zu unterziehen ist. Die kartographische Generalisierung besteht aus den sieben elementaren Vorgängen der manuellen herkömmlichen Generalisierung, und zwar dem Vereinfachen, Vergrößern, Verdrängen, Auswählen, Zusammenfassen, Typisieren und dem Betonen. Sie werden aber bei der automationsgestützten Generalisierung aufgrund der anderen Arbeitsweise und aufgrund der Modellierung digitaler Modelle in Teilvorgänge des Generalisierens zerlegt. Durch die Signaturierung werden insbesondere Verdrängungsvorgänge erforderlich. So wird eine bislang doppellinig dargestellte Straße in eine breitere doppellinige Straßensignatur gebracht. Die Darstellung der Straße beansprucht durch die Zuweisung dieser breiteren Liniensignatur mehr Platz. Folglich sind für die umliegenden Objekte/Elemente Verdrängungen bzw. Verschiebungen erforderlich. Eine breitere und doppellinige Signatur erfordert wiederum die Vereinfachung/Glättung des Linienverlaufs oder die Verbreiterung des Mindestabstandes, um so

89 Siehe hierzu : Urheberrechtliche Beurteilung der Struktur von OK und SK : 2.Teil, 3. Kapitel, § 11 A. I. 1) b) und urheberrechtliche Beurteilung des Computerprogramms : 2.Teil, 3. Kapitel, § 11 A. II. 2).

die Mindestabstände zwischen der Signatur in einer Krümmung einhalten zu können. Desweiteren sind, wenn das DKM beispielsweise vom 1 : 25 000 in den Maßstab 1 : 50 000 gebracht werden soll, vor allem vermehrte Liniengeneralisierungen notwendig. Die Generalisierung der Linien ist die eigentliche Generalisierung des Vereinfachens, Typisierens/Betonens und Vergrößerns. Generalisieren mittels Computerprogramm heißt eigentlich, daß die bereits vorhandene Lösung mit Hilfe von Computerprogrammen vorgenommen werden muß. Es wurde ja bereits klargestellt, daß die Generalisierungsergebnisse der Linien unabhängig von der Entwicklung der Lösungsvorschrift für diese Generalisierungsergebnisse betrachtet werden müssen. Ein Computerprogramm muß ja immer ein speziell vorgegebenes Problem vollautomatisch lösen. Hierfür muß das Ergebnis bereits analog vorliegen, es bedarf dann vielmehr der Umsetzungslösung mittels eines Automatismus. Das Computerprogramm muß nicht nur die Generalisierung eines bestimmten Kartenausschnittes lösen, sondern vielmehr *für sämtliche topographischen Karten* des Landesvermessungsamtes *einer Maßstabsreihe*. Eine interaktive Generalisierung ist damit aber nicht ausgeschlossen. Denn bislang gibt es noch keine derartigen Computerprogramme, die eine solche überflüssig machen würden. Die Forschung versucht deshalb ständig diese Computerprogramme zu verbessern.

Für eine spätere urheberrechtliche Beurteilung der Liniengeneralisierung mittels Computerprogrammen gilt zu prüfen, bei welchen Entstehungsphasen eines Computerprogramms ein Spielraum für eigenschöpferisches Schaffen vorhanden ist. Dabei wird aber nicht ein ganz spezielles und einzelnes Computerprogramm von ATKIS geprüft, sondern es wird im allgemeinen ein Generalisierungsprogramm betrachtet. Eine solche Betrachtung genügt für die vorliegende Arbeit, denn es geht bei dieser vorwiegend um den Urheberrechtsschutz von digitalen Kartenbeständen und nicht um die ausschließliche Beurteilung eines Urheberrechtsschutzes von Computerprogrammen. Ein Computerprogramm kann grundsätzlich nach zwei verschiedenen Methoden entstehen, der klassischen Programmentwicklung oder der Programmentwicklung nach der objektorientierten Programmierung

1) *Programmentwicklung nach der klassischen Methode*

Die klassische Programmentwicklung geht von verschiedenen Entstehungsphasen aus, die mit der Problemanalyse beginnt und mit der in Maschinensprache übersetzten Programmiersprache endet. In der Computerfachliteratur[90] werden folgende fünf Entstehungsphasen angenommen : die Problem- oder Systemanalyse, die Entwicklung einer Lösungsvorschrift oder nähere Projektion der Problemlösung, die Übersetzung in eine Programmiersprache oder Codierung, die Dokumentation und die Übersetzung in Maschinensprache[91]. In der Rechtsprechung[92] und teilweise in der juristischen Literatur[93] wird von drei Entstehungsphasen gesprochen. So werden die Problem- oder Systemanalyse, die *Entwicklung einer Lösungsvorschrift* (nähere Projektion der Problemlösung) und die Übersetzung in eine Programmiersprache (Codierung) genannt.

Der Raum für ein eigenschöpferisches Schaffen ist bei der Problem- oder Systemanalyse gering. Der Programmierer erstellt hier lediglich eine Analyse, in der er das zu lösende Problem beschreibt. Die eigentliche Lösung des Problems wird hier jedoch nicht entwickelt.

Der *eigentliche Spielraum für ein eigenschöpferisches Tätigwerden* bei einem Computerprogramm ist jedoch in der *Entwicklung einer Lösungsvorschrift* zu sehen. Die Lösungsvorschrift soll die einzelnen Schritte der Problemlösung beinhalten. Eine solche Lösungsvorschrift wird nach allen Auffassungen in der Informatik als *Algorithmus bezeichnet*[94]. Algorithmus wird laut Duden der Informatik[95] als eine Verarbeitungsvorschrift verstanden, die so präzise formuliert ist, daß sie von einem mechanisch oder elektronisch arbeitenden Gerät durchgeführt werden kann. Der Algorithmus bedarf aber erst noch der Übersetzung in die Maschinensprache, da ein Programm erst in Maschinensprache ein vollautomatisch ablauffähiges Programm ist. Die Begriffsbestimmung eines Computerprogrammes ist deckungsgleich mit der Begriffsbestimmung eines Algorithmus. Die Lösung eines Problems mit Hilfe eines Computerprogramms besteht aber

---

90 Statt vieler : Ortmann, S. 304 - 306.
91 Ortmann, S. 304 - 306.
92 BGH, GRUR 1985, S. 1041 - 1048 -Inkasso-Programm-.
93 Kortsik, S. 20 - 21.
94 Ortmann, S. 306.
95 Duden „Informatik", 2.Aufl., Mannheim Leipzig Wien Zürich, Dudenverlag 1993, S. 27.

zumeist aus einer Vielzahl von Algorithmen. Denn die Lösung eines Problems wird überwiegend nicht nur mit einem einzelnen Algorithmus i.S. einer Rechenregel bewirkt, sondern vielmehr geschieht diese durch Kombination von Algorithmen. So wird beispielsweise eine einfache Berechnung eines Kreisumfanges von einem Algorithmus im Sinne einer Rechenregel gelöst. Für umfangreichere und schwierigere Berechnungen genügt aber nicht ausschließlich die Lösung mittels eines einzelnen Algorithmus, sondern solche bedürfen der Kombination verschiedener Algorithmen. Bei den komplizierten und insbesondere umfangreichen Generalisierungsvorgängen sind also die Kombinationen von verschiedenen Algorithmen erforderlich. Es wird ein Algorithmus komplexerer Struktur erzeugt. Insofern besteht die Lösung eines Problems mit Hilfe eines Computerprogramms zumeist aus der Kombination mehrerer Algorithmen und nicht lediglich aus einem Algorithmus im Sinne einer Rechenregel. Bei der Entwicklung der Lösungsvorschrift mittels der *Kombination von Algorithmen* besteht ein Spielraum für ein eigenschöpferisches Schaffen, bei dem Algorithmus i.S. einer Rechenregel hingegen nicht.

Um die gefundene Lösung überschaubar und verständlich zu machen, wird diese in Programmablaufpläne[96] und Struktogramme[97] sowie Datenflußpläne und Flußdiagramme[98] gebracht. So wird beispielsweise die Lösung durch Programmablaufpläne mittels graphischer Sinnbilder/Elemente wie Rechtecke, Vierecke, Dreiecke, Kreise oder Trommeln dargestellt. Diese Sinnbilder bzw. Elemente haben wiederum die Algorithmen inne. Ein einzelner Algorithmus kann in einem Programmablaufplan graphisch deutlich gemacht werden. Komplexere Berechnungen bzw. die Kombination von Algorithmen setzen sich hingegen aus mehreren Fluß- und Programmablaufplänen, den Unterablaufplänen, zusammen. Ein komplexeres Programm besteht also aus mehreren „kleinen" Programmablaufplänen.

Die der eigentlichen Lösung nachfolgenden Übersetzungen in die Programmiersprache[99] und Maschinensprache[100] lassen keinerlei Raum für ein eigenschöpferisches Schaffen.

---

96 Duden „Informatik", a.a.O., S. 542; Kaltenbach/Woerrlein, S. 136.
97 Siehe hierzu : Kaltenbach/Woerrlein, S. 342; Ortmann, S. 308.
98 Statt vieler: Kortsik, S. 21; Ortmann, S. 308.
99 Ortmann, S. 305, 319; Kaltenbach/Woerrlein, S. 114, 291 f.
100 Ortmann, S. 319 f.

Die Dokumentation enthält die schriftliche Beschreibung des gesamten Entwicklungsprozesses, wobei die eigentliche Lösung bereits vorliegt. So enthält diese in der Regel die ursprüngliche Aufgabenstellung, die graphische Darstellung der Lösungsvorschrift sowie den Programmtext und die Kommentare, um Dritten, falls nötig, das Programmverständnis zu erleichtern[101]. Die Dokumentation kann lediglich bei der Verfassung der Kommentare einen Gestaltungsspielraum für ein eigenschöpferisches Schaffen haben. Ein solches Schaffen betrifft aber nicht die eigentliche Lösung, die die Lösung der Umsetzung mittels eines Automatismus -des Computerprogramms- ist.

2) Programmentwicklung nach der objektorientierten Programmierung

Der *eigentliche Spielraum für ein eigenschöpferisches Schaffen* kann auch bei der Programmentwicklung nach der objektorientierten Programmierung nur *in der Entwicklung der Lösungsvorschrift* liegen. Bei der objektorientieren Programmierung ist die Lösung eines Problems ebenso nur mittels eines Algorithmus bzw. überwiegend mittels der Kombination von Algorithmen möglich. Dabei ist die Lösung des Problems, der Algorithmus bzw. die Kombination von Algorithmen, verborgen in dem Objekt gekapselt. Datenkapselung bedeutet, daß die Objekte einerseits Daten und andererseits Algorithmen besitzen. Genauer ausgedrückt bedeutet Kapselung das Verbergen des inneren Zustands eines Objekts und der Implementierung seiner Operationen (*Algorithmen*, Hilfsdatenstrukturen, etc.) vor dem Benutzer („information hiding"). Kapselung garantiert also, daß externe Nutzer eines Objekts nur über dessen Verhaltensrepertoire mit ihm interagieren können[102].

Derjenige, der nach dieser Programmierung ein Programm erstellt, tut dies mit Klassen und Objekten. Die Klassen sind die innere Struktur von Objekten. Der Programmierer muß bei dieser objektorientierten Programmierung Objekte konstruieren, definieren und deshalb ein klares Schema von der inneren Struktur von Objekten haben. Sind für diese Konstruktion und Definition der Objekte Kombinationen von Algorithmen notwendig, hat der Programmierer einen Spielraum für ein eigenschöpferisches Tätigwerden. Ist hingegen nur ein einzelner Algorithmus im Sinne einer Rechenregel erforderlich, besteht für den Programmierer kein Raum, um eigenschöpferisch tätig zu werden.

---

101 Ortmann, S. 306.
102 Lang/Lockemann, S. 177 f.

Somit stellt der Algorithmus bzw. die Kombination von Algorithmen sowohl bei der klassischen Programmentstehung als auch bei der objektorientierten Programmentstehung die Lösung des Problems dar. Bei dem eigentlichen Algorithmus im Sinne einer Rechenregel ist jedoch keinerlei Spielraum für ein eigenschöpferisches Schaffen vorhanden. Raum für ein eigenschöpferisches Schaffen besteht hingegen bei der Kombination von Algorithmen bzw. dem Algorithmus komplexerer Natur. Es muß zwischen dem eigentlichen und dem komplexeren Algorithmus unterschieden werden. Inwiefern eine persönliche geistige Schöpfung im Sinne des Urheberrechtsgesetzes bejaht werden kann, hängt vom Einzelfall ab. Die nähere Beleuchtung dieser Thematik soll jedoch erst an späterer Stelle[103] erfolgen.

B. Entstehung eines Kfz-Navigationssystems

Kfz-Navigationssysteme bestehen aus den folgenden Komponenten : Ortungssystem, elektronischer Verkehrslotse und digitales Modell eines Straßennetzes sowie damit verbundener Objekte[104]. Sie lotsen den Benutzer an dem von ihm gewünschten Standort. Hierzu hat er einen eingebauten Bildschirm im Auto, der eine digitale Straßenkarte mit thematischen Inhalten zeigt. Dieses System ist aber zugleich mit einer Sprachfunktion ausgestattet. Der Benutzer kann somit die Wegweisungen auch vollautomatisch mittels einer Stimme erhalten, wobei er zwischen unterschiedlichen Sprachen wählen kann. Er hat also die Möglichkeit, die digitale Straßenkarte mit ihren thematischen Inhalten und gleichzeitig die Sprachfunktion in Anspruch zu nehmen. Durch die Sprachfunktion wird der Nutzer beim Fahren entlastet, indem er zu seinem gewünschten Ziel gebracht wird, ohne daß er einen Blick auf die digitale Karte werfen muß.
Die Hersteller der Kfz-Navigationssysteme entnehmen entweder den analogen Karten der Landesvermessungsämter deren topographischen Karten-„Inhalt“ oder sie greifen auf die digitalen Kartenbestände der Landesvermessungsämter zurück.

103 Siehe hierzu im näheren : 2.Teil, 3. Kapitel, § 11 A. II. 2) b) und 3) a) bb).
104 Hake/Grünreich, S. 511.

I. Digitalisieren der Mittellinien von beispielsweise Straßen der analogen Karten der Landesvermessungsämter

Digitalisieren der Mittellinien von Straßen bedeutet, daß die Mittellinie einer doppelligen Straßensignatur in ihrem Verlauf digitalisiert wird.[105] Dieses Digitalisieren, ohne gleichzeitige Generalisierung, beläßt keinen Spielraum für ein eigenschöpferisches Tätigwerden. Der Spielraum reduziert sich auf Null.[106] Werden diese aufgenommenen Daten unverändert belassen, sind generalisierte Ergebnisse übernommen worden.

II. Übernahme des digitalen Kartenbestandes von den Landesvermessungsämtern

Die Hersteller von Kfz-Navigationssystemen übernehmen teilweise[107] den digitalen Kartenbestand von Landesvermessungsämtern, den sie wiederum digitalisieren, um das Straßennetz für ihr Kfz-Navigationssystem zu erhalten. Vorne[108] wurde bereits aufgezeigt, daß bei der Erstellung des digitalen Kartenbestandes ATKIS durchaus Spielräume für ein eigenschöpferisches Tun gegeben sind. Ob diese aber die Voraussetzungen für eine persönliche geistige Schöpfung eines urheberrechtlich zu schützenden Werkes erfüllen, ist im urheberrechtlichen Teil zu klären[109]. Falls sie die Voraussetzungen nicht erreichen, ist zu prüfen, ob ein Leistungsschutz vorhanden ist. Von diesen zu klärenden Fragen hängt es ab, ob die Hersteller für die Erstellung der Kfz-Navigationssysteme eine Einwilligung im Sinne eines Lizenzvertrages benötigen.

---

105 Dabei ist es gleichgültig, ob die Mittellinie in ihrem exakten Verlauf digitalisiert wird, da ja hierbei der Verlauf schlechthin übernommen wird.

106 Siehe hierzu vorne : 1.Teil, 2. Kapitel, § 3 A. I.

107 Mit dieser Möglichkeit der Übernahme des digitalen Kartenbestandes verzichten die Hersteller lediglich auf die „Auswertung der analogen Karten", nicht jedoch auf die Digitalisierung. Diese „verlagert" sich stattdessen auf den Bildschirm.

108 Siehe hierzu vorne : 1.Teil, 2. Kapitel, § 3 A.

109 Siehe hierzu später : zu dem digitalen Kartenbestand ATKIS : 2.Teil, 3. Kapitel, § 11 A. I. 1) b) und zu dem digitalen Kartenbestand des Kfz-Navigationssystems : 2.Teil, 3. Kapitel, § 11 B. I. 1) b).

III. Hinzufügen von thematischen Inhalten

Inwiefern bei den thematischen Inhalten von Kfz-Navigationssystemen ein Spielraum für ein eigenschöpferisches Schaffen gegeben ist, ist äußerst fraglich. Denn die thematischen Inhalte eines Kfz-Navigationssystems werden zumeist vollständig aufgenommen. So wird auf eine vollständige Aufnahme beispielsweise von Apotheken, Krankenhäusern, Museen und Hotels geachtet. Bei einer solchen vollständigen Aufnahme ist kein Spielraum für ein eigenschöpferisches Schaffen.

Lediglich die Gestaltung der Signaturen für die thematischen Inhalte belassen einen Spielraum für ein eigenschöpferisches Tätigwerden. Ob diese jedoch derart gestaltet werden, so daß sie das Charakteristische des Darzustellenden hervorbringen, ist fraglich. Gerade bei Kfz-Navigationssystemen wird Wert auf die Vollständigkeit der Straßen und der darzustellenden Thematik gelegt. Desweiteren sind die Kfz-Navigationssysteme mit Sprache ausgestattet, wobei der Benutzer beim Fahren mit dem Kfz die Wegweisungen mittels Stimme wählen kann. Es steht also weitgehend die Funktionalität im Vordergrund. Insofern nimmt die ästhetische Komponente und die gute Lesbarkeit, wie bei der eigentlichen Landkarte, keinen allzu großen Stellenwert ein.

IV. Anderer Signaturenkatalog - andere Darstellungsweise als in den Landkarten

Bei der Darstellungsweise der Straßen, der Liniensignaturen, ist kein Spielraum, um eigenschöpferisch tätig zu werden. Die Liniensignaturen werden nach gängigen Signaturen, wie ein- oder doppellinig, erstellt.

Wie bereits angesprochen worden ist, verbleibt lediglich bei der Gestaltung der Signaturen von den thematischen Inhalten ein Spielraum für ein eigenschöpferisches Schaffen.

V. Computerprogramm zur Funktionsweise des Kfz-Navigationssystems

Kfz-Navigationssysteme bedürfen zur ihrer Funktionsweise der Computerprogramme. So ist jeweils ein Computerprogramm für das Aufrufen des digitalen Kartenbestandes auf den Bildschirm, für die Sprachfunktion des Kfz-Navigationssystems, für das Ortungssystem und für den elektronischen Verkehrslotsen notwendig. Desweiteren sind

Computerprogramme für die gleichzeitige Funktion dieser einzelnen Bestandteile des Kfz-Navigationssystems erforderlich. Diese Computerprogramme bedürfen umfangreicher und auch komplizierter Berechnungen.

Solche Berechnungen werden mittels der Kombination von Algorithmen gelöst, was bei den Generalisierungsprogrammen von ATKIS bereits[110] erläutert worden ist. Die Kombination solcher Algorithmen beläßt Spielräume für den Informatiker, um eigenschöpferisch tätig zu werden. Hierbei reicht ebenso -wie bei den Computerprogrammen von ATKIS- die Betrachtung dieser Computerprogramme im allgemeinen und verlangt nicht die eines einzelnen Computerprogramms.

§ 4 Neue Nutzungs- und Verwertungsmöglichkeiten bei digitalen Kartenbeständen

Die digitalen Kartenbestände sind entweder auf einer Festplatte, einer CD-ROM oder einer Diskette gespeichert. Von diesen Daten- bzw. Festträgern[111] lassen sich Kopien viel einfacher, schneller und mit besserer Qualität erstellen als bei den konventionell erstellten Karten. Dies wird vermehrt zu solchen Eingriffs- bzw. Verletzungshandlungen führen.

Eine Festplatte[112] ist das größere Speichermedium im Vergleich zu einer CD-ROM und zu einer Diskette. Will man beispielsweise eine Kopie von ATKIS 25 machen, so kann dies lediglich mittels einer Festplatte geschehen. Es handelt sich hierbei um große Datenmengen, die insgesamt nur auf einer Festplatte Platz haben. Will man hingegen nur Teile von ATKIS kopieren, kann dies möglicherweise auch auf eine CD-ROM getan werden. Dies hängt wiederum von der Datenmenge ab. Eine CD-ROM ist also durchaus ein Speichermedium, das relativ große Datenmengen speichern kann. Ein Kopieren von solch großen Datenmengen auf eine Diskette ist dagegen kaum möglich, es sei denn, es handelt sich nur um einen geringen Teil von ATKIS. Insofern können Disketten nicht

---

110 Siehe hierzu vorne : 1.Teil, 2. Kapitel, § 3 A. III. 1) u. 2).

111 Festträger sind, wie im allgemeinen Sprachgebrauch genannt, Datenträger. Es wird in dieser Abhandlung jedoch der Begriff „Festträger" verwendet, da dieser die körperliche Fixierung mehr verdeutlicht. Siehe hierzu vor allem : 2.Teil, 3. Kapitel, § 11, A. I. 2) a).

112 Es gibt jedoch unterschiedliche Festplatten hinsichtlich des Speicherplatzes.

allzu große Datenmengen speichern. Bei diesen Kopien auf Festträger handelt es sich um „körperliche" Kopien.

Von den Nutzungs- und Verwertungsmöglichkeiten der Daten- bzw. Festträger sind die der Online- und Netzwerk-Einsätze zu unterscheiden. So werden einerseits bei einem Online- und Netzwerk-Einsatz *keine* körperlichen Übertragungen bzw. körperlichen Kopien im eigentlichen Sinn erstellt, sondern es finden *un*körperliche Übertragungen statt. Andererseits kann bei einem Online-Einsatz einer Vielzahl und bei einem Netzwerk-Einsatz einer Mehrzahl an Nutzern die Datenbank zur Verfügung gestellt werden. Durch diese neuen technischen Möglichkeiten können also eine Mehrzahl an Nutzern erreicht werden, was wiederum mehr Nutzungs- bzw. Verwertungsmöglichkeiten mit sich bringt und damit auch vermehrte Eingriffshandlungen auslösen wird.
So werden bei einem Online-Einsatz die Daten im Wege der Datenfernübertragung mit Hilfe eines Modems und eines Terminalprogramms übertragen. Dabei werden die Daten vom Absender zum Empfänger drahtlos oder per Draht. d.h. auf *un*körperliche Weise übermittelt und auf dem Bildschirm beim Empfänger wieder wahrnehmbar gemacht[113]. Diese Wahrnehmbarmachung ist *keine eigentliche* körperliche Fixierung wie auf den Festträgern, was jedoch eine anschließende körperliche Fixierung auf Festträgern nicht ausschließt. Bei einem Online-Einsatz besteht *keine permanente* Verbindung zwischen den einzelnen Computern, da eine Verbindung erst durch den jeweiligen Online-Einsatz aufgebaut wird.[114]
Bei einem Netzwerk-Einsatz sind mehrere Terminals mit festverkabelten Leitungen oder durch Standleitungen miteinander verbunden[115]. So besteht also eine permanente, physikalische Verbindung zwischen den einzelnen Computern[116]. Es ist zwischen lokalen Netzwerken, die innerhalb eines räumlich abgegrenzten Bereichs -Gebäude, Grundstück- bestehen, und landes- bzw. weltweiten Netzwerken zu unterscheiden.
Bei den Online- und Netzwerk-Einsätzen muß aber zwischen dem *Zugänglichmachen* und dem *Zugriff* differenziert werden.

113 Schricker, Urheberrecht auf dem Weg zur Informationsgesellschaft, S. 128; Kappes, S. 8.
114 Das Internet funktioniert durch Online über Datenautobahnen. Siehe hierzu auch : Kappes, S. 10.
115 Kappes, S. 14.
116 Kappes, S. 14.

So bedeutet ein Online-*Zugänglichmachen* konkret, daß der Anbieter die Datenbank einer unbegrenzten Vielzahl an Nutzern zur Verfügung stellt. Der Anbieter macht ein Online-Angebot zur Nutzung der Datenbank und übermittelt bei Interesse dieses Angebot. Ein Online-*Zugriff* liegt hingegen vor, wenn der Nutzer das Online-Angebot annimmt und sich dieses per Datenfernübermittlung übertragen läßt. Der Nutzer greift also beim Online-Zugriff gezielt auf bestimmte Informationseinheiten zu, wobei aber der Zugriff für den Nutzer erst beim konkreten Empfang der gewünschten Informationen auf dem Bildschirm erfolgreich abgeschlossen ist. Der Nutzer kommt durch den Empfang in den Werkgenuß, die Werknutzung.

Bei großen Netzwerken verhält es sich hinsichtlich des Zugänglichmachens und des Zugriffs ebenso, bei kleinen lokalen Netzwerken jedoch nur hinsichtlich des Zugriffs. Das Zugänglichmachen ist bei kleinen lokalen Netzwerken begrenzt, d.h. das Anbieten und Übermitteln ist nicht für eine unbegrenzte Mehrzahl von Personen bestimmt, da die jeweiligen Rechner mittels Server miteinander verbunden sind. So können die Personen, die an dieses Netzwerk angeschlossen sind, gleichzeitig auf den Zentralrechner zugreifen.

Inwieweit diese neuen Nutzungs- und Verwertungsmöglichkeiten und die damit einhergehenden Eingriffshandlungen in einen urheberrechtlichen Schutz einbezogen werden, gilt es bei dem Schutzumfang von digitalen Kartenbeständen zu beantworten.[117]

117 Siehe hierzu später : 2.Teil, 3. Kapitel, § 11 A. I. 2), § 12 A. II. 2) und § 12 B. II.

2. Teil
Urheberrechtsschutz

1. Kapitel
Urheberrechtsschutz nach dem Urheberrechtsgesetz
-Werk im Sinne des Urheberrechtsgesetzes-

§ 5 Schutzvoraussetzungen

A. Die Werkgattungen des § 1 UrhG -Werke der Literatur, Wissenschaft und Kunst-

Um urheberrechtlich beurteilen zu können, ob die speziell zu prüfende Karte ein vom Urheberrechtsgesetz zu schützendes Werk ist, muß vorab geklärt werden, welche Voraussetzungen ein solches erfüllen muß. Gem. § 1 UrhG genießen Urheber von Werken der Literatur, Wissenschaft und Kunst für ihre Werke Schutz nach Maßgabe dieses Gesetzes. Dies besagt eigentlich, daß nur dann einem Werk ein urheberrechtlicher Schutz gewährt wird, wenn es zu einer der Werkgattungen der Literatur, Wissenschaft und Kunst gehört. In § 2 Abs.2 UrhG wird klargestellt, daß Werke im Sinne dieses Gesetzes nur persönliche geistige Schöpfungen sein können. Inwiefern diese beiden Paragraphen zusammenhängen, soll nachfolgend geklärt werden. Dabei ist fraglich, ob § 1 UrhG eine echte Schutzvoraussetzung ist oder ob ihm lediglich Filterfunktion zukommt. Die Rechtsprechung und die Literatur haben jedoch weitgehend offen gelassen, zu welcher Werkgattung das einzelne zu beurteilende Werk gehört[118]. Sie haben sich vielmehr auf die Auslegung des Werkbegriffs konzentriert. Dennoch ist die Frage, zu welcher Werkgattung[119] das zu prüfende „Werk" gehört, entscheidend. Dem ist so, da von der Rechtsprechung und von der Literatur die einzelnen Werkarten unterschiedlich behandelt

118 Siehe hierzu auch : v. Moltke, S. 13; lediglich in „Ausnahmen" nimmt die Rechtsprechung eine Zuordnung zu einer Werkgattung an : BGH, GRUR 1985, S. 1041 - 1048 -Inkasso-Programm-; BGH, GRUR 1986, S. 739 f. -Anwaltsschriftsatz-.

119 Werkgattungen sind die Werke der Literatur, Wissenschaft und Kunst. Werkarten bzw. Werkkategorien sind hingegen die beispielhaft aufgeführten Werke des § 2 Abs. 1 UrhG.

werden[120]. Insbesondere bei der urheberrechtlichen Beurteilung von Landkarten ist dies von Bedeutung. Landkarten werden laut Gesetzestext zu den Darstellungen wissenschaftlicher oder technischer Art gezählt und damit zu den Werken der Wissenschaft. Diese werden hinsichtlich eines Inhaltsschutzes unterschiedlich behandelt. Desweiteren hat eine Landkarte eine ästhetische Komponente in sich, was zu der Frage führt, ob eine solche auch ein Werk der angewandten Kunst sein kann. Ein Werk der angewandten Kunst gehört zu den Werken der Kunst. Bei einem solchen wird zumeist eine erhöhte Gestaltungshöhe verlangt. Insofern ist es also durchaus von Bedeutung, in welche Werkgattung ein zu prüfendes „Werk" eingereiht werden kann. Die Voraussetzungen der persönlichen geistigen Schöpfung sind jedoch die „zentralen" Voraussetzungen, die letztlich entscheiden, ob ein Werk vorliegt. Dies soll in den beiden folgenden Kapiteln verdeutlicht werden. Im folgenden muß jedoch zuerst geklärt werden, ob § 1 UrhG echte Schutzvoraussetzung zukommt oder lediglich eine Filterfunktion zugesprochen werden kann. Gleichzeitig soll entschieden werden, wie § 1 UrhG auszulegen ist.

I. Filterfunktion des § 1 UrhG oder echte Schutzvoraussetzung ?

Nach § 1 UrhG genießen die Urheber von Werken der Literatur, Wissenschaft und Kunst für ihre Werke Schutz nach Maßgabe dieses Gesetzes.

Dies besagt eigentlich, daß nur den Werken ein urheberrechtlicher Schutz gewährt wird, die zu den Werkgattungen der Literatur, Wissenschaft und Kunst gehören. Ob dieser Gesetzesbestimmung eine echte Schutzvoraussetzung oder eine Filterfunktion zukommt, läßt sich nur durch die Gesetzessystematik klären.

Die streng am Wortlaut orientierte Auslegung macht deutlich, daß die Bestimmung, was ein Werk ausmacht, nicht lediglich durch § 2 Abs.2 UrhG bestimmt werden kann. Das Werk wird vielmehr in zwei Schritten bestimmt[121]. So wird in § 1 UrhG zuerst allgemein geregelt, welche Werke unter einen Schutz fallen. In § 2 Abs. 1 UrhG wird die Aufzählung der wichtigsten Werkarten beispielhaft erläutert. Das heißt, es werden dort die Werkarten aufgezählt, die zu den drei Werkgattungen gehören. Und schließlich wird

120 Siehe hierzu insbesondere : 2.Teil, 1. Kapitel, § 5 B. II. 2) und 3).
121 So auch : Koch-Kumrei, S. 14.

in Abs.2 festgelegt, daß ein Werk eine persönliche geistige Schöpfung ist. Es erfolgt also eine schrittweise Begrenzung des Werkbegriffs. Der Werkbegriff wird in seiner Gesamtheit also erst durch die systematische Abfolge und das Aufeinanderbezogensein der §§ 1 und 2 UrhG erfaßt[122]. So kann eine Arbeit, selbst wenn diese als ein Werk der Wissenschaft einzustufen ist, die Voraussetzungen für eine persönliche geistige Schöpfung nicht erfüllen. *§ 1 UrhG* stellt demnach eine *allgemeine Schutzvoraussetzung* dar, *die aber kumulativ mit § 2 Abs.2 UrhG erfüllt sein muß*[123]. Entscheidend ist hierbei jedoch, daß die drei Werkgattungen großzügig ausgelegt werden. In der beispielhaften Aufzählung des § 2 Abs.1 UrhG sind nicht nur solche genannt, die Werke der Kunst im eigentlichen bzw. engen Sinn sind, sondern auch solche, die Werke der Kunst im weiten Sinn wie die der angewandten Kunst sind. Daraus kann man ohne weiteres schließen, daß eine allzu enge Auslegung der Begriffe „Wissenschaft", „Kunst" und „Literatur" nicht mit dem Gesetzestext vereinbar ist[124].

Insgesamt läßt sich also festhalten, daß auf eine Zuordnung zu den einzelnen Werkgattungen nicht verzichtet werden kann. Denn § 1 UrhG ist eine echte Schutzvoraussetzung. Was jedoch unter den Begriffen „Literatur", „Wissenschaft" und „Kunst" zu verstehen ist, muß durch Auslegung ermittelt werden.

II. Die Begriffe „Literatur", „Wissenschaft" und „Kunst"

Legt man den Begriff „*Literatur*" wörtlich aus, so findet man im allgemeinen Sprachgebrauch die unterschiedlichsten Definitionen. Aus diesen läßt sich keine eindeutige Antwort festmachen, was unter einem Werk der Literatur zu verstehen ist. So ist Literatur die Gesamtheit der schriftlichen Äußerungen des menschlichen Geistes, im engeren Sinne das gesamte schöngeistige Schrifttum[125]. Bei anderen[126] werden unter Literatur im weitesten Sinn alle schriftlich aufgezeichneten Äußerungen und im engeren Sinn -durch die Literaturwissenschaft abgegrenzt- die Gesamtheit der Sprachkunstwerke verstanden.

122 So auch: Koch-Kumrei, S. 14 ; siehe hierzu auch: Rau, UFITA Bd. 58 (1978), S. 2 ff.
123 So auch : Koch-Kumrei, S. 14.
124 Siehe ebenso : Koch-Kumrei, S. 15.
125 Der große Brockhaus in 20 Bänden, Bd.11, Wiesbaden 1970.
126 Das Große Duden-Lexikon, 5.Bd., 2.Aufl., Bibliographisches Institut, Mannheim, Wien, Zürich 1969.

Wiederum andere definieren Literatur als alle dichterischen oder schriftstellerischen Werke und als alle Bücher sowie Aufsätze, die über ein bestimmtes Thema geschrieben wurden[127]. Schließlich wird Literatur als eine Gesamtheit von Schriften jeder Art wie beispielsweise Fachliteratur bezeichnet.[128] Auch aus der weiteren Gesetzesauslegung, dem Bedeutungszusammenhang und dem Sinn und Zweck des Gesetzes, erhält man keine weitere Klarheit. Selbst aus den Motiven[129] ergeben sich keine weiteren Aufschlüsse über den Begriff „Literatur". Insofern bedarf es der Ausfüllung des unbestimmten Begriffs „Literatur" durch die Rechtsprechung und Lehre[130]. Nach der Rechtsprechung[131] und Literatur[132] ist für das Vorliegen eines Werkes der Literatur die Erzielung einer ästhetischen Wirkung[133] erforderlich. So sind nach ihnen Werke der Literatur darauf ausgerichtet, beim Leser oder Hörer eine ästhetische Wirkung gleich welcher Art hervorzurufen. Das Werk soll also auf jeden Fall zuerst die Emotionen ansprechen, ob ein solches auch als Nebeneffekt eine belehrende Wirkung hat, steht einem Werk der Literatur nicht entgegen. Ein darüberhinausgehender nebensächlicher Zweck bleibt insofern unberücksichtigt.

Der Begriff *„Wissenschaft"* ist ebenso unbestimmt. So ergibt sich lediglich nach dem allgemeinen Sprachgebrauch, daß der Begriff „Wissenschaft" bedeutet, methodisch Erkenntnisse zu erarbeiten, sich mit ihnen auseinanderzusetzen oder sie zu verbreiten.

---

127 Duden, Bedeutungswörterbuch, Mannheim 1970.

128 Bertelsmann Lexikon, Bd.9, Bertelsmann Gütersloh 1990.

129 Nach der höchstsrichterlichen Rechtsprechung -BVerfGE 1, 299, 312 und BGHZ 46, 74- reicht grundsätzlich die Berufung auf Motive und Materialien des Regierungsentwurfes für eine ausreichende Begründung und Gesetzesauslegung nicht aus. Diese Auffassung überzeugt jedoch nicht. Vielmehr ist Larenz/Canaris -S. 137 - 141- darin zuzustimmen, daß für eine ausreichende Gesetzesauslegung die Einbeziehung des subjektiven Willens zu fordern ist. So ist zwar das Ziel der Gesetzesauslegung nur die Ermittlung des heute rechtlich maßgeblichen, also eines normativen Sinnes des Gesetzes. Dabei sei der rechtlich als maßgeblich zu erachtende Sinn des Gesetzes aber nur unter Berücksichtigung der Regelungsabsichten und der konkreten Normvorstellungen des historischen Gesetzgebers, keinesfalls davon unabhängig festzustellen. Er sei vielmehr das Ergebnis eines gedanklichen Prozesses, in den alle vorstehend genannten Momente, also sowohl subjektive wie objektive, einzubeziehen seien und der prinzipiell nie am Ende sei.

130 Die Rechtsprechung und die überwiegende Literatur richten sich aber nach der höchstrichterlichen Rechtsprechung hinsichtlich der Gesetzesauslegung.

131 OLG Karlsruhe, GRUR 1983, S. 300 -Inkasso-Programm-.

132 Fromm/Nordemann-Vinck, § 2 Rn.16; Troller, S. 11 ff.

133 Die Erzielung eines ästhetischen Zwecks steht auch nicht dem zweckneutralen Werkbegriff des Urheberrechtsgesetzes entgegen. Die Zweckneutralität des Werkbegriffs gilt ausschließlich bei der Beurteilung der Werkqualität eines Geistesproduktes, nicht aber bereits bei der Bestimmung der einschlägigen Werkkategorie. v.Moltke, S. 33 mit Verweis auf Wittmer, S. 92 ff.

Wissenschaft macht also die Gesamtheit von Erkenntnissen aus.[134] Zu den Elementen des Wissenschaftsbegriffs gehört folglich das Streben nach Erkenntnis und der Wunsch, zu wahren Aussagen und/oder gültigen Schlüssen zu kommen. Somit bedeutet Wissenschaftlichkeit Überprüfbarkeit.[135] Diese Elemente des Begriffs „Wissenschaft" können aber auch bei den Werken der Literatur vorliegen.[136] Insofern ist die wörtliche Auslegung unbestimmt. Ebenso bringt die weitere Gesetzesauslegung nach dem Bedeutungszusammenhang, nach dem Sinn und Zweck sowie nach den Motiven keine weitere Klarheit. Die Rechtsprechung und die Literatur fordern deshalb für die Ausfüllung von diesem unbestimmten Rechtsbegriff den Zweck der Belehrung und Unterrichtung[137] und bezeichnen ein Werk der Wissenschaft als ein Werk ohne ästhetische Wirkung.[138] Um jedoch zu verhindern, daß Werke der schöngeistigen Literatur, die am Rande auch belehrend sind, zu den Werken der Wissenschaft gezählt werden, muß der Wissenschaftler subjektiv das Ziel der Wissenserweiterung seines Werkes anstreben.[139] Es genügt also nicht nur, wenn ein Werk objektiv geeignet ist, belehrend zu wirken.

Und schließlich ist auch der Begriff „*Kunst*" ein unbestimmter Rechtsbegriff. Er ist zum einen nicht im Sinne des alltäglichen Sprachgebrauchs zu verstehen, nach dem Kunst als bildende Kunst, wie Malerei, Plastik und Bildhauerei, definiert wird.[140] Denn nach § 2 Abs.1 Nr.4 UrhG zählen zu den Werken der Kunst nicht nur die der bildenden Künste, sondern darüber hinaus die Werke der Baukunst, der angewandten Kunst und Entwürfe solcher. Zum anderen ergibt sich aus der weiteren Gesetzesauslegung keine eindeutige Klarheit. Nach der nahezu ständigen Rechtsprechung des BGH und den fast einhelligen Instanzgerichten liegt dann ein Werk der bildenden Kunst vor, wenn bei ihm ein „ästhetischer Überschuß" in einem Grade vorliegt, daß nach dem im Leben herrschen-

---

134 Brockhaus-Enzyklopädie in 24 Bänden, Bd.24, 19.Aufl., Mannheim 1994.

135 Wohlgenannt, S. 239 - 240, 248 - 255.

136 So auch : v.Moltke, S. 25.

137 zuerst RGSt 39, 229; 34, 431, 432; BGHZ 50, 147, 156 -Kandinsky I-; BGH, GRUR 1986, S. 739, 740 -Anwaltsschriftsatz-; Literatur : v.Gamm, Urheberrechtsgesetz, § 51 Rn.9; Fromm/Nordemann-Vinck, § 51 Rn.6; Altenpohl, S. 34 ff.; Buchmüller, S. 27 f.; Haberstumpf, UFITA Bd. 64 (1982), S. 23; Hubmann, Urheber- und Verlagsrecht, 6. Aufl., 1987, S. 188 f.; Kummer, S. 106.

138 Siehe hierzu : v.Moltke, S. 25 - 29 mit weiteren Nachweisen.

139 So auch : v.Moltke, S. 31.

140 Siehe hierzu : Brockhaus-Enzyklopädie in 24 Bänden, Bd.12, 19.Aufl. Mannheim 1990; Duden - Das Neue Lexikon in 10 Bänden, Bd.5, 3.Aufl., Mannheim 1996.

den Anschauungen -noch- von Kunst gesprochen werden kann. Diese Definition entspricht der des alten Reichsgerichts[141]. Diese Definition ist jedoch vereinzelt von der Literatur kritisiert worden, und zwar vor allem wegen des Begriffs des Ästhetischen. Dieser vermöge den Begriff des Künstlerischen nicht auszuschöpfen[142]. Selbst der BGH sieht dies vereinzelt so, indem er von einer künstlerischen Gestaltungshöhe spricht[143].

Im Ergebnis läßt sich sagen, daß die Begriffe „Literatur“, „Wissenschaft“ und „Kunst“ unbestimmt sind und deshalb einer Ausfüllung durch die Rechtsprechung bedürfen. Diese Begriffe sind dabei aber nur großzügig auszulegen, da in § 2 Abs.2 UrhG näher bestimmt wird, welche Werkkategorien darunter fallen. Insofern bedarf es keiner Ausfüllung bis in alle Einzelheiten.

B. Werk i.S.v. § 2 Abs.2 UrhG - persönliche geistige Schöpfung

Im vorigen Kapitel wurde deutlich gemacht, daß die Vorraussetzungen des § 2 Abs.2 UrhG letztlich entscheiden, ob ein Werk vorliegt. Es bedarf also der Klärung des Rechtsbegriffs „*persönliche geistige Schöpfung*“. Erst wenn dieser Rechtsbegriff bzw. diese Schutzvoraussetzung definiert ist, kann beurteilt werden, wann eine Landkarte eine persönliche geistige Schöpfung ist. Insofern ist im ersten Schritt festzustellen, wann eine persönliche geistige Schöpfung im allgemeinen -also relativ unabhängig von der jeweiligen Werkkategorie- bejaht werden kann. Dabei soll geklärt werden, ab welchem Mindestmaß dies der Fall ist. Erst im zweiten Schritt soll dann anhand grober Indizien dargelegt werden, wann das Mindestmaß für eine persönliche geistige Schöpfung bei einer Landkarte gegeben ist, und gleichzeitig aufgezeigt werden, daß das Mindestmaß bei den jeweiligen Werkarten unterschiedlich anzusetzen ist. Der erste und zweite Schritt werden in diesem Kapitel abgehandelt. Und schließlich im dritten Schritt sollen Fallgruppen und Feinindizien für eine persönliche geistige Schöpfung gebildet und bewertet werden. Dieser dritte Schritt wird jedoch erst bei der Urheberrechtsschutzbetrachtung von konventionell erstellten Landkarten und von digitalen Kartenbeständen vorgenom-

---

141 RGZ 76, 339, 344.

142 Gerstenberg, GRUR 1963, S. 245 ff.; Ulmer, Urheber- und Verlagsrecht, 3.Aufl., 1980, S. 144; Schricker-Loewenheim, § 2 Rn. 92; Fromm/Nordemann-Vinck, § 2 Rn.6.

143 BGH, GRUR 1982, S. 305 f. -Büromöbelprogramm-; BGH, GRUR 1983, S. 377 f. -Brombeer-Muster-.

men. Nachfolgend soll deshalb zuerst die Begrifflichkeit „persönliche geistige Schöpfung" geklärt werden.

I. Die Begrifflichkeit „der persönlichen geistigen Schöpfung"

„Persönlich" heißt auf eine Person bezogen, was sich schon aus dem Wort selbst ergibt[144]. Es ist in den verschiedenen Duden nicht gesondert definiert[145]. „Persönlich" ist das Adjektiv von dem Wort „Person". Insofern mißt Thoms dem Wort „persönlich" im Hinblick auf ein Werk dreifache Bedeutung bei. Dies ist zum einen, daß etwas von einer Person herkommen bzw. geschaffen sein muß. Zum anderen bedeutet es im engeren Sinne, daß bei einer Tätigkeit oder deren Ergebnis persönliche Züge zu Tage treten. Schließlich bedeutet es nach ihm, daß ein Werk erkennbare persönliche Züge seines Schöpfers aufweisen muß, d.h. die Schöpferpersönlichkeit im Werk erkennbar sein muß[146]. Hieraus kann aber nicht geschlossen werden, welche Gestaltungshöhe vorliegen muß. Jedoch kann aus dem Adjektiv „persönlich" abgeleitet werden, daß Schematisches, Übliches und Alltägliches *nicht* unter urheberrechtlichen Schutz fallen kann.

Das Wort *„geistig"* ist allgemein -laut Duden- auf den menschlichen Geist, das Denkvermögen, seine Fähigkeit, Dinge zu durchdenken und zu beurteilen, bezogen[147]. Das Wort „geistig" bezieht sich also auf den Geist des Menschen und findet seine Deutung vor allem aus seiner Kontrastfunktion zum Begriff des Körperlichen.[148] Damit wird deutlich, daß rein mechanische Tätigkeiten und somit Zufallswerke nicht unter einen urheberrechtlichen Schutz fallen können.[149] Folglich wird einhellig gefordert, daß der menschliche Geist im Werk zum Ausdruck kommen muß[150]. Inwieweit dieser aus dem Werk erkennbar sein muß, geht daraus nicht hervor. Insofern sagt das Adjektiv „geistig" nichts über die Gestaltungshöhe aus.

---

144 So auch : Thoms, S. 245.
145 So auch : Thoms, S. 245.
146 Thoms, a.a.O.
147 Der große Duden in 6 Bänden, Bd.3, Mannheim-Wien -Zürich 1977.
148 Schramm, Die schöpferische Leistung, S. 102; Thoms, S. 246.
149 Dabei ist jedoch unschädlich, wenn eine gewisse Zufallskomponente in dem geschaffenen Werk wirkt. Die meisten Werke sind nämlich von einem gewissen Zufall geprägt. Girth, S. 28 ff.
150 Schricker-Loewenheim, § 2 Rn.7.

„Schöpfung" bedeutet -laut Duden- die Tätigkeit des Schaffens, des Hervorbringens sowie das bereits Geschaffene, Hervorgebrachte[151]. Das Wort „Schöpfung" besagt also, daß ein Gegenstand im Entstehen ist oder ein solcher bereits vorhanden ist, der durch einen Schaffensvorgang entstanden ist. Deshalb ist ein gestalterisches Tätigwerden erforderlich. Gestalterisch tätig zu sein, kann aber nur von einem Menschen getan werden. Insofern ist eine Schöpfung *ein menschliches gestalterisches Tätigwerden.*

Menschlich und gestalterisch bedeutet, daß das Produkt *„geistig"* sein muß und daß für ein menschliches Tätigwerden Maschinen und Apparate nicht genügen.[152] Jedoch kann der Schutzfähigkeit nicht entgegenstehen, wenn der Urheber sich einer Maschine als Hilfsmittel bedient.[153]

Gestalterisches Tätigwerden heißt Gestaltung. Gestaltung wiederum besagt, daß die Schöpfung in einer Form vorhanden sein muß. Die Schöpfung muß also sinnlich wahrnehmbar sein[154]. Hierbei ist unwesentlich, ob das Werk durch die menschlichen Sinne unmittelbar oder nur mittelbar unter Zuhilfenahme technischer Einrichtungen wahrgenommen werden kann[155]. Wesentlich ist jedoch, daß die Formgebung derart fortgeschritten sein muß, so daß sie den individuellen Geist auszudrücken vermag. Denn eine ungestaltete Idee ist noch nicht schutzfähig[156]. Skizzen, *Entwürfe* und unvollendete Werke sowie Fragmente *sind indes urheberrechtlich schutzfähig, wenn diese eine persönliche geistige Schöpfung innehaben*[157]. Schließlich besagt das Wort „gestalterisch", daß etwas *Individuelles* geschaffen werden muß bzw. geschaffen ist. Dies kann wiederum nur von einem Menschen bzw. einer Person getan werden und beinhaltet somit das

151 Ullstein Lexikon der deutschen Sprache, Frankfurt-Berlin 1969.

152 Fromm/Nordemann-Vinck, § 2 Rn.5; v. Gamm, Urheberrechtsgesetz, § 2 Rn.12; Gerstenberg, § 2 Anm.16; Möhring/Nicolini, § 2 Anm.10c cc; Ulmer, Urheber- und Verlagsrecht, 3. Aufl., S. 127 f.; Hubmann, § 12 i 1; Fabiani, GRUR Int.1965, S. 422 ff.; Hirsch Ballin, UFITA Bd.50 (1967), S. 843; Samson, UFITA Bd.56 (1970), S. 117 ff.; Schmidt, UFITA Bd.77 (1976), S. 1, 34; a.A. : Fromm, GRUR 1964, S. 304 ff.

153 So auch : Fromm/Nordemann-Vinck, § 2 Rn.12; Ulmer, Urheber- und Verlagsrecht, 3.Aufl., S. 127 f., § 20 I 3; Nirk, Gewerblicher Rechtsschutz 1981, Teil I, § 9 I 2; Tetzner, JZ 1975, S. 649, 656; Gerstenberg, Einl. Anm.6; weitergehend: Girth, S. 79 ff.; Weissthanner, S. 75; Pakuscher, UFITA Bd.72 (1975), S. 107, 125; Dietz, Mitarbeiter-FS. für Ulmer, S. 3, 7; Samson, UFITA Bd.56 (1970), S. 117, 140 ff.; Schmidt, UFITA Bd.77 (1976), S. 1, 36 ff.

154 Schricker-Loewenheim, § 2 Rn.9; BGH, GRUR 1985, S. 1041/1046 -Inkasso-Programm-; OLG Karlsruhe, GRUR 1983, S. 300/305/306 -Inkasso-Programm-; Erdmann, CR 1986, S. 249/252.

155 BGHZ 37, 1/7 -AKI-.

156 Fromm/Nordemann-Vinck, § 2 Rn.25; BGHZ 18, 175, 177/178 -Nachschlagewerk-.

157 BGH, GRUR 1985, S. 1041/1046 -Inkasso-Programm-; BGHZ 9, 237/241 -Gaunerroman-; v.Gamm, Urheberrechtsgesetz, § 2 Rn.9; Schricker-Loewenheim, § 2 Rn.10.

Wort *„persönlich"*. Durch das innewohnende Wort „persönlich" wird deutlich, daß Alltägliches und Banales nicht unter die Schöpfung fallen können.
Dem Wort „Schöpfung" ist über alle Zeiten hinweg eine gewisse Gestaltungshöhe, ein Qualitätsgehalt immanent geblieben, der einen allzu freizügigen Gebrauch dieses Wortes regelmäßig ausschließt.[158] Thoms ist darin beizupflichten, wenn er dies aus der Definition des Dud'schen Bedeutungswörterbuches schließt, nach der Schöpfung im Sinne von Erschaffung von Welt oder Kunstwerk zu verstehen ist, und dabei aber deutlich macht, daß nicht lediglich die großen Schöpfungen der Weltliteratur unter den Begriff „Schöpfung" fallen können. Dieser Begriff habe im Zuge der allgemeinen Nivellierung der Sprache eine Anpassung erfahren, die ihm im normalen Sprachgebrauch einen weiteren Spielraum eröffne, als dies nach der eigentlichen Wortbedeutung zulässig wäre.[159] Es bleibt aber offen, welches konkrete Maß an Individualität für die Bejahung einer Schöpfung erforderlich ist. Dabei handelt es sich jedoch um eine wichtige Frage. Zum einen muß Individualität in einem bestimmten Maß vorhanden sein, um die wichtige Abgrenzung zwischen urheberrechtlich zu Schützendem und nicht zu Schützendem vornehmen zu können. Zum anderen spielt diese Frage bei dem Urheberrechtsschutz von Landkarten eine wichtige Rolle. Der Kartograph hat bei Landkarten durch ihre Gebundenheit an die vorgegebene Landschaft keinen großen Spielraum eigenschöpferisch tätig zu werden, und insoweit ist das Maß an Individualität, das erreicht werden kann, begrenzt. Für die Klärung dieser Frage bedarf es folglich der weiteren Gesetzesauslegung, wobei diese auf den Begriff „Schöpfung" begrenzt sein soll. Dies ergibt sich daraus, da der Begriff „Schöpfung" bereits die Begriffe „persönlich" und „geistig" in sich birgt.
Aus der Wortinterpretation kann also lediglich festgehalten werden, daß der Begriff „Schöpfung" ein menschliches gestalterisches Tätigwerden bedeutet und daß dieser nicht Alltägliches sowie Banales umfaßt. Der Begriff „Schöpfung" muß allerdings als *Ergebnis* menschlichen geistigen Tätigwerdens verstanden werden. Denn das Urheberrecht schützt nur das Manifestierte.[160]

158 Thoms, S. 247 f.
159 Thoms, S. 247 f. und das „Stützen" auf das Dud'sche Bedeutungswörterbuch, Duden, Bedeutungswörterbuch, Mannheim 1970.
160 Siehe hierzu : BGHZ 9, 262 - 268 -Lied der Wildbahn-; Schricker-Loewenheim, § 2 Rn.11 : So muß sich das Werk als Ergebnis seines individuellen geistigen Schaffens darstellen.

II. Schöpfung - ein unbestimmter Rechtsbegriff hinsichtlich der Schöpfungshöhe

1) *Schöpfungshöhe - Gesetzesauslegung ?*

Auch nach der weiteren Gesetzesauslegung, dem Sinn und Zweck des Gesetzes, erhält man keine weitergehende Klarheit, welches Mindestmaß an Individualität für die Bejahung der Schöpfung erforderlich ist. Die Ermittlung nach Sinn und Zweck eines Gesetzes muß anhand der übrigen Vorschriften des Gesetzes ermittelt werden. Dies kann demnach nur durch den Leitgedanken erfolgen, der dem betreffenden Gesetz -hier dem Werk- zugrunde liegt. Der Leitgedanken des Werkes und damit der persönlichen geistigen Schöpfung findet seine Ausprägung in § 11 UrhG. § 11 UrhG lautet wörtlich : „Das Urheberrecht schützt den Urheber in seinen geistigen und persönlichen Beziehungen zum Werk und in der Nutzung des Werkes". Hierdurch wird deutlich, daß das Urheberrecht ein Persönlichkeitsrecht ist und der Urheber in seiner Person die Verwertungsrechte an seinem, von ihm geschaffenen, Werk hat. Zielsetzung des Urheberrechts ist es unter anderem[161], dem Urheber den Schutz der ideellen Interessen zu gewähren und diesen durch eine lange Schutzdauer herzustellen.[162] Eine *lange Schutzdauer* spricht auch für eine *„besondere Leistung"*, für eine *Schöpfung*. Eine solche kann nicht alles irgendwie Geschaffene umfassen. Deshalb muß das *Alltägliche, Banale* und *Handwerkliche von einem urheberrechtlichen Schutz ausgeschlossen werden.*

Selbst nach der Regelungsabsicht, der historisch-teleologischen Auslegung, erlangt man keine eindeutige Antwort, welches Mindestmaß an Individualität für eine persönliche geistige Schöpfung gefordert werden muß.

In der amtlichen Begründung des Urheberrechtsgesetzes von 1965 zu § 1 wird die Person des Urhebers in den Vordergrund gestellt. In der Begründung zu § 1 UrhG[163] heißt es wörtlich : „Die Bestimmung bringt zum Ausdruck, daß der Zweck des Gesetzes der

---

161 Das bedeutet, daß das Ziel des Urheberrechts ist, nicht nur dem Urheber den Schutz der ideellen Interessen zu gewähren, sondern auch die *wirtschaftlichen Interessen.*

162 Ulmer, Urheber- und Verlagsrecht, 2. Aufl., S. 101; Thoms, S. 254, er stützt sich dabei auch auf Ulmer; die Wendung *„unter anderem"* besagt, daß das Urheberrecht nicht nur die ideellen Interessen des Urhebers schützt, sondern auch vor allem die wirtschaftlichen Interessen.

163 Entwurf eines Gesetzes über Urheberrecht und verwandte Schutzrechte (Urheberrechtsgesetz), Deutscher Bundestag, 4.Wahlperiode, 23.März 1962, Begründung - B. Die einzelnen Vorschriften, Erster Teil Urheberrecht, Erster Abschnitt - Allgemeines, zu § 1, BT-Drucksache IV/270, S. 37.

Schutz des Urhebers ist. Nicht das Werk, auf das sich der Schutz bezieht, sondern die Person des Urhebers steht im Vordergrund". Zu § 2 Abs.2 UrhG wird in der amtlichen Begründung[164] ausgeführt : „...Als „persönliche geistige Schöpfungen" sind Erzeugnisse anzusehen, die durch ihren Inhalt oder durch ihre Form oder durch ihre Verbindung von Inhalt und Form etwas Neues und Eigentümliches darstellen." Dem Vorschlag, die geschützten Werke als Schöpfungen eigentümlicher Prägung zu definieren, folgt der Entwurf nicht. Eine solche Begriffsbestimmung erscheint bedenklich, weil sie das Erfordernis der individuellen Form zu sehr betont und zu dem Schluß verführen könnte, daß im Gegensatz zum geltenden Recht Werke von geringem schöpferischen Wert, die sog. kleine Münze, in Zukunft keinen Schutz genießen sollen. Eine solche Änderung gegenüber dem geltenden Recht ist nicht beabsichtigt." Der Gesetzgeber will demnach, daß einerseits etwas Neues und Eigentümliches geschaffen werden soll und damit im Hinblick auf das Wort „eigentümlich" auch etwas Besonderes entstehen soll. Alltägliches, Banales und Handwerkliches ist somit von einem urheberrechtlichen Schutz auszuschließen. Andererseits will er die kleine Münze geschützt wissen und damit keine erhöhte Anforderungen hinsichtlich des eigenschöpferischen Maßes stellen. Folglich läßt sich hieraus schließen, daß die kleine Münze die untere Grenze des zu Schützenden bilden soll. Der Bereich der kleinen Münze wird hierdurch allerdings nicht festgelegt. Auch der Zusatz bzw. die Verweisung in den Motiven[165], daß keine Änderung des geltenden Rechts beabsichtigt ist, und dem entspricht, was zur Zeit des Urheberrechtsgesetzes schon in Rechtslehre und Rechtsprechung unter dem Begriff „Werke" verstanden wird, bringt keine eindeutige Festlegung/Definition des Bereichs der kleinen Münze. Denn die Rechtsprechung hat den Bereich der kleinen Münze nicht einheitlich definiert.[166] So wird dieser durchaus verschieden angesetzt und sogar überdehnt.

Aus der Gesetzesauslegung ergibt sich also lediglich, daß das absolute Mindestmaß an Individualität für eine persönliche geistige Schöpfung ein über dem alltäglichen/banalen/handwerklichen liegendes Schaffen sein muß und daß der Bereich der kleinen Münze urheberrechtlich geschützt werden soll. Soll die kleine Münze urheber-

---

164 Begründung - B. Die einzelnen Vorschriften, Erster Teil Urheberrecht, Zweiter Abschnitt - Das Werk, zu § 2 - Geschützte Werke, BT-Drucksache IV/270, S. 38.

165 BT-Drucksache IV/270, a.a.O., S. 38.

166 Siehe hierzu : 2.Teil, 1. Kapitel, § 5 B. II. 2).

rechtlich geschützt werden, so muß sie als den Bereich definiert werden, der *über* dem Alltäglichen, Banalen, Üblichen, Schematischen und Handwerklichen liegt.

2) Schöpfungshöhe/ Kleine Münze - verschiedene Rechtsauffassungen ?

Von der Rechtsprechung und der überwiegenden Literatur werden hinsichtlich der Schöpfungshöhe verschiedene Auffassungen vertreten. Diese sollen in diesem Kapitel kurz dargestellt werden, um aufzuzeigen, ob diese Anhaltspunkte für ein über dem schematischen/üblichen/handwerklichen liegendes Schaffen geben und insoweit Wertmaßstäbe für ein urheberrechtliches Beurteilen einer Schöpfung festlegen. Erst dann können unter 3) Indizien bzw. Anhaltspunkte für ein über dem alltäglichen, üblichen, schematischen und handwerklichen liegendes Schaffen aufgestellt werden. Die näheren Ausführungen sollen jedoch erst bei den konventionell erstellten Landkarten[167] und bei den digitalen Kartenbeständen[168] erfolgen.

Die Rechtsprechung stellt bei den verschiedenen Werkarten keine einheitlichen Anforderungen. So ist vor allem eine auffällige Diskrepanz bei den zumeist relativ niedrigen Anforderungen an Schriftwerke und den relativ hohen Anforderungen an die -im Grenzbereich des Geschmacksmusterschutzes liegenden- Werke der angewandten Kunst festzustellen[169]. Die Rechtsprechung verlangt deshalb bei den Werken der angewandten Kunst zumeist eine erhöhte Gestaltungshöhe, die der künstlerischen. Dem ist so, um die Abgrenzung zu dem Geschmacksmustergesetz vollziehen zu können. Die Rechtsprechung betont bei den Werken der angewandten Kunst, daß die zwischen Kunstschutz und Geschmacksmusterschutz bestehende Grenze nicht zu niedrig angesetzt werden dürfe. Der Unterschied zwischen Geschmacksmustergesetz und Urheberrechtsschutz ist nach der Rechtsprechung ein gradueller.[170] So sind nach der Rechtsprechung Werke der angewandten Kunst Schöpfungen von individueller Prägung, deren ästhetischer Gehalt

167 Siehe hierzu : 2.Teil, 2. Kapitel, § 8 B. I. und II.
168 Siehe hierzu : 2.Teil, 3. Kapitel, § 11 A. I. 1) b) bb).
169 So auch Moser, S. 113 mit seinem Verweis auf die Entscheidungen: BGHZ 22, 209, 217 -Titelschriftbild-; BGH, GRUR 1972, 38 f. -Vasenleuchter-; BGH, GRUR 1974, S. 669 ff. -Tierfiguren-.
170 BGHZ 22, S. 209 - 217 -Europapost-; BGH, GRUR 1967, S. 315 f. -skai-cubana-; BGH, GRUR 1972, S. 39 f . -Vasenleuchter-; BGH, GRUR 1974, S. 669 ff. -Tierfiguren-; BGH, GRUR 1979, S. 332 - 336 -Brombeerleuchte-.

einen solchen Grad erreicht hat, daß nach der im Leben herrschenden Anschauungen oder der für die Kunst empfänglichen und mit Kunstanschauung einigermaßen vertrauten Kreise von einer künstlerischen Leistung gesprochen werden kann[171]. Teilweise[172] vertritt sie aber die Auffassung, daß nach dem künstlerischen Wert nicht abgegrenzt werden darf.
Diese Abgrenzung zwischen Werken der angewandten Kunst und dem Geschmacksmustergesetz spielt auch hinsichtlich von Landkarten, insbesondere bei den Signaturen, eine wichtige Rolle. Denn Signaturen haben eine ästhetische Komponente in sich und insofern wird an späterer Stelle[173] zu prüfen sein, ob Signaturen die erhöhte künstlerische Gestaltungshöhe der Werke der angewandten Kunst erreichen.

Bei anderen Werkarten, die keinen dem Geschmacksmusterschutz entsprechenden Unterbau haben, verlangt die Rechtsprechung zumeist erheblich geringere Anforderungen an die Gestaltungshöhe. Die Rechtsprechung verfolgt jedoch bei diesen geringeren Anforderungen keine einheitliche Linie. So hält die Rechtsprechung zwar weitgehend am Schutz der kleinen Münze fest[174] und schließt das Alltägliche, Übliche, Schematische und Handwerkliche von einem urheberrechtlichen Schutz aus[175]. Dabei wird die kleine

171 BGH, GRUR 1967, S. 315, 316 -skai-cubana-; BGH, GRUR 1972, S. 38, 39 -Vasenleuchter-; BGH, GRUR 1972, S. 143, 144 -Biographie-: Ein Spiel-; OLG Hamburg, Schulze OLGZ 191, S. 9 -Dirlada-; BGH, GRUR 1983, S. 377 f. -Brombeer-Muster-; BGH, GRUR 1979, S. 332 - 336 -Brombeerleuchter-; BGH, GRUR 1974, S. 669 ff. -Tierfiguren-.

172 BGH, UFITA Bd.51 (1968), S. 295, 305 -Haselnuß-.

173 Siehe hierzu : 2.Teil, 2. Kapitel, § 7 B. und 2. Kapitel, § 8 B. II.

174 BGH, GRUR 1968, S. 321 ff., 324 -Haselnuß-; BGH, UFITA Bd. 51 (1968), S. 315, 318 -Gaudeasmus igitur-; BGH, GRUR 1981, S. 267 f. -Dirlada-; BGH, Schulze BGHZ 374, 1 ff. -Stadtplan-; OLG Frankfurt, GRUR 1988, S. 816 f.; BGH, Schulze BGHZ 368, 1 ff. -Topographische Karten-; Überdehnung des Schutzes der kleinen Münze : Formulare, Tabellen und Vordrucke sind als kleine Münze von der reichsgerichtlichen Rechtsprechung deklariert und damit geschützt worden : RG, DJZ 1908, Sp. 268; RG, JW 1925, 277; RGZ 121, 357 - 361 f. -Rechentabellen-; RGSt 43, 229 - 230; RGSt 46, 159 f.; RGSt 48, 330 - 333; Formulare, Fahrkarten und Etikette : BGH, GRUR 1952, S. 257 -Krankenhauskartei-; OLG Nürnberg, GRUR 1972, S. 435 -Standesamtformular-; offen gelassen bei Fernsprechbüchern: BGH, GRUR 1961, S. 631 -Fernsprechbuch-.

175 RGZ 116, 292 -Adreßbücher-; BGH, GRUR 1980, S. 227 - 230 -Monumenta Germaniae Historica-; BGH, GRUR 1981, S. 520 f. -Fragensammlung-; BGH, GRUR 1986, S. 739 f. -Anwaltsschriftsatz-; BGH, GRUR 1981, S. 267 f. -Dirlada-; BGH, GRUR 1968, S. 321 - 325 -Haselnuß-; OLG Hamburg, UFITA Bd. 51 (1968), S. 383, 395 -Flugpläne-; OLG Hamburg, UFITA Bd. 59 (1971), S. 297, 304 -Werbeinformation-; BGH, GRUR 1961, S. 631 -Fernsprechbücher-. Ablehnung der überdehnten kleinen Münze: RGZ 66, 227; RGZ 143, 412, 418 -Buchhaltungsformular-; RGZ 144, 75 -Zusammenstellung von Rennvoraussagen-; BGH, GRUR 1959, S. 251, 252 -Einheitsfahrschein-; BGHZ 39, 306 -Rechenschieber-; BGH, GRUR 1962, S. 51 -Zahlenlotto-; OLG Hamburg, UFITA 51 (1968), S. 383 -Flugpläne-, UFITA Bd.59 (1971), S. 297, 302 ff. -Werbeinformation-; OLG

Münze teilweise als einfache, aber gerade noch geschützte Schöpfung,[176] teilweise als ein äußerst geringer Grad individuellen Schaffens[177] oder teilweise als eine individuelle Auswahl bzw. Kombination von herkömmlichen Darstellungsmitteln, die eine insgesamt ausreichende eigentümliche Formgestalt erzielt[178], verstanden.

Die Rechtsprechung überdehnt aber teilweise den Bereich der kleinen Münze. So schützt sie reine Mühe- und Fleißleistungen[179], indem sie beispielsweise Fernsprechbücher, die nach rein alphabetischen Gesichtspunkten geordnet sind, unter urheberrechtlichen Schutz stellt. Damit geht sie jedoch zu weit.

Teilweise hat sie den Schutz der kleinen Münze sogar abgelehnt, indem sie ein deutliches Abheben von dem alltäglichen Schaffen forderte[180]. Und schließlich bleibt sie innerhalb einer Werkkategorie nicht bei einer durchgängigen Auffassung.

So stellt die Rechtsprechung beispielsweise innerhalb der Werkkategorie Landkarten nicht das gleiche Maß an Individualität an eine persönliche geistige Schöpfung. Sie mißt „vordergründig“ mit zweierlei Maß. Auf der einen Seite hält sie an einem Schutz der kleinen Münze fest[181] und auf der anderen Seite will sie aber kein zu mildes Maß an das eigenschöpferische Tun ausreichen lassen[182].

Ebenso bleibt die Rechtsprechung innerhalb der Werkkategorie Schriftwerke nicht auf einem einheitlichen Kurs. So läßt sie einerseits für eine persönliche geistige Schöpfung

---

Hamm, GRUR 1980, S. 287 -Prüfungsformular-; OLG Celle, OLGZ 105, 5 -Krankontrollheft-; BGH, Schulze BGHZ 118, 1 - 19 -Stadtplan-; BGH, Schulze OLGZ 201, 1 ff.; zwar hat der BGH die Frage eines Urheberrechtsschutzes bei Fernsprechbüchern offen gelassen, dennoch hat der BGH in der Entnahme von etwa 3000 Adressen in ein Verzeichnis der Gewerbetreibenden eines räumlich begrenzten Gebietes keine Urheberrechtsverletzung gesehen. Dies spricht für eine Ablehnung eines urheberrechtlichen Schutzes : BGH, GRUR 1961, S. 631 -Fernsprechbuch-.

176 BGH, GRUR 1981, S. 267 f. -Dirlada-.

177 RGZ 81, 120 - 123.

178 BGH, Schulze BGHZ 374, 1 ff. -Stadtplan-; OLG Frankfurt, GRUR 1988, S. 816 f.; BGH, Schulze BGHZ 368, 1 ff. -Topographische Karten-.

179 Überdehnung des Schutzes der kleinen Münze : Formulare, Tabellen und Vordrucke sind als kleine Münze von der reichsgerichtlichen Rechtsprechung deklariert und damit geschützt worden : RG, DJZ 1908, Sp. 268; RG, JW 1925, 277; RGZ 121, 357 - 361 f. -Rechentabellen-; RGSt 43, 229 - 230; RGSt 46, 159 f.; RGSt 48, 330 - 333; Formulare, Fahrkarten und Etikette : BGH, GRUR 1952, 257 -Krankenhauskartei-; OLG Nürnberg, GRUR 1972, S. 435 -Standesamtformular-; offen gelassen bei Fernsprechbüchern: BGH, GRUR 1961, S. 631 -Fernsprechbuch-; LG Frankfurt, CR 1994, S. 473 -Fernsprechbücher-.

180 BGH, GRUR 1986, S. 739 ff. -Anwaltsschriftsatz-.

181 BGH, Schulze BGHZ 374, 1 ff. -Stadtplan-; OLG Frankfurt, GRUR 1988, S. 816 f.; BGH, Schulze BGHZ 368, 1 ff. -Topographische Karten-.

182 BGH, Schulze BGHZ 118, 1 - 19 -Stadtplan-; OLG Frankfurt, Schulze OLGZ 201, 1 ff.; RGZ 108, 62.

ausreichen, wenn die Anordnung und Darbietung einer Sammlung auf einer *Konzeption* beruht, welche die wissenschaftliche Bearbeitung der *gesammelten* und kommentierten Texte *unter den verschiedensten Gesichtspunkten* berücksichtigt hat[183]. Dabei genügen nach ihr reine Fleiß- und Müheleistungen nicht. In einer anderen Entscheidung - Anwaltsschriftsatz[184]- läßt sie hingegen den Schutz der kleinen Münze nicht ausreichen und fordert ein deutliches Abheben von dem alltäglichen Anwaltsschaffen. Und schließlich überdehnt sie den Bereich der kleinen Münze innerhalb der Werkkategorie der Schriftwerke, indem sie einer elektronischen Adreß- und Telefondatenbank einen urheberrechtlichen Schutz zuspricht[185].

Die Mehrheit in der Literatur[186] spricht sich zwar für einen urheberrechtlichen Schutz der kleinen Münze aus, teilweise[187] wird jedoch ein solcher abgelehnt. Dennoch bleibt die Literatur hinsichtlich des Bereichs der kleinen Münze nicht bei einer durchgängigen Linie, sondern überdehnt zuweilen diesen Bereich. Eine solche teilweise uneinheitliche Linie ist sowohl bei denjenigen, die einen Schutz der kleinen Münze befürworten, als auch bei denjenigen, die einen solchen Schutz ablehnen, festzustellen.

Innerhalb der Auffassung der Literatur, die den Schutz der kleinen Münze bejaht, gibt es zwei verschiedene Auffassungen. So wird zum einen die Auffassung vertreten, bei den Werken der angewandten Kunst erhöhte Anforderungen zu stellen und damit die künstlerische kleine Münze zu fordern[188]. Denn es bedarf der Berücksichtigung des Maßes des Unterbaus.[189] Bei den anderen Werken wird der Schutz der kleinen Münze befürwortet, und es werden solche Erzeugnisse von einem urheberrechtlichen Schutz ausgeschlossen, die allgemein, üblich, schematisch, handwerklich sind oder sich aus der Na-

---

183 BGH, GRUR 1980, S. 227, 231 -Monumenta Germaniae Historica-.

184 BGH, GRUR 1986, S. 739 ff. -Anwaltsschriftsatz-.

185 LG Frankfurt, CR 1994, S. 473.

186 Möhring/Nicolini, § 2 Anm.10 a, 10 c aa, 10 i; Ulmer, UFITA Bd.45 (1965), 18, 21; Ulmer, Urheber- und Verlagsrecht, 3. Aufl., S. 119, 149 f.; Reimer, GRUR 1980, S. 572, 574 ff., 342 ff., 579 f.; v. Pilgrim, S. 73, 78, 82 - 85, 96; Rau, UFITA Bd.58 (1978), S. 35; Kobel, GRUR 1928, S. 544 ff.; Penck, in Kobel, S. 538 - 540; Haberstumpf, Zur Individualität wissenschaftlicher Sprachwerke, S. 42 - 43, 48 f.

187 Kappes, S. 28 - 41, 45 - 47; Schraube, UFITA Bd. 61 (1971), S. 127 ff.; Fromm/Nordemann-Vinck, § 2 Rn.19; Hubmann/Rehbinder, S. 30; Schulze, S. 147 - 279, 299 - 312, 315 - 317; Thoms, S. 263.

188 Möhring/Nicolini, § 2 Anm.10 a, 10 c aa, 10 i; Ulmer, UFITA Bd.45 (1965), S. 18, 21; Ulmer, Urheber- und Verlagsrecht, 3. Aufl., S. 119, 149 f.; noch weitergehend, in dem das Erfordernis der Gestaltungshöhe bei Werken der Kunst derart einschränkt wird, daß er allenfalls bei ihnen den ästhetischen Gehalt für anwendbar hält: Reimer, GRUR 1980, S. 572, 574 ff., 579 f.

189 Siehe hierzu im besonderen : 2.Teil, 1. Kapitel, § 5 B. II. 3) und 2. Kapitel, § 7 B.

tur der Sache ergeben[190] Insoweit kann dieser Auffassung beigepflichtet werden. Nicht gefolgt werden kann ihr jedoch, wenn sie Mühe- und Fleißleistungen, wie beispielsweise Fernsprechbücher[191] oder Aufnahmekarten[192], schützt.

Zum anderen gibt es die Auffassung, die hinsichtlich der Anforderungen an die Gestaltungshöhe bei allen Werkarten gleiche Anforderungen stellt[193]. So will beispielsweise Rau auf jedes Abgrenzungskriterium verzichten[194]. Nach ihm sollen alle Produkte der kleinen Münze, wie auch sämtliche Muster und Modelle, Urheberrechtsschutz erhalten, so daß sogar der Begriff der kleinen Münze und das Geschmacksmustergesetz überflüssig werden[195]. Er schützt damit aber auch solche Erzeugnisse, die den Bereich der kleinsten Münze betreffen. Eine solche Auffassung geht jedoch zu weit, da der Begriff „Schöpfung" durch seine immanente Gestaltungshöhe die Einbeziehung von Alltäglichem, Üblichem und Handwerklichem verbietet.

Die Auffassungen in der Literatur, die einen Schutz der kleinen Münze ablehnen[196], begründen dies überwiegend damit, daß reine Fleiß- und Müheleistungen nicht unter den umfassenden Schutz des Urheberrechts fallen sollen[197]. Schraube[198] mißt solchen Erzeugnissen nur eine wirtschaftliche Funktion zu und will deshalb solche von einem urheberrechtlichen Schutz ausgeklammert wissen. Fromm/Nordemann lehnen insbesondere den Schutz der kleinen Münze ab, da ansonsten ein urheberrechtlicher Schutz von Adreßbüchern und Gebrauchsanweisungen zustande komme[199]. Sie halten es hingegen für erwägenswert, es bei diesen Werken mit einem Wettbewerbsrecht bewenden zu lassen oder ein gesondertes Leistungsschutzrecht gesetzlich ins Leben zu rufen. Damit überdehnen sie jedoch den Bereich der kleinen Münze, da solche Fleißleistungen den

---

190 Kobel, S. 544 f.; Penck, in Kobel, S. 538 - 540; Haberstumpf, Zur Individualität wissenschaftlicher Sprachwerke, S. 48 f.; Ulmer, 3.Aufl., S. 165.
191 Schricker-Loewenheim, § 2 Rn.61, Schricker, Archiv PT 1996, S. 11 f. und 18.
192 Haberstumpf, Zur Individualität wissenschaftlicher Sprachwerke, S. 43.
193 v. Pilgrim, S. 73, 78, 82 - 85, 96; noch weitergehend: Rau, UFITA Bd.58 (1978), S. 35, 48.
194 Rau, UFITA Bd.58 (1978), S. 35, 48; v. Pilgrim, S. 73, 78, 82 - 85, 96.
195 Rau, UFITA Bd.58 (1978), S. 35, 48.
196 Kappes, S. 28 - 41, 45 - 47; Schraube, UFITA Bd.61 (1971), S. 127 ff.; Fromm/Nordemann-Vinck, § 2 Rn.19; Hubmann/Rehbinder, S. 30; Schulze, S. 147 - 279, 299 - 312, 315 - 317; Thoms, S. 263, 267 ff., 322, 343, 349.
197 Kappes, S. 28 - 41, 45 - 47; Schraube, UFITA Bd.61 (1971), S. 127 ff.; Fromm/Nordemann-Vinck, § 2 Rn.19; Hubmann/Rehbinder, S. 30; Schulze, S. 147 - 279, 299 - 312, 315 - 317.
198 Schraube, UFITA Bd. 61 (1971), S. 127 ff.
199 Fromm/Nordemann-Vinck, § 2 Rn.19; so auch Hubmann/Rehbinder, S. 30.

Bereich der kleinsten Münze tangieren. Es kann ihnen aber beigepflichtet werden, solche Fleißleistungen von einem urheberrechtlichen Schutz auszuschließen.

Andere begründen dies mit anderen Argumenten. Schulze[200] begründet den Schutzausschluß der kleinen Münze dadurch, indem er die Schutzfähigkeit anhand eines von ihm entwickelten Indizienkatalogs mißt. Er lehnt zwar nicht generell einen urheberrechtlichen Schutz der kleinen Münze bei den verschiedenen Werkarten ab, dennoch scheidet nach seiner Lösung ein solcher Schutz für viele Erzeugnisse der kleinen Münze aus. Er versagt beispielsweise einen urheberrechtlichen Schutz bei Landkarten, wenn die soziale Funktion, der wirtschaftliche Erfolg sowie die völlige Andersartigkeit nicht gegeben sind[201]. Den wirtschaftlichen Erfolg bejaht er, wenn sich eine Karte gegenüber Konkurrenzprodukten einer größeren Beliebtheit erfreut.[202] Die soziale Funktion liegt nach ihm in der Erfüllung eines veranschaulichenden Zwecks.[203] Dem ist jedoch nicht zuzustimmen. Das Indiz der sozialen Funktion sowie des wirtschaftlichen Erfolgs können deshalb nicht als Begründung gewählt werden, da das Urheberrechtsgesetz die persönliche geistige Schöpfung schützt und ein Persönlichkeitsrecht ist.[204] Lediglich darin ist ihm beizupflichten, wenn er die völlige Andersartigkeit in der Vielzahl von zu treffenden Entscheidungen sieht und diese verneint, wenn nur die üblichen, allgemein bekannten Darstellungspraktiken, die jeder Kartograph beherrscht, vorliegen.[205]

Wiederum ein anderer, Thoms, hält den Schutz der kleinen Münze für verfehlt. Nach ihm ist ein solcher Schutz insbesondere mit den Urheberpersönlichkeitsrechten und der Schutzdauer von 70 Jahren unvereinbar. Desweiteren kann nach ihm der Schutz der kleinen Münze mit der Werkdefinition des § 2 Abs.2 UrhG nicht in Einklang gebracht werden, da sie gegenüber der zuvor üblichen Formulierung einer individuellen geistigen Tätigkeit nun das Anspruchsvollere einer persönlichen geistigen Schöpfung voraussetze[206]. Weiter trägt er vor, daß bei einem Schutz der kleinen Münze ein groteskes Mißverhältnis zwischen Leistung und Schutzumfang bestehen würde[207]. Er fordert folglich

200 Schulze, S. 147 - 279, 299 - 312, 315 - 317.
201 Schulze, S. 247 - 249.
202 Schulze, S. 248.
203 Schulze, S. 245 - 249, insbesondere S. 248 und 249.
204 Es darf jedoch nicht verschwiegen werden, daß das Urheberrecht nicht nur das Persönliche schützt, sondern es bietet darüber hinaus einen Schutz für die wirtschaftlichen Interessen des Urhebers.
205 Schulze, S. 249.
206 Thoms, S. 263.
207 Thoms, S. 263, 267 ff.

die Regelung der kleinen Münze bei den verwandten Schutzrechten des Urheberrechts oder einem speziellen Leistungsschutzgesetz[208]. Seiner Auffassung ist nur insoweit zuzustimmen, wenn er reine Mühe- und Fleißleistungen von einem urheberrechtlichen Schutz ausschließen will. Diese betreffen aber den Bereich der kleinsten Münze und nicht den der kleinen Münze.

Und schließlich gibt es eine absolute Mindermeinung[209], die Individualität im Sinne einer statistischen Einmaligkeit fordert. So definiert Kummer die statistische Einmaligkeit, wenn mit hoher Wahrscheinlichkeit kein anderer das gleiche Werk geschaffen hätte. Diese Auffassung wird zu Recht überwiegend abgelehnt[210]. Wie bereits erarbeitet worden ist[211], kann Maßstab für ein urheberrechtliches Beurteilen nur sein, wenn das erforderliche Mindestmaß für eine persönliche geistige Schöpfung erreicht worden ist. Das Mindestmaß an Individualität ist dann gegeben, wenn ein über dem alltäglichen/ handwerklichen liegendes Schaffen vorliegt.

Wie durch diese aufgezeigte Darstellung der verschiedenen Auffassungen deutlich geworden ist, sind die Rechtsauffassungen in sich widersprüchlich und der Bereich der kleinen Münze wird unterschiedlichst verstanden. Der Rechtsprechung und der Literatur kann lediglich insoweit gefolgt werden, wenn sie den Bereich der kleinen Münze als den Bereich definiert, der über dem Alltäglichen/Üblichen/Handwerklichen/Schematischen liegt, und diesen urheberrechtlich schützt.

3) Erforderliches Mindestmaß der Schöpfungshöhe - ein Darüberliegen über dem Handwerklichen

Die Klärung, wann ein Darüberliegen über dem Handwerklichen gegeben ist und damit der Grenzbereich zum Ungeschützten überschritten ist, spielt auch bei Landkarten eine große Rolle. Da Landkarten einen belehrenden Zweck erfüllen müssen, sind sie an die Vorgegebenheit der Landschaft gebunden und ermöglichen insofern keinen großen

---

208 Thoms, S. 322, 343, 349.

209 Kummer, S. 30 ff.; Girth, S. 28 ff.; Hörnig, UFITA Bd.99 (1985), S. 13, 56 f.; K.Schmidt, UFITA Bd.77 (1976), S. 1, 22 ff.

210 Thoms, S. 284 ff.; Samson, UFITA Bd.56 (1970), S. 117, 123 ff.; Pakuscher, UFITA Bd.72 (1975), S. 107, 110 ff.; Schulze, S. 136 ff.; Fromm/Nordemann-Vinck, § 2 Rn.2; Bielenberg, GRUR 1974, S. 589 f.; Rau, UFITA Bd.58 (1978), S. 44; Ulmer, 3.Aufl., S. 127 f. und GRUR 1968, S. 527 ff.; Schricker-Loewenheim, § 2 Rn. 15.

211 Siehe hierzu vorne : 2.Teil, 1. Kapitel, § 5 B. II. 1).

Spielraum eigenschöpferisch tätig zu werden. Sie tangieren deshalb den Bereich der kleinen Münze, bisweilen sogar den der kleinsten Münze. Für die Beantwortung der Frage, wann ein Darüberliegen über dem Handwerklichen bejaht werden kann, muß jedoch auch der unterschiedlich große Spielraum für ein eigenschöpferisches Tätigwerden und der unterschiedliche Schaffensvorgang/die unterschiedliche Eigenart *der jeweiligen Werkkategorie* berücksichtigt werden. Bei den verschiedenen Werkkategorien ist ein unterschiedliches Darüberliegen über dem Handwerklichen, Schematischen sowie Üblichen für eine persönliche geistige Schöpfung erforderlich. Diese unterschiedlichen Anforderungen tangieren auch die Frage eines urheberrechtlichen Schutzes bei Landkarten. Denn ein solcher betrifft nicht lediglich die Werkkategorie der Landkarten, sondern darüber hinaus auch die der Werke der angewandten Kunst sowie die der Sammelwerke/Datenbanken. Dem ist so, da Signaturen eine ästhetische Komponente in sich haben und deshalb zu prüfen ist, ob sie zudem zu den Werken der angewandten Kunst gereiht werden dürfen. Und schließlich können digitale Kartenbestände keinen urheberrechtlichen Schutz durch die Werkkategorie Landkarten erhalten, sondern durch Sammelwerke oder Datenbanken. Digitale Kartenbestände entstehen nämlich nicht aus sich selbst heraus, sondern aus der Auswahl und/oder Anordnung der aufgenommenen Daten von Karten.

So ist der Spielraum für ein eigenschöpferisches Tätigwerden bei Landkarten durch die Gebundenheit an die Natur/Landschaft geringer als bei Werken der angewandten Kunst, obwohl diese durch ihren Gebrauchszweck gewissermaßen auch gebunden sind. Sie sind es aber nicht in dem Maße wie bei den Landkarten. Landkarten müssen ja belehrend sein, hierdurch ist die *Obergrenze* des eigenschöpferischen Tuns *vorgegeben.* Der Kartograph darf lediglich ein charakteristisches Bild der Natur schaffen, ein darüber hinausgehendes wie bei den Werken der angewandten Kunst über deren Gebrauchszweck ist nicht erlaubt bzw. kann nicht zugelassen werden. Der Kartograph kann also nur das Wesentliche der Charakteristik der Landschaft herausarbeiten, ein Davonabweichen von dieser ist ihm nicht gestattet.

Bei den Werken der angewandten Kunst genügt hingegen nicht nur eine Charakterisierung der Gebrauchsform, da dies die Abgrenzung zum Unterbau des Geschmacksmustergesetzes erfordert. Das Geschmacksmustergesetz verlangt gem. § 1 Abs.2 GeschMG

Eigentümlichkeit eines Musters oder Modelles. Dies könnte insofern inhaltsgleich mit der Individualität oder persönlichen geistigen Schöpfung des § 2 Abs.2 UrhG sein. Aus den Motiven[212] des Gesetzgebers sind Erzeugnisse als persönliche geistige Schöpfungen anzusehen, die durch ihren Inhalt, durch ihre Form oder durch die Verbindung von Inhalt und Form etwas Neues und *Eigentümliches* darstellen. Die Abgrenzung zwischen Geschmacksmusterschutz und Urheberrechtsschutz kann daher, wie von der herrschenden Rechtsprechung[213] und der überwiegenden Auffassung in der Literatur[214] angenommen, nur gradueller Natur sein. Es bedarf deshalb nicht nur eines Darüberhinausgehens über das Handwerkliche, sondern vielmehr eines Darüberhinausgehens über das Gebundensein und damit ein *erweitertes,* darüberliegendes eigenschöpferisches Tun. Um dieses kenntlich zu machen, muß der Bereich des *rein* Funktionalen verlassen werden.[215]

Bei Sammelwerken gem. § 4 UrhG verhält es sich wiederum anders. Solche entstehen nicht aus sich selbst heraus, sondern aus der Sammlung bereits bestehender Werke oder anderer Beiträge. Raum für eigenschöpferisches Schaffen kann hier lediglich in der Auswahl oder Anordnung der Sammlung liegen, wobei dieser jedoch nicht, wie bei den Landkarten, an Vorgegebenes gebunden ist. Das Darüberliegen über dem Handwerklichen/Alltäglichen muß bei Sammelwerken auch über dem Unterbau von § 70 UrhG angesiedelt werden.[216] Dieser Unterbau verlangt bereits, daß die Sammlungen sich wesentlich von den bisher bekannten Ausgaben der Werke oder Texte unterscheiden müssen. Das Maß an Individualität für eine persönliche geistige Schöpfung muß folglich darüberliegen.

---

212 Entwurf eines Gesetzes über Urheberrecht und verwandte Schutzrechte (Urheberrechtsgesetz), Deutscher Bundestag, 4.Wahlperiode, 23.März 1962, Begründung - B. Die einzelnen Vorschriften, Erster Teil Urheberrecht, Zweiter Abschnitt -Das Werk zu § 2, Drucksache IV/270, S. 38.

213 BGHZ 22, S. 209 - 217 -Europapost-; BGH, GRUR 1967, S. 315 f. -skai-cubana-; BGH, GRUR 1972, S. 39 f . -Vasenleuchter-; BGH, GRUR 1974, S. 669 ff. -Tierfiguren-; BGH, GRUR 1979, S. 332 - 336 -Brombeerleuchte-.

214 Möhring/Nicolini, § 2 Anm.10 a, 10 c aa, 10 i; Ulmer, UFITA Bd.45 (1965), S. 18, 21; Ulmer, Urheber- und Verlagsrecht, 3.Aufl., S. 119, 149 f.; noch weitergehend, in dem das Erfordernis der Gestaltungshöhe bei Werken der Kunst derart einschränkt wird, daß er allenfalls bei ihnen den ästhetischen Gehalt für anwendbar hält: Reimer, GRUR 1980, S. 572, 574 ff., 579 f.

215 Siehe hierzu später : 2.Teil, 2. Kapitel, § 7 B.

216 Siehe hierzu später : 2.Teil, 3. Kapitel, § 11 A. I. 1) a) bb) und BGH, GRUR 1981, S. 520 - 522 -Fragensammlung-.

Diese unterschiedlichen Anforderungen sind auch insoweit mit der Einheitlichkeit des Werkbegriffs vereinbar, als alle schutzfähigen Werke und damit auch die Erzeugnisse der kleinen Münze auf einer persönlichen geistigen Schöpfung beruhen müssen. Ist dies gegeben, so sind also weitere qualitative Anforderungen systematisch nicht notwendig[217]. Somit bedeutet Einheitlichkeit nicht, daß alle Werke, ohne Rücksicht auf die unterschiedliche Natur der einzelnen Werkarten und die Besonderheiten ihres Schaffensvorganges, mit der gleichen Elle zu messen sind.

§ 6 Schutzwirkungen : Schutzgegenstand / Schutzumfang

A. Zusammenhang zwischen Schutzgegenstand und Schutzumfang

Der Zusammenhang zwischen Schutzgegenstand und Schutzumfang spielt vor allem bei der Frage, welcher Schutzgegenstand bzw. welche Werkelemente -Form-Inhalt- bei der Überprüfung der Werkeigenschaft berücksichtigt werden darf bzw. dürfen, eine wesentliche Rolle. Insbesondere bei Werken der Wissenschaft und damit bei Landkarten ist die Frage eines Inhaltsschutzes -wegen des Grundsatzes der Freiheit der wissenschaftlichen Idee/Erkenntnis/Theorie- umstritten. Der Schutzgegenstand hat nämlich unmittelbare Auswirkungen auf den Schutzumfang, da der Schutzumfang eines Werkes abhängig von der Bestimmung der schutzbegründenden, individuellen Werkelemente ist[218]. So steckt alles, was den Schutz begründet, auch den Schutzumfang ab[219]. Insofern bedarf es bereits der Klärung auf Schutzvoraussetzungsseite, ob der Inhalt urheberrechtlich geschützt werden darf. Nach § 11 UrhG schützt das Urheberrecht den Urheber in seinen geistigen und persönlichen Beziehungen zum Werk. Diese Regelung soll eigentlich nur zum Ausdruck bringen, daß das Urheberrecht sowohl dem Schutz der ideellen als auch der materiellen Interessen des Urhebers dient und daß beide -Persönlichkeitsrecht und Vermögensrecht (Verwertungsrechte)- eine untrennbare Einheit bilden. So ist also das

217 Reimer, S. 574; ebenso: Moser, S. 138 f.
218 Schricker/Loewenheim, § 2 Rn.11.
219 Hubmann, Urheber- und Verlagsrecht, 6.Aufl., § 5 II 4; Ulmer, Urheber- und Verlagsrecht, 3.Aufl., S. 119; Koch-Kumrei, S. 67; a.A. Plett : S. 97 ff., nach der dieser Zusammenhang bei wissenschaftlichen Werken nicht mehr aufgeht.

Urheberrecht die Gesamtheit aller Rechtsbeziehungen des Schöpfers zu seinem Werk[220]. Das Urheberrechtsgesetz folgt der monistischen Theorie, die von der gegenseitigen Durchdringung von Vermögensinteressen und persönlichen Interessen ausgeht[221]. Es ist ein einheitliches Stammrecht, aus dem zwei Arten von Befugnissen entspringen[222]. Damit verleiht das Urheberrecht dem Urheber ein grundsätzlich umfassendes Monopolrecht, das unmittelbar mit der Schaffung des Werkes entsteht[223]. Das Monopolrecht umfaßt die Persönlichkeitsrechte, die Verwertungsrechte sowie die Bearbeitung. Das Urheberrecht hat also neben den traditionell individualrechtlichen Geltungsgründen, wie Schutz des geistigen Eigentums und der Persönlichkeit des Urhebers, einen weiteren Schutzzweck, der darauf gerichtet ist, einen entsprechenden wirtschaftlichen Anreiz für die Produktion geistiger und kultureller Güter zu geben[224]. So soll das Urheberrechtsgesetz zum einen dem Urheber einen ausreichenden urheberrechtlichen Schutz für seine Schöpfung sichern. Es sind auch wirtschaftliche Überlegungen anzustellen, ob ein Werk in Angriff genommen wird oder nicht. So stellt sich unter anderem die Frage, ob sich die Investitionen, die mit der Erstellung des Werkes verbunden sind, amortisieren lassen. Hierzu reicht der natürliche Wettbewerbsvorsprung regelmäßig nicht aus. Die reaktionsfreie Zeit muß deshalb verlängert werden, was durch die Erlangung des ausschließlichen Urheberrechts erreicht wird[225], um so den Wettbewerb auf höherer Ebene anzuregen[226]. Der Anreiz für die Schaffung eines Werkes kann nur durch einen ausreichenden Schutz geschehen. Der Urheber soll für sein Werk und den damit einhergehenden Investitionen ein angemessenes Entgelt, eine Belohnung, erhalten. Daher muß er an jeder wirtschaftlich relevanten Nutzung seines Werkes beteiligt werden[227]. Hierzu muß ihm die Kontrolle über die Nutzung seines Werkes gesichert werden. Insofern spielen für ihn die

---

220 Fromm/Nordemann-Vinck, § 11 Rn.1.

221 Fromm/Nordemann-Vinck, § 11 Rn.1; Hubmann/Rehbinder, S. 16; Ulmer, Urheber- und Verlagsrecht, 3. Aufl., S. 114.

222 Ulmer, Urheber- und Verlagsrecht, 3.Aufl., S. 114 ff., erklärt das mit dem Bild eines Baumes. Das Urheberrecht ist der Stamm, der seine Kraft aus den materiellen und ideellen Interessensphären als den Wurzeln zieht, während die urheberrechtlichen Befugnisse den Ästen und Zweigen vergleichbar sind, die aus dem Stamm erwachsen. Vermögens- und Persönlichkeitsbefugnisse als Bestandteile des einheitlichen Stamms ziehen ihre Kraft, bald aus beiden, bald vorwiegend aus einer der Wurzeln.

223 Troller, Immaterialgüterrecht Bd.2 (1985), S. 605.

224 Schulte-Beckhausen, S. 99.

225 Schulte-Beckhausen, S. 97.

226 Ebenso: Schulte-Beckhausen, S. 97; Lehmann, GRUR Int. 1983, S. 356, 360 ff.; Kur, GRUR 1990, S. 1, 5.

227 Schricker-v.Ungern-Sternberg, § 15 Rn.2 u. 3; Schricker-Schricker, Einl., Rn.14 ff.

ausschließlichen Verwertungsrechte, die ihm die wirtschaftliche Sicherung bzw. Belohnung für die Schaffung seines Werkes bewirken sollen, eine entscheidende Rolle. Sie bilden nämlich die Grundlage dafür, daß der Urheber aus seinem Werk wirtschaftlichen Nutzen ziehen kann. In der Regel zieht der Urheber aus seinem Werk wirtschaftlichen Nutzen, indem er Dritten entgeltlich gem. §§ 31 ff. UrhG Nutzungsrechte einräumt[228]. Zum anderen hat aber auch die Allgemeinheit ein Interesse an einem ausreichenden Schutz, so daß Werke geschaffen werden, die deren kulturelle und geistige Bedürfnisse befriedigen. Das Urheberrecht verfolgt neben dem subjektiven, sozialen Zweck -Sicherung der wirtschaftlichen Existenz des Urhebers- auch noch objektive, allgemeine Zwekke. So soll durch die Gewährung der Verwertungsrechte kreativen Personen ein Anreiz zu kulturell bedeutsamem Schaffen geboten und damit der kulturelle Fortschritt einer Nation vorangetrieben werden[229]. Die Allgemeinheit wird jedoch durch die Verwertungsrechte hinsichtlich des wissenschaftlichen und technischen Fortschritts in nicht unbeträchtlichem Maße tangiert. Die Verwertungsrechte sind ausschließliche Rechte des Urhebers, die der Zustimmung des Urhebers bedürfen. Die Außenwelt ist damit von der Zustimmung des Urhebers abhängig, ob sie Teile des Werkes oder das Werk insgesamt in Anspruch nehmen kann. Sollen also wissenschaftliche Werke geschaffen werden, bedarf es jedoch nicht lediglich eines ausreichenden urheberrechtlichen Schutzes, vielmehr muß die freie wissenschaftliche Auseinandersetzung gewährleistet sein. Eine solche verlangt den allgemein anerkannten Grundsatz der Freiheit der wissenschaftlichen Idee/Erkenntnis/Theorie, der unangetastet bleiben muß. Dieser Grundsatz besteht darin, die Monopolisierung wissenschaftlichen Gedankenguts in der Hand der Wissenschaftler zu verhindern. So soll dieser Grundsatz gewährleisten, daß die Wissenschaft und Forschung „ungehindert" agieren kann und gefördert wird.

Entscheidend ist hinsichtlich des Grundsatzes der Freiheit der wissenschaftlichen Idee/Erkenntnis/Theorie die Frage, ob die wissenschaftliche Erkenntnis den Inhalt eines Werkes ausmacht. Würde nämlich die wissenschaftliche Erkenntnis den Inhalt eines Werkes ausmachen und dieser urheberrechtlich geschützt werden, dann würde hierdurch die Wissenschaft in ihrem Tun und Forschen behindert. Denn der urheberrechtliche

---

228 Schricker-v.Ungern-Sternberg, § 15 Rn.2.
229 Schricker, a.a.O.; Kappes, S. 35.

Schutz des Werkelements Inhalt würde dann von dem Schutzumfang, den ausschließlichen Verwertungsrechten, umfaßt. Das hätte die Folge, daß eine Monopolisierung der wissenschaftlichen Erkenntnis stattfinden würde. Der allgemein anerkannte Grundsatz der Freiheit der wissenschaftlichen Idee/Erkenntnis/Theorie soll aber gerade unangetastet bleiben. Daran darf auch das Interesse des Urhebers an einem ausreichenden urheberrechtlichen Schutz nichts ändern, da der wissenschaftliche Urheber selbst auf eine freie wissenschaftliche Auseinandersetzung angewiesen ist. Er könnte ohne eine solche nicht ständig neue wissenschaftliche Werke schaffen. Der Grundsatz von der Freiheit der wissenschaftlichen Erkenntnis hat also „Vorrangstellung".

Deshalb gilt es zu klären, ob die wissenschaftliche Idee/Erkenntnis/Theorie den Inhalt ausmacht und damit mit dem Inhalt gleichgesetzt werden kann. Dies erfordert somit die Prüfung, inwieweit der Grundsatz von der Freiheit der wissenschaftlichen Idee/Erkenntnis/Theorie ausgelegt werden muß, um diesem gerecht werden zu können.

Nachfolgend soll lediglich kurz aufgezeigt werden, wie der Gesetzgeber, die Rechtsprechung und die Lehre zu dieser Problematik -eines Inhaltsschutzes- stehen. Die nähere Auseinandersetzung mit dieser Thematik soll aber erst an späterer Stelle[230] erfolgen.

B. Schutzgegenstand : Werkelemente Form - Inhalt

I. Auslegung des Gesetzes hinsichtlich des eigenschöpferischen Tuns beim Inhalt

Aus der wörtlichen Auslegung, dem Bedeutungszusammenhang sowie dem Sinn und Zweck ergibt sich nicht, ob auch der Inhalt zu den urheberrechtlichen geschützten Werkelementen gehören soll. Allerdings in den Motiven zu § 2 UrhG, der amtlichen Begründung, ist die Rede von einem Inhaltsschutz. So heißt es wörtlich in der Begründung[231]: „...Als persönliche geistige Schöpfungen sind Erzeugnisse anzusehen, die

230 Siehe hierzu später : 2.Teil, 2. Kapitel, § 9 A. und B.

231 An dieser Stelle soll die amtliche Begründung nochmals wörtlich wiedergegeben werden, um so klarer zum Ausdruck zu bringen, was der Gesetzgeber beabsichtigt hat. Dies ist insbesondere deshalb von Bedeutung, weil dieser Problematik elementare Bedeutung zukommt, Entwurf eines Gesetzes über Urheberrecht und verwandte Schutzrechte (Urheberrechtsgesetz), Deutscher Bundestag, 4.Wahlperiode, 23.März 1962, Begründung - B. Die einzelnen Vorschriften, Erster Teil Urheberrecht, Zweiter Abschnitt - Das Werk, zu § 2 - Geschützte Werke, BT-Drucksache IV/270, S. 38.

durch ihren Inhalt oder durch ihre Form oder durch die Verbindung von Inhalt und Form etwas Neues und Eigentümliches darstellen". Die Begründung spricht also explizit einen Inhaltsschutz aus und nicht nur in Verbindung mit der Form. Hieraus läßt sich also entnehmen, daß nach dem Willen des Gesetzgebers der Inhalt an einem urheberrechtlichen Schutz teilnehmen kann.

Diese Bejahung für einen Inhaltsschutz wird jedoch in Teil B der amtlichen Begründung[232] für Werke der Wissenschaft verneint, da wissenschaftliche Ideen und Erkennntnisse dem Gedankeninhalt gleichgesetzt werden. So soll nur die persönliche Formgebung wissenschaftlicher Werke dem Urheberrechtsschutz unterliegen, der Gedankeninhalt aber frei bleiben.

II. Verschiedene Rechtsauffassungen

Da aus dem objektivierten[233] Willen des Gesetzgebers nicht hervorgeht, ob das Werkelement „Inhalt" auch urheberrechtlich geschützt werden soll, wird von der Rechtsprechung und der Literatur diese Frage unterschiedlichst beantwortet.

Von der „gefestigten" Rechtsprechung[234] wird ein Inhaltsschutz verneint, ebenso teilweise von der Literatur[235]. Ein solche Verneinung wird überwiegend deshalb vorgenommen, da die wissenschaftliche Idee/Erkenntnis/Theorie mit dem Inhalt ineinsgesetzt wird. So werden von der Rechtsprechung bei Landkarten die Vermessungsergebnisse als

232 Entwurf eines Gesetzes über Urheberrecht und verwandte Schutzrechte (Urheberrechtsgesetz), Deutscher Bundestag, 4.Wahlperiode, 23.März 1962, Begründung - B. Die einzelnen Vorschriften, Erster Teil Urheberrecht, Erster Abschnitt - Allgemeines, zu § 1, BT-Drucksache IV/270, S. 37.

233 Nach höchstrichterlicher Auslegung ist der in einer Gesetzesvorschrift zum Ausdruck gekommene objektivierte Wille des Gesetzgebers maßgebend, so wie er sich aus dem Wortlaut der Gesetzesbestimmung, dem Sinnzusammenhang und dem Zweck ergibt. Insofern reicht nach der höchstrichterlichen Rechtsprechung die Berufung auf die Motive und Materialien des Regierungsentwurfes für eine ausreichende Begründung und Gesetzesauslegung nicht aus : BVerfGE 1, 299, 312; BGHZ 46, 74.

234 BGH, GRUR 1979, S. 464, 465 -Flughafenpläne-; BGH, GRUR 1985, S. 129, 130 -Elektrodenfabrik-; BGH, GRUR 1987, S. 360, 361 -Stadtplan/Werbepläne-; BGH, GRUR 1988, S. 33, 35 - Topographische Landeskarten-; OLG Hamm, GRUR 1980, S. 287, 288 -Prüfungsformular-; OLG Hamm, GRUR 1989, S. 501, 502 -Sprengzeichnungen-; OLG Frankfurt, GRUR 1989, S. 589 - Eiweißkörper-; OLG Frankfurt, GRUR 1988, S. 816, 817 -Stadtpläne-; LG Oldenburg, GRUR 1989, S. 49 52 -Motorsäge-; LG München, GRUR 1989, S. 503 f. -BMW-Motor-.

235 Allfeld, in Kobel, S. 540; Müglich, CR 1995, S. 258; Kobel, S. 542 - 546; Penck, in Kobel, S. 538 ff.; Plander, UFITA Bd.76 (1976), S. 45, der zwar vordergründig einen Inhaltsschutz zuläßt, aber auf Schutzumfangseite, also ab Veröffentlichung, einen solchen verneint; Schramm, Die schöpferische Leistung, S. 170 ff.; Troller, UFITA Bd.50 (1967), S. 385 ff., 397 ff.; v.Gamm, Urheberrechtsgesetz, S. 186 ff.

wissenschaftliche Ergebnisse dem Inhalt gleichgesetzt, und insofern wird der Inhalt von einem urheberrechtlichen Schutz ausgeschlossen.[236]

Ein Teil der Literatur[237] will aber den Inhalt bei wissenschaftlichen Werken geschützt wissen. Wiederum andere[238] wollen lediglich zwischen Individualgut und Gemeingut unterscheiden, wobei der Inhalt zum Individualgut zählt. Bei den Werken der Kunst und Literatur wird hingegen von der Rechtsprechung[239] sowie von der überwiegenden Auffassung der Lehre[240] der individuelle Inhalt urheberrechtlich geschützt. Insoweit werden die Werke der Wissenschaft hinsichtlich eines urheberrechtlichen Schutzes „schlechter" gestellt. Einigkeit besteht lediglich seit jeher darin, daß sich die Individualität aus der inneren und äußeren Formgestaltung ergeben kann[241] . Schon in einer frühen Entscheidung nach dem Inkrafttreten des LUG aus dem Jahre 1901 macht das RG deutlich, von einer geistigen Urheberschaft könne nur gesprochen werden, wo eine selbständige Geistestätigkeit sich in bestimmter Form individualisiere[242].

Die nähere Auseinandersetzung mit dieser Problematik soll aber dem 2.Teil[243], wo ausschließlich die spezielle Thematik bei Landkarten betrachtet wird, vorbehalten bleiben. Die Lösung muß zum einen dem Urheber einen ausreichenden Schutz gewähren und zum anderen muß der Grundsatz der Freiheit der wissenschaftlichen Idee/Erkenntnis/Theorie, so wie es für eine unbehinderte Forschung erforderlich ist, beachtet werden.

---

236 BGH, GRUR 1965, S. 47 -BGH-Urteil vom 3.Juli 1964 -Stadtplan-; OLG Frankfurt, GRUR 1988, S. 816, 817 -Stadtpläne-; OLG Stuttgart, Schulze BGHZ 118, 14 -Stadtplan-; BGH, GRUR 1988, S. 33, 35 und Schulze BGHZ 368, 11 -Topographische Landeskarten-.

237 Reimer, GRUR 1980, S. 577 - 581; Koch-Kumrei, S. 91 f.; Altenpohl, S. 48 ff., 53, 115 - 124, insbesondere S. 125, 200 f.; Moser, S. 141 - 145, 247 - 259; v.Moltke, S. 90 - 155, 233, der lediglich den Schutzumfang hinsichtlich der Verwertungsrechte durch die teleologische Reduktion des § 11 UrhG einschränken will, um die Monopolisierung wissenschaftlichen Gedankenguts auszuschließen; Hubmann/Rehbinder, S. 27 ff.; Hubmann, UFITA Bd.54 (1957), S. 1, 4; Haberstumpf, Zur Individualität wissenschaftlicher Sprachwerke, UFITA Bd.64 (1982), S. 77 - 80; die Auffassungen, die zwar nicht zwischen Inhalt und Form unterscheiden wollen und stattdessen zwischen Gemeingut und Individualgut unterscheiden, schützen aber dennoch den Inhalt : Ulmer, Der Urheberrechtsschutz wissenschaftlicher Werke unter besonderer Berücksichtigung der Programme elektronischer Rechenanlagen, S. 15 f.; ebenso in : Urheber- und Verlagsrecht, 3.Aufl., S. 105 - 109, 120 - 123; Kummer, S. 122.

238 Ulmer, Der Urheberrechtsschutz wissenschaftlicher Werke unter besonderer Berücksichtigung der Programme elektronischer Rechenanlagen, S. 15 f.; ebenso in : Urheber- und Verlagsrecht, 3.Aufl., S. 105 - 109, 120 - 123; Kummer, S. 122.

239 RGZ 121, 65, 70 ff.; BGH, GRUR 1959, S. 379, 381; BGH, GRUR 1963, S. 40 ff.

240 Fromm/Nordemann, § 2 Rn.7; Hubmann, Urheber- und Verlagsrecht, 6. Aufl., S. 38; Ulmer, Urheber- und Verlagsrecht, 3.Aufl., S. 120 ff.; Plander, UFITA Bd.76 (1976), S. 25 f.

241 Vgl. Plander, UFITA Bd.76 (1976), S. 25.

242 RG v. 19.Juni 1907, RGZ 16, 22, 230.

243 Siehe hierzu später : 2.Teil, 2. Kapitel, § 9 A. und B.

Diese Problematik muß auf der Schutzvoraussetzungsseite, also der schutzbegründenden Seite, gelöst werden. Denn, wie bereits aufgezeigt worden ist, stehen Schutzgegenstand und Schutzumfang in einem engen Zusammenhang.

C. Schutzumfang

Für einen ausreichenden Schutz ist entscheidend, daß die Verwertungsrechte die möglichen Eingriffshandlungen durch den Nutzer berücksichtigen. Die Verwertungsrechte sollen dem Urheber die Früchte seiner Arbeit bzw. die Belohnung für seine Schöpfung sichern.

Im 1. Teil[244] dieser Arbeit wurden die möglichen Eingriffshandlungen bei den konventionell erstellten Landkarten aufgezeigt. Die möglichen Eingriffshandlungen sind bei den konventionell erstellten Karten nicht so umfassend wie bei den digitalen Kartenbeständen. Bei den Kopien im analogen Bereich, also bei den konventionell erstellten Karten, fallen die Vervielfältigung und die Eröffnung neuer Nutzungsmöglichkeiten, an deren wirtschaftlichem Ergebnis der Urheber partizipieren soll, weitgehend zusammen. Durch den Online- und Netzwerk-Einsatz sind die Nutzungsmöglichkeiten jedoch erweitert worden. So können zum einem an dem Werk „Datenbank" mehrere Nutzer teilhaben und es gleichzeitig nutzen. Zum anderen sind die Übertragungen und auch der Zugriff auf die Datenbank unkörperlich. Diese erweiterten und neuen Nutzungsmöglichkeiten müssen in den Schutzbereich der Verwertungsrechte fallen, um so dem Urheber die Früchte seiner Arbeit zu sichern. Bei diesen *erweiterten* Nutzungsmöglichkeiten sind für den Urheber nur die wirtschaftlichen interessant. So hat er beispielsweise nur bei den Vervielfältigungen ein Partizipationsinteresse, die auch tatsächlich *erweiterte* Nutzungsmöglichkeiten bringen. Zwischenkopien bei der bestimmungsgemäßen Nutzung sind für den Urheber hingegen nicht von Interesse.[245] Für diese erweiterten Nutzungsmöglichkeiten sollen nach dem deutschen Gesetzgeber die herkömmlichen Verwertungsrechte der §§ 15 ff. UrhG gelten, obwohl in der EG-Datenbankrichtlinie[246] die Verwertungsrechte speziell für Datenbanken zugeschnitten worden sind. Inwieweit die

244 1.Teil, 1. Kapitel, § 2.
245 Siehe hierzu im einzelnen : 2.Teil, 3. Kapitel, § 11 A. I. 2).
246 2.Teil, 3. Kapitel, § 12 A. II. 2) und B. II.

herkömmlichen Verwertungsrechte diesen umfassenderen Nutzungsmöglichkeiten und somit den Interessen der Urheber gerecht werden, gilt es bei den digitalen Kartenbeständen[247] zu prüfen.
Bei den computererstellten Landkarten bzw. den digitalen Kartenbeständen gelten hinsichtlich der Computerprogramme die speziellen Regelungen der §§ 69 c - e UrhG, bei den konventionell erstellten Landkarten sind die herkömmlichen Verwertungsrechte i.S. der §§ 15 UrhG und das Bearbeitungsrecht gem. § 23 UrhG einschlägig.

Der Vollständigkeit halber seien die Urheberpersönlichkeitsrechte wie folgt genannt : Veröffentlichkeitsrecht (§ 12 UrhG), Recht auf Anerkennung der Urheberschaft (§ 13 UrhG), Recht auf Abwehr einer Entstellung des Werkes (§ 14 UrhG) und Recht auf Zugang zu den Werkstücken (§ 25 UrhG). Sie sollen jedoch in dieser vorliegenden Arbeit keiner weiteren und näheren Betrachtung unterzogen werden, da diese hinsichtlich der Motivation, ob ein Werk in Angriff genommen wird, eine untergeordnete Rolle spielen.

2. Kapitel
Urheberrechtsschutz bei den konventionell erstellten Landkarten

§ 7 Landkarten als Darstellungen wissenschaftlicher oder technischer Art i.S.v. § 2 Abs.1 Nr.7 UrhG

Nach dem Urheberrechtsgesetz werden Landkarten als Darstellungen wissenschaftlicher oder technischer Art gem. § 2 Abs.1 Nr. 7 UrhG geschützt. Inwiefern jedoch dieser gesetzlichen Einordnung zu der Werkkategorie der Darstellungen wissenschaftlicher oder technischer Art zugestimmt werden kann, gilt es im nachfolgenden Kapitel zu klären. Denn eine Landkarte besteht nicht nur aus den wissenschaftlichen -den vermessenen- Ergebnissen, sondern auch aus der Generalisierung und den thematischen Elementen. Die Generalisierung wird insbesondere deshalb bei einer Landkarte vorgenommen, um eine gute Lesbarkeit und Übersichtlichkeit für den Kartenbenutzer zu ermöglichen. Die

247 Siehe hierzu im einzelnen : 2.Teil, 3. Kapitel, § 12 A. II. 2) und B. II.

thematischen Elemente müssen den Kartenbenutzer über die darzustellende Thematik informieren und insoweit gut lesbar sein. Eine gute Lesbarkeit sowie Übersichtlichkeit bedingt aber eine gewisse Ästhetik. Eine ästhetische Komponente haben insbesondere die bildhaften Signaturen inne. Insofern ist zu prüfen, ob die Einordnung zu der Werkkategorie „Darstellungen wissenschaftlicher oder technischer Art" ihre alleinige Richtigkeit hat oder ob nicht auch an eine Einordnung zu den Werken der angewandten Kunst zu denken ist.

A. Konventionell erstellte Landkarten : Ist die gesetzliche Einordnung zu den Darstellungen wissenschaftlicher oder technischer Art richtig ?

Landkarten bestehen ja im wesentlichen aus den vermessenen Ergebnissen, der Generalisierung sowie den thematischen Elementen. Jedoch sollen bei der hier zu klärenden Problematik die Gestaltungselemente der Farben und der Schrift sowie der Außenrandgestaltung außen vor bleiben, da sie im Vergleich zu den drei oben genannten Elementen ein geringes Gewicht einnehmen. Um aber klären zu können, ob die Einordnung der Landkarten zu den Darstellungen wissenschaftlicher Art ihre Richtigkeit hat, bedarf es nunmehr der Auseinandersetzung mit der Werkkategorie der Darstellungen wissenschaftlicher oder technischer Art.

I. Was sind Darstellungen wissenschaftlicher oder technischer Art ? Werke der Wissenschaft ?

Eine Definition, was unter Darstellungen wissenschaftlicher oder technischer Art zu verstehen ist, gibt das derzeitige Urheberrechtsgesetz nicht her. Auch die Motive weisen keine Definition auf. Es wird in den Motiven zum derzeitigen Urheberrechtsgesetz[248] lediglich klargestellt, daß die Erwähnung der Darstellungen wissenschaftlicher oder technischer Art in Absatz 1 Nr.7 dem § 1 Abs.1 Nr.3 LUG entspricht. Die Verweisung zum LUG hat eine solche auf die Rechtsprechung und die Literatur zum LUG zur Folge.

---

248 Entwurf eines Gesetzes über Urheberrecht und verwandte Schutzrechte (Urheberrechtsgesetz), Deutscher Bundestag 4.Wahlperiode 23. März 1962, Begründung - B. Die einzenen Vorschriften, Erster Teil Urheberrecht, Zweiter Abschnitt - Das Werk, zu § 2 - Geschützte Werke, BT-Drucksache IV/270, S. 38.

Die neuere Rechtsprechung[249], also die zum Urheberrechtsgesetz von 1965[250], bemüht sich kaum um die Begriffsbestimmung der Darstellung wissenschaftlicher oder technischer Art. Sie stellt stattdessen auf die persönliche geistige Schöpfung ab. Sie bemüht sich auch nicht um eine präzise Einordnung zu einer Werkkategorie. Dies folgt insbesondere aus dem derzeitigen Urheberrechtsgesetz, das keine Enumerationsmethode mehr hat, sondern die Werkkategorien nur beispielhaft aufführt[251]. Lediglich in den früheren Entscheidungen des Reichsgerichts zum LUG wurden Umschreibungen gebraucht, nicht jedoch eine einheitliche Definition.

So wurde für Abbildungen wissenschaftlicher oder technischer Art gefordert, daß diese als Belehrungsmittel auf Wissen und Anschauen des Beschauers erweiternd oder unterstützend wirken sollen.[252] In einer anderen Entscheidung des Reichsgerichts[253] war es für die Wissenschaftlichkeit nicht erforderlich, daß die Abbildungen von dauerndem, fachwissenschaftlichem Interesse seien. Ferner seien an die Erfordernis der Belehrung keine allzu großen Anforderungen zu stellen, es brauche sich um keine wissenschaftliche Belehrung zu handeln[254]. Der Begriff der Technik wurde derart umschrieben, indem das Reichsgericht hierzu ausführte, unter Technik verstehe man nach dem allgemeinen Sprachgebrauche die Gesamtheit der Mittel und Verfahren zur Herstellung von Kunst- und Gewerbeprodukten. Abbildungen, die sich hierauf beziehen würden, seien technischer Art, sie würden einen lehrhaften Charakter tragen und würden infolgedessen auch in der Darstellungsweise vielfach schon eine dem Lehrzwecke angepaßte eigentümliche Form annehmen[255].

Die Literatur hingegen äußert sich zu dem Begriff der Darstellung wissenschaftlicher oder technischer Art.

---

249 So beispielsweise: BGH, GRUR 1979, S. 464 -Flughafenpläne-; OLG Hamm, GRUR 1981, S. 130 f. -Preislisten-Druckvorlage-.

250 Das Urheberrechtsgesetz wurde zwar mittlerweile mehrfach ergänzt, die „Grundfassung" des Urheberrechtsgesetzes von 1965 hat aber nach wie vor ihre Gültigkeit. So wurde im Hinblick auf die Darstellungen wissenschaftlicher oder technischer Art keine Änderung oder Ergänzung durchgeführt.

251 Ebenso: Moser, S. 44, 45.

252 Reichsgericht vom 29. Oktober 1906, RGStr. 39, 229.

253 Reichsgericht vom 8.Juli 1902, RGStr. 35, 328, 329.

254 Reichsgericht vom 8.Juli 1902, RGStr. 35, 328, 329.

255 Reichsgericht vom 6.Februar 1909, RGZ 70, 266, 271.

So müssen nach Ulmer[256], Reimer[257], Hubmann[258] und Loewenheim[259] Darstellungen wissenschaftlicher oder technischer Art der Unterrichtung und Belehrung dienen. Hubmann[260] umschreibt dies, indem alle Darstellungen einen wissenschaftlichen oder technischen Inhalt zum Ausdruck bringen müssen. Loewenheim[261] deklariert diese als Darstellungen, die die Wissenschaft und Technik betreffen.

Somit besagen die Begriffe der *Wissenschaft und Technik*, daß die Darstellungen wissenschaftlicher oder technischer Art der *Belehrung und Unterrichtung* dienen müssen. Bereits vorne[262] wurde erarbeitet, daß die Wissenschaft einen belehrenden Zweck sowohl in objektiver als auch in subjektiver Hinsicht verfolgen muß.

II. Landkarten - Darstellungen wissenschaftlicher oder technischer Art ?

Nach § 2 Abs.1 Nr.7 UrhG werden Landkarten zu den Darstellungen wissenschaftlicher oder technischer Art gereiht. Inwieweit dem zugestimmt werden kann, soll nunmehr geklärt werden.

Landkarten bestehen im wesentlichen aus drei Elementen : Vermessungsergebnisse, Generalisierung und Signaturen/Thematik. Die Vermessungsergebnisse sind deshalb wissenschaftliche Ergebnisse, da die Karten der Ersterfassung nach der Methode der Vermessung/Photogrammetrie aufgenommen werden. Die Vermessung ist zum einen die Wissenschaft von der Beschreibung der Erdoberfläche und zum anderen die Wissenschaft, wie man die Erdoberfläche technisch aufnimmt und die Vermessungen mathematisch umrechnet. Photogrammetrie ist die Wissenschaft von der indirekten vermessungstechnischen (geodätischen) Meßmethode, wie man Objekte der Landschaft aus Luftbildern/Orthophotos vermißt und mathematisch umrechnet.[263] Diese Vermessungsergebnisse informieren und belehren beispielsweise über den Verlauf einer Straße. Hinsichtlich des Elements „Vermessungsergebnisse“ liegt somit ein belehrender Teil vor.[264]

256 Ulmer, Urheber- und Verlagsrecht, 3.Aufl., S. 138.
257 Reimer, GRUR 1980, S. 572 ff.
258 Hubmann, Urheber- und Verlagsrecht, 6.Aufl., S. 105.
259 Schricker-Loewenheim, § 2 Rn.123.
260 Hubmann, Urheber- und Verlagsrecht, 6.Aufl., S. 105.
261 Schricker-Loewenheim, § 2 Rn.123.
262 Siehe hierzu : 2.Teil, 1. Kapitel, § 5 A. II.
263 Bill/Fritsch, Bd.1, S. 57, 168.
264 Siehe hierzu : 2.Teil, 2. Kapitel, § 8 B. I. 1).

Da die Generalisierung das Charakteristische der Landschaft bzw. des Abbildes der Erdoberfläche herausarbeiten soll, kann die Generalisierung nicht allein, d.h. ohne den Verlauf der eigentlichen Vermessungsergebnisse, vorgenommen werden. Die Generalisierung ist also ohne die vorhandenen Vermessungsergebnisse nicht möglich. Die generalisierten Ergebnisse erfüllen insoweit auch den belehrenden Zweck, da sie mit den eigentlichen Vermessungsergebnissen vermischt sind. Dieses Verwobensein von den eigentlichen Vermessungsergebnissen und den generalisierten Ergebnissen bleibt der näheren Betrachtung bei der Lösung mit der Form-Inhalt-Problematik[265] vorbehalten.

Die Thematik von Landkarten wird zumeist von Signaturen dargestellt. Diese können geometrisch abstrakte sowie bildhafte Signaturen sein. Die abstrakten Signaturen müssen jedoch hinsichtlich einer urheberrechtlichen Beurteilung außen vor bleiben, da sich der Spielraum bei der Gestaltung dieser Signaturen auf Null reduziert.[266]

Die bildhaften Signaturen sollen von dem Laien sofort erkennbar und richtig verstanden werden. Sie sollen also den Laien informieren, was die Signatur symbolisieren soll. Folglich haben die Signaturen auch einen belehrenden Charakter, allerdings nur, wenn sie tatsächlich das Darzustellende deutlich erkennen lassen. Sie müssen den dargestellten Gegenstand aus sich heraus erkennen lassen. Sie müssen insofern für sich selbst stehen, ohne daß es einer weiteren Erklärung bedarf. Bei den bildhaften Signaturen ist aber zwischen solchen, die annähernd eine Kopie des Dargestellten sind, und solchen, die das Darzustellende stark typisieren und charakterisieren, zu unterscheiden. Die annähernde Kopie läßt das Darzustellende problemlos aus sich heraus erkennen, wobei sie aber kein eigenschöpferisches Schaffen in sich vereinigen kann. Die Signaturen, die das Dargestellte vertypisiert und charakterisiert haben, müssen für den Laien ebenso sofort erkennbar und eindeutig sein. Deshalb darf der Gestalter der Signaturen die vorhandene Charakteristik des Darzustellenden lediglich herausarbeiten bzw. betonen und genau in dieser belassen, was an späterer Stelle[267] noch genauer dargestellt werden soll. Dabei müssen die Signaturen so gestaltet werden, daß die Charakteristik des darzustellenden Gegenstandes auf wenige klare Formen reduziert wird, um die erforderliche graphische Prägnanz und visuelle Eindeutigkeit zu erreichen. Insoweit können auch die vertypisierten Signaturen den belehrenden Zweck erfüllen.

265 Siehe hierzu : 2.Teil, 2. Kapitel, § 9 B. IV.
266 Siehe hierzu vorne : 1.Teil, § 1 B. II.
267 Siehe hierzu : 2.Teil, 2. Kapitel, § 8 B. II.

Insgesamt kann also festgehalten werden, daß Landkarten einen belehrenden Zweck erfüllen und damit die Einordnung der Landkarten zur Werkkategorie der Darstellungen wissenschaftlicher oder technischer Art ihre Richtigkeit hat. Selbst wenn die Signaturen und die Generalisierung eine ästhetische Komponente in sich haben, ist dies dem Zweck der Belehrung unschädlich. Lediglich die rein künstlerische Ziele verfolgende Darstellung würde der Einordnung zu den Darstellungen wissenschaftlicher oder technischer Art zuwiderlaufen.[268]

B. Konventionell erstellte Landkarten - Werk der angewandten Kunst i.S.v. § 2 Abs.1 Nr. 4 UrhG ?

Signaturen und Generalisierung tragen beträchtlich zur Ästhetik einer Karte bei und haben insoweit eine ästhetische Komponente in sich. Inwieweit sie aber eine künstlerische Komponente in sich vereinen, so daß zugleich die Voraussetzungen für ein Werk der angewandten Kunst i.S.v. § 2 Abs.1 Nr.4 UrhG bejaht werden kann, ist jedoch fraglich. Die künstlerische Gestaltungshöhe liegt erst dann vor, wenn eine Formverfremdung, ein Überdimensionieren oder eine Verleihung eines anderen Charakters gegeben ist.[269]
Die Generalisierung kann auf keinen Fall die erforderliche künstlerische Gestaltungshöhe erreichen, was in dem Kapitel[270] des erforderlichen Mindestmaßes an eigenschöpferischem Tun bereits festgestellt worden ist. Bei der Generalisierung muß sich der Kartograph an die Vorgegebenheit der Natur halten. Der Kartograph darf lediglich ein charakteristisches Abbild der Natur schaffen, ein darüberhinausgehendes -wie bei den Werken der angewandten Kunst- ist ihm aber nicht erlaubt. Es liegt ein unabläßliches Gebundensein an das Wissenschaftliche vor. Insofern scheidet ein Kunstschutz aus. Eine weitere und eingehendere Betrachtung erübrigt sich damit. Folglich kann das Element „Generalisierung“ *nicht* zu den Werken der angewandten Kunst gereiht werden.
Bei den bildhaften Signaturen kann hingegen eine künstlerische Gestaltungshöhe nicht von vornherein verneint werden. Signaturen sind zwar auch an das Vorgegebene gebunden, da sie belehrend und für den Laien sofort erkennbar sein müssen. Sie sind jedoch

268 Schricker-Loewenheim, § 2 Rn.123.
269 BGH, GRUR 1974, S. 669/671 -Tierfiguren-; Schramm, UFITA Bd.77 (1976), S. 122, 123.
270 Siehe hierzu : 2.Teil, 1. Kapitel, § 5 B. II. 3).

nicht derart wie die generalisierten Ergebnisse an die wissenschaftlichen Ergebnisse gebunden. Da sie eine bestimmte Thematik darstellen, haben sie insoweit einen größeren Spielraum vom Vorgegebenen „abzuweichen". Werke der angewandten Kunst[271] können nur dann bejaht werden, wenn ein *erweitertes* Darüberhinausgehen über dem Handwerklichen gegeben ist. Ein solches liegt bei den zweidimensionalen Darstellungen dann vor, wenn motivlich selbständig erstellte Darstellungen gegeben sind, wenn Darstellungen sich ersichtlich von einer photographischen Vorlage lösen oder wenn vorgegebene Gegenstände in nicht naheliegender Weise verfremdet werden[272].

Schricker[273] ist insbesondere darin beizupflichten, wenn er beispielsweise solchen Briefmarken einen Kunstschutz abspricht, die Abbildungen historischer Persönlichkeiten, Abbildungen von Städten, Bauwerken, Fahrzeugen und Museumsobjekten sowie schematische technische Darstellungen betreffen. Daraus kann geschlossen werden, daß solche Abbildungen, die stark an etwas Vorgegebenes gebunden sind und das Dargestellte nicht verfremden, keine persönlichen geistigen Schöpfungen im Sinne eines Kunstwerkes sind.

Bei den dreidimensionalen Darstellungen ist die künstlerische Gestaltungshöhe überwiegend in einer dem Gebrauchszweck darüberhinausgehenden Charakterisierung, wie in einer Verleihung eines anderen Charakters -vermenschlichte Igelfigur Mecki-Igel[274]- oder wie in einer bewußten Formverfremdung[275], zu sehen. Ein ausschließliches Gebundensein am Gebrauchszweck würde keine künstlerische Gestaltungshöhe zulassen. So kann ein Darüberhinausgehen über den Gebrauchszweck durch ein Überdimensionieren[276], ein Verniedlichen[277], eine bewußt ungeschickte Formverfremdung[278] und eine Betonung des Märchenhaften und Naiven[279] geschehen. Damit erhält der Gebrauchsgegenstand eine bestimmte Charakterisierung[280], die er für den reinen Gebrauchszweck nicht bräuchte.

---

271 Siehe hierzu : 2.Teil, 1. Kapitel, § 5 B. II. 3).
272 Schricker, GRUR 1991, S. 564.
273 Schricker, GRUR 1991, S. 564.
274 BGH, GRUR 1958, S. 500 ff. -Mecki-Igel-Entscheidung-.
275 BGH, GRUR 1974, S. 669/671 -Tierfiguren-.
276 Schramm, UFITA Bd.77 (1976), S. 122, 123.
277 BGH, GRUR 1974, S. 669/671 -Tierfiguren-.
278 BGH, GRUR 1974, S. 669/671 -Tierfiguren-.
279 BGH, GRUR 1974, S. 669/671 -Tierfiguren-.
280 Schramm, UFITA Bd.77 (1976), S. 122, 123.

So hat die Rechtsprechung sowie die Literatur -Schramm[281]- die künstlerische Gestaltungshöhe bei einer Clown-Figur in der überdimensionalen Beingestaltung, in der sternenförmigen Pupille sowie in der Knollennase gesehen. Eine sternenförmige Pupille entspricht ja nicht den Pupillen an sich, sondern ist ein Produkt der Phantasie. Insbesondere hat Schramm die Kunstschutzfähigkeit dieser Figur zugesprochen, da diese Merkmale deutlich den individuellen Phantasiegehalt der Künstlerin erkennen lassen. Diese Merkmale würden die künstlerische Gestaltungskraft und deren Höhe beweisen. Der Clown falle damit aus der üblichen Motivgestaltung heraus und sei deshalb kunstschutzfähig.

Ferner hat der Bundesgerichtshof in seiner Mecki-Igel-Entscheidung[282] einer vermenschlichten Igelgestalt mit einer originellen Physiognomie eine persönliche geistige Schöpfung zugesprochen, und zwar als Werk der angewandten Kunst. Gerade wegen dem besonderen Gepräge der Gesichtszüge, vor allem durch die Knollennase mit der stark hervorgehobenen Kugelspitze, die wulstige Unterlippe sowie die Augenpartien, die charakteristischen Falten und die prallen Backen hat der Bundesgerichtshof ein Werk der angewandten Kunst bejaht. Desweiteren hat der Bundesgerichtshof den Mecki-Igel als einen allen Situationen gewachsener Lebenskünstler von unerschütterlicher, philosophischer Lebensart, gutmütig, spitzbübisch, verschmitzt, pfiffig und honorig beschrieben. Ein Igel ist ja kein Mensch, sondern ein Tier. Dieses bewußte Verändern von Tier zu Mensch gibt dieser Igelgestalt das besonders Prägende.

Ebenso wurden von dem Bundesgerichtshof[283] kunstgewerbliche Gebrauchsgegenstände in Form stilisierter Tierfiguren -trotz ihrer relativen Anspruchslosigkeit-[284] als Werk der angewandten Kunst angesehen. Das zugrundeliegende Urteil des OLG Hamm erblickt in den Tierfiguren über die Zweckform hinausgehende künstlerische sowie ästhetische Elemente, aus denen auf eine eigenartige individuelle geistige Konzeption geschlossen werden könne. Der Sachverständige habe zutreffend das Typische der Arbeiten in der Verniedlichung der Tiere, in ihrer zum Teil bewußt ungeschickten Formverfremdung, in einer Betonung des Märchenhaften und Naiven und nicht selten in einem deutlichen

281 Schramm, UFITA Bd.77 (1976), S. 122, 123.
282 BGH, GRUR 1958, S. 500 ff. -Mecki-Igel-Entscheidung-.
283 BGH, GRUR 1974, S. 669/671 -Tierfiguren-.
284 Schricker-Loewenheim, § 2 Rn.105.

Widerspruch zu der elegant angelegten Form und dem fließenden Umriß gesehen. Der Gegensatz zwischen Gelungenem und scheinbar Mißratenem zeige, daß es sich nicht um Kopien nach der Natur, sondern um die Verwirklichung eigenständiger Vorstellungen handele.

Ein derartiges Abweichen von dem rein Funktionalen, dem Gebrauchszweck, kann bei Signaturen aber nicht vorkommen. Denn Signaturen müssen den Zweck der Belehrung und Unterrichtung erfüllen. Insofern müssen sie den dargestellten Gegenstand so plastisch zeigen, daß der Laie und Kartenbenutzer sofort und deutlich erkennt, was die Signatur darstellt. Es muß die visuelle Zuordenbarkeit des Darzustellenden erreicht sein. Die Entwerfer von Signaturen können deshalb nicht das Darzustellende in seiner Form verändern, indem sie das Darstellende verformen. Das Darzustellende kann in seiner Form nicht derart verändert werden, indem ein Überdimensionieren der Beine oder indem ein bewußtes Verändern von „Tier" zu „Mensch" vorgenommen wird. Signaturen sollen zwar das Charakteristische des Darzustellenden zeigen, indem sie dieses darstellen und herausstellen. Hierbei handelt es sich aber um ein Betonen von Charakteristik. Signaturen müssen also das Darzustellende in seiner Wesenheit und Charakteristik darstellen und genau in dieser *belassen. Folglich ist der Unterschied zwischen Verformen und Betonen zu beachten.* Diese beiden Begriffe dürfen nicht verwechselt werden. Das Element „Signatur" kann insoweit nicht die Voraussetzungen der künstlerischen Gestaltungshöhe aufweisen. Eine Einordnung zu der Werkkategorie der angewandten Kunst ist damit nicht möglich.

Insgesamt kann also festgehalten werden, daß die Signaturen sowie die Generalisierung nicht die erforderliche künstlerische Gestaltungshöhe erreichen. Somit erfüllen sie nicht die Voraussetzungen für ein Werk der angewandten Kunst i.S.v. § 2 Abs.1 Nr.4 UrhG. Eine Einordnung der konventionell erstellten Landkarten zu den Werken der angewandten Kunst scheidet somit aus.

§ 8 Persönliche geistige Schöpfung bei den konventionell erstellten Landkarten

A. Verschiedene Rechtsauffassungen hinsichtlich der Gestaltungshöhe/ der kleinen Münze bei der Generalisierung und bei den Signaturen

Im 1.Teil[285] dieser vorliegenden Arbeit wurde ja verdeutlicht, daß gerade in der Generalisierung als auch in der Entwicklung von Signaturen die möglichen Schöpfungsfelder eines Kartographen zu sehen sind. Ebenso wurde die uneinheitliche Linie der Rechtsprechung und der Literatur hinsichtlich des Mindestmaßes an eigenschöpferischem Schaffen im allgemeinen kurz angesprochen. Die nähere Auseinandersetzung mit der Rechtsprechung und der Literatur hinsichtlich der persönlichen geistigen Schöpfung bei Landkarten sollte diesem Kapitel vorbehalten bleiben.
Nachfolgend soll deshalb zum einen untersucht werden, inwiefern diese möglichen Schöpfungsfelder der Generalisierung und der Signaturen auch von der Rechtsprechung und von der Literatur gesehen werden. Zum anderen gilt insbesondere in diesem Kapitel zu prüfen, ab wann nach der Rechtsprechung und nach der Literatur bei Landkarten im speziellen ein über dem handwerklichen/alltäglichen/üblichen liegendes Schaffen gesehen und damit ein eigenschöpferisches Tun bejaht wird. Hierbei soll die „vordergründig" uneinheitliche Linie der Rechtsprechung sowie der Literatur hinsichtlich des Mindestmaßes im näheren betrachtet werden.

Die Rechtsprechung sieht den Spielraum für eine individuelle Darstellungsweise eingeengt, da Landkarten regelmäßig einem bestimmten praktischen Zweck dienen müssen. In ihrer jüngsten Entscheidung macht die Rechtsprechung[286] deutlich, daß der Freiraum für eine individuelle Gestaltungsweise zur Erreichung eines Kartenbildes bei Karten *unterschiedlich* sein könne. So sei er sehr eng begrenzt etwa bei Katasterkarten, etwas größer dagegen bei topographischen Karten und regelmäßig noch größer bei thematischen Karten.

---

285 Siehe hierzu vorne : 1.Teil, 1. Kapitel, § 1 A. und B.
286 Höchstrichterliche Rechtsprechung : BGH-Urteil vom 28.5.1998- I ZR 81/96 -Stadtplanwerk-, NJW 1998, S. 3353.

Die Rechtsprechung spricht in ihren Entscheidungen zwar auch von Generalisierung, bringt dabei aber nicht deutlich genug zum Ausdruck, daß gerade in dem Generalisieren -neben dem Gestalten von Signaturen- das eigentliche schöpferische Tun eines Kartographen liegt. In diesem Zusammenhang macht sie auch nicht deutlich, was unter Generalisierung im einzelnen zu verstehen ist. So spricht sie lediglich teilweise am Rande von einer nach kartographischen Gesichtspunkten generalisierenden Darstellung[287] oder teilweise von Generalisierung, die größte Gewissenhaftigkeit und bestes geographisches Einfühlungsvermögen erfordere, wobei nicht schematisch vorgegangen werden dürfe.[288] Teilweise stützt sie sich in einer Entscheidung auf das Klägervorbringen, welches aufzeigt, daß die Bebauungsstrukturen -anders als bei herkömmlichen Stadtplänen- bis hin zu den einzelnen Gebäuden dargestellt worden seien, wobei in bestimmter Weise generalisiert worden sei. Dadurch werde der Charakter der Bebauung, insbesondere die Unterscheidung zwischen offener und geschlossener Bauweise, deutlich hervorgehoben.[289] Die Rechtsprechung verlangt auf der einen Seite für ein eigenschöpferisches Schaffen kein zu hohes Maß an eigenschöpferischer Formgestaltung[290], es dürfe kein zu enger Maßstab angewendet werden.[291] Es reiche vielmehr aus, daß eine individuelle Geistestätigkeit in dem darstellerischen Gedanken der Abbildung zum Ausdruck komme, möge auch das Maß der geistigen Leistung gering sein.[292] Dabei will sie jedoch schematisches Vorgehen, Handwerksmäßiges und Vereinfachungen ohne kartographisches Prinzip urheberrechtlich ungeschützt lassen.[293]

287 Höchstrichterliche Rechtsprechung : BGH-Urteil vom 3.7.1964 - I b ZR 146/62 -Stadtplan-, Schulze BGHZ 118, 14.

288 Höchstrichterliche Rechtsprechung : BGH-Urteil vom 2.7.1987 - I ZR 232/85 -Topographische Landeskarten-, Schulze BGHZ 368, 1 ff. und GRUR 1988, S. 35 sowie auch NJW 1988, S. 337 - 339.

289 Höchstrichterliche Rechtsprechung : BGH-Urteil vom 28.5.1998 - I ZR 81/96, NJW 1998, S. 3353 -Stadtplanwerk-.

290 Höchstrichterliche Rechtsprechung : BGH-Urteil vom 20.11.1986 - I ZR 160/84 -Stadtplan/Werbepläne-, Schulze BGHZ 374, 1 ff und GRUR 1987, S. 360 - 362.

291 Höchstrichterliche Rechtsprechung : BGH-Urteil vom 28.5.1998 - I ZR 81/96 -Stadtplanwerk-, NJW 1998, S. 3353.

292 Höchstrichterliche Rechtsprechung : BGH-Urteil vom 20.11.1986 - I ZR 160/84 -Stadtplan/Werbepläne-, Schulze BGHZ 374, 1 ff. und GRUR 1987, S. 360 - 362.

293 Höchstrichterliche Rechtsprechung : BGH-Urteil vom 20.11.1986 - I ZR 160/84 -Stadtplan/ Werbepläne-, Schulze BGHZ 374, 1 ff. und GRUR 1987, S. 360 - 362; BGH-Urteil vom 28.5.1998 - I ZR 81/96, -Stadtplanwerk-, NJW 1998, S. 3353; BGH-Urteil vom 2.7.1987 - I ZR 232/85 -Topographische Landeskarten-, Schulze BGHZ 368, 1 ff. und GRUR 1988, S. 33 - 36 sowie auch NJW 1988, S. 337 - 339.

Bei Stadtplänen läßt die Rechtsprechung für eine persönliche geistige Schöpfung genügen, daß auch mit den herkömmlichen Darstellungsmitteln, insbesondere durch eine individuelle Auswahl und Kombination bekannter Methoden, insgesamt eine ausreichend eigentümliche Formgestaltung erzielt werde. In einer anderen Entscheidung geht sie insoweit den gleichen Weg, zieht dabei aber erstmals für die Beurteilung den Maßstab von Sprachwerken heran, bei denen ein geistig-schöpferischer Gehalt in der Form und Art der Sammlung, Einteilung und Anordnung des Materials liegen kann.[294]

Desweiteren können nach der Rechtsprechung Karten auch dann urheberrechtlich geschützt werden, wenn in der *Gesamtkonzeption* ihrer Gestaltung keine schöpferischen Züge ersichtlich sind, wie dies beispielsweise bei der Erarbeitung eines einzelnen topographischen Kartenblatts nach einem vorbekannten Muster der Fall ist.[295] Die Rechtsprechung stellt dabei auf die topographischen Landkarten ab. Auch in einem solchen Fall könne dem Entwurfsarbeiter oder Kartographen -trotz Bindung an Zeichenschlüssel und Musterblätter- ein für die Erreichung des Urheberrechtsschutzes genügend großer Spielraum für die individuelle formgebende kartographische Leistung bleiben. Bei der Beurteilung der Frage, ob eine solche kartographische Gestaltung die Mindestanforderungen an die schöpferische Eigentümlichkeit erfülle, dürfe kein zu enger Maßstab angewendet werden. Selbst in einer früheren Entscheidung zu topographischen Karten[296] ist die Rechtsprechung zu dem gleichen Ergebnis gekommen. Der BGH hat dabei auf die Ausführungen der Klägerin abgestellt und diese als wesentlich erachtet. Vor allem sieht die Rechtsprechung in der Generalisierung einen genügend großen Spielraum für eine individuelle formgebende kartographische Leistung, da diese größte Gewissenhaftigkeit und bestes geographisches Einfühlungsvermögen erfordere und schematisches Vorgehen verbiete. Vielmehr sei es erforderlich, die jeweilige Maßnahme der Generalisierung mit der Fülle der anderen in dem betreffenden Kartenbereich zu vermittelnden Informationen abzustimmen, um den Kartenbenutzer -bei guter Übersichtlichkeit und Lesbarkeit der Karte- möglichst umfassend zu informieren.

---

294 Höchstrichterliche Rechtsprechung : BGH-Urteil vom 20.11.1986 - I ZR 160/84 -Stadtplan/Werbepläne-, Schulze BGHZ 374, 1 ff. und GRUR 1987, S.360 - 362.

295 Höchstrichterliche Rechtsprechung : BGH-Urteil vom 28.5.1998 - I ZR 81/96, -Stadtplanwerk-, NJW 1998, S. 3353.

296 Höchstrichterliche Rechtsprechung : BGH-Urteil vom 2.7.1987 - I ZR 232/85 -Topographische Landeskarten-, Schulze BGHZ 368, 1 ff. und GRUR 1988, S. 33 - 36 sowie auch NJW 1988, S. 337 - 339.

Auf der anderen Seite will die Rechtsprechung aber *kein zu geringes Maß* an Eigentümlichkeit genügen lassen.[297] Dieses höhere Maß an Individualität fordert die Rechtsprechung jedoch *nur* im Zusammenhang bei der Prüfung, ob eine *freie Benutzung* (§ 24 UrhG) bejaht werden kann.[298] Die Grundsätze, welches erforderliche Maß eine freie Benutzung verlangt, sind zwar ein Problem, das insbesondere die Abgrenzung des Verwertungsrechts der Bearbeitung beim Schutzumfang zu der freien Benutzung betrifft. Dennoch soll es jetzt schon behandelt werden, da es ja hier um die Frage geht, wann die Rechtsprechung eine persönliche geistige Schöpfung bejaht. Folglich werden nachfolgend die Voraussetzungen einer persönlichen geistigen Schöpfung unter dem Blickwinkel der freien Benutzung dargestellt.

So liegt nach der Rechtsprechung[299] dann eine eigenschöpferische Leistung vor, wenn angesichts des neuen Werkes die entlehnten eigenpersönlichen Züge des älteren Werkes verblassen, was der freien Benutzung des § 24 UrhG entspricht. Nach dem BGH muß deshalb ein in seiner charakteristischen Gesamteigenart neues selbständiges Werk vorliegen, für welches er *keinen zu milden Maßstab* anlegen will. Der Urheber solle zwar Anregungen aus fremden Werken entnehmen können, die ihn zu eigenen Leistungen anspornen, sollen ihm aber nicht die eigene geistige Arbeit ersparen.[300] Diese Überlegungen des BGH gründeten auf der Mecki-Entscheidung[301]. Nach dem BGH liegt übereinstimmend mit dem Schrifttum[302] eine Urheberrechtsverletzung vor, wenn eine mechanische, auch die eigenartigen Züge der Darstellung übernehmende Kopie von Hand oder unter Zuhilfenahme technischer Mittel erfolgt ist. Wenn nämlich eine Karte in der Weise benutzt werde, indem sie *nachgezeichnet werde* und *lediglich Teile der Darstellungen fortgelassen und andere Teile vergröbert wiedergegeben werden*, und zwar in einer

297 Höchstrichterliche Rechtsprechung : BGH-Urteil vom 3.7.1964 - I b ZR 146/62 -Stadtplan-, Schulze BGHZ 118, 14.

298 Eine freie Bearbeitung liegt dann vor, wenn ein Kartograph zwar eine bereits vorhandene Karte als Vorbild zur Erstellung seiner neuen Karte benutzt hat, er aber eine in der Gesamtheit neue selbständige Karte geschaffen hat.

299 Höchstrichterliche Rechtsprechung : BGH-Urteil vom 3.7.1964 - I b ZR 146/62 -Stadtplan-, Schulze BGHZ 118, 14; so auch das OLG Frankfurt-Urteil vom 1.6.1978 -Stadtplan-, Schulze OLGZ 201, 1 ff.

300 Höchstrichterliche Rechtsprechung : BGH-Urteil vom 3.7.1964 - I b ZR 146/62 -Stadtplan-, Schulze BGHZ 118, 14.

301 BGH, GRUR 1958, S. 500, 502 -I -„Mecki“- Igel-.

302 Penck in Kobel, GRUR 1928, 538 f.; Ulmer, Urheber- u.Verlagsrecht, 2. Aufl., S. 122; Voigtländer-Elster-Kleine, Urheberrecht, 4. Aufl., § 1 III C 2.

Weise, daß die nachgezeichnete Karte als Orientierungsmittel noch ihren Zweck erfülle, so könne hierin keine selbständige schöpferische Leistung erblickt werden.[303]
So sieht die Rechtsprechung in der Entscheidung zu einem Stadtplan[304], daß der Plan der Beklagten jede Eigenart gegenüber dem Stadtplan der Klägerin vermissen läßt. Die Rechtsprechung stellt dabei auf die Ausführungen des zugrundeliegenden Berufungsgerichts[305] ab. Dieses zeigt auf, daß zwar Abweichungen der Einzeldarstellung auf einer Vereinfachungsabsicht des Beklagten beruhen, nicht aber ein kartographisches Prinzip erkennen lassen. So bestehen die Unterschiede lediglich darin, indem der Plan des Beklagten eine weiße Grundfarbe aufweist, die als Darstellungsmittel für unbebaute Gebiete mit Ausnahme von Wäldern und Gewässern -hellgrau-grün- verwendet worden ist. Ferner hat der Beklagte auf die Wiedergabe der Flurnamen, Höhenlinien, Geländedarstellung im einzelnen sowie der Dämme und der Linienführung der innerstädtischen Verkehrsmittel verzichtet. Die Beschriftung der Straßen und Ortschaften hat der Beklagte nach Schriftart und Schriftgröße anders und skizzenhafter gewählt. Die öffentlichen Gebäude sind nur zu einem geringen Teil und überdies in schwarzer Farbe statt in einem dunkleren rot und die Waldgebiete in einem kräftigeren Grünton sowie durch eine baumartige Signatur dargestellt. Die Durchgangsstraßen sind etwas breiter, die Eisenbahnlinien erheblich einfacher gehalten und der Innenstadtbereich ist in einer Ecke des Plans gesondert und im größeren Maßstab dargestellt worden.[306]
In der jüngsten Entscheidung weicht die Rechtsprechung aber insoweit von der bisherigen Linie der Rechtsprechung ab, indem sie bei der Prüfung, ob eine unfreie Benutzung vorliegt, nicht nur auf einen Gesamtvergleich mit den vorbekannten Gestaltungen abstellen will, sondern darüber hinaus das Ergebnis dieses Vergleichs dem Schaffen eines *Durchschnittsgestalters* gegenüberstellen will. So sei im einzelnen zunächst festzustellen, durch welche objektiven Merkmale die schöpferische Eigentümlichkeit des benutzten Originals bestimmt werde. Maßgebend sei dafür ein Gesamtvergleich mit den vorbekannten Gestaltungen, bei dem vom Gesamteindruck des Originals und der Gestal-

303 Höchstrichterliche Rechtsprechung : BGH-Urteil vom 3.7.1964 - I b ZR 146/62 -Stadtplan-, Schulze BGHZ 118, 14.
304 Höchstrichterliche Rechtsprechung : BGH-Urteil vom 3.7.1964 - I b ZR 146/62 -Stadtplan-, Schulze BGHZ 118, 14.
305 OLG Stuttgart, Schulze BGHZ 118, 14 -Stadtplan-.
306 OLG Stuttgart, Schulze BGHZ 118, 14 -Stadtplan-.

tungsmerkmale, auf denen dieser beruhe, auszugehen sei. Das Ergebnis dieses Gesamtvergleichs bestimme den Grad der Eigentümlichkeit, von dem der Schutzumfang abhänge. Soweit sich dabei hinsichtlich der Gesamtkonzeption, die den konkret zu beurteilenden Karten das Gepräge gebe, schöpferische Eigenheiten feststellen lassen würden, seien sie dem Schaffen des Durchschnittsgestalters gegenüberzustellen. Die rein handwerksmäßige Fortführung und Entwicklung des Vorbekannten bleibe außerhalb der Schutzfähigkeit.[307]
Es kommt also bei der Frage, ob eine freie Benutzung und somit eine unabhängige persönliche geistige Schöpfung bejaht werden kann, nur darauf an, ob die Maßstäbe für ein eigenschöpferisches Schaffen bei Landkarten erfüllt sind. Diese müssen ausschließlich an den speziellen Indizien und Fallgruppen-Kriterien für Landkarten gemessen werden.

Hinsichtlich der Beurteilung von Signaturen ist die Rechtsprechung ebenso zu wenig differenziert. So hat das OLG Braunschweig[308] „Bildzeichen" als Abbildungen wissenschaftlicher Art i.S.d. § 1 Abs. 1 Ziff. 3 LUG -heute § 2 Abs. 1 Nr. 7 UrhG- den Urheberrechtsschutz zugesprochen, wenn sie in einer individuellen Form gebracht werden. Entscheidend sei allein die individuelle Ausgestaltung der Idee im einzelnen Falle. Die zeichnerische Tätigkeit brauche weder eine künstlerische zu sein, noch sei kein zu hohes Maß an geistiger Leistung erforderlich. Die Bildzeichen sollen ihrem Hauptzweck nach nicht zur Betrachtung als Kunstwerk, sondern in erster Linie der Belehrung des Beschauers dienen, der sich über die Ortsverhältnisse der Stadt unterrichten will. Diese Entscheidung gibt ebenso keinerlei Anhaltspunkte, worin das eigenschöpferische Tun liegen muß, um die Voraussetzungen für eine persönliche geistige Schöpfung erfüllen zu können.

In der Literatur wird überwiegend die Auffassung vertreten, daß in dem Generalisieren die eigentliche geistige Arbeit eines Kartographen zu sehen ist[309]. Gleichwohl wird der

307 Höchstrichterliche Rechtsprechung : BGH-Urteil vom 28.5.1998- I ZR 81/96 -Stadtplanwerk-, NJW 1998, S. 3353 f.

308 OLG Braunschweig-Urteil vom 6.9.1954 - 2 U 7754- -Bildzeichen-, GRUR 1955, S. 205.

309 Penck, in Kobel, S. 540; Kobel, S. 544 ff.; Haberstumpf, Zur Individualität wissenschaftlicher Sprachwerke, S. 42 f.; Kummer, S. 122.

Ansatzpunkt des eigenschöpferischen Schaffens bei Landkarten nicht einheitlich gesetzt. Teilweise wird sogar dem Generalisieren, dem eigentlichen schöpferischen Schaffen eines Kartographen, die Schutzwürdigkeit abgesprochen und stattdessen auf die künstlerische Gestaltung das Augenmerk gelegt[310]. Wiederum andere[311] gehen gar nicht auf die Generalisierung ein, sondern stellen auf die eigentümliche Form ab[312] oder sehen eine Landkarte als schutzwürdig an, wenn sie die wissenschaftliche oder technische Auffassung des Urhebers zum Ausdruck bringt[313], und erwähnen die Generalisierung mit keinem Wort. Und schließlich wird die Individualität von einem anderen -Schulze[314]- an einem Indizienkatalog gemessen. Er versagt danach einen urheberrechtlichen Schutz bei Landkarten, wenn die soziale Funktion, der wirtschaftliche Erfolg sowie die völlige Andersartigkeit nicht gegeben sind[315]. So spricht er die schutzbegründende soziale Funktion den kulturellen, politischen und ähnlichen Karten wegen ihrer besonderen Veranschaulichung des Informationsmaterials zu. Karten, die einen veranschaulichenden Zweck verfolgen, seien in der Regel schutzfähig[316]. Ebensowenig überzeugt seine Begründung eines Schutzausschlusses von Stadtplänen, denen er wegen dem geringen Spielraum, der Zweckbedingtheit und der sozialen Funktion einen Schutz abspricht. Es kann ihm lediglich darin zugestimmt werden, wenn er zugibt, daß bei Stadtplänen Hervorhebungen des Wesentlichen und Weglassungen des weniger Wichtigen den geringen Spielraum vergrößern, oder wenn nach ihm die Vielzahl der zu treffenden Entscheidungen für die Individualität einer Karte spricht.[317]

Bei den Vertretern der herrschenden Auffassung, die auf die Generalisierung abstellen, wird überwiegend das Wesen der Generalisierung darin gesehen, wenn aus einer großmaßstäbigen Karte eine kleinmaßstäbige Karte gemacht wird.[318] Was jedoch unter einer

---

310 Troller, Immaterialgüterrecht Bd.2, S. 371.

311 Plander, UFITA Bd.76 (1976), S. 48; Hubmann, Urheber- und Verlagsrecht 1.Aufl., S. 33; Allfeld, in Kobel, S. 540; Müglich, CR 1995, S. 258.

312 Allfeld, in Kobel S. 540.

313 Hubmann, Urheber- und Verlagsrecht, 1.Aufl., S. 33.

314 Schulze, S. 247 - 249.

315 Schulze, S. 247 - 249, diese Argumentation von Schulze wurde bereits in dem Kapitel über die Schöpfungshöhe kritisiert, siehe hierzu : 2.Teil, 1. Kapitel, § 5 B. II. 2).

316 Schulze, S. 245 - 249, insbesondere S. 248 und 249.

317 Schulze, S. 247 - 248.

318 Penck, in Kobel, S. 540; Kobel, S. 544 ff.; Haberstumpf, Zur Individualität wissenschaftlicher Sprachwerke, S. 42 f.; Kummer, S. 122.

Generalisierung zu verstehen ist und welches erforderliche Maß an Individualität diese für eine persönliche geistige Schöpfung aufweisen muß, wird nicht identisch beantwortet. Gemeinsam ist den Vertretern dieser überwiegenden Auffassung[319] jedoch, daß eine Generalisierung Entscheidungen, Beurteilung, Bewertung, Auswahl oder Zusammenfassung von Vorgegebenem bedeuten kann. Auch wird überwiegend das Übliche, Schematische und Handwerkliche urheberrechtlich nicht geschützt, was aber nur aus den Ausführungen geschlossen werden kann und nicht explizit ausgesprochen wird. So lassen hierauf insbesondere solche Ausführungen schließen, wenn die Rede davon ist, daß der Bearbeiter nur einzelne Dinge wegläßt, andere Signaturen wählt oder Farben einen anderen Anstrich gibt.

Nach Kobel[320] geschieht Generalisierung durch *Vereinfachung, Verallgemeinerung und Vermittlung der Formelemente sowie durch Auswahl des Stoffes,* der in geographischen oder anderen Karten und in Büchern niedergelegt ist. Dabei verlangt er eine geistige Durcharbeitung, das Arbeiten nach festgelegten kartographischen und geographischen Grundsätzen sowie eine selbständige Leistung. Denn erst durch diese werde sie eine eigentümliche, individuelle Leistung. Es fehlt nach ihm an einer solchen individuellen Leistung, wenn der Bearbeiter nur einzelne Dinge wegläßt, andere Signaturen wählt oder Farben einen anderen Anstrich gibt[321]. Dies entspricht der bereits besprochenen Vereinfachungsabsicht und des Schutzausschlusses von Schematischem, Üblichem und Handwerklichem. Kobel ist zwar im wesentlichen zuzustimmen, obgleich beim ihm auch eine differenzierte Betrachtung fehlt.

Zu gleichem Ergebnis kommt man auch bei der Auffassung nach Penck. Penck läßt -bei einer Differenzierung in vier Kartentypen[322]- lediglich dem dritten Kartentyp, der im wesentlichen Umzeichnungen enthält, einen urheberrechtlichen Schutz zukommen. Penck macht zum einen deutlich, daß alle Landkarten letzten Endes auf Aufnahmen der Erdoberfläche beruhen, die nicht als mechanisch zu leistende Arbeit betrachtet werden dürfen und individuelle geistige Tätigkeit in hohem Umfang voraussetzen würden. Zum anderen zeigt er auf, daß zwar die einen Karten als das direkte Ergebnis solcher Auf-

319 Penck, in Kobel, S. 540; Kobel, S. 544 ff.; Haberstumpf, Zur Individualität wissenschaftlicher Sprachwerke, S. 42 f.; Kummer, S. 122.
320 Kobel, S. 544 f.
321 Kobel, S. 544 f.
322 Penck, a.a.O.

nahmen erscheinen, doch die meisten nur mittelbar auf solchen Karten aufbauen. Sie seien nämlich zumeist Umarbeitungen bereits vorhandener, veröffentlichter Karten. Diese Umarbeitungen könnten in dem Zusammenarbeiten verschiedener Karten zu einer einheitlichen Karte bestehen oder in der Vergrößerung bzw. Verkleinerung derartig entstandener Karten für bestimmte Zwecke, für solche des Unterrichts, Handels oder Verkehrs[323].

Zu begrüßen ist zunächst, wie Kummer[324] verdeutlicht, daß beispielsweise beim Generalisieren einer Karte 1 : 50 000 die Uferlinie des Genfersees nicht in jeder Einbuchtung dargestellt werden kann, sondern nur in dem stark vergröbert und charakteristischen Verlauf. Selbst bei großen Maßstäben verlange die kartographische Felsdarstellung radikale Vereinfachungen, die die Handschrift des Kartographen trage. Anders verhalte es sich aber bei einem ganz großen und zu keiner Generalisierung nötigenden Maßstab, so etwa bei dem vom Grundbuchgeometer aufgenommenen Plan 1 : 100. Kummer sieht selbst in der Auswahl der darzustellenden Daten Individuelles, denn je kleiner ein Maßstab sei, desto sparsamer müsse ein Kartograph in der Wiedergabe sein. Hieraus folgert er jedoch und geht insofern zu weit, indem jede topographische Karte zwangsläufig ein urheberrechtlich geschütztes Werk sei, da es sie ohne individuelle Kartographenarbeit nicht gebe. Denn Individualität muß in einem bestimmten Maß vorliegen, hierfür genügt eine Auswahl von Darzustellendem nicht.

Nach Kummer erfordert jeder Quadratzentimeter einer Karte menschliche Entscheidungen wie Beurteilung, Bewertung und Auswahl der Dinge -geistiges und graphisch-formales Generalisieren und Zusammenfassen-, bildliche Elementenkombinationen, Ansprüche an die Ästhetik und Rücksichten auf das Auffassungsvermögen des Kartenlesers. Eine hinreichend individuelle Generalisierung verlangt in der Tat solche menschliche Entscheidungen. Damit kann aber nicht gleichgesetzt und gefolgert werden, daß jede topographische Karte eine solche hinreichende Generalisierung inne hat. Andererseits verlangt Kummer -wie bereits vorne dargelegt[325]- grundsätzlich Individualität im Sinne einer statistischen Einmaligkeit. Hinsichtlich Landkarten umschreibt er eine solche beispielsweise wie „und nie werden zwei unabhängig arbeitende Kartogra-

---

323 Penck, a.a.O.

324 Kummer, S. 122.

325 Siehe hierzu vorne : 2.Teil, 1. Kapitel, § 5 B. II. 2).

phen zum genau gleichen Bild kommen, wiewohl beide um Genauigkeit ringen" ... „wenn solche Wanderwege sich in größter Zahl anböten und der Kartograph aus dieser Menge eine sich als einmalig ausweisende Auswahl träfe" ... „diese Wahl mag in einer Straße noch nicht individuell sein, sie wird es aber über mehrere Straßen fortgesetzt, weil das Nummernsortiment bald einmal statistische Einmaligkeit erreicht" ...und ... „daß unabhängig vom Vorbild diese Lösungen auf dem nämlichen Kartenblatt allesamt nie gleich getroffen würden". Entscheidend ist jedoch lediglich, daß die Generalisierung nicht nur aus dem Vereinfachen besteht, sondern auch aus dem Charakterisieren. Ob ein anderer zu einem nahezu gleichen Ergebnis der einzelnen Generalisierung kommt, kann nicht der Maßstab für ein eigenschöpferisches Tun sein. Maßstab für ein urheberrechtliches Beurteilen kann nur sein, ob das erforderliche Mindestmaß für eine persönliche geistige Schöpfung erreicht worden ist.

Haberstumpf geht zu weit, indem nach ihm im wesentlichen eine Karte nur wegen ihrer deskriptiven Bedeutung individuell sein kann. Er versteht unter deskriptiver Bedeutung die Beschreibung dessen, was eine Karte aussagt. Insofern liegt nach ihm ein individuelles Werk erst dann vor, wenn sich die Gesamtaussage geändert hat. Entscheidend ist insbesondere nach Haberstumpf, ob die vorgenommenen Änderungen den gedanklichen Inhalt der benutzten Karte unberührt lassen oder nicht.[326] Landkarten haben zwar eine Aussage inne, wie beispielsweise ein Fluß verläuft. Diese Aussage bleibt in jeder Karte des betreffenden Ausschnitts gleich, sie ist nicht veränderbar. Die Individualität kann sich nur in der Sichtweise des Kartographen von der Charakteristik der Landschaft zeigen, indem er durch Vereinfachen und Betonen die Charakteristik der betreffenden Landschaft herausarbeitet. Haberstumpf ist der Ansicht, daß man einen bestimmten Gegenstand unter den verschiedensten Gesichtspunkten beschreiben kann und daß damit eine Karte individuell sein kann[327]. Raum für individuelle Gestaltung bieten nach ihm selbst die Aufnahmekarten, obwohl diese nach einheitlichen topographischen Gesichtspunkten nach den üblichen Meß- und Darstellungsverfahren hergestellt werden. Bereits bei der topographischen Kartenaufnahme sei zu entscheiden, welche Kleinformen von

326 Haberstumpf, Zur Individualität wissenschaftlicher Sprachwerke, S. 48 f.
327 Haberstumpf, Zur Individualität wissenschaftlicher Sprachwerke, S. 42.

vornherein weggelassen werden können, welche Objekte bei der Vermessung erfaßt und wie sie zu Klassen zusammengefaßt werden müssen (Gebäude, Wege- und Straßenklassen). Dem ist jedoch nicht zuzustimmen, da Aufnahmekarten ein dem absoluten Abbild naheliegendes Abbild der Erdoberfläche/Natur schaffen müssen. Der Raum für ein eigenschöpferisches Schaffen reduziert sich dabei auf Null. Haberstumpf unterscheidet nicht an der entscheidenden Stelle. Er müßte zwischen den verschiedenen Stufen der Generalisierung differenzieren und zum Ausdruck bringen, daß lediglich in dem Generalisieren das eigentliche eigenschöpferische Schaffen liegen kann.

Insgesamt kann also festgehalten werden, daß die Auffassungen der Rechtsprechung sowie der Literatur zwar Anhaltspunkte geben, wann ein eigenschöpferisches Schaffen vorliegen soll. Diese sind jedoch zu undifferenziert. Die Rechtsprechung und die Literatur verdeutlichen nämlich nicht, daß die Generalisierung nicht nur des Vereinfachens bedarf, sondern das gleichzeitige Betonen und Charakterisieren erfordert.
Um jedoch die Grenze zwischen urheberrechtlich zu Schützendem und nicht zu Schützendem relativ klar ziehen zu können, ist eine differenziertere Betrachtung unabdingbar. Eine solche setzt zum einen bei dem Ursprung der Entstehung einer Karte -der Ersterfassung- an und wird bei den Folgekarten fortgesetzt. Zum anderen muß bei den zwei möglichen Schöpfungsfeldern der Generalisierung und der Entwicklung von Signaturen dargelegt werden, ab wann bei diesen das erforderliche Maß für eine persönliche geistige Schöpfung vorliegt. Eine solche nähere Betrachtung läßt sich anhand von Fallgruppen und Indizien vollziehen.

B. Persönliche geistige Schöpfung - ein Darüberliegen über dem Handwerklichen

Schon im 1.Kapitel des 2.Teils[328] wurde klargestellt, daß erst das Betonen und Charakterisieren eigene *wertende* Entscheidungen fordert. Wertend sind diese dabei zu treffenden Entscheidungen, da der Kartograph entscheiden muß, was letztlich aus seiner Sicht das Charakteristische der Landschaft ausmacht. Dabei kann er nicht lediglich nach dem gelernten Kartographenhandwerk vorgehen, er muß stattdessen völlig eigene und unabhängige Entscheidungen treffen, bei denen die eigene Wertung miteinfließt. Es bedarf dabei der Unterscheidung von Wesentlichem und Unwesentlichem und der gleichzeitigen Charakterisierung. Das charakteristische Herausarbeiten hängt nicht ausschließlich von der Landschaft ab, sondern auch von dem Maßstab und von dem Zweck der zu erstellenden Karte. Denn je kleinmaßstäbiger eine Karte ist, je mehr sie sich von dem absoluten Abbild der Natur entfernt, um so mehr muß und kann das Charakteristische der Natur herausgearbeitet werden. Hierfür sind folglich mehrere wertende Entscheidungen erforderlich.

Nachfolgend sollen, um diese Thematik näher zu verdeutlichen, zwei voneinander zu unterscheidende „Fall"-Gruppen aufgezeigt werden. Diese sollen als Kriterium bzw. Indiz verstanden werden, wann lediglich ein handwerkliches/schematisches Schaffen gegeben ist und bei welchen Tätigkeiten von einem darüberliegenden eigenschöpferischen Schaffen gesprochen werden kann. Diese Kriterien bzw. Indizien sollen aber nicht dahingehend verstanden werden, daß ein Abweichen davon ausgeschlossen ist. Ebenso entbinden diese Kriterien bzw. Indizien nicht von der Beurteilung des Einzelfalles.[329] Sie sollen vielmehr helfen, die urheberrechtliche Beurteilung anhand Kriterien bzw. Indizien durchführen zu können. Es bedarf deshalb der Differenzierung zwischen dem eigenschöpferischen Schaffen der Ersterfassung und dem der Folgekarten. Ein Indiz für eine persönliche geistige Schöpfung ist das Überwiegen der eigenschöpferischen Komponente zu der wissenschaftlichen Komponente.

328 Siehe hierzu bereits oben : 2.Teil, 1. Kapitel, § 5 B. II. 3).
329 Siehe hierzu bereits oben : 2.Teil, 1. Kapitel, § 5 B. II. 3).

I. Generalisierung

1) Bei den Karten der Ersterfassung - Überwiegen der wissenschaftlichen Komponente

Die aufzunehmenden Objekte/Punkte der Ersterfassung werden mittels Luftbilder/Orthophotos und ergänzend mittels Theodoliten und Umrechnungsfaktoren oder mittels GPS-gestützter Methode vermessen, also mittels der Wissenschaft „Vermessung/ Photogrammetrie".[330] Vermessung ist die Wissenschaft, wie man ein der Erdoberfläche entsprechendes Abbild erhält, also wie man eine Landschaft vermißt und in eine Karte einbringt. Photogrammetrie ist die Wissenschaft von der indirekten vermessungstechnischen (geodätischen) Meßmethode, wie man Objekte der Landschaft aus Luftbildern/ Orthophotos vermißt und mathematisch umrechnet.[331] Die aufgenommenen Objekte/Punkte sind so vermessen, wie es der Natur der Landschaft entspricht.[332] Die einzelnen Vermessungsergebnisse sind also ein Teil der Landschaft, der vermessen ist. So machen sie die Aussage und belehren darüber, wie beispielsweise ein Fluß verläuft und an welcher Stadt dieser vorbeiläuft. Vermessungsergebnisse sind insofern überprüfbare Ergebnisse der Landschaft, die einen überprüfbaren Aussagegehalt inne haben. Diese Vermessungsergebnisse der Ersterfassung sind somit zum Teil wissenschaftliche Ergebnisse, da wissenschaftliche Ergebnisse solche sind, die wahre Aussagen beinhalten und damit nachprüfbar sind.[333] Inwieweit diese mit einem eigenschöpferischen Teil vermischt sind, ist damit noch nicht beantwortet.

Der eigenschöpferische Anteil, die Generalisierung, ist jedoch im Verhältnis zu den Vermessungsergebnissen gering. Der Erfasser[334] muß zwar eine Generalisierung vornehmen, da die Ersterfassung, obwohl sie in einem großen Maßstab erfolgt, keine 1 : 1 Aufnahme ist. Durch die Ersterfassung kann deshalb kein absolutes Abbild der Erdober-

330 Siehe hierzu : 1.Teil, 1. Kapitel, § 1 A. II. 1).
331 Bill/Fritsch, Bd.1, S. 57, 168.
332 Zwar liegen hier gewisse Ungenauigkeiten vor, die sich durch das Abrunden oder Aufrunden bei der Wertskala und bei der eigentlichen Berechnung ergeben. Diese Ungenauigkeiten bei der Ersterfassung sind aber derart gering, so daß sie keiner Beachtung bedürfen.
333 Siehe hierzu : 2.Teil, 1. Kapitel, § 5 A. II.
334 Der Erfasser ist Geodät und/oder Kartograph.

fläche geschaffen werden, sondern ein relatives Abbild der Erdoberfläche. Der Erfasser kann somit nicht alles in der Natur Vorhandene aufnehmen, er ist gezwungen, eine *Auswahl* der Objekte der Landschaft zu treffen und nicht alle Objekte der Landschaft aufzunehmen. Der Erfasser muß insofern zwar Generalisierungen vornehmen und damit gewisse wertende Entscheidungen treffen, er muß sich aber dennoch weitgehendst an die Gegegebenheiten der Natur halten und orientieren. Dem ist so, da die Ersterfassung ein solches relatives Abbild der Natur für die Folgekarten schaffen soll, das dem absoluten Abbild sehr nahe kommt. Die Generalisierung ergibt sie dadurch aus der Natur der Sache. Ein solches *Orientieren bzw. Gebundensein an der Natur der Sache* kann nicht das Maß für eine persönliche geistige Schöpfung erreichen. Es liegt *kein* über dem alltäglichen/üblichen/handwerklichen liegendes Schaffen vor. Die Generalisierung liegt deshalb unterhalb dem Bereich der kleinen Münze. Das bedeutet, die eigenschöpferische Komponente tangiert den Bereich der kleinsten Münze, sie ist verschwindend gering. Somit überwiegt der wissenschaftliche Anteil. Insofern muß bei diesen Vermessungsergebnissen von wissenschaftlichen Ergebnissen, den eigentlichen Vermessungsergebnissen, gesprochen werden. Eigentliche Vermessungsergebnisse sind damit *zumeist* bei einem Maßstab 1 : 5000 gegeben, da die Ersterfassung zumeist in diesen Maßstäben durchgeführt wird.

Diese eigentlichen Vermessungsergebnisse sind nicht eigenschöpferisch/individuell. Insofern kann der Kartograph -bei der hier dargestellten Ersterfassung- die Vermessungsergebnisse in ihrem konkreten Verlauf übernehmen, ohne daß es einer gleichzeitigen Generalisierung bedarf.

Die so gewonnenen Vermessungsergebnisse sind somit wissenschaftliche Ergebnisse.

2) Bei den Folgekarten - Überwiegen der eigenschöpferischen Komponente

Bei den Folgekarten, d.h. den der Ersterfassung nachfolgenden Karten, sind vermehrte Generalisierungen unerläßlich. Dadurch besteht genügend Raum für ein eigenschöpferisches Tätigwerden, so daß die Möglichkeit für ein Überwiegen der eigenschöpferischen Komponente besteht. Wann eine solche bejaht werden kann, soll nachfolgend geklärt werden.

a) Bei den topographischen Karten der Landesvermessungsämter

Der Entwurf einer topographischen Karte wird einerseits nach dem Konzept des Musterblattes des betreffenden Maßstabs und andererseits durch die Generalisierung der Linienelemente/Siedlungen geschaffen. Es muß also zwischen dem Entwurf des Musterblattes und dem Entwurf der Generalisierung der Linienelemente/Siedlungen unterschieden werden.

aa) Musterblatt - Generalisierung

Das Musterblatt ist eine Gesamtkonzeption von der Strukturierung der Landschaft, wie ein relatives Abbild der Natur/Landschaft in dem betreffenden Maßstab aus der Sicht des Schöpfers auszusehen hat. Zwar ist der Schöpfer bei der Gestaltung der Gesamtkonzeption an das Vorgegebene der Landschaft gebunden, nicht jedoch ausschließlich. Denn die Folgekarten erfordern vielmehr ein vermehrtes Generalisieren. So muß der Schöpfer das Charakteristische der Landschaft hervorbringen, was nicht vorgegeben ist. Das Musterblatt soll also ein *charakteristischer Auszug der Landschaft* sein, der sich unter anderem auf die Gelände-, die Linien- und auf die Siedlungsdarstellung bzw. -auswahl bezieht. Eine Charakterisierung erfordert *eine Auswahl/Selektion von Wesentlichem und Unwesentlichem, eine Vereinfachung, eine Klassifizierung/Typisierung/Betonung und eine Umwandlung in Signaturierung*, die rein geometrische und begrifflich-geometrische Generalisierung. Eine Charakterisierung kann immer nur unter dem Blickwinkel des Schöpfers erfolgen. So ist es dem Schöpfer des Musterblattes überlassen, welche Elemente/Objekte der Natur ausgewählt, in welcher Genauigkeit und Graphik diese dargestellt werden. Solche wertenden Entscheidungen können sich aber nicht lediglich aus der Natur der Sache, der Landschaft, ergeben. Sie bedürfen vielmehr eigener und vor allem auch relativ unabhängiger Entscheidungen. Der Schöpfer des Musterblattes hat also *mehrere eigene und insbesondere wertende Entscheidungen* treffen müssen. Werden mehrere wertende Entscheidungen getroffen, spricht das für ein Überwiegen der eigenschöpferischen Komponente.

Die Voraussetzungen für eine persönliche geistige Schöpfung liegen somit vor.

So ist beispielsweise die Tannensignatur auch eine persönliche geistige Schöpfung i.S.v. § 2 Abs.2 UrhG. Die Tannensignatur ist zwar auch an das Darzustellende gebunden, da sie belehrend sein muß. Dies schließt aber ein eigenschöpferisches Schaffen nicht aus. Die Tannensignatur bringt nämlich das Charakteristische der Tanne hervor. Hierfür genügt nicht nur das Vereinfachen, sondern es bedarf des gleichzeitigen Typisierens und Charakterisierens. Die so geschaffene Signatur impliziert somit die Generalisierungen des Vereinfachens, Typisierens und Charakterisierens. Der Kartograph hat also mehrere *wertende* Entscheidungen getroffen, um das Charakteristische herauszuarbeiten[335]. Damit überwiegt die eigenschöpferische Komponente die wissenschaftliche Komponente.

Das Musterblatt ist also zum einen hinsichtlich der Strukturierung der Landschaft und zum anderen hinsichtlich der Gestaltung der Signaturen zumeist eigenschöpferisch. Das bedeutet, daß die eigenschöpferische Komponente überwiegt, selbst wenn nicht alle Signaturen eine persönliche geistige Schöpfung sind. Allein die eigenschöpferische Strukturierung der Landschaft erfüllt die Voraussetzungen für eine persönliche geistige Schöpfung.
Fließt diese Struktur bei der Umsetzung des Musterblattes in die tatsächlich zu erstellende Karte ein, so vermischt sich diese mit den Vermessungsergebnissen und mit den generalisierten Ergebnissen. So werden selbst aus den eigentlichen Vermessungsergebnissen eigenschöpferische bzw. generalisierte Ergebnisse.

Da das Musterblatt von einem Landesvermessungsamt und damit von einer Behörde herausgegeben wird, ist zwar fraglich, ob das Musterblatt überhaupt an einem urheberrechtlichen Schutz teilhaben kann. Denn das Musterblatt ist ein aus einem Amt herrührendes Werk und insoweit unzweifelhaft ein „amtliches" Werk.[336] Dies genügt aber nicht für einen Schutzausschluß gem. § 5 Abs.1 UrhG. Nach § 5 Abs.1 UrhG genießen solche amtlichen Werke keinen urheberrechtlichen Schutz, die Gesetze, Verordnungen, amtliche Erlasse und Bekanntmachungen sowie Entscheidungen und amtlich verfaßte Leitsätze zu Entscheidungen sind. Das Musterblatt unterfällt aber keinen solchen amtli-

---

335 Die Vorgehensweise ist insoweit dieselbe wie bei der Entwicklung des Musterblattes.

336 BGH, GRUR 1988, S. 35 -Topographische Landeskarten-; siehe hierzu auch : BGH, GRUR 1987, S. 166 f. -AOK-Merkblatt-; siehe auch zu dem Begriff „amtliches Werk" : Katzenberger, GRUR 1972, S. 686 f.; ders., Schricker-Katzenberger, § 5 Rn.19 und 20.

chen Werken und insofern scheidet ein urheberrechtlicher Schutz gem. § 5 Abs.1 UrhG nicht aus.

Ebenso liegt kein Schutzausschluß nach § 5 Abs.2 UrhG vor, da das Musterblatt nicht im amtlichen Interesse zur allgemeinen Kenntnisnahme veröffentlicht worden ist.[337] Die Vorschrift des § 5 Abs. 2 UrhG ist als Ausnahmevorschrift eng auszulegen[338] und kann nur dann angenommen werden, wenn das öffentliche Interesse die möglichst weite und ungehinderte Verbreitung der genannten Werke fordert.[339] Zwar muß ein amtliches Interesse an der freien Veröffentlichung nicht besonders dringlich und unabweisbar sein. Es muß aber nach Art und Bedeutung der Information gerade darauf gerichtet sein, daß der Nachdruck oder die sonstige Verwertung des die Information vermittelnden Werkes jedermann freigegeben wird.[340] Dies ist aber in der Regel bei amtlichen Kartenwerken und damit auch bei den Musterblättern nicht der Fall.[341] So kann lediglich ein amtliches Interesse an der Veröffentlichung eines Kartenwerkes angenommen werden, wenn beispielsweise „eine Behörde eine Karte von der Meeresküste veröffentlicht, in der die für Badende gefährlichen Stellen besonders bezeichnet sind"[342] oder bei Karten, die Freihafenteile bestimmen und Teil zollrechtlicher Vorschriften sind.[343]

Somit kann also festgehalten werden, daß das Musterblatt nicht durch § 5 Abs.1 und 2 UrhG von einem urheberrechtlichen Schutz ausgeschlossen werden kann.

bb) Generalisierung der Linienelemente und der Siedlungen

Insbesondere die eigentliche Generalisierung, die der Linien, ist überwiegend die intuitive Generalisierung. Eine solche läßt reichhaltigen Raum für ein eigenschöpferisches

---

337 BGH, GRUR 1988, S. 35 -Topographische Landeskarten-.

338 Katzenberger, GRUR 1972, S. 689 f.; BGH, GRUR 1988, S. 35 -Topographische Landeskarten-; BGH, GRUR 1987, S. 166 f. -AOK-Merkblatt-; Entwurf eines Gesetzes über Urheberrecht und verwandte Schutzrechte (Urheberrechtsgesetz), Deutscher Bundestag, 4.Wahlperiode, 23.März 1962, Begründung - B. Die einzelnen Vorschriften, Erster Teil Urheberrecht, Zweiter Abschnitt - Das Werk, zu § 5 -Amtliche Werke-, Absatz 2, BT-Drucksache IV/270, S. 39.

339 BGH, GRUR 1988, S. 35 -Topographische Landeskarten-; BGH, GRUR 1987, S. 166 f. -AOK-Merkblatt-; Drucksache IV/270, a.a.O., S. 39.

340 BGH, GRUR 1988, S. 35 -Topographische Landeskarten-; BGH, GRUR 1965, S. 45 f. -Stadtplan-; BGH, GRUR 1984, S. 117 ff. -VOB/C-;

341 BGH, GRUR 1988, S. 35 -Topographische Landeskarten-; BGH, GRUR 1965, S. 45 f. -Stadtplan-; Siehe hierzu auch : Katzenberger, GRUR 1972, S. 691.

342 BT-Drucksache IV/270, a.a.O., S. 39.

343 Katzenberger, GRUR 1972, S. 693.

Tätigwerden. Bei der Liniengeneralisierung muß der Kartograph insbesondere dann Generalisierungen durchführen, wenn beispielsweise aus der vorliegenden Karte im Maßstab 1 : 25 000 die Folgekarte im Maßstab 1 : 50 000 geschaffen werden soll. Die Generalisierung kann hier nicht nur in einem Vereinfachen/Glätten bestehen. Ein Vereinfachen/Glätten liegt vor, wenn der Kartograph eine stark gekrümmte Linie in deren wesentliche Krümmung, d.h. in eine große Krümmung, bringt. Wenn also eine Linie aus mehreren kleinen Krümmungen besteht, besteht das Vereinfachen darin, indem die kleinen Krümmungen zu einer großen Krümmung „begradigt" werden. Ein solches Vorgehen verlangt zwar auch gewisse Entscheidungen, aber nicht solche mehrerer eigener wertender Entscheidungen wie bei dem Betonen und Charakterisieren. Die Entscheidungen bei dem Vereinfachen sind mit den „Entscheidungen" eines Handwerkers, der seine Tätigkeit ausführt, vergleichbar. Das *ausschließliche* Vereinfachen ist ein schematisches Vorgehen, wie man es in Studium oder Lehre des Kartographenhandwerks gelernt hat. Zwar kann man lernen, wie man bei dem Betonen und bei dem Charakterisieren vorzugehen hat, aber nicht, wie ein solches Werten im Einzelfall auszusehen hat. Man hat also lediglich die Vorgehensweise gelernt, nicht aber die speziellen Entscheidungen im Einzelfall. Das Vereinfachen muß also im Zusammenhang mit dem Betonen und Charakterisieren gesehen werden. Wenn also dort vereinfacht wird, um an anderer Stelle das Betonen und Charakterisieren deutlich hervorzubringen, dann überwiegt die eigenschöpferische Komponente. Das Vereinfachen mit gleichzeitigem Blick auf das Betonen und Charakterisieren, d.h. das Vereinfachen im Sinne des Weglassens des Unwesentlichen und des gleichzeitigen Betonens/Charakterisierens des Wesentlichen, ist also ein Indiz für das Vorliegen einer persönlichen geistigen Schöpfung. Dabei muß aber das Betonen und Charakterisieren ein solches Maß erreicht haben, daß dieses überhaupt wahrnehmbar ist. Ansonsten wäre ja kein Unterschied zum Handwerklichen zu verzeichnen. Betont der Kartograph lediglich sporadisch, so reicht dies für ein eigenschöpferisches Tun nicht aus. Die Sichtweise des Kartographen muß also über die ganze Karte, d.h. über das Gesamterscheinungsbild der Karte, sichtbar werden.[344] Bei solchen

344 Hierbei ist aber nicht eine Sichtweise im Sinne von „den Stempel der Persönlichkeit auf der Stirn tragen" erforderlich. Ansonsten wäre ja das Urheberrecht nur den Meisterwerken der Kunst vorbehalten. Siehe hierzu vorne : 2.Teil, 1. Kapitel, § 5 A. II. und B. II. 3) .

Liniengeneralisierungen wird der „Inhalt"[345] und die Form der eigentlichen Vermessungsergebnisse verändert. Es entstehen die generalisierten Ergebnisse. Der eigenschöpferische Anteil überwiegt den wissenschaftlichen Anteil, den der eigentlichen Vermessungsergebnisse, obwohl eine Vermischung zwischen den eigentlichen Vermessungsergebnissen und den generalisierten Ergebnissen gegeben ist. Da aber die eigenschöpferische Komponente überwiegt, sollen diese Ergebnisse als die generalisierten Ergebnisse bezeichnet werden.

Desweiteren hat der Kartograph zwar Gestaltungsspielräume bei Siedlungsgeneralisierung, nicht jedoch allzu große. Denn der Maßstab 1 : 25 000 erlaubt eine „relativ naturgetreue" Wiedergabe der Siedlungsstruktur, wie im 1.Teil dieser Arbeit[346] aufgezeigt worden ist. Der Kartograph kann hier nur eine geringe Auswahl treffen, indem er beispielsweise kleine und unbedeutende Gebäude bei Platzmangel eher weglassen und zusammenfassen soll. Ein solches Vorgehen ermöglicht nur ein Vereinfachen und Zusammenfassen. Zwar kann er auch solche An- und Ausbauten, die unter 0,3 mm Ausdehnung fallen, stehen lassen und vergrößern, wenn diese der Charakteristik dienen. Eine solche Auswahl ist zumeist nicht allzu groß, so daß von keinem Betonen/Charakterisieren gesprochen werden kann. Ein lediglich sporadisches Betonen/Charakterisieren bringt nämlich nicht die charakteristische Sichtweise des Kartographen hervor. Auch die Auswahl der darzustellenden Häuser, Einzelgehöfte wie sie beispielsweise im Außenbereich von Städten oder in ländlichen Gebieten getroffen werden kann, ist nicht sehr groß. Dem Kartograph wird hier also weitgehend der Spielraum für ein eigenschöpferisches Schaffen „diktiert". Der Kartograph kann hier, d.h. bei der „reinen" Siedlungsdarstellung in dem Maßstab 1 : 25 000, zumeist nicht die charakteristische Siedlungsstruktur des betreffenden Landschaftsausschnitts deutlich herausarbeiten, und insoweit ist in der „reinen" Siedlungsgeneralisierung in dem Maßstab 1 : 25 000 überwiegend ein schematisches/handwerkliches Schaffen gegeben. Die „reine" Siedlungsgeneralisierung kann also *nicht un*abhängig von den „Vorgaben" des Musterblatts hinsichtlich der Strukturierung der Siedlungsdarstellung vorgenommen werden. Somit liegt in dieser

345 Unter Inhalt soll nicht der eigentliche Inhalt verstanden werden, sondern dieser der untrennbar mit der inneren Form verzahnt ist. Dies wird bei der Form-Inhalt-Problematik verdeutlicht.
346 Siehe hierzu vorne : 1.Teil, 1. Kapitel, § 1 A. II. 2) a) bb).

Generalisierung zumeist keine persönliche geistige Schöpfung. Das bedeutet also, daß die Siedlungsgeneralisierung einerseits durch das Musterblatt und andererseits durch den Maßstab 1 : 25 000 „diktiert" wird. Dies ändert jedoch nichts daran, daß das „Konzept des Musterblatts" von der Siedlungsdarstellung der topographischen Karte 1 : 25 000 eigenschöpferisch ist. Das Musterblatt ist ja eine eigenschöpferische Strukturierung der Landschaft, die sich nicht nur auf die Gelände- und Straßendarstellung u.a. beschränkt, sondern sich auch auf die Siedlungsdarstellung einer topographischen Karte 1 : 25 000 bezieht. Da sich die Ergebnisse der reinen Siedlungsdarstellung mit den eigenschöpferischen Ergebnisse des Musterblatts hinsichtlich der Siedlungsdarstellung vermischen, sind dennoch eigenschöpferische Ergebnisse entstanden.

Eine amtliche topographische Karte entsteht also zum einen aus der eigenschöpferischen Strukturierung des Musterblattes und zum anderen aus den Generalisierungen der Linienelemente und der Siedlungen. Wenn also beispielsweise die topographische Karte 1 : 25 000 aus der Karte 1 : 5 000 geschaffen wird, so vermischen sich einerseits die eigentlichen Vermessungsergebnisse der Ersterfassung mit der eigenschöpferischen Strukturierung der Landschaft des Musterblattes 1 : 25 000, die sich auf die Gelände-, die Straßen- und die Siedlungsdarstellung u.a. bezieht, und werden dadurch zu eigenschöpferischen bzw. generalisierten Ergebnissen. Andererseits vermischen sich durch die Liniengeneralisierung die eigentlichen Vermessungsergebnisse zu eigenschöpferischen bzw. generalisierten Ergebnissen. Es ist folglich eine eigenschöpferische Landkarte entstanden, die eine persönliche geistige Schöpfung im Sinne des § 2 Abs.2 UrhG ist.[347]

Ebenso wird die amtliche topographische Karte nicht von einem urheberrechtlichen Schutz ausgenommen, da kein Schutzausschluß gem. § 5 Abs. 2 UrhG vorliegt. Es gelten diesbezüglich auch die Ausführungen wie bei dem Musterblatt.

---

347 So ist also einerseits der Schöpfer des Musterblattes Miturheber und andererseits ist der Schöpfer der Liniengeneralisierungen Miturheber an der eigenschöpferischen Karte im Maßstab 1 : 25 000. Eine Bearbeitung hinsichtlich demjenigen, der Liniengeneralisierungen und die Umsetzung der Strukturierung des Musterblattes vornimmt, muß ausgeschlossen werden. Denn dieser hat ebenso eine persönliche geistige Schöpfung im Sinne des § 2 Abs. 2 UrhG erbracht. Insoweit kann der Rechtsprechung, die zumeist eine Bearbeitung desjenigen annimmt, der die Karte mittels des Musterblattes erstellt, nicht gefolgt werden.

b) Bei den topographischen Grundlagenkarten von thematischen Karten

Der Kartograph wird bei den topographischen Grundlagenkarten von thematischen Karten weitreichendere Generalisierungen durchführen wie bei den amtlichen topographischen Karten. Dies bedingt sich zum einen durch das Erfordernis eine gut lesbare Karte zu erhalten, zum anderen durch die Kleinmaßstäbigkeit und schließlich durch die nur zu erfüllende Funktion der Orientierung.[348] Diese Generalisierungen werden deshalb vermehrt das Charakteristische der Landschaft hervorbringen, indem der Kartograph bei der Generalisierung das Wesentliche der Charakteristik deutlicher hervorbringt. So wird der Kartograph bei den Liniengeneralisierungen vermehrt den Linienverlauf betonen/charakterisieren und bei der Siedlungsgeneralisierung die Siedlungsstruktur der Landschaft und Ballungsgebiete deutlich machen. Hat der Kartograph also die Topographie auf den charakteristischen *Kern* der Landschaft reduziert und diesen deutlich herausgearbeitet, dann wird die eigenschöpferische Komponente überwiegen und eine persönliche geistige Schöpfung zu bejahen sein.

c) Bei Stadtplänen

Im 1.Teil[349] dieser Arbeit wurde bereits deutlich gemacht, daß bei Stadtplänen bedingt durch die relativ große Maßstäbigkeit und bedingt durch den Orientierungszweck der Spielraum für ein eigenschöpferisches Schaffen nicht allzu groß ist. Die Straßen müssen hier verbreitert werden, was ein Vereinfachen des Straßenverlaufs erfordert. Ein Charakterisieren kann hingegen kaum vorkommen, denn der Straßenverlauf muß relativ lagegetreu und „verlaufsgenau" sein. Bei der Siedlungsdarstellung hat der Kartograph hingegen einen Spielraum für ein eigenschöpferisches Schaffen, aber auch keinen allzu großen. Faßt der Kartograph Häuser, die eng entlang einer Straße liegen und deren graphischer Mindestabstand zur Straße nach Verkleinerung nicht mehr eingehalten werden kann, zusammen und schließt sie an die Straße an, ist hierin ein Vereinfachen zu sehen. Ein solches genügt aber nicht für ein eigenschöpferisches Tun. Es bedarf vielmehr des gleichzeitigen Betonens/Typisierens/Charakterisierens. Ein solches kann lediglich in der herausgearbeiteten Siedlungs- bzw. Bebauungsstruktur gegeben sein. So kann der Kar-

---

348 Bei thematischen Karten kommt überwiegend der Thematik Bedeutung zu, die topographische Grundlagenkarte dient hier zumeist „nur" der Orientierung.

349 Siehe hierzu vorne : 1.Teil, 1. Kapitel, § 1 A. II. 2) c).

tograph durch das Herausarbeiten zwischen offener und geschlossener Bauweise das Charakteristische der Siedlungsstruktur zum Ausdruck bringen. Ein solches Herausarbeiten erfordert nicht nur ein Vereinfachen, sondern darüber hinaus auch ein Betonen/Typisieren/Charakterisieren. Doch wird ein solches nicht allzu häufig zu bejahen sein, da der Kartograph bedingt durch die relative Großmaßstäbigkeit von Stadtplänen und bedingt durch den Orientierungszweck und das damit einhergehende Erfordernis der Detailliertheit der Darstellung nicht sehr viel Charakteristisches hervorbringen kann. Falls jedoch das Charakteristische das Vereinfachen überwiegt, dann ist das Mindestmaß für eine persönliche geistige Schöpfung gegeben. Sollte dies nicht der Fall sein, liegt also keine persönliche geistige Schöpfung vor, und insoweit scheidet ein urheberrechtlicher Schutz aus. Inwieweit dann einem solchen handwerklichen bzw. schematischen Schaffen ein leistungsrechtlicher Schutz nach § 1 UWG zukommen kann, muß an späterer Stelle[350] bei dem wettbewerbsrechtlichen Schutz geklärt werden.

Signaturen bei Stadtplänen können aber das absolute Mindestmaß an Individualität erreichen. Denn Stadtpläne bedürfen solcher Signaturen, die bildhaft sind. Diese sollen das Darzustellende vertypisiert und charakterisiert zeigen. Stellen die Signaturen also nicht nur das Darzustellende vereinfacht dar, sondern vielmehr in seiner Charakteristik, dann sind diese persönliche geistige Schöpfungen.

II. Signaturen

Bei den bildhaften Signaturen verbleibt genügend Raum für ein eigenschöpferisches Schaffen. Hier ist insbesondere ein Typisieren und Charakterisieren erforderlich, so daß das Typische des Darzustellenden für den Laien erkennbar ist. Es ist also nicht lediglich ein Vereinfachen eines Umrißes gefragt, sondern vielmehr ein Darüberliegen. Wenn der Kartograph lediglich die Umrisse vereinfacht, genügt dies für das erforderliche Mindestmaß an Individualität einer persönlichen geistigen Schöpfung nicht. Er muß insbesondere gerade das Typische bzw. Charakteristische des Darzustellenden herausschälen/herausarbeiten. Erst wenn dies deutlich sichtbar wird, hat der Kartograph seine indi-

350 Siehe hierzu später : 3.Teil, 1. Kapitel, § 14 A. II. 2) c).

viduelle Sichtweise zum Ausdruck gebracht und damit das erforderliche Maß für eine persönliche geistige Schöpfung erlangt.

Als Ergebnis kann festgehalten werden : Ein ausreichendes Maß an Individualität ist dann gegeben, wenn nicht lediglich ein schematisches/handwerkliches Vereinfachen vorliegt. Es muß also ein Vereinfachen im Zusammenhang mit einem Betonen und Charakterisieren der Landschaft in dem Maße vorhanden sein, das die Sichtweise des Kartographen erkennen läßt. Als Indiz kann nicht nur das der Charakterisierung, der Generalisierung, gelten. Ein weiteres Indiz für ein eigenschöpferisches Schaffen ist in dem Überwiegen der eigenschöpferischen Komponente zu der wissenschaftlichen Komponente zu sehen. Die wissenschaftliche Komponente überwiegt bei der Ersterfassung, während bei den Folgekarten die eigenschöpferische Komponente, die der generalisierten Ergebnisse, zumeist überwiegt. Daraus kann wiederum geschlossen werden, je kleinmaßstäbiger eine Karte ist, desto eher kann ein Überwiegen der eigenschöpferischen Komponente festgestellt werden. Ein weiteres Indiz für ein Überwiegen der eigenschöpferischen Komponente ist gegeben, je mehr eigene wertende Entscheidungen getroffen werden. Mehrere eigene Entscheidungen liegen dann vor, wenn eine Auswahl/Selektion von Wesentlichem und Unwesentlichem mit einer gleichzeitigen Betonung des Wesentlichen/des Charakteristischen vorgenommen worden ist.

§ 9 Schutzgegenstand/Schutzumfang

A. Schutzgegenstand : Form - Inhalt - Problematik

Bereits oben[351] wurden die Meinungsverschiedenheiten hinsichtlich eines Inhaltsschutzes bei Werken der Wissenschaft und damit bei Landkarten sowie die Problematik der Werkelemente Form-Inhalt bei den wissenschaftlichen Werken im allgemeinen angesprochen, wobei allerdings noch keine Lösung dieses Problems erarbeitet worden ist.

351 Siehe hierzu vorne : 2.Teil, 1. Kapitel, § 6 B. II.

Nachfolgend sollen deshalb die verschiedenen Rechtsauffassungen im näheren analysiert und eine Lösung der Form/Inhalt - Problematik gefunden werden.

Die „gefestigte" Rechtsprechung[352] stellt bei Werken der Wissenschaft weitgehend auf einen Formenschutz ab, wobei sie aber alles andere als klar ist, sie ist widersprüchlich. Bei den Darstellungen wissenschaftlicher oder technischer Art will sie zwar überwiegend die Form[353] geschützt wissen, dennoch kann nach ihr teilweise auch im Werkinhalt[354] die schöpferische Leistung begründet sein. So kann in der Flughafen-Entscheidung die persönliche geistige Schöpfung bei Darstellungen wissenschaftlicher oder technischer Art nur in der Formgestaltung, nicht aber im wissenschaftlichen oder technischen Inhalt zum Ausdruck kommen[355]. In der Entscheidung Bebauungsplan[356] kann nach der Rechtsprechung auch der Inhalt urheberrechtlich geschützt werden. Hinsichtlich Landkarten stellt die Rechtsprechung ebenso überwiegend auf einen Formenschutz[357] ab. So sieht sie in der Darstellungsart sowie in der Formgestaltung die urheberrechtliche Schutzfähigkeit. Dabei kann mit den herkömmlichen Darstellungsmitteln, insbesondere durch eine individuelle Auswahl und Kombination bekannter Methoden, insgesamt eine ausreichend eigentümliche Formgestalt erzielt werden[358]. Sie läßt aber teilweise auch hier einen Inhaltsschutz zu und stützt sich dabei auf die Ausführungen von Kobel[359]. Sie pflichtet Kobel bei, daß es an einer geistigen, vor allem aber an einer selbständigen Leistung fehle, wenn der *gedankliche Inhalt der gleiche* geblieben sei.

---

352 Siehe hierzu vorne : 2.Teil, 1. Kapitel, § 6 B. II.

353 BGH, GRUR 1979, S. 464, 465 -Flughafenpläne-; BGH, GRUR 1985, S. 129, 130 -Elektrodenfabrik-; BGH, GRUR 1987, S. 360, 361 -Werbepläne-; BGH, GRUR 1988, S. 33, 35 -Topographische Landeskarten-; OLG Hamm, GRUR 1980, S. 287, 288 -Prüfungsformular-; OLG Hamm, GRUR 1989, S. 501, 502 -Sprengzeichnungen-; OLG Frankfurt, GRUR 1989, S. 589 -Eiweißkörper-; OLG Frankfurt, GRUR 1988, S. 816, 817 -Stadtpläne-; LG Oldenburg, GRUR 1989, S. 49, 52 -Motorsäge-; LG München, GRUR 1989, S. 503 f. -BMW-Motor-.

354 BGHZ 18, 319, 323 -Bebauungsplan-; BGH, GRUR 1956, S. 284, 285 -Rheinmetall-Borsig II-; BGH, GRUR 1989, S. 416, 417 -Bauaußenkante-.

355 BGH, GRUR 1979, S. 464, 465 -Flughafenpläne-.

356 BGHZ 20, 1, 6.

357 OLG Stuttgart, Schulze BGHZ 118, 14, im BGH-Urteil v. 3.7.1964- -Stadtplan-.
BGH, GRUR 1988, S. 35; BGH, Schulze BGHZ 368, 11, BGH-Urteil v. 2.7.1987 -Topographische Landeskarten-.

358 BGH, GRUR 1987, S. 360, 361 -Werbepläne-.

359 BGH, Schulze BGHZ 118, 10, 11 -BGH-Urteil vom 3.Juli 1964, Stadtplan-.

Die Rechtsprechung ist jedoch nicht nur bei den Werken der Wissenschaft widersprüchlich, die die Darstellungen wissenschaftlicher oder technischer Art tangieren, vielmehr mißt sie auch bei den wissenschaftlichen Sprachwerken mit zweierlei Maß. So stellt sie überwiegend vordergründig bei den naturwissenschaftlichen Werken auf einen Formenschutz[360] ab, bei den geisteswissenschaftlichen Werken, die ja auch wissenschaftliche Werke sind, aber auch auf inhaltliche Elemente. Nach der Rechtsprechung des BGH und des zugrundeliegenden Berufungsgerichts[361] wird in dem *schöpferischen Inhalt, der in der schöpferischen Sammlung, der Anordnung und der Darbietung des dargestellten wissenschaftlichen Materials* gesehen wird, ein urheberrechtlicher Schutz bejaht. Dabei geht sie jedoch zu weit, indem sie die innere Form mit dem Inhalt gleichsetzt[362]. Es darf lediglich ein Verzahnen angenommen werden und nicht ein „Mehr". Diese Unterscheidung soll später bei der Differenzierung zwischen den eigentlichen Vermessungsergebnissen und den generalisierten Ergebnissen verdeutlicht werden.[363] In einer weiteren Entscheidung -„Staatsexamensarbeit"-[364] stützt sich der BGH auf die „ständige Rechtsprechung" [365], wonach sich die individuelle geistige Schöpfung eines Schriftwerks *auf den Inhalt, die Formgebung, Sammlung, Einteilung und Anordnung* beziehen kann.

Der Rechtsprechung ist also hinsichtlich ihrer aufgezeigten widersprüchlichen Auffassung nicht zu folgen. Ebenso kann ihren Begründungen, weshalb sie einen Inhaltsschutz verneint, nicht gänzlich beigepflichtet werden. Der Rechtsprechung kann lediglich darin zugestimmt werden, wenn sie zum einen die wissenschaftlichen Erkenntnisse als nicht ausreichend individuell i.S.v. § 2 Abs.2 UrhG deklariert[366] und zum anderen die Ansicht

---

360 BGH, GRUR 1979, S. 464, 465 -Flughafenpläne-; BGH, GRUR 1985, 129,130 -Elektrodenfabrik-; BGH, Schulze BGHZ 374, 1 ff. und GRUR 1987, S. 360, 361 -Stadtplan/Werbepläne-; BGH, GRUR 1988, S. 33, 35 -Topographische Landeskarten-; OLG Hamm, GRUR 1980, S. 287, 288 -Prüfungsfor-mular-; OLG Hamm, GRUR 1989, S. 501, 502 -Sprengzeichnungen-; OLG Frankfurt, GRUR 1989, S. 589 -Eiweißkörper-; OLG Frankfurt, GRUR 1988, S. 816, 817 -Stadtpläne-; LG Oldenburg, GRUR 1989, S. 49, 52 -Motorsäge-; LG München, GRUR 1989, S. 503 f. -BMW-Motor-.

361 BGH, GRUR 1980, S. 227, 230 -Monumenta Germaniae Historica-.

362 BGH, GRUR 1980, S. 227, 230 -Monumenta Germaniae Historica-.

363 Siehe hierzu : 2.Teil, 2. Kapitel, § 9 B. IV.

364 BGH, GRUR 1981, S. 353 -Staatsexamensarbeit-.

365 BGH, GRUR 1980, S. 227, 230 -Monumenta Germaniae Historica-.

366 BGH, GRUR 1985, S. 1041/1047 -Inkasso-Programm-; BGH, GRUR 1981, S. 520/522 -Fragensammlung-; BGH, GRUR 1980, S. 353 -Staatsexamensarbeit-; BGHZ 39, 306/311 -Rechenschieber-.

vertritt, daß sich ein Inhaltsschutz im Widerspruch zum Wesen des Urheberrechtsgesetzes und seiner Abgrenzung gegenüber den technischen Schutzrechten setzt.[367]
Hingegen kann der Rechtsprechung nicht gefolgt werden, wenn sie die wissenschaftliche Erkenntnis pauschal mit dem Inhalt in eins setzt und wegen des Grundsatzes der Freiheit der wissenschaftlichen Idee/Erkenntnis/Theorie einen Inhaltsschutz ausschließt.[368] Würde die Rechtsprechung jedoch deutlich machen, daß sie unter Inhalt den eigentlichen Inhalt, die eigentliche wissenschaftliche Erkenntnis, verstehen will, könnte ihr gefolgt werden. Sie müßte vielmehr zwischen dem eigentlichen Inhalt, der die eigentliche wissenschaftliche Erkenntnis ist, dem veränderten Inhalt sowie der inneren und äußeren Form differenzieren.[369] Lediglich in einer Entscheidung[370] hinsichtlich Landkarten deutet sie eine solche Differenzierung an. So ist in dieser Entscheidung zulässig, solche Gegenstände der Darstellung auf einer Karte, die unmittelbar auf der Bodenvermessung und ihren Ergebnissen beruhen, wie beispielsweise Länder, Flüsse, Gebirge, Bauten und Straßenzüge, in einer anderen Karte wiederzugeben. Schutzfähig ist nach ihr dagegen die Darstellungsart als solche gegen eine Wiedergabe, soweit sie als formgebende kartographische Leistung über die bloße Mitteilung der geographischen

367 Denn das wissenschaftliche und technische Gedankengut eines Werkes, die wissenschaftliche und technische Lehre als solche, sei nicht Gegenstand des Urheberrechtsschutzes und könne daher auch nicht zur Begründung der Schutzfähigkeit von Skizzen, die die technische Lehre wiedergeben, herangezogen werden. Die Urheberrechtsschutzfähigkeit solcher Skizzen könne nur allein ihre Grundlage in der notwendig schöpferischen Form der Darstellungen haben : BGH, GRUR 1984, S. 659 f. -Ausschreibungsunterlagen-; BGH, GRUR 1979, S. 464, 465 -Flughafenpläne-; BGH, GRUR 1985, S. 129, 130 -Elektrodenfabrik-; BGH, GRUR 1987, S. 360, 361 -Stadtplan/Werbepläne-; BGH, GRUR 1988, S. 33, 35 -Topographische Landeskarten-; OLG Hamm, GRUR 1980, S. 287, 288 -Prüfungsformular-; OLG Hamm, GRUR 1989, S. 501, 502 -Sprengzeichnungen-; OLG Frankfurt, GRUR 1989, S. 589 -Eiweißkörper-; OLG Frankfurt, GRUR 1988, S. 816, 817 -Stadtpläne-; LG Oldenburg, GRUR 1989, S. 49, 52 -Motorsäge-; LG München, GRUR 1989, S. 503 f. -BMW-Motor-.

368 BGH, GRUR 1985, S. 1041/1047 -Inkasso-Programm-; BGH, GRUR 1981, S. 520/522 -Fragensammlung-; BGH, GRUR 1981, S. 352/353 -Staatsexamensarbeit-; BGHZ 39, 306/311 -Rechenschieber-; BGH, GRUR 1979, S. 464, 465 -Flughafenpläne-; BGH, GRUR 1979, S. 464, 465 -Flughafenpläne-; BGH, GRUR 1985, S. 129,130 -Elektrodenfabrik-; BGH, GRUR 1987, S. 360, 361 -Werbepläne-; OLG Hamm, GRUR 1980, S. 287, 288 -Prüfungsformular-; OLG Hamm, GRUR 1989, S. 501, 502 -Sprengzeichnungen-; OLG Frankfurt, GRUR 1989, S. 589 -Eiweißkörper-; OLG Frankfurt, GRUR 1988, S. 816, 817 -Stadtpläne-; LG Oldenburg, GRUR 1989, S. 49, 52 -Motorsäge-; LG München, GRUR 1989, S. 503 f. -BMW-Motor-; OLG Stuttgart, Schulze BGHZ 118, 14 -Stadtplan-; BGH, GRUR 1988, S. 33, 35 und Schulze BGHZ 368, 11 -Topographische Landeskarten-; in der Literatur : Allfeld, in Kobel, S. 540; diejenigen, die erst auf Schutzumfangseite einen Inhaltsschutz ausschließen wegen des Grundsatzes der Freiheit der wissenschaftlichen Idee/Erkenntnis : Kobel, S. 546; Penck, in Kobel, S. 538 ff.; Plander, S. 45.

369 Siehe hierzu : 2.Teil, 2. Kapitel, § 9 B. IV.

370 BGH, Schulze BGHZ 118, 9, 10 -BGH-Urteil vom 3.Juli 1964 -Stadtplan-.

Tatsachen hinausgehe. Damit will sie die wissenschaftlichen Ergebnisse, die eigentlichen Vermessungsergebnisse, urheberrechtlich ungeschützt lassen.

Auch die Auffassungen der Literatur sind zumeist zu wenig differenziert. Sie unterscheiden überwiegend nicht zwischen der eigentlichen wissenschaftlichen Erkenntnis, dem Inhalt und der Form. Lediglich die Auffassung von Kummer[371], die zwischen den nackten Daten und der Generalisierung unterscheidet, kommt der zu fordernden Differenzierung schon sehr nahe. Diejenigen, die einen Inhaltsschutz letztlich ablehnen[372], begründen dies weitgehend mit dem Grundsatz der Freiheit der Idee und der Gefahr der Monopolisierung. Sie setzen hinsichtlich ihrer Ablehnung jedoch an verschiedenen Stellen an. Diejenigen, die einen Inhaltsschutz bejahen[373], begründen dies unterschiedlich. Und schließlich gibt es diejenigen, die zwar nicht zwischen Inhalt und Form unterscheiden, aber dennoch die wissenschaftliche Idee nicht geschützt haben wollen[374]. Wie bereits vorne[375] angesprochen worden ist, werden in der Literatur mehrere Auffassungen vertreten. Im folgenden soll aufgezeigt werden, wie die verschiedenen Auffassungen argumentieren und wie ihre zu geringe Differenzierung aussieht.

Innerhalb der Literatur, die letztlich einen Inhaltsschutz ablehnt, gibt es zwei unterschiedliche Auffassungen. Die eine Auffassung[376] verneint bereits auf Schutzvoraussetzungsseite einen solchen Schutz. Die andere Auffassung[377] verneint erst auf Schutzumfangseite einen Inhaltsschutz.

Diejenigen in der Literatur, die *bereits auf Schutzvoraussetzungsseite* einen inhaltlichen Schutz ablehnen, begründen dies weitgehend damit, indem sie den Inhalt mit den wissenschaftlichen Erkenntnissen gleichsetzen.

---

371 Kummer, S. 122.

372 Allfeld, in Kobel, S. 540; Müglich, CR 1995, S. 258; Kobel, S. 542 - 546; Penck, in Kobel, S. 538 ff.; Plander, UFITA Bd.76 (1976), S. 45.

373 Reimer, GRUR 1980, S. 577 - 581; Koch-Kumrei, S. 91 f.; Hubmann/Rehbinder, S. 27 ff.; Altenpohl, S. 113 - 125; Haberstumpf, Zur Individualität wissenschaftlicher Sprachwerke, UFITA Bd.64 (1982), S. 77 - 80, 48.

374 Ulmer, Urheber- und Verlagsrecht, 3.Aufl., S. 120 - 123; Kummer, S. 122.

375 Siehe hierzu vorne : 2.Teil, 1. Kapitel, § 6 B. II.

376 Allfeld, in Kobel, S. 540; Müglich, CR 1995, S. 258.

377 Kobel, S. 542 - 546; Penck, in Kobel, S. 538 ff.; Plander, UFITA Bd.76 (1976), S. 45.

So will Allfeld[378] zwar vordergründig lediglich die Form der Darstellung geschützt wissen und setzt pauschal den Inhalt mit der wissenschaftlichen Erkenntnis gleich. Dennoch darf nach ihm der Inhalt *nur* verwendet werden, wenn gleichzeitig eine Bearbeitung des Inhaltes erfolgt. Dies besagt doch, daß der Inhalt geschützt ist und Allfeld in seiner Auffassung widersprüchlich ist.

Nicht widersprüchlich, aber undifferenziert ist Müglich in seiner Auffassung. Nach ihm[379] sollen Werke mit technischem Inhalt nur in der Formgebung, und nicht in dem Inhalt, einen urheberrechtlichen Schutz erhalten. Dabei sollen die Vermessungsdaten als wissenschaftliche Ergebnisse und Daten von einem Schutz ausgeschlossen sein. Hieraus kann gefolgert werden, daß er die Vermessungsdaten mit dem Inhalt schlechthin gleichsetzt.

Diejenigen, die *erst auf Schutzumfangseite* einen inhaltlichen Schutz verneinen, begründen dies im wesentlichen wegen des Grundsatzes der Freiheit der wissenschaftlichen Erkenntnis und wegen der Gefahr der Monopolisierung. Sie halten aber ebenso überwiegend, wie die erste Auffassung, eine Verwendung eines Inhaltes nur für zulässig, wenn das Erfordernis der gleichzeitigen Bearbeitung des Inhalts erfüllt ist[380], und sind insoweit widersprüchlich. So ist nach Kobel der Inhalt einer Karte zwar Gemeingut, aber nur in dem Sinne, daß ein jeder diesen Inhalt verwenden und *bearbeiten* darf[381]. Nach ihm entsteht eine eigentümliche Schöpfung erst, wenn Inhalt und Form zusammengeklinkt sind.[382] Ebenso soll nach Penck[383] der *veröffentlichte* Karteninhalt gesetzlich nicht geschützt werden, obgleich er aber eine Bearbeitung[384] fordert. Penck hält es nur für zulässig, den gesamten Inhalt einer Karte in einer anderen wiederzugeben, wenn dies unter einer eigenen geistigen Tätigkeit und nicht mechanisch geschieht[385]. Penck kann lediglich insoweit gefolgt werden, wenn er den Kartentyp mit den niedergelegten

378 Allfeld, in Kobel, S. 540.
379 Müglich, CR 1995, S. 258.
380 Kobel, S. 542 - 546; Penck, in Kobel, S. 538 ff.; Plander, UFITA Bd.76 (1976), S. 45.
381 Kobel, S. 546.
382 Kobel, S. 544 f.
383 Penck, in Kobel, S. 538 ff.
384 Penck, in Kobel, S. 538 ff.
385 Penck, in Kobel, S. 538.

Aufnahmeergebnissen gesetzlich nicht schützen will. Diese Auffassungen sind also nicht nur widersprüchlich, sondern auch undifferenziert.

Plander[386] ist zwar nicht in dem Maße widersprüchlich wie diese beiden Auffassungen, er differenziert aber auch nicht. Plander, der sich auf die wissenschaftlichen Werke im allgemeinen bezieht, will dem Inhalt einen Urheberrechtsschutz zusprechen, aber nur bis zur Veröffentlichung. Er sieht sich hierzu gezwungen, um den Grundsatz der Freiheit der wissenschaftlichen Erkenntnis zu wahren. Hierbei setzt er jedoch die unterschiedlichen Begriffe der wissenschaftlichen Idee, der wissenschaftlichen Erkenntnis sowie der wissenschaftlichen Theorie ineins und beachtet deren Sinnunterschiede nicht. Er will also ein „Mehr" an urheberrechtlichem Schutz, indem er „vordergründig" einen Inhaltsschutz auf Schutzvoraussetzungsseite will, da sich die innere Form ganz wesentlich nach inhaltlichen Überlegungen des Verfassers richtet. Denn unter welchen Kriterien der Verfasser ein Thema behandle, in welcher Weise er es in Unterthemen gliedere, welche Schritte der Beweisführung er vollziehe und auch in welcher Reihenfolge und inneren Verknüpfungen er seine Argumente vortrage, werde wesentlich von inhaltlichen Überlegungen abhängen. Halte man hingegen ausschließlich die Formgebung für entscheidend, so würden damit gleichwohl fast stets unausweislich auch inhaltliche Aspekte mit ins Blickfeld geraten[387].

Diejenigen, die sowohl auf Schutzvoraussetzungsseite als auch auf Schutzumfangseite einen urheberrechtlichen Schutz des Inhalts wollen, argumentieren unterschiedlich. Ihre Auffassungen sind zwar verschieden, aber nicht in sich widersprüchlich.

Reimer[388] ist der Ansicht, daß auch inhaltliche Züge bei Darstellungen wissenschaftlicher oder technischer Art am Urheberrechtsschutz teilnehmen können, wenn sie aus dem Werk selbst erkennbar seien[389]. Reimer begründet dies anhand aufgezeigter Entscheidungen des Reichsgerichts sowie des Bundesgerichtshofes und mit der geschichtlichen Entwicklung des Urheberrechtsgesetzes. Zwar habe der Bundesgerichtshof in einer Grundsatzentscheidung[390] -Flughafenpläne- die persönliche geistige Schöpfung des Ur-

386 Plander, UFITA Bd.76 (1976), S. 45.
387 Plander, UFITA Bd.76 (1976), S. 45.
388 Reimer, S. 577- 581, und insbesondere S. 579.
389 Reimer, S. 577- 581, und insbesondere S. 579.
390 BGH, GRUR 1979, S. 464, Entscheidung vom 15.12.1978, -Flughafenpläne-.

hebers nur in der Darstellung selbst -in der Formgestaltung- gesehen, doch habe der BGH sowie frühere Entscheidungen des RGs zu Darstellungen wissenschaftlicher Art sowie zu den Schriftwerken auch in dem Inhalt der Darstellung eine Schutzmöglichkeit gesehen. Nach ihm wäre es auch ungereimt, bei der Beurteilung der urheberrechtlichen Schutzfähigkeit von Schriftwerken im allgemeinen individuelle inhaltliche Züge zu berücksichtigen, bei der Untergruppe der Darstellungen wissenschaftlicher oder technischer Art dagegen nicht. Diese Berücksichtigung führe weder zu einem Urheberrechtsschutz der technischen oder wissenschaftlichen Lehre als solcher, noch zum Schutz des dargestellten Gegenstandes selbst.

Altenpohl[391] und Koch-Kumrei[392] sehen die Erkenntnis als Inhalt und wollen diese urheberrechtlich schützen, wenn diese die Voraussetzungen für eine persönliche geistige Schöpfung erfüllt. Dabei wollen sie lediglich die Idee urheberrechtlich ungeschützt haben. So versteht Koch-Kumrei die Idee nach urheberrechtlichem Verständnis als der von einer individuellen Formung unabhängige, reine Kern, als der abstrakte, durch jedermann gleich auszudrückende Sinngehalt.[393] Diese Idee wird nach ihnen zu einer urheberrechtlich geschützten, individuell entwickelten Erkenntnis und Theorie ausgearbeitet, wie das Rohmaterial zu einem ausgeführten Entwurf wird. So ist nach Koch-Kumrei die Erkenntnis, die durch einen individuellen geistigen Einsatz, durch eine persönliche Schwerpunktsetzung und Aneinanderreihung von Fakten und Argumenten, durch eine eigentümliche Beweisführung zur Darstellungs- und Diskussionsreife entwickelte wissenschaftliche Aussage[394]. Nach ihr wird mit dem Einsetzen der individuellen Geistestätigkeit die Idee als abstrakte Aussage, die von jedem Wissenschaftler in ihrem Sinngehalt identisch darzustellen ist, zur Erkenntnis, zur Theorie erweitert[395]. Damit gehen Altenpohl und Koch-Kumrei jedoch zu weit, da eine Idee etwas völlig Abstraktes ist, und werden insoweit dem Grundsatz der freien wissenschaftlichen Auseinandersetzung nicht gerecht. Dies wird bei der Lösung der Form-Inhalt-Problematik[396] dargelegt.

---

391 Altenpohl, S. 113 - 125.
392 Koch-Kumrei, S. 92.
393 Koch-Kumrei, S. 92.
394 Koch-Kumrei, S. 92; Altenpohl, S. 113 - 125.
395 Koch-Kumrei, S. 91 f.
396 Siehe hierzu : 2.Teil, 2. Kapitel, § 9 B. IV.

Hubmann[397] bejaht einen Inhaltsschutz und sieht lediglich einen solchen im Rahmen des Zitatrechts offen. Denn der Gesetzgeber gehe von einem einheitlichen, wert- und zweckneutralen Werkbegriff aus, der sich gleichermaßen auf alle Werkkategorien beziehe. Es existiere folglich kein besonderes Autorenrecht für wissenschaftliche Werke, und die persönliche geistige Schöpfung könne auch bei wissenschaftlichen Werken - genauso wie bei literarischen Werken (z.B. Schutz der Fabel)- in deren Inhalt und/oder Form liegen. Hubmann macht dies plastisch deutlich, indem er die Idee als den rein geistigen Inhalt bezeichnet, der zwar in einer bestimmten Erscheinungsform Ausdruck gefunden habe, aber ohne Veränderung seiner abstrakten Identität auch in andere Formen gegossen werden könne[398]. So ist nach ihm Inhalt der gestaltete Geist, wie er durch die Formgebung zum Ausdruck gekommen ist. Damit geht er aber zu weit, denn er differenziert nicht zwischen dem eigentlichen Inhalt und dem veränderten Inhalt, der mit der inneren Form untrennbar verzahnt ist.

Haberstumpf[399] geht noch einen Schritt weiter, indem er erst gar nicht die Gefahr einer die wissenschaftliche Auseinandersetzung behindernden Monopolisierung sieht. Um nämlich die Freiheit der wissenschaftlichen Auseinandersetzung zu wahren, bedürfe es keines Eingriffes in das bewährte System. Denn der Gesetzgeber habe den hinter dem Monopolisierungsgedanken stehenden Interessenkonflikt durchaus erkannt und mit dem Zitierrecht (§ 51 Nr.1 und Nr.2 sowie § 53 Abs.2 Nr.1 UrhG), mit dem Recht der Inhaltsmitteilung oder -beschreibung (§ 12 Abs.2 UrhG) sowie mit dem Recht auf freie Bearbeitung (§ 24 UrhG) hinreichende Mittel zur Vermeidung einer Kollision der unterschiedlichen Interessen bereitgestellt[400]. Er setzt die urheberrechtliche Beurteilung einer Karte an der deskriptiven Bedeutung einer Karte, der Gesamtaussage, an. Entscheidend ist dabei, ob die vorgenommenen Änderungen den gedanklichen Inhalt der benutzten Karte unberührt lassen, es muß also eine Änderung der Gesamtaussage vorliegen[401]. Dem kann jedoch nicht zugestimmt werden. Diese Auffassung verleitet nämlich anzu-

397 Hubmann/Rehbinder, S. 27 ff.
398 Hubmann, UFITA Bd. 24 (1957), S. 1, 4.
399 Haberstumpf, Zur Individualität wissenschaftlicher Sprachwerke, UFITA Bd.64 (1982), S. 48 f., S. 77 - 80.
400 Haberstumpf, Zur Individualität wissenschaftlicher Sprachwerke, UFITA Bd.64 (1982), S. 77 - 80.
401 Haberstumpf, Zur Individualität wissenschaftlicher Sprachwerke, a.a.O., S. 48 f.

nehmen, daß der Inhalt ein gänzlich anderer sein muß und daß sogar der eigentliche Inhalt, die wissenschaftliche Erkenntnis, ein anderer sein muß. An späterer Stelle soll aufgezeigt werden, daß der eigentliche Inhalt, der die eigentliche wissenschaftliche Erkenntnis ist, frei von einem urheberrechtlichen Schutz sein muß. Dies ist so wegen des Grundsatzes der Freiheit der wissenschaftlichen Erkenntnis.

Schließlich diejenigen -Ulmer und Kummer-, die nicht zwischen Inhalt und Form unterscheiden wollen, differenzieren vielmehr zwischen Individualgut und Gemeingut.[402] Nach Ulmer[403] verläuft die Grenze nicht zwischen Form und Inhalt, sondern zwischen dem vorgegebenen Stoff und der schöpferischen Leistung[404]. Ulmer will dabei den Kern bzw. den Sinngehalt der wissenschaftlichen Erkenntnis urheberrechtlich *un*geschützt haben. Zu dem Kern zählt er die Idee und geht damit zu weit, da diese völlig abstrakt ist. So will er nicht den Kern der wissenschaftlichen Werke, sondern das Gewebe, das den Kern umlagert, urheberrechtlich schützen.[405] Zu dem Gewebe zählt er auch den Inhalt, da nach ihm auch die Eingebungen der Phantasie, Sammlung oder Sichtung des Stoffes und die gedankliche Verarbeitung ins Gewicht fallen. Deshalb könne sich die schöpferische Leistung bei wissenschaftlichen Leistungen auch im Inhalt offenbaren[406]. Er vertritt ebenso wie Koch-Kumrei die Auffassung, daß mit dem Einsetzen der individuellen Geistestätigkeit die Idee als abstrakte Aussage, die von jedem Wissenschaftler in ihrem Sinngehalt identisch darzustellen ist, zur Erkenntnis, zur Theorie erweitert wird.[407] Eingebungen der Phantasie sind genauso wie die Idee etwas Abstraktes und nichts Konkretes, und insofern stellt sich überhaupt nicht die Frage nach einem urheberrechtlichen Schutz. Die Sammlung und Sichtung macht die innere Form aus, die zwar eng mit dem

402 Ulmer, Der Urheberrechtsschutz wissenschaftlicher Werke unter besonderer Berücksichtigung der Programme elektronischer Rechenanlagen, S. 15 f.; ebenso in: Urheber- und Verlagsrecht, 3.Aufl., S. 122 f.; Kummer, S. 122.

403 Ulmer, Urheber- und Verlagsrecht, 3.Aufl., S. 120 - 123; Ulmer, Der Urheberrechtsschutz wissenschaftlicher Werke unter besonderer Berücksichtigung der Programme elektronischer Rechenanlagen, S. 1.

404 Ulmer, Urheber- und Verlagsrecht, 3.Aufl., S. 120 - 123.

405 Ulmer, Der Urheberrechtsschutz wissenschaftlicher Werke unter besonderer Berücksichtigung der Programme elektronischer Rechenanlagen, S. 1.

406 Ulmer, Der Urheberrechtsschutz wissenschaftlicher Werke unter besonderer Berücksichtigung der Programme elektronischer Rechenanlagen, S. 15 f.; ebenso in: Urheber- und Verlagsrecht, 3.Aufl., S. 105 ff., 108, 109.

407 Ulmer, Urheber- und Verlagsrecht, 3.Aufl., S. 119 - 125, 275 - 278.

veränderten Inhalt verzahnt ist, aber nicht mit dem eigentlichen Inhalt gleichgesetzt werden darf. Ingesamt ist ihm somit nicht zu folgen.

Kummer[408] differenziert jedoch zwischen den nackten Daten der topographischen Gegebenheiten, die nach ihm als Gemeingut frei sind, und der Individualität, dem Generalisieren. Dies bringt er zwar nicht explizit zum Ausdruck, sondern dies ergibt sich aus seinen Ausführungen. Als Beispiel für nackte Daten nennt er die erstmalige Vermessung eines Flußverlaufes, denn ein bestimmtes Gebiet kartographisch aufzunehmen, sei Arbeit für die Allgemeinheit. Kummer[409] trägt folglich vor, daß jede von der Karte ausgewiesene topographische Gegebenheit als solche Gemeingut und damit frei sei. So könnten den behördlichen und privat hergestellten Aufnahmekarten sämtliche topographischen Daten entnommen werden, nicht jedoch die der Generalisierung und der freien Kartengestaltung, da diese geschütztes Gut seien. Damit kommt Kummer, der zu fordernden Differenzierung schon sehr nahe, obwohl er diese noch deutlicher machen müßte.

Insgesamt kann also festgehalten werden, daß weder der Auffassung der Rechtsprechung noch den Auffassungen innerhalb der Literatur gefolgt werden kann. Sie sind überwiegend widerspüchlich und undifferenziert. Lediglich die Auffassung, die zwischen Individualgut und Gemeingut unterscheidet, kommt der zu fordernden Differenzierung am nächsten.

B. Diskussion einer Lösung der Form - Inhalt - Problematik

Die soeben dargestellten verschiedenen Rechtsauffassungen haben gezeigt, daß der Grundsatz der Freiheit der wissenschaftlichen Idee/Erkenntnis/Theorie unterschiedlich verstanden und ausgelegt wird. Allen ist jedoch gemeinsam, daß dieser Grundsatz bestehen soll. Ferner wurde deutlich, daß die Begriffe der Idee, Theorie und Erkenntnis mit dem Inhalt gleichgesetzt werden und daß dabei zu wenig differenziert wird.

Um nämlich die Gefahr der Monopolisierung wissenschaftlicher Erkenntnisse und Theorien in der Hand des wissenschaftlichen Urhebers abzuwenden, soll der Grundsatz

408 Kummer, S. 122.
409 Kummer, S. 122.

von der Freiheit der wissenschaftlichen Idee/Erkenntnis/Theorie nach wie vor unangetastet bleiben. Es wurde ja bereits an anderer Stelle[410] verdeutlicht, daß der Urheber bei einem urheberrechtlichen Schutz die ausschließlichen Verwertungsrechte inne hat und damit das ausschließliche Recht hinsichtlich der Verwertung seiner Schöpfung besitzt. Würde ihm der Schutz der wissenschaftlichen Idee/Erkenntnis/Theorie gewährt werden, dann bedürften die anderen Wissenschaftler immer seiner Zustimmung für eine Vervielfältigung und Verbreitung seines Werkes. Es ist deshalb insbesondere zu prüfen, wie weit dieser Grundsatz der Freiheit der wissenschaftlichen Idee/Erkenntnis/Theorie ausgelegt werden muß, um eine solche Monopolisierung zu vermeiden. Desweiteren bedarf es einerseits der Auslegung der verschiedenen Begriffe von Idee/Erkenntnis/Theorie. Andererseits ist zu klären, was als Inhalt, als innere Form und als äußere Form bezeichnet werden muß. Und schließlich gilt es zu beantworten, ob die wissenschaftliche Idee/Erkenntnis/Theorie mit dem Inhalt gleichgesetzt werden darf.

I. Grundsatz der Freiheit der wissenschaftlichen Erkenntnis/Theorie : Freiheit des eigentlichen Inhalts

Der Grundsatz der Freiheit der wissenschaftlichen Idee/Erkenntnis/Theorie hat zum Ziel, das ungehinderte Agieren der Wissenschaft und Forschung zu ermöglichen und zu schützen. Der Grundsatz der Freiheit der wissenschaftlichen Idee/Erkenntnis/Theorie muß deshalb nur so weit ausgelegt werden, damit die freie wissenschaftliche Auseinandersetzung keine Behinderung erfährt oder gar unmöglich gemacht wird.

Hierzu bedarf es der Erinnerung, was Wissenschaft heißt und welche Aufgabe eine solche hat. Wissenschaft hat die Aufgabe, unser Wissen zu bereichern und somit belehrend zu sein[411]. Insofern hat es immer etwas mit Erkennen und dem Streben nach Erkenntnis zu tun, d. h. wahre Aussagen zu finden oder zu gültigen Schlüssen zu kommen. Ein freies Agieren der Wissenschaft muß also die Möglichkeit bieten, solche Erkenntnisse bzw. wahre Aussagen zu finden. Die Wissenschaft findet aber nicht nur erstmalige Aussagen, sondern sie setzt sich auch mit den bereits gewonnenen Erkenntnissen auseinander, folgt

410 Siehe hierzu vorne : 2.Teil, 1. Kapitel, § 6 A. und C.

411 Siehe hierzu im besonderen die Definition des Begriffs „Wissenschaft“, 2.Teil, 1. Kapitel, § 5 A. II.

dabei entweder diesen oder baut auf diesen bestehenden Erkenntnissen neue Erkenntnisse auf. Dabei hat sie immer zum Ziel, wahre Aussagen zu finden, die überprüfbar sind. Überprüfbarkeit bedeutet, daß die Erkenntnis anhand von Belegen gestützt und insoweit nachvollziehbar ist. Die Wissenschaft begnügt sich also nicht mit Abstraktem, sondern fordert Konkretes, eine überprüfbare Aussage.

Insofern darf der Grundsatz nicht als Grundsatz der Freiheit der wissenschaftlichen Idee bezeichnet werden. Denn der Begriff *„Idee"* bedeutet etwas Abstraktes. Idee wird nämlich nach dem allgemeinen Sprachgebrauch als Anstoß, Einfall, Erleuchtung, Eingebung, Inspiration, Grundgedanke, Leitgedanke oder Konzeption verwendet.[412] Will man jedoch dem Grundsatz der Freiheit der wissenschaftlichen Auseinandersetzung gerecht werden, so muß der Grundsatz als Freiheit der wissenschaftlichen *Erkenntnis/Theorie* verstanden werden. Die Begriffe der Erkenntnis und Theorie machen die Wissenschaft aus. Der Begriff „Erkenntnis" bedeutet nach allgemeinen Sprachgebrauch ein Erkennen einer Tatsache bzw. einer Vorgegebenheit. Das Gleiche gilt bei dem Begriff „Theorie". Eine Theorie ist eine entwickelte Erkenntnis, die sich auf Belegen stützt. Das heißt, es muß die Freiheit der wissenschaftlichen Erkenntnis/Theorie gefordert werden, indem die *eigentliche* Aussage der Erkenntnis/Theorie frei übernommen werden darf und dies auch gewährleistet werden muß. So muß beispielsweise einem anderen Wissenschaftler erlaubt sein, daß dieser die eigentliche wissenschaftliche Aussage in seinem Werk als eigentlichen Inhalt aufnehmen darf, nicht jedoch in der inneren Form und äußeren Form. Es muß ihm also erlaubt sein, diese Aussage zu bestätigen, verifizieren, modifizieren, weiterzuentwickeln, anzuwenden oder zu falsifizieren.

Zu weit gehen deshalb Koch-Kumrei[413] und Ulmer[414], wenn nach ihnen mit dem Einsetzen der individuellen Geistestätigkeit die Idee als abstrakte Aussage, die von jedem Wissenschaftler in ihrem Sinngehalt identisch darzustellen ist, zur Erkenntnis, zur Theorie erweitert wird. Es muß vielmehr heißen, daß die *eigentliche* wissenschaftliche Erkenntnis frei sein muß, die dann zur individuellen Arbeit, der inneren und äußeren Form, erweitert wird. Die freie wissenschaftliche Auseinandersetzung fordert nur, daß die Freiheit der *eigentlichen* wissenschaftlichen Erkenntnis gewährleistet ist. Die wis-

412 v. Moltke, S. 53.
413 Koch-Kumrei, S. 91 f.
414 Ulmer, Urheber- und Verlagsrecht, 3.Aufl., S. 119 - 125, 275 - 278.

senschaftliche Erkenntnis ist zwar eine wissenschaftliche Aussage und macht damit den Inhalt aus. Dabei darf sie aber nicht als der umfassende Inhalt verstanden werden, indem der eigentliche Inhalt mit dem veränderten Inhalt, der untrennbar mit der inneren Form verzahnt ist, gleichgesetzt wird. Vielmehr darf nur der *eigentliche wissenschaftliche Inhalt*, der die *eigentliche wissenschaftliche Erkenntnis* ist, von einem urheberrechtlichen Schutz frei sein. Die eigentlichen wissenschaftlichen Erkenntnisse sind die eigentlichen Vermessungsergebnisse, die zum veränderten Inhalt, zur inneren Form und zur äußeren Form ausgearbeitet werden.

Diese Unterscheidung soll nachfolgend bei der Differenzierung zwischen den eigentlichen Vermessungsergebnissen und den generalisierten Ergebnissen verdeutlicht werden. Gleichzeitig soll gezeigt werden, daß die eigentliche wissenschaftliche Erkenntnis/der eigentliche wissenschaftliche Inhalt nicht individuell ist und daß durch die zu fordernde Differenzierung eine Abgrenzung zu den technischen Schutzrechten möglich ist.

II. Wissenschaftliche Erkenntnis - nicht individuell

Aus den bisherigen Ausführungen wurde ja bereits verdeutlicht, daß ein Unterschied zwischen den eigentlichen wissenschaftlichen Ergebnissen, den eigentlichen Vermessungsergebnissen, und den generalisierten Ergebnissen besteht. Die eigentlichen wissenschaftlichen Ergebnisse/Erkenntnisse sind nicht individuell[415]. Denn bei diesen eigentlichen Vermessungsergebnissen überwiegt die wissenschaftliche Komponente die eigenschöpferische Komponente. Die eigentlichen wissenschaftlichen Ergebnisse, die eigentlichen Vermessungsergebnisse, werden durch die Generalisierung zu eigenschöpferischen Ergebnissen ausgearbeitet. Bei diesen überwiegt die eigenschöpferische Komponente. Da die wissenschaftliche Erkenntnis nicht eigenschöpferisch ist, kann diese urheberrechtlich nicht geschützt werden.

415 Siehe hierzu vorne : 2.Teil, 2. Kapitel, § 8 B. I.

III. Abgrenzung gegenüber den technischen Schutzrechten

Auch die Abgrenzung gegenüber den technischen Schutzrechten fordert, daß die eigentliche wissenschaftliche Erkenntnis/Theorie urheberrechtlich ungeschützt bleiben muß. Zwar sind die Schutzgegenstände von Urheberrecht und Patentrecht unterschiedlich. Schutzgegenstand des Urheberrechts ist das Individualgut, also die persönliche geistige Schöpfung. Beim Patentrecht ist hingegen die technische Lehre Schutzgegenstand, soweit sie die Schutzvoraussetzungen des Patentrechts erfüllt. Die technische Lehre wird insofern geschützt, wenn sie neu im Sinne einer Erfindung des Patentrechts ist, und nicht hingegen, wenn sie individuell ist. Eine Erfindung im Sinne des Patentrechts ist *eine Regel zum technischen Handeln*, die den Neuheitsgrad erfüllen muß[416]. Eine Kollision würde jedoch dann stattfinden, wenn die eigentliche wissenschaftliche Erkenntnis/Theorie/Lehre urheberrechtlich geschützt werden würde. Die eigentliche wissenschaftliche Erkenntnis/Theorie/Lehre schließt nämlich auch die der wissenschaftlichen *technischen* Erkenntnis/Theorie/Lehre mit ein. Denn die wissenschaftliche Erkenntnis/Theorie/Lehre tangiert nicht nur schlechthin die Wissenschaftlichkeit, sondern auch die Wissenschaft der Technik. Insofern darf die *eigentliche* wissenschaftliche technische Erkenntnis/Theorie/Lehre *nicht geschützt* werden. Würde die wissenschaftliche technische Lehre urheberrechtlich geschützt werden, dann würde der eigentliche Schutzgegenstand des Patentrechts vom Urheberrecht umfaßt werden.

Eine Überschneidung der zwei verschiedenen Rechte ist also nicht zu befürchten, wenn die *eigentliche* wissenschaftliche Erkenntnis/Theorie/Lehre urheberrechtlich *un*geschützt bleibt.

IV. Keine pauschale Gleichsetzung von Vermessungsergebnissen mit dem Inhalt- Differenzierung zwischen den eigentlichen Vermessungs - ergebnissen und den generalisierten Ergebnissen

Die Form-Inhalt-Problematik muß vielmehr dadurch gelöst werden, indem zwischen den eigentlichen Vermessungsergebnissen, dem eigentlichen Inhalt, und den generalisierten Ergebnissen differenziert wird. Desweiteren soll nachfolgend aufgezeigt werden,

416 Siehe auch: Koch-Kumrei, S. 81.

daß zwischen dem eigentlichen Inhalt, dem veränderten Inhalt, der inneren und der äußeren Form unterschieden werden muß. Und schließlich soll die enge Verzahnung zwischen dem veränderten Inhalt und der inneren Form deutlich gemacht werden. Um dies verständlich zu machen, soll zwischen der Ersterfassung und den Folgekarten unterschieden werden.

1) Eigentliche Vermessungsergebnisse - Ersterfassung

Wie bereits vorne[417] dargelegt worden ist, sind die Ergebnisse der Ersterfassung die eigentlichen Vermessungsergebnisse und diese wiederum wissenschaftliche Ergebnisse. Sie sind der eigentliche wissenschaftliche Inhalt, wie also die Landschaft im Sinne geographischer Tatsachen aussieht. Desweiteren wurde festgestellt, daß der eigenschöpferische Anteil der Generalisierung im Verhältnis zu den Vermessungsergebnissen gering ist und der wissenschaftliche Anteil überwiegt. Diese eigentlichen Vermessungsergebnisse sind nicht eigenschöpferisch und damit nicht individuell.

2) Generalisierte Ergebnisse - Folgekarten

Wie bereits vorne[418] gezeigt wurde, bedürfen Folgekarten wegen der Kleinmaßstäbigkeit der Generalisierung. Durch die Generalisierung wird nicht nur die Form verändert, sondern „bedingt" auch der „Inhalt". Die Generalisierung erfordert immer zuerst eine *inhaltliche Selektion*, die den *„veränderten Inhalt"* bewirkt. Dieser veränderte Inhalt wirkt sich wiederum auf die Form aus. Generalisierung bedeutet ja Selektion, Sichtung, Vereinfachung, Betonung und Charakterisierung. Ein solches Vorgehen beginnt mit der inhaltlichen Selektion, Schwerpunktsetzung und Charakterisierung, welches sich dann wiederum in der Form niederschlägt. So müssen beispielsweise die Linien bei der Liniengeneralisierung in ihrem Verlauf Vereinfachungen und Typisierungen, also Generalisierungen, erfahren. Es müssen die typischen Gegebenheiten bzw. der Verlauf der Höhenlinie herausgearbeitet werden. Dabei wird also eine Auswahl getroffen, welche Vermessungsergebnisse wegfallen, aufgenommen und generalisierungsbedingt verändert werden. Es findet -wie bereits vorne aufgezeigt[419]- eine Auswahl zwischen Wesentli-

417 Siehe hierzu : 2.Teil, 2. Kapitel, § 8 B. I. 1).
418 Siehe hierzu : 1.Teil, 1. Kapitel, § 1 A. II. 2) und 2.Teil, 2. Kapitel, § 8 B. I. 2).
419 Siehe hierzu vorne : 2.Teil, 2. Kapitel, § 8 B. I. 2).

chem und Unwesentlichem und gleichzeitigem Betonen des Wesentlichen statt. Der eigentliche Verlauf bedarf also einer Selektion, d.h. welcher vermessene Punkt noch aufgenommen wird bzw. welcher selektiert wird. Dabei wird gleichzeitig das Wesentliche betont. Ein solches Betonen des Wesentlichen geschieht beispielsweise bei einer Liniengeneralisierung, indem die Biegung einer Kurve mehr betont wird, d.h. die Biegung wird noch mehr verstärkt. Dies geschieht durch Übertreiben der Biegung. Es muß also die Wahl/Entscheidung getroffen werden, welcher Punkt versetzt wird, um so die Biegung bzw. deren Charakteristik mehr herauszuarbeiten. Insofern bedarf es immer erst einer inhaltlichen Selektion, die eigentlich eine Auswahl zwischen Wesentlichem und Unwesentlichem sowie gleichzeitigem Betonen des Wesentlichen bedeutet. Dieses generalisierungsbedingte Verändern bewirkt also zuerst einen „*veränderten Inhalt*", die „veränderten" Vermessungsergebnisse. Dieser Inhalt kann deshalb als „veränderter" Inhalt bezeichnet werden, da die eigentlichen Vermessungsergebnisse, der eigentliche Inhalt, durch die Selektion und teilweise Versetzung der eigentlichen Vermessungsergebnisse nicht mehr der völlig identische ist. Die eigentlichen Vermessungsergebnisse sind jedoch in ihrem eigentlichen Inhalt, ihrer eigentlichen Aussage, über die vermessene Landschaft gleich geblieben. So belehren die generalisierten Ergebnisse, die in ihrem Kern die eigentlichen Vermessungsergebnisse enthalten, nach wie vor, wie beispielsweise ein Fluß verläuft. An der eigentlichen Belehrung hat sich nichts geändert. Jede Karte wird -unabhängig von ihrem Maßstab- den „grundsätzlichen" Verlauf eines Flusses gleich ausweisen, nicht aber in dessen Charakteristik. Der Verlauf hat sich generalisierungsbedingt in der inneren und äußeren Form geändert. Die innere Form ist aber mit dem zeitlich ersteren „veränderten" Inhalt eng verzahnt, so daß dieser kaum davon abgeschichtet werden kann. Es hat ja eine Auswahl und Betonung der vorgegebenen eigentlichen Vermessungsergebnisse stattgefunden. Diese Auswahl/Selektion ist im Grunde genommen vergleichbar mit „der Auswahl, Sichtung des „vorgegebenen" Stoffes" der Begrifflichkeit „der inneren Form" von der Rechtsprechung[420]. Es ist also eine enge Verzahnung zwischen dem veränderten Inhalt und der inneren Form festzustellen. Die Rechtsprechung geht aber zu weit, wenn sie diese innere Form mit dem Inhalt schlechthin gleichsetzt. Ebenso -und damit geht er auch zu weit- rechnet Nordemann die

420 BGH, GRUR 1980, S. 227, 230 -Monumenta Germaniae Historica-.

innere Form dem Inhalt zu. Zwar ist der veränderte Inhalt und die innere Form eng miteinander verzahnt, so daß sie schwerlich voneinander abgeschichtet werden können; sie dürfen jedoch nicht gleichgesetzt werden. Insofern ist es sinnvoll, die Unterscheidung zwischen Inhalt und Form aufzugeben, und stattdessen zwischen Individualgut und Gemeingut zu differenzieren. Manche schlagen deshalb vor, teilweise die Grenze zwischen dem vorgegebenen Stoff und der schöpferischen Leistung zu ziehen[421], oder stellen ausschließlich auf die Eigentümlichkeit[422] ab.

Als Gesamtergebnis der Form-Inhalt-Problematik ist deshalb festzuhalten, daß die eigentliche wissenschaftlichen Erkenntnis und damit der eigentliche wissenschaftliche Inhalt frei von einem urheberrechtlichen Schutz bleiben muß. Dies besagt, daß der eigentliche Inhalt frei für jedermann verwendbar und verwertbar ist. Diese Lösung bedingt sich zum einen aus dem Grundsatz der Freiheit der wissenschaftlichen Erkenntnis/Theorie, zum anderen aus der Abgrenzung zu den technischen Schutzrechten und schließlich aus der Nichtindividualität der eigentlichen wissenschaftlichen Erkenntnis bzw. des eigentlichen wissenschaftlichen Inhalts. Der veränderte Inhalt, die innere und äußere Form müssen hingegen urheberrechtlich geschützt werden, wenn diese ausreichend individuell sind. Der veränderte Inhalt und die innere Form sind eng miteinander verzahnt. Da die Unterscheidung des veränderten Inhalts von der inneren Form schwerlich ist, ist es folglich sinnvoll, eine solche aufzugeben. Als Lösung soll deshalb die Differenzierung von Individualgut und von Gemeingut gewählt werden. Gemeingut soll die eigentliche wissenschaftliche Erkenntnis -der eigentliche wissenschaftliche Inhalt- sein und nicht den veränderten Inhalt sowie die innere Form umfassen. Zu dem Individualgut sollen der veränderte Inhalt, die innere und äußere Form gezählt werden, aber nur, wenn diese die erforderliche Gestaltungshöhe für eine persönliche geistige Schöpfung erreicht haben.

Diese Lösung hat auf Landkarten bezogen folgende Auswirkungen :

Sind die betreffenden generalisierten Ergebnisse eigenschöpferische, so können diese nicht in der konkreten Form und damit auch nicht in dem „veränderten" Inhalt über-

421 Ulmer, Urheber- und Verlagsrecht, 3.Aufl., S. 122 f.; Moser, S. 142.

422 Koch-Kumrei, S. 63.

nommen werden. Davon muß aber unbedingt der *eigentliche* Inhalt -die *eigentlichen* Vermessungsergebnisse- unterschieden werden. Will also beispielsweise der Kartograph den konkreten Verlauf einer Höhenlinie in einer klein- oder mittelmaßstäbigen Karte übernehmen, so ist es ihm nicht erlaubt. Denn der konkrete Verlauf impliziert die generalisierten Ergebnisse. Die generalisierten Ergebnisse dürfen also nicht in dem konkreten Verlauf, dem Aneinanderreihen von den generalisierten Ergebnissen, übernommen werden. Das bedeutet, daß die generalisierten Ergebnisse nur in ihrem konkreten Verlauf übernommen werden dürfen, wenn zugleich eine Generalisierung stattfindet. So muß derjenige, der aus einer Folgekarte eine neue Folgekarte erschaffen will, den eigentlichen Inhalt in dem Sinne verändern, indem er eine inhaltliche Selektion des eigentlichen Inhalts vornimmt und damit den „veränderten Inhalt" sowie die innere Form erhält. Aus dieser geht wieder unmittelbar die äußere Form hervor.

§ 10 Schutzumfang

A. Die Urheberverwertungsrechte

Im 2.Teil[423] wurde bereits nahe gebracht, daß die Urheberverwertungsrechte ausschließliche Rechte des Urhebers sind. Ausschließliche Rechte besagen, daß die Verwertung des betreffenden Werkes von der Zustimmung des Urhebers abhängig ist. Es soll geprüft werden, ob diese Verwertungsrechte dem Urheber einen ausreichenden Schutz bieten. Dabei sollen nur die Verwertungsrechte einer näheren Betrachtung unterzogen werden, die für den kartographischen Urheber einschlägig sind.

I. Das Vervielfältigungsrecht, §§ 15 Abs.1 Nr.1, 16 UrhG

Das Vervielfältigungsrecht ist insbesondere für den kartographischen Urheber von großer Bedeutung, da ein solches wirtschaftlich sehr bedeutsam ist. Es bildet -wie bei den meisten Werkarten- den zentralen Anknüpfungspunkt für die Sicherstellung eines an-

423 Siehe hierzu vorne : 2.Teil, 1. Kapitel, § 6 C.

gemessenen Entgelts für die Werknutzung[424]. Derjenige, der Vervielfältigungen von einem Werk vornehmen will, tut dies zumeist mit der Absicht, diese später zu veräußern. Er nimmt dabei aber zwei voneinander zu trennende Eingriffshandlungen vor, an denen der Urheber jeweils ein Partizipationsinteresse hat. Im 1.Teil dieser Arbeit[425] wurden „Kopien“ als mögliche Eingriffshandlungen von Dritten besprochen. So kann nicht nur die fertig gedruckte Karte kopiert werden, sondern es können bereits bei den Vorstufen des Drucks, des Entwurfs sowie der Kartenoriginalherstellung und der Reproduktionstechnik, Kopien gezogen werden. Ein Kopieren ist nach dem allgemeinen Sprachgebrauch auch ein Vervielfältigen.

Inwiefern diese Vervielfältigungen von dem urheberrechtlichen Vervielfältigungsbegriff abgedeckt werden, ist nunmehr zu prüfen.

Das Vervielfältigungsrecht des §§ 15 Abs.1 Nr.1, 16 Abs.1 UrhG gibt dem Urheber das ausschließliche Recht, sein Werk in *körperlicher Form* zu vervielfältigen. Das bedeutet gem. § 16 Abs.1 UrhG, daß das Vervielfältigungsrecht das Recht ist, Vervielfältigungs*stücke* des Werkes herzustellen, gleichviel in welchem Verfahren und in welcher Zahl. Aus dem Gesetzestext geht bereits hervor, daß das Vervielfältigungsrecht eine körperliche Festlegung erfordert. Gleiches ergibt sich aus dem Willen des Gesetzgebers. So umfaßt nach dem Willen des Gesetzgebers das Vervielfältigungsrecht die Herstellung jeder Art und Zahl von Vervielfältigungsstücken des Werkes, d.h. von *körperlichen Festlegungen*, die geeignet sind, das Werk den menschlichen Sinnen auf irgendeine Weise unmittelbar oder mittelbar wahrnehmbar zu machen (Bücher, Noten, Schallplatten und dergl.).[426] Die Rechtsprechung und Literatur definieren das Vervielfältigungsrecht ebenso.[427] Entscheidend ist also die *körperliche Fixierung*, welche eine *dauerhafte* Fixierung bedeutet. Hinsichtlich der Anzahl von Vervielfältigungen genügt bereits die Herstellung eines Exemplars[428]. Die Kopie eines eigenschöpferischen Entwurfs ist bereits eine Vervielfältigung i.S.d. § 16 UrhG, da die Entwurfsarbeit zum einen die eigentliche eigenschöpferische Arbeit einer Landkarte darstellt, vorausgesetzt der Entwurf hat die erfor-

---

424 So auch : Kappes, S. 88.

425 Siehe hierzu : 1.Teil, 1. Kapitel, § 2.

426 Entwurf eines Gesetzes über Urheberrecht und verwandte Schutzrechte (Urheberrechtsgesetz), Deutscher Bundestag, 4.Wahlperiode, 23.März 1962, Begründung - B. Die einzelnen Vorschriften, Erster Teil Urheberrecht, zu § 16 -Vervielfältigungsrecht, BT-Drucksache IV/270, S. 47.

427 Fromm/Nordemann-Vinck, § 16 Rn.1.

428 Schricker-Loewenheim, § 16 Rn.6.

derliche Gestaltungshöhe einer persönlichen geistigen Schöpfung erreicht. Zum anderen ist das Erfordernis einer körperlichen Fixierung erfüllt. Der Entwurf sowie die Kopie des Entwurfs sind auf Folie oder Papier körperlich fixiert.[429] Das heißt aber nicht, daß nur die Kopie eines Entwurfes eine Vervielfältigung ist. Auch die Reinzeichnungen der Kartenoriginalherstellung, die Druckplatte, die gedruckte Karte sowie das Scannen einer bereits gedruckten Karte sind Vervielfältigungen des eigenschöpferischen Entwurfs. Sie haben alle das Ergebnis der persönlichen geistigen Schöpfung des Entwurfs inne und sind körperlich fixiert. Selbst die Druckplatte ist im Hinblick auf den eigentlichen Druck, der mehrere Vervielfältigungen erstellt, als vorbereitende Handlung eine Vervielfältigung. Denn das Vervielfältigungsrecht beginnt schon mit der vorbereitenden Anfertigung der unmittelbar für die Vervielfältigung dienenden Vorrichtungen und damit beispielsweise auch schon bei der Herstellung der Matrize, des Drucksatzes, der Korrekturverfahren sowie der Klischees[430]. Ebenso ist das Scannen einer gedruckten Karte eine Vervielfältigung[431], da die Kopie des Scannens das eigenschöpferische Ergebnis der gedruckten Karte kopiert und auf Folie -nach Ausgabe aus dem Computer- körperlich fixiert. Insofern sind die möglichen Eingriffshandlungen bei konventionell erstellten Karten von dem Vervielfältigungsbegriff der Gesetzesnorm des § 16 UrhG umfaßt.

Insgesamt läßt sich also festhalten, daß der Vervielfältigungsbegriff bzw. das Vervielfältigungsrecht des § 16 UrhG den kartographischen Urheber vor möglichen Eingriffs- bzw. Verletzungshandlungen ausreichend schützt.

II. Das Verbreitungsrecht, §§ 15 Abs.1 Nr.2, 17 UrhG

Auch das Verbreitungsrecht ist ein sehr wichtiges „Instrument", um dem Urheber einen angemessenen Lohn für seine Schöpfung zu sichern und um so einen Anreiz für die Schaffung neuer Werke zu ermöglichen. Das Verbreitungsrecht zählt nach § 15 Abs.1 Nr.2 UrhG ebenso zu den ausschließlichen Rechten des Urhebers, sein Werk in *körper-*

429 Es gibt aber auch digitale Kopien, die aber erst bei der digitalen Informationsverarbeitung besprochen werden, siehe hierzu : 2.Teil, 3. Kapitel, § 11, A. I. 2) a).
430 Fromm/Nordemann-Vinck, § 16 Rn.2.
431 Siehe hierzu ebenso : digitale Kopien, 2.Teil, 3. Kapitel, § 11, A. I. 2) a).

licher Form zu verwerten. In § 17 Abs.1 UrhG wird wiederum klargestellt, daß der Verbreitungsbegriff *nur körperliche Gegenstände* umfaßt. § 17 Abs.1 UrhG besagt, daß das Verbreitungsrecht das Recht ist, das Original oder Vervielfältigungs*stücke* des Werkes der Öffentlichkeit anzubieten oder in Verkehr zu bringen. Selbst in den Motiven zu § 17 UrhG[432] wird deutlich, daß darunter nur die Verbreitung des Werkes *in körperlicher Form*, d.h. die Verbreitung des Originals oder der Vervielfältigungsstücke des Werkes, zu verstehen ist.

Der *Öffentlichkeit anzubieten*, ist jede Aufforderung zum Eigentums- oder Besitzerwerb des Werkstücks. Hierfür wird aber nicht gefordert, daß es sich um ein Angebot zum Verkauf handelt, sondern es reicht auch ein Angebot zur Vermietung oder zum Verleih[433]. Ein öffentliches Anbieten setzt voraus, daß das Werkstück entweder auf Ausstellungen, in Ladengeschäften, Leihbüchereien, Katalogen aller Art, Prospekten, Inseraten oder in anderer Form jedermann zum Besitzerwerb angeboten wird[434].

Ein *Inverkehrbringen* ist hingegen jede Handlung, durch die die Werkstücke oder das Original aus der internen Betriebssphäre der allgemeinen Öffentlichkeit zugeführt werden[435]. Hierfür ist eine Veräußerung nicht erforderlich, es genügt jede Besitzüberlassung, also auch ein Vermieten oder Verleihen von Werkstücken. So ist ein Werk in Verkehr gebracht, indem es an die Öffentlichkeit im Sinne des § 15 Abs.3 verteilt, versandt, verschenkt, vermietet, verliehen oder veräußert wird[436].

Wann Öffentlichkeit i.S.d. § 17 UrhG vorliegt, ist in § 15 Abs.3 UrhG geregelt. So heißt es in § 15 Abs.3 UrhG wörtlich : „Die Wiedergabe eines Werkes ist *öffentlich*, wenn sie für eine Mehrzahl von Personen bestimmt ist, es sei denn, daß der Kreis dieser Personen bestimmt abgegrenzt ist, und sie durch gegenseitige Beziehungen oder durch Beziehung zum Veranstalter persönlich untereinander verbunden sind". Öffentlichkeit muß somit dann verneint werden, wenn das Angebot oder das Inverkehrbringen im Privaten oder

432 Entwurf eines Gesetzes über Urheberrecht und verwandte Schutzrechte (Urheberrechtsgesetz), Deutscher Bundestag, 4.Wahlperiode, 23.März 1962, Begründung - B. Die einzelnen Vorschriften, Erster Teil Urheberrecht, zu § 17 -Verbreitungsrecht, BT-Drucksache IV/270, S. 47.

433 BT-Drucksache IV/270, zu § 17 -Verbreitungsrecht, S. 48; BGH, GRUR 1981, S. 360 ff. -Erscheinen von Tonträgern-; BGH, GRUR 1972, S. 141 -Konzertveranstalter-; Fromm/Nordemann-Vinck, § 17 Rn.2; Schricker-Loewenheim, § 17 Rn.4.

434 Fromm/Nordemann, § 17 Rn.2.

435 Schricker-Loewenheim, § 17 Rn.6; OLG Hamburg, GRUR 1972, S. 375 f. -Polydor II-; Fromm/ Nordemann-Vinck, § 17 Rn.3.

436 Fromm/Nordemann-Vinck, § 17 Rn.3.

im Freundeskreis stattfindet[437]. Das Verbreitungsrecht soll also die Nutzungen erfassen, die in der Weitergabe des Originals oder der Vervielfältigungsstücke an die Öffentlichkeit liegen. Das entspricht dem grundsätzlichen Prinzip der Verwertungsrechte, bei mehrfach aufeinanderfolgenden Nutzungen jeden einzelnen Nutzungsvorgang unter die Verwertungsrechte zu stellen. Dieses Prinzip wird aber durch den Erschöpfungsgrundsatz des Abs. 2 wieder eingeschränkt[438]. Grundsätzlich will zwar das Verbreitungsrecht dem Urheber die Kontrolle über den tatsächlichen Aufenthalt seines Werkes bzw. der davon angefertigten Vervielfältigungen ermöglichen[439]. Ist das Werk oder ein Vervielfältigungsstück jedoch durch Verkauf in Verkehr gebracht, so ist das Verbreitungsrecht erschöpft[440]. Das heißt, dem Urheber wird an der Weiterveräußerung von seiten des rechtmäßig erworbenen Erwerbers kein Entgeltanspruch zugesichert. Damit soll der Gegensatz zwischen dem Interesse des Urhebers an einer möglichst weitreichenden Kontrolle über sein Werk und dem Interesse der Allgemeinheit an freier Zirkulierbarkeit durch die Veräußerung in Verkehr gebrachter Werkexemplare ausgeglichen werden. So soll also durch die Kontrolle dem Urheber die Belohnung für die Schaffung seines Werkes gesichert und gleichzeitig das Interesse der Allgemeinheit an der kulturellen sowie geistigen Bedürfnisbefriedigung berücksichtigt werden.[441] Schricker ist darin zu folgen, wenn er darlegt, daß die Erschöpfung vornehmlich Verkehrsschutzinteressen dient. Diese würden aber nur dann gewährleistet, wenn die weitere Verbreitung rechtmäßig veräußerter Werkstücke nicht durch daran fortbestehende Rechte unzumutbar behindert würden. Deshalb solle dem Urheber zugemutet werden, bereits im Zuge der ersten Veräußerung eine -mit Ausnahme der ihm nach wie vor vorbehaltenen Vermietung- allen nachgeordneten Verbreitungshandlungen des jeweiligen Werkexemplars entsprechende Vergütung zu erzielen[442]. Und schließlich habe der Urheber durch den Verkauf die Kontrolle über sein Werk erkennbar aufgegeben[443].

---

437 Ulmer, Urheber- und Verlagsrecht, 3.Aufl., § 46 II 2; Hubmann, § 25 II 1 b; Fromm/Nordemann-Vinck, § 17 Rn.3; Schricker-Loewenheim, § 17 Rn.6.
438 Schricker-Loewenheim, § 17 Rn.1.
439 So auch : Kappes, S. 111.
440 Schricker, Urheberrecht auf dem Weg zur Informationsgesellschaft, S. 127
441 Siehe hierzu vorne : 2.Teil, 1. Kapitel, § 6 C.
442 Schricker, Urheberrecht auf dem Weg zur Informationsgesellschaft, S. 127; ebenso : Joos, S. 51 ff.
443 Schricker-Loewenheim, § 17 Rn.17; ebenso : BT-Drucksache IV/270, a.a.O., S. 48; Fromm/Nordemann-Vinck, § 17 Rn.8; Ulmer, Urheber- und Verlagsrecht, 3.Aufl., § 47 I 2.

Wenn also ein kartographischer Urheber seine von ihm geschaffene Landkarte in einem Geschäft zum Verkauf anbietet und diese dann auch tatsächlich verkauft, steht ihm lediglich durch diesen Verkauf ein angemessenes Entgelt zu, nicht jedoch ein weiterer Entgeltanspruch bei weiteren Veräußerungen von seiten des rechtmäßig erworbenen Erwerbers. So kann dieser Erwerber die betreffende Landkarte weiterveräußern, ohne daß der eigentliche Urheber daran einen Entgeltanspruch geltend machen kann. Der kartographische Urheber hat einerseits durch die erste Veräußerung eine angemessene Belohnung für seine Schöpfung erhalten. Andererseits hat er durch den Verkauf die Kontrolle an dem betroffenen Werkstück aufgegeben.

B. Bearbeitungen und Umgestaltungen, § 23 UrhG

Die Bearbeitung spielt für den kartographischen Urheber eine besondere Rolle, denn einerseits dürfen gem. § 23 UrhG Bearbeitungen oder andere Umgestaltungen *nur* mit *Einwilligung*[444] des Urhebers des bearbeiteten oder umgestalteten Werkes *veröffentlicht* oder *verwertet* werden. Andererseits kommen Bearbeitungen und andere Umgestaltungen bei Landkarten häufig vor. Dies läßt sich vor allem daraus erklären, daß Karten zumeist aus bereits vorhandenen Karten entstehen. Bei Bearbeitungen und anderen Umgestaltungen sind zwar „Umwandlungen" der bearbeiteten Karte vorgenommen worden, nicht jedoch in dem Maße, daß die hierdurch „entstandene" Karte in ihrer Gesamtheit ein eigenständiges eigenschöpferisches Werk ist. Ein bearbeitetes Werk hat sich nicht weit genug von dem Original entfernt, da die wesentlichen Züge des Originals nicht verblaßt sind und eine auffallende Ähnlichkeit vorliegt.[445] Es unterscheidet sich insofern von der freien Benutzung nach § 24 UrhG, was schon vorne[446] ausführlich dargelegt worden ist. Die Bearbeitungen und auch anderen Umgestaltungen bauen derart auf einem bereits bestehenden Werk auf, indem sie die nach § 2 Abs.2 UrhG geschützten Elemente des ursprünglichen Werkes enthalten.[447] Solche bearbeiteten oder umgestal-

444 Einwilligung ist die vorherige Zustimmung gem. § 183 BGB.

445 Siehe hierzu vorne : 2.Teil, 2. Kapitel, § 8 A. sowie BGH, Schulze BGHZ 118, 1 - 19 und insbesondere das zugrundeliegende Berufungsurteil : OLG Stuttgart, Schulze BGHZ 118, 14 -BGH-Urteil v. 3.7.1964- -Stadtplan-; OLG Frankfurt, Schulze OLGZ 201, 1 ff. -Stadtplan-.

446 Siehe hierzu vorne : 2.Teil, 2. Kapitel, § 8 A.

447 So : Plassmann, S. 40; Ulmer, Urheber- und Verlagsrecht, 3.Aufl., S. 158; Möhring/Nicolini, § 23 Anm.1b; v.Gamm, Urheberrechtsgesetz, § 23 Rn.7.

teten Werke beinhalten also die persönlichen geistigen Schöpfungen der bearbeiteten oder umgestalteten Landkarte. Derjenige, der eine bereits vorhandene Landkarte bearbeitet oder umgestaltet, *nutzt* damit *indirekt* die persönliche geistige Schöpfung des Urhebers der vorhandenen Karte und greift insoweit in das Urheberrecht des Urhebers dieser Karte ein.

Wann jedoch von einer Bearbeitung und wann hingegen von einer anderen Umgestaltung gesprochen werden kann, geht hieraus nicht hervor. Der Gesetzestext des § 23 UrhG gibt hinsichtlich dieser Begriffe auch keine Definition. Es geht lediglich aus dem Gesetzestext hervor, daß diese Begriffe nicht gleich verstanden werden dürfen. Dies ergibt sich zum einen aus dem Gesetzestext, in dem beide Begriffe gesondert erwähnt werden. Zum anderen begründet es sich darin, daß nur für die Bearbeitung ein eigenes Urheberrecht durch § 3 S.1 UrhG normiert ist. Insofern ist es richtig, wenn nach der herrschenden Auffassung in der Literatur[448] die Bearbeitung und die anderen Umgestaltungen durch die Gestaltungshöhe unterschieden werden. Der gegenteiligen Auffassung[449], nach der sowohl die Bearbeitung als auch die andere Umgestaltung das Maß der persönlichen geistigen Schöpfung erreichen muß, kann somit nicht gefolgt werden. Die herrschende Auffassung geht insofern davon aus, daß der Bearbeitung i.S.d. § 23 S.1 UrhG zwingend selber Werkhöhe zukommt. Das bedeutet, daß die Leistung des Bearbeiters immer als persönliche geistige Schöpfung zu qualifizieren ist. Damit kann Bearbeiter im Rechtssinne nur sein, wer eine persönliche geistige Schöpfung hervorgebracht hat, aber nur solch eine, die die Individualität und die schöpferische Eigenart des bearbeitenden Werkes noch deutlich erkennen lassen. Dies ist erst dann gegeben, wenn das Original qualitativ verändert worden ist. Alle geringfügigen Veränderungen und Umgestaltungen fallen nicht unter den urheberrechtlichen Begriff der Bearbeitung[450]. Die andere Umgestaltung hat hingegen keine Werkeigenschaft und erreicht somit niemals die Höhe einer persönlichen geistigen Schöpfung. Eine andere Umgestaltung liegt somit in

---

448 Fromm/Nordemann-Vinck, § 23 Rn.1, § 3 Rn.2; Möhring/Nicolini, § 23 Anm.2, § 3 Anm.3 a; Riedel/Schuhmann/Marburger, § 23 Anm.B.1 und B. 4, § 3 Anm. B. 1.a und 1.c; Gerstenberg, § 23 Anm.2, § 3 Anm.2; Wanscher, S. 13 f., 21; Hörnig, UFITA Bd.99 (1985), 13/14, 50, 60 f.; Plassmann, S. 65.

449 Ulmer, Urheber- und Verlagsrecht, 3.Aufl., S. 157, 162 f.; Brugger, UFITA Bd.51 (1968), S. 89, 97; Grohmann, S. 59 ff.; Samson, Das neue Urheberrecht, S. 32; Hubmann/Rehbinder, 7.Aufl., S. 102; Plassmann, S. 67.

450 Fromm/Nordemann-Vinck, § 3 Rn.2.

der Veränderung des Originalwerkes, die aber nicht das Maß einer persönlichen geistigen Schöpfung erreicht. Ist hingegen das Originalwerk unverändert übernommen worden, liegt eine Vervielfältigung vor[451], die sich folglich von der Bearbeitung und Umgestaltung unterscheidet.

Durch das Erfordernis der Einwilligung soll also verhindert werden, daß der Bearbeiter oder Umgestalter die Früchte des bearbeiteten oder umgestalteten Werkes ernten kann. Der Urheber soll also nach wie vor diese Art von Werknutzung, die mittelbare Nutzung des Werkes durch das Verwerten der anderen Umgestaltung oder Bearbeitung, kontrollieren und somit seine Erträge sicherstellen können. Hierdurch soll das Partizipationsinteresse des Urhebers an den Verwertungen seitens des Bearbeiters oder des anderen Umgestalters gesichert werden. Würde diese Regelung der Bearbeitung oder Umgestaltung also nicht bestehen, dann wäre der Urheber in seinen verwertungsrechtlich geschützten Interessen erheblich beeinträchtigt.

3. Kapitel
Urheberrechtsschutz bei den computererstellten Landkarten bzw. bei den digitalen Kartenbeständen

§ 11 Urheberrechtsschutz *vor Erlaß* der EG-Datenbankrichtlinie

Nachfolgend soll insbesondere am Beispiel von ATKIS der urheberrechtliche Schutz von digitalen Kartenbeständen untersucht werden. Dabei soll geklärt werden, ob das Urheberrechtsgesetz *vor* Erlaß der EG-Datenbankrichtlinie einen ausreichenden Schutz gewährt hat. Dazu bedarf es sowohl der Auseinandersetzung mit der Schutzvoraussetzungsseite als auch der Schutzumfangseite. Es wurde bereits aufgezeigt, daß ein Werk nur dann in Angriff genommen wird, wenn es einen ausreichenden urheberrechtlichen Schutz erfährt.

451 Siehe hierzu insbesondere : Plassmann, S. 70.

A. ATKIS - bestehend aus zwei Werkkategorien - dem Sammelwerk nach § 4 UrhG und dem Computerprogramm nach § 2 Abs.1 Nr.1 UrhG ?

Wie im 1.Teil[452] aufgezeigt worden ist, entsteht ATKIS aus dem DLM, dem Roh-DKM, dem DKM und den erforderlichen Computerprogrammen. Hinsichtlich einer urheberrechtlichen Beurteilung muß jedoch einerseits zwischen der Sammlung der aufgenommenen Daten oder Werke von Landkarten, andererseits dem OK und dem SK und schließlich den hierzu erforderlichen Computerprogrammen differenziert werden. Denn das DLM entsteht aus den aufgenommenen Daten oder Werken von Landkarten nach dem OK und aus den für die Übergänge bzw. Überleitungen erforderlichen Computerprogrammen. Desweiteren wird das Roh-DKM aus dem DLM mittels dem SK und den für die Überleitungen erforderlichen Computerprogrammen geschaffen. Und schließlich wird das DKM mittels Computerprogramme für die eigentlichen Generalisierungen erstellt.

Für die Sammlung der aufgenommenen Daten und Werke von Landkarten nach der Struktur des OK und des SK könnte die Einordnung als Sammelwerk i.S.v. § 4 UrhG in Betracht kommen. Ein Sammelwerk gem. § 4 UrhG erfordert eine Sammlung von Werken oder anderen Beiträgen, die durch Auslese oder Anordnung eine persönliche geistige Schöpfung ist. Das DLM sowie das Roh-DKM entsteht durch die Struktur des OK und des SK, d.h. durch die Auswahl und Anordnung von OK und SK.

Inwieweit die Voraussetzungen für ein Sammelwerk erfüllt sind, gilt es im nachfolgenden zu prüfen.

I. Sammelwerk i.S.v. § 4 UrhG - Sammlungen von aufgenommenen Daten bzw. der Werke von Landkarten mittels der Struktur des OK und SK?

1) Persönliche geistige Schöpfung bei ATKIS - ein Sammelwerk i.S.v. § 4 UrhG -Schutzvoraussetzungen- ?

Nach § 4 UrhG werden als Sammelwerke solche Sammlungen von Werken oder anderen Beiträgen, die durch Auslese oder Anordnung eine persönliche geistige Schöpfung

452 Siehe hierzu vorne : 1.Teil, 2. Kapitel, § 3 A.

sind, unbeschadet des Urheberrechts an den aufgenommenen Werken wie selbständige Werke geschützt.

Ein Sammelwerk ist also ein Werk, das nicht aus sich selbst heraus, sondern vielmehr aus der Sammlung von Werken oder von anderen Beiträgen entsteht. Geschützt werden lediglich die Auslese und Anordnung der Informationseinheiten, nicht aber die Einheiten selbst.[453] Voraussetzung ist, daß in der Auslese oder Anordnung eine persönliche geistige Schöpfung bejaht werden kann. Insofern ist ein Unterschied zu den Werkarten des § 2 Abs.1 UrhG zu verzeichnen.

a) Schutzvoraussetzungen eines Sammelwerkes i.S.v. § 4 UrhG ?

aa) Sammlung von Werken oder anderen Beiträgen

Wie gesagt, muß nach § 4 UrhG eine Sammlung von Werken oder anderen Beiträgen vorliegen. Unter anderen Beiträgen werden Ergebnisse geistiger Tätigkeiten verstanden, die *unterhalb* der Werkqualität angesiedelt sind.[454] Andere Beiträge sind beispielsweise Gerichtsentscheidungen oder Gesetze.[455] Bloße *Daten* oder Fakten sollen hierunter *nicht* fallen.[456]

bb) Auslese oder Anordnung als persönliche geistige Schöpfung - Schutz der kleinen Münze ?

aaa) Gesetzesauslegung

Die persönliche geistige Schöpfung muß in der Auslese oder Anordnung liegen. Aus der wörtlichen Auslegung, dem Sinnzusammenhang und den Motiven geht aber nicht hervor, welches Mindestmaß eine persönliche geistige Schöpfung ausmacht. Zwar wird in den Motiven[457] beispielhaft aufgeführt, daß auch Anthologien, Kochbücher, Adreßbücher und dergl. als Sammelwerke geschützt sein können. Hieraus ergibt sich jedoch keine Eindeutigkeit hinsichtlich des zu erfüllenden Mindestmaßes für eine persönliche geistige Schöpfung.

---

453 Kappes, S. 71.
454 Fromm/Nordemann-Vinck, § 4 Rn.1; Schricker-Loewenheim, § 4 Rn.9.
455 Schricker -Loewenheim, § 4 Rn.9; OLG Frankfurt, GRUR 1986, S. 242 -Gesetzessammlung-.
456 Fromm/Nordemann-Vinck, § 4 Rn.1; Schricker-Loewenheim, § 4 Rn.9.
457 Entwurf eines Gesetzes über Urheberrecht und verwandte Schutzrechte (Urheberrechtsgesetz) vom 23.März 1962, Begründung - B. Die einzelnen Vorschriften, Erster Teil Urheberrecht, Zweiter Abschnitt - Das Werk, zu § 4 Sammelwerke, BT-Drucksache IV/270, S. 38 f.

bbb) Verschiedene Rechtsauffassungen

Hinsichtlich der Gestaltungshöhe ist die Rechtsprechung auch bei Sammelwerken nicht klar und nicht einheitlich. Die Rechtsprechung befürwortet teilweise den Schutz der kleinen Münze[458] bzw. teilweise der kleinsten Münze[459], teilweise verneint sie einen solchen[460].

Selbst schon in der reichsgerichtlichen Rechtsprechung wurde keine einheitliche Linie hinsichtlich der Gestaltungshöhe vertreten. So wurde bereits von der reichsgerichtlichen Rechtsprechung bei Adreßbüchern die Schutzfähigkeit der kleinen Münze von dem Reichsgericht in Zivilsachen[461] verneint und von dem Reichsgericht in Strafsachen[462] bejaht. Ebenso unklar verhält sich die Rechtsprechung bei der Beurteilung von Adreß- und Fernsprechbüchern sowie Katalogen, Warenverzeichnissen, Preislisten und Programmen aller Art[463]. So reicht nach der Rechtsprechung beispielsweise bei Adreß- und Fernsprechbüchern einerseits das bloße Schaffen nach üblichen Kriterien für eine persönliche geistige Schöpfung nicht aus, andererseits läßt sie ein solches genügen. Der BGH hat in einer Entscheidung über Fernsprechbücher[464] die Frage eines Urheberrechtsschutzes zwar offen gelassen, indirekt hat er aber einen solchen Schutz verneint. Er hat in der Entnahme von etwa 3000 Adressen in ein Verzeichnis der Gewerbetreibenden eines räumlich begrenzten Gebietes keine Urheberrechtsverletzung gesehen[465]. Dies spricht für eine Ablehnung eines urheberrechtlichen Schutzes. In einer anderen Entscheidung -LG Frankfurt[466]- spricht die Rechtsprechung jedoch einer elektronischen

---

458 BGH, GRUR 1980, S. 227, 231 -Monumenta Germaniae Historica-; bejaht : BGH, GRUR 1981, S. 520 - 522 -Fragensammlung-; bejaht : BGH, LM § 2 UrhG Nr.23 -Warenzeichenlexika-; bejaht : BGH v. 12. 7.1990, LM § 2 UrhG Nr.29 Bl.1 -Themenkatalog-.

459 LG Frankfurt, CR 1994, S. 473 -elektronische Adreß- und Telefondatenbank-.

460 BGH v.10.10.1991, LM § 2 UrhG Nr.33 -Bedienungsanweisung-.

461 RGZ 116, 292.

462 RG, DJZ 1908, Sp.268 und JW 1925, S. 277.

463 bei Standesamtformularen bejaht : OLG Nürnberg, GRUR 1972, S. 435; Kataloge verneint : Schulze LGZ 149, 3 f.; bei Programmen bejaht : OLG Hamburg, GRUR 1955, S. 206/207; bei Register bejaht : BGH, GRUR 1980, S. 227, 231 -Monumenta Germaniae Historica-; bejaht : BGH, GRUR 1981, S. 520 - 522 -Fragensammlung-; bejaht : BGH, LM § 2 UrhG Nr.23 -Warenzeichenlexika-; bejaht : BGH v. 12. 7.1990, LM § 2 UrhG Nr.29 Bl.1 -Themenkatalog-; verneint : BGH v.10.10.1991, LM § 2 UrhG Nr.33 -Bedienungsanweisung-; Schutz offen gelassen, aber indirekt verneint : BGH, GRUR 1961, S. 631 -Fernsprechbücher-; bejaht : LG Frankfurt, CR 1994, S. 473, das allerdings diese elektronische Adreß- und Telefondatenbank als Schriftwerk i.S.d. § 2 Abs. 1 Nr.1 UrhG schützt.

464 BGH, GRUR 1961, S. 631 -Fernsprechbücher-.

465 BGH, GRUR 1961, S. 631 -Fernsprechbücher-.

466 LG Frankfurt, CR 1994, S. 473, das allerdings diese elektronische Adreß- und Telefondatenbank als Schriftwerk i.S.d. § 2 Abs. 1 Nr.1 UrhG schützt.

Adreß- und Telefondatenbank einen urheberrechtlichen Schutz zu. Damit geht sie aber zu weit. Vielmehr kann in einer Adreß- und Telefondatenbank keine persönliche geistige Schöpfung gesehen werden. Adreß- und Fernsprechbücher sind nach alphabetischen Gesichtspunkten oder nach bekannten Unterteilungen wie Branchen geordnet und zusammengestellt, was sich aus der Natur der Sache ergibt. Ein solches Ordnen und Zusammenstellen tangiert somit nicht den Bereich der kleinen Münze, sondern den der kleinsten Münze. Eine Anordnung nach trivialen Gesichtspunkten bzw. deren Zusammenstellung aus der Natur der Sache ist keine persönliche geistige Schöpfung. Die Rechtsprechung hat in der Entscheidung Monumenta Germaniae Historica hingegen einen Schutz der kleinen Münze bejaht. So läßt sie für eine persönliche geistige Schöpfung einer sammelrechtlichen Komponente[467] ausreichen, wenn die Anordnung und Darbietung auf einer *Konzeption* beruht, welche die wissenschaftliche Bearbeitung der *gesammelten* und kommentierten Texte *unter den verschiedensten Gesichtspunkten* berücksichtigt hat. Grenze setzt sie dabei dort, wo es sich um lediglich reine Fleiß- und Müheleistungen handelt. Sie läßt die bloße Zusammenstellung einzelner Fakten nicht genügen, selbst wenn diese mit großer Mühe und erheblichem Zeitaufwand verbunden ist. In der Entscheidung Fragensammlung[468] wurde eine Sammlung von Kontrollfragen zu einem medizinischen Lehrbuch deshalb urheberrechtlich geschützt, da es sich nicht nur um eine bloß mechanische und routinemäßige Zusammenstellung vorgegebener Fakten in Frageform handelte. Die persönliche geistige Schöpfung wurde in der Auswahl aus dem Lehrbuch gesehen, die eine *Unterscheidung zwischen Wichtigem und Unwichtigem* verlangt. Dem ist beizupflichten, denn eine Unterscheidung zwischem Wichtigem und Unwichtigem bedeutet, daß eine solche auf einer *individuellen Unterscheidungskonzeption* beruhen muß. Auf demselben Kurs bleibt die Rechtsprechung in der nachfolgenden Warenzeichenlexika-Entscheidung[469], indem kein deutliches Überragen der Tätigkeit eines Durchschnittsgestalters verlangt wird. Sie hat dabei auch an dem Grundsatz festgehalten, daß das rein handwerksmäßige, alltägliche Schaffen außer-

467 BGH, GRUR 1980, S. 227, 231 -Monumenta Germaniae Historica-, die Rechtsprechung hat die sammelrechtliche Komponente dieses wissenschaftlichen Registers zwar unter den Schutz eines Schriftwerks gestellt, da diese durch eine textliche Komponente -kommentierte Texte- ergänzt ist. Dennoch kann diese Entscheidung als Maßstab für die Gestaltungshöhe eines Sammelwerkes herangezogen werden, da sie sich insbesondere hinsichtlich der sammelrechtlichen Komponente ausläßt.

468 BGH, GRUR 1981, S. 520 - 522 -Fragensammlung-.

469 BGH, LM § 2 UrhG Nr.23 -Warenzeichenlexika-.

halb der Schutzfähigkeit liegt. In einer weiteren Entscheidung -Themenkatalog[470]- sollte auf der einen Seite auch ein geringeres Maß an geistiger Betätigung genügen. Auf der anderen Seite forderte die Rechtsprechung aber, daß die geistige Betätigung über das aus sachlich-wissenschaftlichen Gründen Gebotene und über die reine Anwendung von Fachkenntnissen und Erfahrungssätzen hinausgehen muß, also über die Natur der Sache. Diesen Entscheidungen ist zuzustimmen, denn bei Mühe- und Fleißleistungen handelt es sich um den Bereich der kleinsten Münze. Ein solcher Bereich verdient[471] keinen urheberrechtlichen Schutz.

Ein anderer Kurs wurde jedoch in einer späteren Entscheidung -Bedienungsanweisung- eingeschlagen, wo das deutliche Überragen über dem Alltäglichen und Handwerksmäßigen gefordert worden ist.[472] Dabei wurde das deutliche Überragen nur auf den Textteil bezogen und an den Grundsätzen der Anwaltsschriftsatz[473]- Entscheidung gemessen. In dieser Entscheidung -Anwaltsschriftsatz- stellte die Rechtsprechung darauf ab, ob der Schriftsatz sich deutlich vom alltäglichen, mehr oder weniger auf Routine beruhenden Anwaltsschaffen abhob. Ein solches Erfordernis genügte nach ihr, wenn der Anwalt umfangreiches Material unter individuellen Ordnungs- und Gestaltungsprinzipien ausgewählt, angeordnet und in das Einzel- und Gesamtgeschehen eingeordnet hat und dabei nicht nur ein hohes Maß an Energie und Kritikfähigkeit, sondern auch an schöpferischer Phantasie und Gestaltungskraft gezeigt hat.

Die Literatur vertritt ebenso bei Sammelwerken hinsichtlich des Schutzes der kleinen Münze unterschiedliche Auffassungen, und insofern wird auch der Bereich der kleinen Münze unterschiedlich definiert.

Diejenigen, die den Schutz der kleinen Münze bei Sammelwerken fordern[474], begründen dies unterschiedlich und überdehnen bisweilen den Bereich der kleinen Münze[475]. Insoweit werden teilweise innerhalb einer Auffassung zwei verschiedene Maßstäbe ange-

470 BGH v. 12. 7.1990, LM § 2 UrhG Nr.29 Bl.1 -Themenkatalog-.
471 Siehe hierzu vorne : 2.Teil, 1. Kapitel, § 5 B. II. 1) und 3).
472 BGH v.10.10.1991, LM § 2 UrhG Nr.33 -Bedienungsanweisung-, wobei offen gelassen wurde, ob es sich um ein Sammelwerk handelt.
473 BGH, GRUR 1986, S. 739 ff. -Anwaltsschriftsatz-.
474 Ulmer, Urheber- und Verlagsrecht, 3.Aufl., S. 165; Schricker-Loewenheim, § 2 Rn.61; Kappes, S. 47.
475 Schricker-Loewenheim, § 2 Rn.61; Ulmer, Urheber- und Verlagsrecht, 3.Aufl., S. 165.

setzt. So kann nach Ulmer[476] der urheberrechtliche Schutz eines Sammelwerkes durch individuelle Elemente, wie die Art der Bezeichnungen und ergänzende Angaben, begründet werden. Solche sieht er sogar dann als gegeben an, wenn beispielsweise in Kursbüchern der Hinweis auf Anschlußzüge vorliegt. Damit geht er jedoch zu weit. Andererseits verneint er einen urheberrechtlichen Schutz für eine Zusammenstellung von Fakten, die ohne Auslese erfolgt und deren Anordnung urheberrechtlich nicht schutzfähig ist[477].

Loewenheim[478] setzt ebenso zwei unterschiedliche Maßstäbe an, er ist daher widersprüchlich. So spricht er einerseits den heute gängigen Typen von Fernsprechbüchern - Amtliches Fernsprechbuch, Örtliches Fernsprechbuch, Gelbe Seiten- einen urheberrechtlichen Schutz zu. Es kann nach ihm nicht übersehen werden, daß die Ausarbeitung solcher Fernsprechbücher eine hoch differenzierte Angelegenheit ist, die zahlreiche individuelle schöpferische Entscheidungen erfordert, etwa in der Disposition von Haupt- und Nebeneinträgen, in den Verweisungen und in der Behandlung von Ortsteilen sowie der Durchmischung mit Werbeeinträgen. Auf der anderen Seite fehlt es nach ihm jedoch an einer persönlichen geistigen Schöpfung, wenn ausschließlich nach allgemein bekannten und gängigen Prinzipien bei Fernsprechbüchern vorgegangen wird, etwa bei einer Anordnung nach Alphabet, Wohnorten, Branchen und Behörden.

Zuzustimmen ist aber Kappes[479], der einen urheberrechtlichen Schutz an der abgeschwächten Überdurchschnittsformel der Warenzeichenlexika-Entscheidung[480] mißt und damit reine Mühe- und Fleißleistungen von einem urheberrechtlichen Schutz ausschließt. Diese Überdurchschnittsformel hilft nach ihm auch bei der Abgrenzung zu dem Unterbau von § 70 UrhG.[481] Wenn selbst zur Erlangung dieses schwächeren Schutzrechts es erforderlich sei, daß sich die Sammlungen wesentlich von den bisher bekannten Ausgaben der Werke oder Texte unterscheiden müßten, so sei erst recht eine überdurchschnittliche Leistung zur Erringung von urheberrechtlichem Schutz erforderlich[482]. So genießt nach ihm eine Sammlung, *die eine Vielzahl konkreter Auswahlentscheidun-*

476 Ulmer, Urheber- und Verlagsrecht, 3.Aufl., S. 165.
477 Ulmer, a.a.O.
478 Schricker-Loewenheim, § 2 Rn.61.
479 Kappes, S. 44 - 47.
480 BGH, LM § 2 UrhG Nr.23 -Warenzeichenlexika-.
481 Kappes, 46.
482 Kappes, S. 46.

gen enthält, regelmäßig urheberrechtlichen Schutz. Ferner spricht nach Kappes desto mehr für einen urheberrechtlichen Schutz, *je mehr Entscheidungen unter individuellen, subjektiven Gesichtspunkten getroffen werden.* Solche Sammlungen seien von ihrem Urheber persönlich geprägt und ihm somit zurechenbar. Selbst bei Sammlungen, deren Auswahl nach allgemein anerkannten oder wissenschaftlichen Regeln getroffen würden, sei ein Spielraum für ein eigenschöpferisches Tätigwerden gegeben. Eine Leistung kann nach ihm in ihrer konkreten Ausformung und Gestalt geschützt werden, selbst wenn sie unter strikter Beachtung allgemein anerkannter Grundsätze und Lehren zustande gekommen ist. *Die schöpferische Leistung liege hier doch gerade in der Anwendung abstrakter Regeln auf bestimmte Einzelfälle. Es handle sich hierbei um eine schwierige, wertende Tätigkeit, die einen urheberrechtlichen Schutz verdiene*[483].

Diejenigen, die den Schutz der kleinen Münze bei Sammelwerken ablehnen, tun dies überwiegend deshalb[484], da sie reine Mühe-, Fleiß- und Routineleistungen von einem urheberrechtlichen Schutz ausschließen wollen. So genügen nach Vinck[485] und nach Hubmann-Rehbinder[486] rein mechanische/bloße schematische Zusammenstellungen bzw. Routineleistungen von Adressen-, Fernseh- oder Branchenverzeichnissen, Fernseh-, Rundfunk- oder Theaterprogrammen, Kurszetteln und Gewinnlisten für einen urheberrechtlichen Schutz nicht. Es ist durchaus richtig, wenn sie solche Leistungen, die sich aus der Natur der Sache[487] ergeben, nicht unter urheberrechtlichen Schutz stellen wollen. Sie überdehnen aber den Bereich der kleinen Münze, denn solche Mühe- und Fleißleistungen gehören zum Bereich der kleinsten Münze. Vinck[488] kann lediglich darin beigepflichtet werden, wenn er solche Sammlungen schützen will, die von einem individuellen Ordnungsprinzip geprägt sind. Ein solches sieht er in einer besonderen Stoffauswahl und Anordnung.

483 So auch : Kappes, S. 49, 50.
484 Siehe hierzu vorne : 2.Teil, 1. Kapitel, § 5 B. II. 2).
485 Fromm/Nordemann-Vinck, § 2 Rn. 19.
486 Hubmann/Rehbinder, 7.Aufl., S. 30 und 105.
487 So auch : Fromm/Nordemann-Vinck, § 4 Rn.2.
488 Fromm/Nordemann-Vinck, § 4 Rn.3.

ccc) *Erforderliches Mindestmaß für eine persönliche geistige Schöpfung*

Das erforderliche Mindestmaß für die Gestaltungshöhe bei Sammelwerken muß über dem Handwerksmäßigen/Routinemäßigen liegen. Ein solches ist bei einer individuellen Konzeption, die über dem Unterbau von § 70 UrhG liegt, erreicht. Eine individuelle Konzeption ist dann gegeben, wenn diese auf unterschiedlichsten Gesichtspunkten aufbaut. Sie ist insbesondere dann zu bejahen, wenn *eine Vielzahl an Entscheidungen unter individuellen, subjektiven Gesichtspunkten* getroffen worden ist. Der Maßstab der Monumenta Germaniae Historica-Entscheidung[489] und der Warenzeichenlexika-Entscheidung[490] entspricht insofern dem zu fordernden individuellen Maß. Eine persönliche geistige Schöpfung eines Sammelwerkes i.S.v. § 4 UrhG ist deshalb dann gegeben, wenn die *Auslese bzw. Anordnung auf einer Konzeption beruht, die viele Entscheidungen erfordert und damit eine schwierige Tätigkeit erfordert hat.* Je mehr Entscheidungen getroffen worden sind, desto eher wird eine persönliche geistige Schöpfung vorliegen.

cc) *Kein Schutz des Inhalts*

Ein Schutz des Inhalts kommt deshalb nicht in Frage, da ein Sammelwerk ja nicht aus sich selbst heraus entsteht, sondern lediglich aus der Sammlung von bereits erstellten Werken oder Beiträgen und aus deren Auswahl sowie deren Anordnung.

b) *ATKIS - Struktur von OK und SK - eine persönliche geistige Schöpfung i.S.d. § 4 UrhG ?*

aa) *Sammlung*

ATKIS[491] ist eine Sammlung von Daten nach dem OK und dem SK. Die Sammlung der Daten einer Karte geschieht einmal durch Digitalisieren und durch die Struktur des OK.[492] Es entsteht das DLM. Dieses DLM ist zum einen eine Sammlung eines Werkes nach der Struktur des OK, zum anderen besteht sie aus Daten.

---

489 BGH, GRUR 1980, S. 227, 231 -Monumenta Germaniae Historica-.

490 BGH, LM § 2 UrhG Nr.23 -Warenzeichenlexika-.

491 Siehe hierzu vorne : 1.Teil, 2. Kapitel, § 3 A.

492 Das eigentliche Digitalisieren muß bei der urheberrechtlichen Betrachtung außen vor bleiben, da sich der Spielraum für ein eigenschöpferisches Schaffen auf Null reduziert. Ebenso müssen die Computerprogramme von der Sammlung getrennt betrachtet werden.

Es wurde bereits[493] festgestellt, daß bloße Daten von § 4 UrhG nicht umfaßt werden. Will man hingegen unter Daten nur solche verstehen, die elektronisch, magnetisch verkörpert oder sonst nicht unmittelbar, d.h. mit den Sinnen nicht unmittelbar, sondern erst mittels Instrumenten, wie Bildschirm und Drucker, „künstlich“[494] wahrnehmbar sind[495], bedürfen diese Daten des elektronischen Zugriffs bzw. Lesens, um überhaupt für das menschliche Auge sichtbar zu werden.[496] Zwar ist für die urheberrechtliche Schutzfähigkeit eines Werkes unerheblich, ob diese nur mittelbar sinnlich wahrnehmbar gemacht werden kann.[497] Für die Rechtsklarheit und -sicherheit ist es dennoch sinnvoll, die neuen technischen Begriffe „des elektronischen Zugriffs bzw. Lesens“ sowie „Daten“ in die gesetzliche Norm aufzunehmen. Insoweit wird die gesetzliche Norm des § 4 UrhG den neuen technischen Gegebenheiten *nicht ganz* gerecht.

bb) Persönliche geistige Schöpfung - ein Darüberliegen über dem Handwerklichen

aaa) OK - ein Darüberliegen über der Natur der Sache ?

Der OK bewirkt einerseits die Objektgeneralisierung und andererseits die Anordnung der durch die Objektgeneralisierung aufzunehmenden Objekte. Die Anordnung wird nach dem objektorientierten Modell vorgenommen. Ein solches ergibt sich zwar aus der Natur der Sache. Das bedeutet aber nicht, daß hierbei kein Spielraum für ein eigenschöpferisches Schaffen verbleibt. Der Entwickler von ATKIS macht sich also nicht nur Gedanken, wie er den Aufbau und damit die Anordnung nach dem objektorientierten Datenmodell haben will, vielmehr muß er sich auch Gedanken über den Feinaufbau und die damit bedingte Feinablegung machen. Zwar werden die Eigenschaften durch Attri-

---

493 Siehe hierzu vorne : 2.Teil, 3. Kapitel, § 11 A. I. 1) a) aa).

494 Es sind also Werke oder andere Beiträge in *digitaler* Form gemeint.

495 Diese Datendefinition entspricht dem strafrechtlichen Datenbegriff von § 202 a StGB, Tröndle, § 202 a StGB Rn. 4.

496 So äußert sich auch Hoebbel hinsichtlich Datenbanken, indem er festhält: „daß die sich aus dem „design“ der Datenbank und der Eingabe ergebende Struktur auf dem Speichermedium nicht mit bloßem Auge erkennen läßt, sondern nur durch elektronisches Lesen“, Diss. S. 162 und 507; siehe auch : Berger, GRUR 1997, S. 170 f.; Mehrings, Der Rechtsschutz computergestützter Fachinformationen, S. 100 ff.; Röttinger, ZUM 1992, S. 595, der sich zu dieser Problematik dahingehend äußert, daß gegenwärtig kein Mitgliedstaat in seinem Urheberrecht ausdrücklich den Rechtsschutz von elektronischen Datenbanken erwähnt; ferner die Literaturzusammenstellung bei Wuermeling, NJW-CoR 1996, S. 183, 185 in Fn. 41; Hackemann, ZUM 1987, S. 269, wobei dieser aber nicht auf die Problematik des elektronischen Zugriffs eingeht.

497 Siehe hierzu vorne : 2.Teil, 1. Kapitel, § 5 B. I.

bute beschrieben, die Feindifferenzierung der Eigenschaften und damit die Feinanordnung obliegt jedoch dem Erschaffer des OK. Er hat also hierbei mehrere wertende Entscheidungen zu treffen, die dann zu der Endentscheidung der Feinanordnung führt. Somit hat er die Anordnung nicht nur nach dem objektorientierten Datenmodell vorgenommen, sondern läßt auch *eigene wertende Entscheidungen* miteinfließen. Der Erschaffer des OK hat also hinsichtlich der *Anordnung* ein über dem handwerklichen liegendes Schaffen vollbracht.

Der OK bewirkt die Objektgeneralisierung der aufzunehmenden Daten oder Werke und entspricht insoweit einem Teil des analogen Musterblattes. Bei dieser Generalisierung werden sowohl geometrische als auch begrifflich-qualitative und quantitative Generalisierungsvorgänge ausgeführt. Der OK definiert die Objekte des DLM, deren qualitative und quantitative Erfassungskriterien, deren geometrische Modellierungsvorschrift sowie deren Attribute und Referenzen. Die Objektgeneralisierung nach OK orientiert sich zwar weitgehend an den Naturgegebenheiten -der Landschaft-. So finden Klassifizierungen wie die Unterteilung in Autobahn, Bundesstraße oder Gewässer statt. Hier wird aber das Wesentliche festgelegt, was letztlich als Inhalt für eine topographische Karte aus Sicht desjenigen, der das Konzept von OK entwickelt, erforderlich ist. Dabei wird eine Auswahl getroffen, was und in welcher Genauigkeit aufzunehmen ist. Diese *Auswahl* wird nicht nur im Hinblick auf die Elemente/Objekte des DLM getroffen, sondern vor allem auch im Hinblick auf die *Gesamtkonzeption von ATKIS.* Die Struktur von OK kann insofern *nicht losgelöst von dem Gesamtkonzept betrachtet werden.* Deshalb hat das OK ein derartiges Grundkonzept inne, auf dem die Struktur des SK und die Liniengeneralisierungen von mehreren Maßstabsreihen ansetzen können. Insoweit werden diese Entscheidungen nicht lediglich für sich allein getroffen. Eine solche *Auswahl* bedarf der Berücksichtigung mehrerer Aspekte und erfordert damit mehrere *Auswahl*entscheidungen. Hierzu ist also die *Abstimmung mehrerer Entscheidungen* erforderlich, die dann zum Endergebnis einer „sichtbaren“ Entscheidung führt. Eine solche ist diejenige, die die wesentliche für das Gesamtkonzept ATKIS ist und die das letztlich aufzunehmende Objekt betrifft. Es finden also *genügend wertende Entscheidungen statt, die das Indiz für eine persönliche geistige Schöpfung sind.* Insofern ergibt sich das Konzept der Generalisierung nicht lediglich aus der Natur der Sache.

Der OK erfüllt somit das Maß für eine persönliche geistige Schöpfung. Das DLM ist folglich eine Datensammlung, die eine persönliche geistige Schöpfung ist.

bbb) SK - ein digitales Musterblatt - Überwiegen der eigenschöpferischen Komponente

Bei der Entstehung des Roh-DKM nach dem SK besteht ein größerer Spielraum für ein eigenschöpferisches Schaffen als bei dem OK. Hier wird von dem Entwickler des SK *ausgewählt*, was den Inhalt der zu schaffenden Karte in einem *betreffenden Maßstab* ausmacht. So wird in dem SK festgelegt, welche Elemente überhaupt noch eine Darstellung erfahren und welche selektiert werden. Die Auswahl der aufzunehmenden Objekte orientiert sich daran, wie die zu erstellende digitale Karte in dem betreffenden Maßstab auszusehen hat. Dabei sind nicht nur quantitative, sondern auch qualitative Generalisierungsvorgänge erforderlich, welche mehrere wertende Entscheidungen notwendig machen. Darüber hinaus muß der Entwickler auch entscheiden, welche Modellierungen und Überführungen für die Geometrietypwechsel der Kartenobjektgeometrie von dem DLM zu dem Roh-DKM erforderlich sind. Diese Vielzahl von mehreren wertenden Entscheidungen sprechen für ein Maß, das über dem Handwerklichen, Schematischen liegt.

Desweiteren entwickelt und legt der Entwickler des SK die Graphik für die darzustellenden Objekte, die Gestaltungsform der *Signaturen*, fest. Die Gestaltung der Signaturen ist mit denen des Musterblattes vergleichbar. Diese müssen sich zwar an die Vorgegebenheit der Natur halten, sie müssen aber vertypisiert sein. Die Signaturen symbolisieren bzw. charakterisieren das Darzustellende. Sie enthalten damit eine Generalisierung, die des Vereinfachens und des gleichzeitigen Charakterisierens. Die Signaturen sind damit eigenschöpferisch. Der SK beinhaltet also eine individuelle Auswahl.

Die Anordnung des SK ist ebenso eigenschöpferisch, da sie auf der eigenschöpferischen Anordnung des OK aufbaut.

Damit sind die Daten des DLM, des Roh-DKM und damit auch des DKM eigenschöpferisch. Denn die Daten werden zum einen nach dem Konzept von OK ausgewählt und angeordnet. Sie werden dabei mit dem OK vermischt und so zu dem DLM. Zum anderen werden diese vermischten Daten des DLM sodann nach der Struktur/der Konzeption des SK ausgewählt, festgelegt und angeordnet.

Insgesamt läßt sich feststellen, daß die Anordnung und Auswahl des OK und des SK hinsichtlich ihrer Erfordernisse an die Strukturierung mit der eines Sammelwerkes vergleichbar ist. OK und SK sind also eine Auslese und Anordnung i.S. einer persönlichen geistigen Schöpfung eines Sammelwerkes von § 4 UrhG.
Im Sinne der *Rechtsklarheit und -sicherheit* ist jedoch zu fordern, daß die neue Begrifflichkeit „des elektronischen Zugriffs bzw. Lesens“ sowie der Begriff „Daten“ in die gesetzliche Norm aufgenommen wird. Die Schutzvoraussetzungen von § 4 UrhG werden damit den Begriffen der tatsächlichen neuen technischen Gegebenheiten von digitalen Kartenbeständen *nicht ganz* gerecht. Die neuen technischen Gegebenheiten verlangen also ein Anpassen der urheberrechtlichen Schutzvoraussetzungen. Das Urheberrechtsgesetz *vor* Erlaß und Umsetzung der EG-Datenbankrichtlinie bietet somit dem Urheber hinsichtlich der Rechtssicherheit und -klarheit keine ausreichenden Schutzvoraussetzungen für ATKIS und damit stellvertretend auch für alle anderen digitalen Kartenbestände sowie Informationssysteme. ATKIS soll daher unter dem Blickwinkel der Rechtssicherheit und -klarheit nicht als Sammelwerk i.S.v. § 4 UrhG deklariert werden.

2) *Schutzgegenstand/Schutzumfang*

Im 1. Teil dieser Arbeit[498] wurden die neuen Nutzungs- und Verwertungsformen vorgestellt.
Bei der Prüfung soll zwischen den Eingriffshandlungen auf Festträgern und den Eingriffshandlungen, die durch den Online- und den Netzwerk-Einsatz vorkommen können, unterschieden werden. Bei den Eingriffshandlungen auf Festträger handelt es sich um solche, die digitale Kopien auf Festträger sind und insofern mit den analogen Kopien vergleichbar sind. Die durch den Online- und Netzwerk-Einsatz möglichen Eingriffshandlungen werfen neue Probleme hinsichtlich der urheberrechtlichen Beurteilung auf. So ist insbesondere fraglich, ob das herkömmliche Vervielfältigungsrecht diesen neuen Möglichkeiten gerecht wird und damit dem Urheber einen ausreichenden Schutz bietet.

498 Siehe hierzu vorne : 1.Teil, 2. Kapitel, § 4.

Denn der herkömmliche Vervielfältigungsbegriff verlangt eine *körperliche* Festlegung, die geeignet ist, das Werk den menschlichen Sinnen auf irgendeine Weise wiederholt unmittelbar oder mittelbar wahrnehmbar zu machen. Desweiteren ist fraglich, ob das herkömmliche Verbreitungsrecht diesen neuen technischen Gegebenheiten gerecht wird.

a) Eingriffshandlungen auf Festträger - Vervielfältigung und deren Verbreitung

aa) Digitalisierung einer fertig erstellten Karte - digitale Karte

Digitalisiert der Kartograph eine konventionell erstellte Karte vollständig oder eigenschöpferische Teile der konventionell erstellten Karte, so hat er eine Kopie erstellt. Es wurde ja bereits festgestellt, daß eine Digitalisierung kein eigenschöpferisches Schaffen ist.[499] Diese Kopie ist eine Vervielfältigung i.S.v. § 16 UrhG. Die Digitalisierung erfährt durch die Festlegung auf der Festplatte eine körperliche Fixierung. Eine Bearbeitung i.S.d. § 23 UrhG liegt ebenfalls nicht vor. Zwar werden durch die Digitalisierung Veränderungen vorgenommen, die jedoch auch hinsichtlich einer Bearbeitung verschwindend gering sind. Das Ziel der Digitalisierung ist ja, das digitalisierte Werk den menschlichen Sinnen wieder in „unveränderter" Form wahrnehmbar zu machen.[500]

bb) Kopieren von ATKIS auf CD-ROM, Diskette, Festplatte oder Teile von ATKIS auf diese Festträger

Wenn also beispielsweise ATKIS auf eine CD-ROM kopiert wird, ist dieses Kopieren von dem herkömmlichen Vervielfältigungsbegriff umfaßt, da durch die Kopie auf eine CD-ROM eine körperliche Festlegung stattfindet. Für den Vervielfältigungsbegriff des § 16 UrhG genügt auch, daß die Kopie erst durch ein Computerprogramm sinnlich wahrnehmbar gemacht wird. Zwar bringt der Gesetzgeber dies in Abs.1 nicht explizit zum Ausdruck. In Abs.2 wird aber deutlich, daß es ihm um die körperliche und damit auch dauerhafte Festlegung geht. In Abs.2 ist eine Vervielfältigung auch die Übertragung des Werkes auf Vorrichtungen zur wiederholbaren Wiedergabe von Bild- oder Tonfolgen (Bild- oder Tonträger), gleichviel, ob es sich um die Aufnahme einer Wiedergabe des Werkes auf einen Bild- oder Tonträger oder um die Übertragung des Wer-

---

499 Siehe hierzu : 1.Teil, 2. Kapitel, § 3 A. I. : Der Spielraum für ein eigenschöpferisches Schaffen reduziert sich beim Digitalisieren auf Null.

500 So auch : Schricker, Urheberrecht auf dem Weg zur Informationsgesellschaft, S. 110 .

kes von einem Bild- oder Tonträger auf einen anderen handelt. Das Werk auf einen Bild- oder Tonträger zu bringen, ist ein Festlegen auf einen körperlichen Gegenstand. Dadurch wird deutlich, daß § 16 nur die körperliche Vervielfältigung unter das ausschließliche Recht des Urhebers stellen will. Gleichzeitig wird durch Abs.2 klar, daß ein Festlegen auf eine CD-ROM, auf eine Diskette und auf eine Festplatte ebenso ein Festlegen auf einen körperlichen Gegenstand ist, wie dies bei den Bild- und Tonträgern der Fall ist. Diese neue Nutzungsform ist also von dem herkömmlichen Vervielfältigungsrecht umfaßt.

Fraglich ist jedoch, ob Speicherungen im Rahmen der normalen Nutzung einer rechtmäßig erworbenen Datenbank auch als eine Vervielfältigung des § 16 UrhG gewertet werden muß. Damit sind solche Speicherungen gemeint, die beispielsweise bei der Installation einer CD-ROM auf die Festplatte oder beim Laden eines Werkes in den Arbeitsspeicher eines Computers erforderlich sind oder solche, die reine Zwischenspeicherungen im Rahmen ein und derselben Werknutzung sind. Zwar lassen sich diese Speicherungen unter den Vervielfältigungsbegriff des § 16 UrhG subsumieren. Dieses Ergebnis, die Zwischenspeicherungen oder das Laden als Vervielfältigungen zu werten, kann insoweit aber im Hinblick auf die rechtmäßig erworbene Datenbank nicht hingenommen werden. Die Verwertungsrechte sollen dem Urheber ein angemessenes Entgelt bzw. eine angemessene Belohnung für seine Schöpfung und damit einen Anreiz für die Schaffung eines solchen Werkes sichern. Ein solches Entgelt hat er aber bereits durch den rechtmäßigen Erwerb erhalten. Die anschließende normale bestimmungsgemäße Benutzung eines Werkes findet deshalb außerhalb des urheberrechtlichen Einflußbereiches statt. So ist Kappes zuzugeben, daß nach dem Sinn und Zweck des Vervielfältigungsrechts nur diejenigen Vorgänge dem Urheber vorbehalten bleiben sollen, die auch das Partizipationsinteresse der Urheber berühren. [501] Dabei bezieht er sich auf eine Entscheidung des BGH, nach der die reine Benutzung, bei der rein technisch verschiedene tatsächliche Vervielfältigungen anfallen können, urheberrechtlich nicht erfaßt wird. Ein darüberhinausgehendes Entgelt hinsichtlich der normalen, bestimmungsgemäßen Nutzung ist insofern -durch restriktive Auslegung- nicht gerechtfertigt. Ein Partizipationsinteresse des Urhebers besteht jedoch dann, wenn der technische Vorgang bzw. die vorübergehende

---

501 Kappes, S. 99 mit Verweis auf das BGH-Urteil -Betriebssystem, LM § 2 UrhG Nr.31 Bl.5-.

Speicherung zu einer *gesteigerten* Werk*nutzung* führt[502]. Eine solche gesteigerte Werknutzung ist bei der normalen, bestimmungsgemäßen Benutzung jedoch *nicht* gegeben. Der Gesetzestext der herkömmlichen Vervielfältigung in § 16 UrhG schließt eine solche bestimmungsgemäße Benutzung nicht von der Zustimmung des Urhebers aus. Die Konstellation der bestimmungsgemäßen Benutzung ist bei den Computerprogrammen gem. § 69 d Abs.1 UrhG ausdrücklich von den zustimmungsbedürftigen Handlungen des Rechtsinhabers ausgenommen worden. Das Gleiche ist bei der bestimmungsgemäßen Benutzung von digitalen Kartenbeständen zu fordern. Insofern wird die herkömmliche Vervielfältigung von § 16 UrhG den neuen technischen Gegebenheiten bei digitalen Kartenbeständen nicht gerecht. Somit ist eine dahingehende gesetzliche Regelung zu verlangen, die die bestimmungsgemäße Benutzung ausdrücklich von einem urheberrechtlichen Schutz ausnimmt.

Bei der Bildschirmanzeige/-ausgabe muß jedoch im Rahmen der bestimmungsgemäßen Benutzung zwischen der einer einzelnen Datenbank und der eines Netzwerk- oder Online-Einsatzes unterschieden werden. Die Bildschirmausgabe bei einer einzelnen Datenbank darf nicht als Vervielfältigung, auch nicht als vorübergehende, gewertet werden. Kriterium muß die gesteigerte Werknutzung bilden. Eine solche ist aber bei einer einzelnen Datenbank nicht zu verzeichnen. Anders verhält es sich bei der Bildschirmausgabe eines Netzwerkes, was bei dem Online- bzw. Netzwerk-Zugriff[503] näher besprochen wird.

cc) Verbreitung von diesen digitalen Kopien auf Festträger

Diese digitalen Kopien auf Festplatte, CD-ROM, Diskette oder das Original der Datenbank ATKIS auf Festplatte können der Öffentlichkeit angeboten und in den Verkehr gebracht werden. So ist jede einzelne Kopie oder das Original auf Datenträger, die verbreitet wird, von dem Schutzbereich des § 17 UrhG umfaßt. Der Urheber ist damit hinreichend geschützt, denn er kann an jeder einzelnen Kopie auf Datenträger partizipieren.

---

502 Ebenso : Schricker, Urheberrecht auf dem Weg zur Informationsgesellschaft, S. 112; Siehe auch: Kappes, S. 100, 110, 111.

503 Siehe hierzu : 2.Teil, 3. Kapitel, § 11 A. I. 2) b) bb).

b) Eingriffshandlungen durch den Online- und den Netzwerk-Einsatz

Im 1.Teil dieser Arbeit[504] wurde der Unterschied zwischen dem Online- bzw. Netzwerk-*Zugänglichmachen* einerseits und dem Online- bzw. Netzwerk-*Zugriff* andererseits deutlich gemacht. Insofern müssen diese Unterschiede bei der rechtlichen Beurteilung beachtet werden.

aa) Online-und Netzwerk-Zugänglichmachen sowie -Übermittlung

aaa) Verbreitung gem. § 17 UrhG

Fraglich ist, ob das Online- und Netzwerk-Zugänglichmachen eine Verbreitung des § 17 UrhG ist. Denn eine solche Verbreitung bezieht sich nur auf *körperliche* Werke oder *körperliche* Vervielfältigungs*stücke*, die in Verkehr gebracht werden oder der *Öffentlichkeit* angeboten werden.

Das Online-Angebot bzw. das Angebot eines *größeren* Netzwerkes enthält zwar vordergründig ein *öffentliches* Anbieten, da einer Mehrzahl von Personen das Online- und Netzwerk-Zugänglichmachen angeboten wird. Der Begriff der Öffentlichkeit entspricht der Legaldefinition des § 15 Abs.3 UrhG. Dieser Öffentlichkeitsbegriff setzt eine Mehrzahl von Personen voraus, die nicht bestimmt abgegrenzt werden können und die nicht untereinander persönlich verbunden sind.

Bei *kleinen* lokalen Netzwerken ist das Anbieten nicht für eine unbegrenzte Mehrzahl von Personen bestimmt, und insofern ist das öffentliche Anbieten nicht gegeben.[505] Selbst in den Motiven zu § 15 Abs.3 UrhG spricht sich der Gesetzgeber für die Notwendigkeit dieser Definition aus, da der Rechtsprechung nicht die Möglichkeit gegeben werden soll, den Öffentlichkeitsbegriff den jeweiligen Gegebenheiten anzupassen.[506] Insofern ist eine restriktive Auslegung des § 15 Abs.3 UrhG nicht möglich.[507]

So fällt beispielsweise ein kleines lokales Netzwerk in einem kartographischen Verlag, bei dem die einzelnen Arbeitsplätze mit einem Zentralcomputer verbunden sind, nicht unter den Verbreitungsbegriff des § 17 UrhG. Denn die Personen an den einzelnen Ar-

---

504 Siehe hierzu : 1. Teil, 2. Kapitel, § 4.

505 Siehe hierzu auch : Kotthoff, GRUR 1997, S. 600.

506 Entwurf eines Gesetzes über Urheberrecht und verwandte Schutzrechte (Urheberrechtsgesetz), Deutscher Bundestag, 4.Wahlperiode, 23.März 1962, Begründung - B. Die einzelnen Vorschriften, Erster Teil Urheberrecht, zu § 15 -Allgemeines, BT-Drucksache IV/270, S. 47.

507 Eine solche würde nämlich dem Schutzzweck zuwiderlaufen.

beitsplätzen sind miteinander persönlich verbunden. Sie sind deshalb persönlich verbunden, da in einem kartographischen Verlag in der Regel zwischen den Kollegen persönliche kollegiale Beziehungen bestehen.

Das Online-Angebot und das Angebot eines *größeren* Netzwerkes erfüllen aber nicht ein für die Voraussetzung des § 17 UrhG erforderliches Anbieten eines konkreten Werk*stückes*. Die Übermittlung bzw. das Angebot beziehen sich auf *keine* körperlichen Vervielfältigungsstücke. Die Datenbanken sind zwar auf einem körperlichen Festträger, sie werden aber *nicht körperlich angeboten* und *nicht körperlich verbreitet*. Die Online- bzw. Netzwerk-Übermittlung ist *digital.* Die Daten der Datenbank werden vom Absender zum Empfänger drahtlos oder per Draht, d. h. auf *un*körperliche Weise übermittelt und auf dem Bildschirm beim Empfänger wieder als Werk -Datenbank- wahrnehmbar gemacht.[508]

Fraglich ist jedoch, ob durch die nicht abschließende Aufzählung der Verwertungsrechte in § 15 UrhG dem Urheber ganz allgemein das ausschließliche Recht zusteht, über jegliche Verwertung seines Werkes zu entscheiden und damit auch über die digitale Übermittlung von Datenbanken. Aus dem Gesetzestext geht lediglich hervor, daß es sich um eine beispielhafte Aufzählung von Verwertungsrechten handelt. Daraus kann noch nicht geschlossen werden, daß das körperliche Verbreitungsrecht auch unkörperliche Verbreitungen umfassen soll, zumal das beispielhaft genannte Verbreitungsrecht in § 17 UrhG gesetzlich im körperlichen Sinne bestimmt worden ist. Aus den Motiven zu § 15 UrhG erhält man aber Klarheit. Zwar hat der Gesetzgeber durch die nicht erschöpfende Aufzählung in § 15 UrhG beabsichtigt, dem Urheber auch zukünftige neue Verwertungsarten vorbehalten zu lassen, wobei er aber den Verbreitungsbegriff abschließend verstanden wissen wollte. So äußert er sich wörtlich : „...Soweit der Entwurf die einzelnen im Geschäftsverkehr entwickelten Verwertungsrechte als Bestandteile des allgemeinen Verwertungsrechts ausdrücklich nennt, gibt er daher in den §§ 16 bis 22 *zugleich abschließende Begriffsbestimmungen dieser Rechte.* Die Abgrenzungen, die sich aus diesen Begriffsbestimmungen ergeben, können *nicht unter Berufung auf das allgemeine*

508 Siehe hierzu : 1.Teil, 2. Kapitel, § 4; Schricker, Urheberrecht auf dem Weg zur Informationsgesellschaft, S. 128.

Verwertungsrecht überschritten werden. Ist also beispielsweise das Ausstellungsrecht in § 18 als das Recht definiert, das Original oder Vervielfältigungsstücke eines unveröffentlichten Werkes der bildenden Künste oder eines unveröffentlichten Lichtbildwerkes öffentlich zur Schau stellen, so soll nicht darüber hinaus ein entsprechendes Recht für Werke der Literatur oder der Musik aus § 15 abgeleitet werden können, ebensowenig das Recht, ein bereits veröffentlichtes Werk der bildenden Künste oder Lichtbildwerk öffentlich zur Schau zu stellen." Aus diesen Ausführungen wird zum einen deutlich, daß der Gesetzgeber dem Urheber ein allgemeines ausschließliches Verwertungsrecht zusprechen will. Zum anderen können die genannten Verwertungsrechte in § 15 UrhG durch *neue* Verwertungsrechte ergänzt werden. Es besteht also die Möglichkeit, § 15 UrhG um die digitale Verbreitung, das unkörperliche Verbreitungsrecht, zu erweitern. Und schließlich wird klargestellt, daß die Begriffsdefinitionen der §§ 16 bis 22 UrhG abschließend sind. Darunter fällt also auch § 17 UrhG. Dies besagt wiederum, daß die Verbreitung des § 17 UrhG *nur im körperlichen* Sinne verstanden werden kann.[509]

Um jedoch keine Schutzlücke entstehen zu lassen, könnte allenfalls eine *extensive Auslegung* des Verbreitungsbegriffs in Betracht kommen.[510]

Eine solche extensive Auslegung des § 17 UrhG ist aber in den Fällen des Online- bzw. Netzwerk-Zugänglichmachens nicht möglich, da sie dem eigentlichen Schutzzweck des § 17 UrhG zuwiderlaufen würde.[511] Es wurde ja bereits mehrmals nahegebracht, daß die Verwertungsrechte dem Urheber seinen Lohn für die Schöpfung sichern sollen und ihm damit ein angemessenes Entgelt zufließen lassen. Dieses Verwerten ist aber durch den Erschöpfungsgrundsatz des § 17 Abs.2 UrhG eingeschränkt.[512] So genügt für ein Verwerten die erste Veräußerung hinsichtlich eines ausreichenden Entgeltes für den Urheber im Sinne des § 17 UrhG. Es wird dem Urheber also zugemutet, daß er bereits durch

509 Aber a.A.: Waldenberger, ZUM 1997, S. 180 f., nach dem § 17 Abs. 1 UrhG vom Wortlaut her flexibel genug ist, um auch neue Verbreitungsformen erfassen zu können, bei denen ein in einem Computer vorhandenes Vervielfältigungsstück in anderen Computern reproduziert wird, wobei aber der Übermittlungsvorgang selbst unkörperlich erfolgt.

510 So auch : Katzenberger, AfP 1997, S. 437.

511 So auch im Ergebnis : Kappes, S. 111; Schricker, Urheberrecht auf dem Weg zur Informationsgesellschaft, S. 128 f, der aber von Analogie spricht. Siehe hinsichtlich der Begrifflichkeit der extensiven Auslegung bzw. der Auslegung im weiteren Sinn : Neuner, S.106, nach dem eine Auslegung über den Wortsinn noch als Auslegung im weiteren Sinn zu verstehen ist.

512 Siehe zu der Problematik des Erschöpfungsgrundsatzes auch : Kotthoff, GRUR 1997, S. 599. Er macht deutlich, daß bei kleinen Netzwerken nur dann das Verbreitungsrecht angenommen werden kann, wenn es sich um eine Vermietung der Datenbank im Sinne des § 17 Abs. 2 UrhG handle.

diese erste Veräußerung eine -mit Ausnahme der ihm nach wie vor vorbehaltenen Vermietung- allen nachgeordneten Verbreitungshandlungen des jeweiligen Werkexemplars entsprechende Vergütung erzielt. Bei der Online- bzw. der Netzwerk-Übermittlung hat der Urheber aber ein Interesse, *an jeder weiteren Nutzung* seines Werkes angemessen zu partizipieren[513]. Dieses Partizipationsinteresse bedarf folglich einer gesetzlichen Regelung. Das bedeutet, daß sich der gesetzliche Verbreitungsbegriff auch auf die Übermittlung digitaler Daten beziehen muß. Der herkömmliche Verbreitungsbegriff des § 17 UrhG ist insoweit nicht ausreichend. Inwieweit die EG-Datenbankrichtlinie eine solche Verbreitung regelt, soll im Teil der EG-Datenbankrichtlinie[514] geprüft werden.

bbb) Senderecht gem. § 20 UrhG

Der Urheber hat nach §§ 15 Abs.2, 20 UrhG das ausschließliche Recht, sein Werk in *un*körperlicher Form öffentlich wiederzugeben, das Senderecht. Gem. § 20 UrhG ist das Senderecht das Recht, das Werk durch Funk, wie Ton- und Fernsehrundfunk, Drahtfunk oder ähnliche Einrichtungen, der *Öffentlichkeit zugänglich zu machen*. Der Begriff der Öffentlichkeit ist bei dem Senderecht ebenso in dem Sinne einer unbegrenzten Öffentlichkeit, § 15 Abs.3 UrhG, zu verstehen.

So ist zwar bei einer Online-Übermittlung und einer Übermittlung eines *größeren* Netzwerkes ein öffentliches Zugänglichmachen gegeben, doch unterscheidet sich eine Sendung nach dem Senderecht erheblich von der Online- bzw. Netzwerk-Übermittlung.[515] Bei der Sendung legt der Anbieter als Sendender das Programm fest, d.h. dessen Reihenfolge und dessen zeitliche Abfolge. [516] Bei der Online-Übermittlung bestimmt hingegen der Nutzer, welches Werk er zu welchem Zeitpunkt übermittelt haben möchte. Desweiteren ist bei dem Online-Angebot jedes einzelne Werk kontinuierlich verfügbar. Bei der Sendung ist das einzelne Werk hingegen flüchtig bzw. vorübergehend.[517] Insoweit bietet das Senderecht gem. § 20 UrhG hinsichtlich der erweiterten

---

513 So auch : Kappes, S. 110 und insbesondere S. 111; a. A. vertritt Berger, der in der unterschiedlichen Behandlung des Erschöpfungsgedankens einen Fehlgriff sieht. Denn sonst könne der Urheber durch die Wahl des Vertriebs- und Übermittlungsweges einseitig die Erschöpfungsfrage steuern, GRUR 1997, S. 178.

514 Siehe hierzu : 2.Teil, 3. Kapitel, § 12 A. II. 2) e).

515 Schricker, Urheberrecht auf dem Weg zur Informationsgesellschaft, S. 131.

516 Schricker, Urheberrecht auf dem Weg zur Informationsgesellschaft, S. 131.

517 Schricker, Urheberrecht auf dem Weg zur Informationsgesellschaft, S. 131; Waldenberger, ZUM 1997, S. 178.

Nutzungs- und Eingriffshandlungen eines Online- und Netzwerk-Zugänglichmachens bzw. -Übermittelns dem Urheber keinen ausreichenden Schutz.

ccc) *Generalklausel des § 15 Abs.2 UrhG - unbenanntes Recht der unkörperlichen Wiedergabe?*

Auch bei dem unbenannten Recht der unkörperlichen Wiedergabe gem. § 15 Abs.2 UrhG gilt der Öffentlichkeitsbegriff des § 15 Abs.3 UrhG. Bei einem Online- und Netzwerk-Zugänglichmachen geschieht die Übermittlung an die *Öffentlichkeit nicht gleichzeitig* und insoweit ist eine *sukzessive Öffentlichkeit* gegeben. Nach überwiegender Auffassung kann auch eine sukzessive Öffentlichkeit unter den Öffentlichkeitsbegriff des § 15 Abs.3 UrhG subsumiert werden.[518] So hängt der Begriff „Öffentlichkeit" *nicht* von einem gleichzeitigen Empfang durch mehrere Personen ab. Denn § 15 Abs.3 UrhG sagt nichts darüber aus, ob die Mitglieder der Öffentlichkeit an einem Ort versammelt sein oder ob sie das wiedergegebene Werk zur gleichen Zeit wahrnehmen können müssen.[519] § 15 Abs.3 UrhG stellt vielmehr darauf ab, daß die Wiedergabe für eine Mehrzahl von Personen bestimmt ist.[520] Damit kann zwar die sukzessive Öffentlichkeit unter § 15 Abs.3 UrhG subsumiert werden, was jedoch nicht dem Erfordernis von Rechtsklarheit und Rechtssicherheit entgegenkommt.

Insgesamt kann also das Online-Zugänglichmachen und das Zugänglichmachen eines größeren Netzwerkes in den Schutzbereich des unbenannten Rechts der unkörperlichen Wiedergabe fallen. Nicht umfaßt werden hingegen die kleinen, lokalen Netzwerke.

Insoweit sichert das unbenannte Recht der unkörperlichen Wiedergabe hinsichtlich des Zugänglichmachens/Übermittelns nur bei Online und bei größeren Netzwerken dem Urheber eine ausreichende Partizipation, nicht jedoch bei kleinen Netzwerken.

bb) *Online- und Netzwerk-Zugriff*

Sowohl beim Online- als auch beim Netzwerk-Zugriff greift der Nutzer gezielt auf bestimmte Informationseinheiten zu, wobei aber der Zugriff für den Benutzer erst beim

518 Katzenberger, AfP 1997, S. 434, 438 und GRUR 1990, S. 94, 96; Kotthoff, GRUR 1997, S. 600; Schricker, Urheberrecht auf dem Weg zur Informationsgesellschaft, S. 134 f.; Ernst, GRUR 1997, S. 594.

519 Schricker, Urheberrecht auf dem Weg zur Informationsgesellschaft, S. 134 f.

520 Schricker, Urheberrecht auf dem Weg zur Informationsgesellschaft, S. 134.

konkreten Empfang der gewünschten Informationen auf dem Bildschirm erfolgreich abgeschlossen ist.[521] Der Benutzer kommt durch den Empfang in den Werkgenuß, die Werknutzung. Der Ermöglichung dieses Werkgenusses ist bereits eine urheberrechtliche Nutzungshandlung vorausgegangen, die Online- bzw. die Netzwerk-Übermittlung.

Fraglich ist aber, ob in dieser Bildschirmausgabe eine Vervielfältigung i.S.d. § 16 UrhG bzw. eine vorübergehende Vervielfältigung zu sehen ist. Nach der allgemeinen Ansicht[522] wird in der Bildschirmausgabe eine körperliche Vervielfältigung im Sinne eines Vervielfältigungsstücks des § 16 Abs.1 UrhG verneint. Kappes[523] begründet dies damit, daß im Rahmen der Bildschirmausgabe die urheberrechtlich geschützten Informationseinheiten nur kurzfristig angezeigt werden und daß damit keine körperliche Festlegung angefertigt wird, obgleich er an anderer Stelle auf die unmittelbar bevorstehenden Vervielfältigungen hinweist. Es ist richtig, daß eine Bildschirmausgabe keine eigentliche körperliche Vervielfältigung ist. Sie ist *un*körperlich. Die Bildschirm*anzeige bzw. -ausgabe bei einem Online- bzw. Netzwerk-Zugriff* muß jedoch als *vorübergehende* Vervielfältigung gewertet werden, was an anderer Stelle[524] bereits befürwortet worden ist. Dabei wurde aufgezeigt, daß zwischen der Bildschirmanzeige, die im Rahmen der bestimmungsgemäßen Benutzung einer einzelnen Datenbank vorkommt, und der des Online- und Netzwerk-Zugriffs unterschieden werden muß.

Kriterium muß die *erweiterte bzw. gesteigerte Werknutzung* sein.

Durch die Bildschirmausgabe und damit das Betrachten der Datenbank oder Teile der Datenbank geht zum einen eine erhöhte Gefahr der zusätzlichen Nutzung, die mit einer zusätzlichen Vervielfältigung -einer körperlichen- einhergeht, aus. Zum anderen kann die Bildschirmanzeige bereits *eine Erweiterung der Werknutzung* sein, da allein das Betrachten und das damit einhergehende inhaltliche Verwerten des Teils der Datenbank eine Werknutzung ist. Im digitalen Bereich bedeutet eine Vervielfältigung weitgehend *eine Erweiterung der Nutzungsmöglichkeiten.*

Desweiteren ermöglicht insbesondere der Netzwerk-Einsatz, daß mehrere Personen gleichzeitig eine Datenbank nutzen und somit auch Vervielfältigungen machen können.

---

521 Siehe hierzu vorne : 1.Teil, 2. Kapitel, § 4.
522 Schricker-Loewenheim, § 16 Rn.2; Kappes, S. 102.
523 Kappes, S. 102.
524 Siehe hierzu : 2.Teil, 3. Kapitel, § 11 A. I. 2) a) bb).

Bei dem Netzwerk-Einsatz ist die Datenbank auf einer CD-ROM oder auf einer Festplatte des Zentralrechners. Mittels eines Servers können die einzelnen Nutzer an den verschiedenen Terminals auf diese Datenbank zugreifen. So können sie Teile der Datenbank auf dem Bildschirm anzeigen lassen. Eine solche Bildschirmanzeige ermöglicht einen weiteren Werkgenuß bzw. -nutzung, sie impliziert in diesem Zusammenhang eine weitere Nutzungsmöglichkeit. Durch die gleichzeitige Nutzung an den verschiedenen Terminals können sogar *mehrere weitere* Werk*nutzungen* erzielt werden.

An diesen erweiterten Nutzungsmöglichkeiten will der Urheber angemessen partizipieren. Die Verwertungsrechte haben ja die Aufgabe dem Urheber das Entgelt für seine Schöpfung zu sichern. Ein ausreichender Schutz muß insofern von einem *wirtschaftlichen* Blickwinkel bewertet werden.

Als Ergebnis kann festgehalten werden, daß die Bildschirmausgabe bei dem Online- bzw. Netzwerk-Zugriff als eine vorübergehende Vervielfältigung zu qualifizieren ist. Eine solche wird jedoch nicht von dem Vervielfältigungsbegriff des § 16 UrhG umfaßt, da dieser die körperliche bzw. dauerhafte Fixierung fordert.[525] Wie die Darlegungen zu §§ 15,17[526] gezeigt haben, sind die Begriffsbestimmungen der §§ 16 bis 22 UrhG auch nach dem Willen des Gesetzgebers abschließend. Um den Urheber an der vorübergehenden Vervielfältigung partizipieren zu lassen, muß diese unter das ausschließliche Verwertungsrecht des Urhebers gefaßt werden. Dies kann nur dadurch erfolgen, indem die vorübergehende Vervielfältigung explizit in das Urheberrechtsgesetz aufgenommen wird. Will man jedoch eine Schutzlücke vermeiden, kann allenfalls eine *extensive Auslegung* des § 16 UrhG in Frage kommen.

Der Gesetzgeber hat bei den Computerprogrammen diese erweitere Werknutzung innerhalb des Schutzbereichs des Vervielfältigungsrechts geregelt, indem er die vorübergehende Vervielfältigung in den Gesetzestext des § 69 c Nr.1 UrhG aufgenommen hat. So lautet es in den Motiven[527] zu § 69 c Nr.1 UrhG wörtlich : „...Die Wörter „dauerhafte oder vorübergehende“ Vervielfältigung sind im Rat der EG auf einen Vorschlag des Eu-

525 Siehe hierzu vorne : 2.Teil, 2. Kapitel, § 10 A. I.

526 Siehe hierzu vorne : 2.Teil, 3. Kapitel, § 11 A. I. 2) b) aa).

527 Entwurf eines Zweiten Gesetzes zur Änderung des Urheberrechtsgesetzes, Deutscher Bundestag, 12.Wahlperiode, 18.12.1992, Begründung - B. Zu den einzelnen Vorschriften, Zu § 69 c - Zu Nummer 1, BT-Drucksache 12/4022, S. 11.

ropäischen Parlaments hin eingefügt worden. Dadurch sollte sichergestellt werden, daß ein Programm nicht unter Umgehung der Lizenzverträge gleichzeitig auf verschiedenen Terminals benutzt werden kann."

Zusammenfassend läßt sich nachfolgend festhalten :

Der Urheber hat bei den digitalen Kartenbeständen lediglich hinsichtlich den Eingriffshandlungen auf Festträger einen ausreichenden Schutz. Sie unterfallen entweder dem Vervielfältigungsbegriff des § 16 UrhG oder dem Verbreitungsbegriff des § 17 UrhG. Hiervon müssen jedoch die Vervielfältigungen bei der bestimmungsgemäßen Benutzung ausgenommen werden. Es muß insofern gesetzlich klargestellt werden, daß die bestimmungsgemäße Benutzung keine Vervielfältigung bzw. keine vorübergehende Vervielfältigung ist und damit keine Zustimmung des Urhebers erforderlich macht.

Der Urheber hat zwar hinsichtlich des Online-Zugänglichmachens und des Zugänglichmachens bei größeren Netzwerken einen ausreichenden Schutz, aber nicht einen erstrebenswerten im Sinne von Rechtsklarheit und Rechtssicherheit. Bei kleinen Netzwerken hat der Urheber aber keinen ausreichenden Schutz.

Bei dem Online- und Netzwerk-Zugriff erhält der Urheber erst durch eine *extensive Auslegung* des Vervielfältigungsrechts des § 16 UrhG einen ausreichenden Schutz. Im Sinne der Rechtsklarheit und Rechtssicherheit ist deshalb eine gesetzliche Regelung der *vorübergehenden* Vervielfältigung zu fordern.

Somit erfüllen die herkömmlichen Verwertungsrechte des § 15 UrhG und das Urheberrechtsgesetz *vor* der Umsetzung der EG-Datenbankrichtlinie nicht den für die neuen technischen Gegebenheiten zu fordernden Schutzumfang im Sinne von Rechtsklarheit[528] und bei kleinen, lokalen Netzwerken keinen ausreichenden Schutz.

c) Bearbeitungen und andere Umgestaltungen, § 23 UrhG

Bei der urheberrechtlichen Beurteilung von konventionell erstellten Landkarten ist die Bearbeitung und die andere Umgestaltung gem. § 23 UrhG ausführlich behandelt worden[529]. Es wurde insbesondere verdeutlicht, daß bei Landkarten häufig Bearbeitungen und andere Umgestaltungen zu finden sind. Desweiteren ist festgestellt worden, daß eine

528 Siehe hierzu : 2.Teil, 3. Kapitel, § 11 A. I. 2).
529 Siehe hierzu : 2.Teil, 2. Kapitel, § 10 B.

Bearbeitung eine persönliche geistige Schöpfung ist. Eine andere Umgestaltung erreicht hingegen nicht das Maß für eine persönliche geistige Schöpfung.

Bei digitalen Kartenbeständen ist die Gefahr einer Bearbeitung oder anderen Umgestaltung wesentlich höher, denn bei digitalen Kartenbeständen läßt sich die Möglichkeit einer Veränderung des digitalen Kartenbestandes wesentlich leichter und schneller durchführen. Es kann die Struktur von ATKIS verändert werden, indem entweder lediglich die Anordnung des gleichen digitalen Kartenbestandes verändert wird oder indem eine andere Auswahl aus dem digitalen Kartenbestand getroffen wird. Dabei kann jedoch wesentlich leichter eine andere Anordnung vorgenommen werden als eine andere Auswahl, und somit kann diese auch vermehrt vorkommen. So kann beispielsweise eine andere Anordnung durch Kopieren einiger Teile einer Datenbank und einer damit einhergehenden neuen Plazierung erfolgen. Eine Auswahl fordert hingegen vermehrte eigene wertende Entscheidungen.

Die Anordnung kann zwar unter die Begrifflichkeit „andere Umgestaltung" als auch unter die Begrifflichkeit „Bearbeitung" subsumiert werden, falls die Anordnung das erforderliche Maß für eine persönliche geistige Schöpfung der Bearbeitung erreicht hat. Würde jedoch die Anordnung explizit genannt werden, würde den neuen technischen Gegebenheiten und leichteren Eingriffshandlungen Rechnung getragen und insoweit ein Beitrag zur Rechtssicherheit und -klarheit geleistet werden.

II. Übergänge/ Überleitungen und die eigentlichen kartographischen Generalisierungen mittels Computerprogramme

1) Computerprogramm - ein Werk der Wissenschaft ?

Hier stellt sich die Frage, zu welcher Werkart bzw. zu welcher Werkgattung Computerprogramme gehören. Diese Klärung ist von entscheidender Bedeutung. Denn bei wissenschaftlichen Werken besteht das Problem, ob das Werkelement „Inhalt" in den urheberrechtlichen Schutz miteinbezogen werden kann.[530] Laut derzeitigem Gesetz sind Computerprogramme gem. § 2 Abs.1 Nr.1 UrhG Sprachwerke, welche an sich zu den

530 Siehe hierzu vorne : 2.Teil, 1. Kapitel, § 6 und insbesondere 2.Teil, 2. Kapitel, § 9 B.

Werken der Literatur zählen. Computerprogramme tangieren jedoch den Bereich der Informatik und damit den Bereich der Wissenschaft. Die wörtliche Auslegung von § 2 Abs.1 Nr.1 UrhG sagt hierüber nichts weiteres aus. Detailliertere Regelungen hinsichtlich der Computerprogramme sind in den §§ 69 a - g UrhG zu finden. § 69 a Abs.1 gibt aber ebenso keine weiteren Aufschlüsse. Dieser besagt nur, daß Computerprogramme im Sinne dieses Gesetzes Programme in jeder Gestalt einschließlich des Entwurfsmaterials sind. Lediglich Abs.2 stellt klar, daß Ideen und Grundsätze, die einem Element eines Computerprogramms zugrunde liegen, einschließlich der den Schnittstellen zugrundeliegenden Ideen und Grundsätze, nicht geschützt sind. Der Grundsatz der Freiheit der Idee[531] spielt insbesondere bei Werken der Wissenschaft eine gewichtige Rolle. Dies könnte eine Zuordnung zu der Werkart Wissenschaft bedeuten. Etwas Eindeutiges kann hieraus jedoch nicht geschlossen werden.

In der amtlichen Begründung zu dem Gesetzentwurf eines Zweiten Gesetzes zur Änderung des Urheberrechtsgesetzes vom 18.12.1992 wird in Teil A - Allgemeines[532] klargestellt, daß Gegenstand des Schutzes nicht die mathematische oder technische Idee, sondern ihre Verkörperung in dem aufgezeichneten Programm ist. Dies läßt darauf schließen, daß der Gesetzgeber eine Einordnung zu den Werken der Wissenschaft will. Der Gesetzgeber hat sich ja bereits in den Motiven[533] zu den Werken der Wissenschaft ausdrücklich gegen einen solchen Schutz ausgesprochen. Der Auffassung des BGH[534] und der teilweisen Literatur[535], Computerprogramme zu den Werken der Wissenschaft zu reihen, ist zuzustimmen. Ein Werk der Wissenschaft ist nämlich ein solches, das den Zweck der Information und insbesondere der Belehrung erfüllen muß. Ein Computer-

---

531 Der Begriff „Idee" ist im Zusammenhang mit dem Grundsatz der Freiheit der wissenschaftlichen Erkenntnis/Theorie nicht richtig, da Idee etwas Abstraktes ist. Der Grundsatz kann sich vielmehr nur auf die Freiheit der wissenschaftlichen *Erkenntnis* und *Theorie* beziehen. Siehe hierzu vorne : 2.Teil, 2. Kapitel, § 9 B. I.

532 Gesetzesentwurf der Bundesregierung, Entwurf eines Zweiten Gesetzes zur Änderung des Urheberrechtsgesetzes vom 18.12.1992, Begründung - A. Allgemeines, BT-Drucksache 12/4022, S. 6.

533 Siehe hierzu vorne : 2.Teil, 1. Kapitel, § 6 B. I. und Entwurf eines Gesetzes über Urheberrecht und verwandte Schutzrechte (Urheberrechtsgesetz), Deutscher Bundestag, 4.Wahlperiode, 23.März 1962, Begründung - B. Die einzelnen Vorschriften, Erster Teil Urheberrecht, Erster Abschnitt - Allgemeines, zu § 1, BT-Drucksache IV/270, S. 37.

534 BGH, GRUR 1985, S. 1041 - 1048 -Inkasso-Programm-.

535 Preuß, S. 151 - 153; Haberstumpf, UFITA Bd. 95 (1983), S. 247. In der Literatur wird jedoch weitgehend offen gelassen, zu welcher Werkart Computerprogramme zählen : Ullmann, CR 1992, S. 642; Raubenheimer, CR 1994, S. 69 ff.; Loewenheim, ZUM 1985, S. 26 ff.; Ensthaler/Möllenkamp, GRUR 1994, S. 151 ff.

programm belehrt über die Lösung des zu lösenden Problems. So ist insbesondere Preuß beizupflichten, daß Wissenschaftlichkeit im urheberrechtlichen Sinn gegeben ist, soweit das Computerprogramm diese kommunikative, belehrende Funktion habe, indem es über den Programmablauf informiere und in Verbindung mit dem Begleitmaterial und der Anwendungsdokumentation die für die Anwendung und den Einsatz notwendigen Informationen enthalte[536]. Nach Haberstumpf sind Computerprogramme wissenschaftliche Sprachwerke, da die kommunikative Funktion der Programmniederschrift darin besteht, den Gang des Rechenvorgangs, der von der Maschine vorgenommen werden sollte, exakt und unzweideutig zu beschreiben oder allgemein Personen über den Lösungsweg zu belehren[537].

Die Auffassung[538], die Computerprogramme als Sprachwerke zu den Werken der Literatur zuordnet, ist somit abzulehnen.

2) Persönliche geistige Schöpfung bei einem Computerprogramm -bei den Computerprogrammen von ATKIS- Schutzvoraussetzungen

a) Eigene geistige Schöpfung i.S.d. § 69 a UrhG - Schutz der kleinen Münze

aa) Gesetzesauslegung

Nach § 69 a Abs.3 S.1 UrhG werden Computerprogramme geschützt, wenn sie individuelle Werke in dem Sinne darstellen, daß sie das Ergebnis der eigenen geistigen Schöpfung ihres Urhebers sind. Nach S.2 sind zur Bestimmung keine anderen Kriterien, insbesondere nicht qualitative oder ästhetische, anzuwenden. Dieser Satz sagt nicht eindeutig aus, ob der Schutz der kleinen Münze hierunter fallen kann.

Die Begründung der Bundesregierung zu diesem neu eingeführten Paragraphen[539] spricht von einem Schutz der einfachen persönlichen Schöpfung und weist darauf hin, daß die bisherige Rechtsprechung des BGH nicht im Einklang mit der Richtlinie steht. Vor Erlaß und Umsetzung der EG-Computerrichtlinie[540] in innerdeutsches Urheberrecht

536 Preuß, S. 151 - 153.
537 Haberstumpf, UFITA Bd. 95 (1983), S. 247.
538 Michalski, DZWiR 1995, S. 266.
539 BT-Drucksache 12/4022, a.a.O., S. 9.
540 Richtlinie 91/250/EG des Rates vom 14.Mai 1991 über den Rechtsschutz von Computerprogrammen, in Amtsblatt der Europäischen Gemeinschaften L 122/42 oder in GRUR Int.1991, S. 545 - 551.

ist die Gestaltungshöhe im Bereich der kleinen Münze abgelehnt worden. Nach der Inkasso-Programm[541]- sowie der später ergangenen Betriebssystem-Entscheidung ist nur die überdurchschnittliche Leistung im Vergleich zu einem Durchschnittsprogrammierer als persönliche geistige Schöpfung bejaht worden. Es wurde ein deutliches Überragen der Leistung des Durchschnittprogrammierers verlangt[542]. Vielen Programmen wurde dadurch ein urheberrechtlicher Schutz versagt. Um dem jedoch wirkungsvoll zu begegnen, wurde unter anderem die Computerrichtlinie[543] erlassen.

Insofern läßt sich daraus schließen, daß die Absicht des Gesetzgebers dahin geht, das nunmehr zu schützen, was zu schützen der BGH als Schaffen eines Durchschnittsprogrammierers bisher nicht bereit war[544]. Hieraus kann gefolgert werden, daß die kleine Münze nunmehr als schutzfähig anerkannt wird.

bb) Verschiedene Rechtsauffassungen

Wie bereits oben[545] dargestellt, soll die kleine Münze gerade noch urheberrechtlich geschützt werden und als einen über dem Handwerklichen liegenden Bereich definiert werden. Der Bereich unterhalb der kleinen Münze soll aber hingegen nicht mehr unter den Schutz des Urheberrechtsgesetzes fallen. Dies soll ebenso bei den Computerprogrammen gelten.

Überwiegend wird dies von der Literatur[546] auch so gesehen und der Schutz der kleinen Münze bei Computerprogrammen befürwortet. Als Begründung wird vor allem der Gesetzestext und die Anforderungen an die Gestaltungshöhe nach der Umsetzung der Computerrichtlinie in innerdeutsches Recht[547] angeführt. So folgert Vinck[548] aus dem Gesetzestext, daß die Individualität des Programms, nicht aber die persönliche geistige Leistung nach § 2 Abs.2 in dem bisher verstandenen Sinne maßgeblich sein soll. Erd-

---

541 BGH, GRUR 1985, S. 1041 -Inkasso-Programm-; BGH, GRUR 1991, S. 449 -Betriebssystem-Entscheidung-.

542 BGH, GRUR 1985, S. 1041, 1047 f. -Inkasso-Programm-.

543 Richtlinie 91/250/EG des Rates vom 14.Mai 1991 über den Rechtsschutz von Computerprogrammen, a.a.O.

544 So auch : Fromm/Nordemann-Vinck, § 69 a Rn. 4.

545 Siehe hierzu : 2.Teil, 1. Kapitel, § 5 B II. 1) und 3).

546 Ensthaler/Möllenkamp, GRUR 1994, S. 151 ff.; Erdmann/Bornkamm, GRUR 1991, S. 877 ff.; Michalski, DZWir 1995, S. 265 ff.; Raubenheimer, CR 1996, S. 69 ff.; Dreier, CR 1991, S. 578 f.

547 Die Computerrichtlinie ist 1993 in innerdeutsches Recht umgesetzt worden.

548 Fromm/Nordemann-Vinck, § 69 a Rn. 4.

mann und Bornkamm kommen ebenso zur gleichen Schlußfolgerung und gehen davon aus, daß künftig auch bei Computerprogrammen von den bislang im Bereich der kleinen Münze und bei den Werken nach § 2 Abs.1 Nr.7 UrhG gestellten geringen Schutzanforderungen ausgegangen werden muß. Insofern solle die Rechtsprechung fragen, ob ein Programm im Gesamtvergleich mit dem vorbekannten Schaffen eigenschöpferische Züge aufweise und sich auf diese Weise von einer rein routine- und handwerksmäßigen Programmierleistung abhebe. So werde bei komplexen Programmen meist die tatsächliche Vermutung sprechen[549]. Ensthaler und Möllenkamp[550] sehen dies auch so, denn der Gesetzgeber habe mit der Umsetzung der Richtlinie zu erkennen gegeben, daß er einen weitreichenderen Schutz der Software wie bisher will[551]. Michalski[552] stützt sich neben der Gesetzesauslegung auf die BGH-Entscheidung zum Buchhaltungsprogamm. Dort habe der BGH mittlerweile ausdrücklich anerkannt, daß er durch § 69 a Abs.3 UrhG gezwungen sei, in Zukunft weniger hohe Maßstäbe für die Bejahung der urheberrechtlichen Schutzfähigkeit anzuwenden. Raubenheimer[553] sieht in der Regelung des § 69 Abs.3 UrhG die Voraussetzungen von Computerprogrammen deutlich reduziert und damit auch die kleine Münze urheberrechtlich geschützt. Nach Holländer[554] kann durchaus ein Durchschnittscomputerprogramm urheberrechtlich geschützt werden. Er setzt die Grenze jedoch dort, wo das Computerprogramm das Resultat eines bloß handwerklichen Schaffens, einer mechanisch-technischen Aneinanderreihung, ist.

b) Eigene geistige Schöpfung bei den Computerprogrammen von ATKIS

Die auszuführenden Berechnungen und Modellierungsvorschriften, die bei der Erschaffung von ATKIS anstehen, sind nicht lediglich solche, die nur der Berechnung eines Kreisumfanges bedürfen. Die Berechnung eines Kreisumfanges erfordert nur einen Algorithmus i.S. einer Rechenregel, die Berechnungen und Modellierungsvorschriften für ATKIS sind hingegen wesentlich umfangreicher. Es soll nämlich nicht nur die Berechnung einer Kurve von zwei zu verbindenden Punkte gelöst werden. Vielmehr müssen

549 Erdmann/Bornkamm, GRUR 1991, S. 877 ff.
550 Ensthaler/Möllenkamp, GRUR 1994, S. 151 ff.
551 Ensthaler/Möllenkamp, GRUR 1994, S. 151 ff.
552 Michalski, DZWir 1995, S. 265 ff.
553 Raubenheimer, CR 1996, S. 69 ff.
554 Holländer, CR 1991, S. 716.

mehrere Berechnungen durchgeführt werden. Insofern genügt für eine Lösung nicht nur die Lösung mittels eines Algorithmus i.S. einer Rechenregel, sondern es sind mehrere Algorithmen erforderlich. Es bedarf also der Auswahl und damit auch der Anordnung von Algorithmen bzw. deren Kombination. Diese fordern mehrere wertende Entscheidungen, welche als Indiz für ein über dem handwerklichen liegendes Schaffen und eine persönliche geistige Schöpfung gewertet werden können. Ein solche Indizbildung entbindet jedoch nicht von der Beurteilung des Einzelfalls. Wie die Computerprogramme im Einzelfall von ATKIS zu werten sind, kann hier nicht abschließend beantwortet werden, da die Computerprogramme von ATKIS nur im allgemeinen betrachtet worden sind. Es läßt sich also nur das Indiz aufstellen, daß es sich bei diesen Computerprogrammen um persönliche geistige Schöpfungen handeln muß.

3) Schutzgegenstand/Schutzumfang

a) Schutzgegenstand

aa) Computerprogramm - Inhaltsschutz ? - verschiedene Rechtsauffassungen ?

Im bisherigen Verlauf dieser Arbeit[555] wurde aufgezeigt, daß bei wissenschaftlichen Werken das Form-Inhalt-Problem besteht. Als Lösung wurde eine differenzierte Betrachtungsweise als erforderlich erachtet, die zum einen die eigentliche wissenschaftliche Erkenntnis bzw. den eigentlichen Inhalt -das eigentliche Vermessungsergebnis- urheberrechtlich ungeschützt läßt und zum anderen den veränderten Inhalt sowie die innere und äußere Form unter urheberrechtlichen Schutz stellt.

Auch die Auffassungen zu einem Inhaltsschutz bei Computerprogrammen sind zu wenig differenziert, und insofern ist ihnen nicht zu folgen. So wird auch hier überwiegend der Inhalt mit den wissenschaftlichen Erkenntnissen pauschal gleichgesetzt und wegen des Grundsatzes der Freiheit der wissenschaftlichen Idee/Erkenntnis/Theorie ein solcher von einem urheberrechtlichen Schutz ausgeschlossen. Die Rechtsprechung[556] setzt nicht nur den Algorithmus pauschal mit der wissenschaftlichen Erkenntnis gleich, sondern sie ist diesbezüglich sogar noch widersprüchlich, indem sie die konzentrierte Darstellung des vollständigen Lösungsweges als Algorithmus bezeichnet. Desweiteren nimmt die Recht-

555 Siehe hierzu : 2.Teil, 2. Kapitel, § 9 B.
556 BGH, GRUR 1985, S. 1041, 1047 f. -Inkasso-Programm-.

sprechung[557] hinsichtlich der Computerprogramme als wissenschaftliche Sprachwerke eine ebensowenig klare Linie ein und ist insofern widersprüchlich.[558] Auf der einen Seite kann nach ihr der geistige Gedanken*inhalt* in der Gedankenformung und -führung des dargestellten Inhalts und/oder der besonders geistvollen Form und Art der Sammlung, Einteilung und Anordnung des dargebotenen Stoffs liegen. Auf der anderen Seite will die Rechtsprechung jedoch die *Form* und die Art der Sammlung, Einteilung und Anordnung des Materials geschützt wissen. Das, was die Rechtsprechung zuvor als Inhalt deklariert hat, will sie sodann zu der Form zählen.

Das BAG[559] sieht die Individualität in der sprachlichen Ordnung, Gliederung, Gestaltung des Inhalts und auch in der Sammlung und Auswahl des Materials, was insoweit der inneren Form des Bundesgerichtshofs entspricht. Das einer Programmentwicklung zugrundegelegte rechnerische System will das BAG wegen der wissenschaftlichen Lehre von einem urheberrechtlichen Schutz ausschließen.

Das OLG Karlsruhe[560] stellt ebenso auf die Aufbereitung des Stoffes, seine Auswahl, Anordnung und Darbietung ab und sieht deshalb in den Entwicklungsstadien Problemanalyse, Datenflußplan, Programmablaufplan und Quellenprogramm eine persönliche geistige Schöpfung. Obwohl dies der inneren Form entspricht, stellt das OLG ausdrücklich in seinen Ausführungen auf die äußere Form ab und ist damit widersprüchlich. Zwar geht es davon aus, daß die Formgestaltung durch den Inhalt beeinflußt wird, doch lehnt es einen Inhaltsschutz ab.

Das OLG Koblenz[561] geht noch einen Schritt weiter, indem es eine persönliche geistige Schöpfung und deren Schutz nicht nur in der äußeren Formgestaltung sieht, sondern auch in dem Inhalt, wie etwa der Offenlegung der Sachkenntnisse oder der Auswahl und Strukturierung des Stoffes. Es befürwortet somit einen Inhaltsschutz.

Innerhalb der Literatur werden unterschiedliche Auffassungen hinsichtlich eines Inhaltsschutzes bei Computerprogrammen vertreten. Die verschiedenen Auffassungen der Lite-

557 BGH, a.a.O.
558 Siehe hierzu vorne : 2.Teil, 2. Kapitel, § 9 A.
559 BAG, GRUR 1984, S. 429 ff.
560 OLG Karlsruhe, BB 1983, S. 986.
561 OLG Koblenz, BB 1983, S. 993.

ratur differenzieren ebenso nicht zwischen dem Algorithmus/dem eigentlichen Inhalt, dem veränderten Inhalt, der inneren und äußeren Form.

So äußern sich manche lediglich pauschal, indem sie den Algorithmus mit der wissenschaftlichen Idee gleichsetzen, ohne jedoch im näheren auf die Thematik einzugehen[562]. Dabei stützen sie sich auf die Ausdrucksform und sprechen ausschließlich dieser einen urheberrechtlichen Schutz zu[563].

Überwiegend[564] wird der Algorithmus als Rechenregel urheberrechtlich nicht geschützt und den algorithmischen Lösungselementen sowie der Kombination von Algorithmen ein urheberrechtlicher Schutz zugesprochen. Dabei werden jedoch zu Unrecht die algorithmischen Lösungselemente bzw. die Kombination von Algorithmen zumeist dem Inhalt zugerechnet. Es ist zwar eine enge Verzahnung von verändertem Inhalt und innerer Form gegeben, nicht aber eine Gleichsetzung. So liegt nach Loewenheim die eigentliche programmiererische Leistung doch erst in der inhaltlichen Gestaltung des Programmes. Bei der Erstellung von Computerprogrammen sei ein wesentlicher Teil der schöpferischen Tätigkeit in dem Inhalt zu sehen, bei der Auswahl von Eingangs- und Ausgangsgrößen, bei der Auswahl, Anpassung, Abwandlung oder Neuentwicklung von algorithmischen Lösungselementen, bei der Programmstruktur und Organisation des Programmablaufs, ferner bei dem im Hinblick auf die jeweiligen Optimierungsziele getroffenen Entscheidungen. Zu weit gehen jedoch Lesshafft und Ulmer[565], indem sich nach ihnen die Originalität eines Softwareproduktes vor allem in dessen Inhalten ausdrückt. In ihren Augen ist Software -anders als konventionelle technische Produkte- ein geistiges Substrat, das erst im Zusammenwirken mit einer körperlichen Technik -Hardware-konkrete Gestalt annimmt. So ist Software reine Funktion, so daß die Form erst in zweiter Linie in Erscheinung trete. Deshalb ziehen sie den Schluß, soweit das Urheberrecht allein die Form schütze und nicht seinen Inhalt, sei es als ausschließliches Schutzrecht für Software unzureichend. Individualität manifestiert sich nach ihnen erst im Konzept als Ganzem, wobei wichtigster Ansatzpunkt die Systemstruktur bildet.

---

562 Ullmann, CR 1992, S. 642; Raczinski/Rademacher/Ivenz, CR 1991, S. 722.
563 Raczinski/Rademacher/Ivenz, CR 1991, S. 722.
564 Ulmer/Kolle, GRUR Int.1982, S. 489, 495; Kolle, GRUR 1982, S. 443, 453 f.; Kolle, GRUR 1974, S. 1, 9; Loewenheim, ZUM 1985, S. 6 ff.; Lesshafft/Ulmer, CR 1993, S. 607 - 615.
565 Lesshafft/Ulmer, CR 1993, S. 607 - 615.

Am weitesten geht Haberstumpf, indem er einen Inhaltsschutz und auch einen Algorithmusschutz bejaht. Dies begründet er vor allem dadurch, daß Programme in streng normierten Kunstsprachen formuliert würden, um so den ausgedrückten Inhalt, d.h. den Weg zur Lösung einer bestimmten Aufgabe (Algorithmus), möglichst exakt, unzweideutig und unverfälscht hervortreten zu lassen. Wenn Computerprogramme urheberrechtlich geschützt seien, komme deshalb nur ein Schutz ihres Inhalts und wegen ihres Inhalts in Frage[566].

bb) Differenzierung zwischen dem Gemeingut -dem eigentlichen Inhalt /dem Algorithmus i.S.e. Rechenregel- und dem Individualgut/dem Algorithmus komplexerer Natur-

Der Gesetzgeber will gem. § 69 a Abs.2 S.2 UrhG die Ideen und Grundsätze, die einem Element eines Computerprogramms zugrundeliegen, einschließlich der den Schnittstellen zugrundeliegenden Ideen und Grundsätze, urheberrechtlich nicht geschützt wissen. Der gewährte Schutz soll nach § 69 a Abs.2 S.1 UrhG vielmehr für alle Ausdrucksformen eines Computerprogrammes gelten. Der Begriff „Idee" genügt nicht, um die wissenschaftliche Erkenntnis zu bezeichnen, jedoch der Begriff „der Grundsätze". Grundsätze sind auch solche der Theorien, der wissenschaftlichen Erkenntnisse und damit auch der Algorithmus als Rechenregel. Die Schutzgewährung aller Ausdrucks*formen* besagt eigentlich, daß lediglich die Form einen urheberrechtlichen Schutz erhalten soll. Bei den konventionell erstellten Landkarten[567] ist jedoch bereits das alleinige Abstellen auf die Form kritisiert worden, da der veränderte Inhalt und die innere Form eng miteinander verzahnt sind.

Es muß hier ebenso[568] zwischen der eigentlichen wissenschaftlichen Erkenntnis/dem eigentlichen Inhalt, dem veränderten Inhalt, der inneren Form sowie der äußeren Form unterschieden werden. Die eigentliche wissenschaftliche Erkenntnis/der eigentliche Inhalt ist der Algorithmus i.S. der Rechenregel, der ungeschützt bleiben soll. Die Entwicklung einer Lösungsvorschrift eines Computerprogramms wird zumeist mittels der

566 Haberstumpf, UFITA Bd. 95 (1983), S. 247.

567 Siehe hierzu vorne : 2.Teil, 2. Kapitel, § 9 A. und B IV.

568 Siehe hierzu vorne : 2.Teil, 2. Kapitel, § 9 B. IV.

Kombination von Algorithmen i.S. von Rechenregeln vorgenommen, was im 1.Teil[569] dieser Arbeit deutlich gemacht worden ist. Der Programmierer/Informatiker löst also die zu lösende Aufgabe mittels Algorithmen i.S. von Rechenregeln. Er trifft dabei die Auswahl aus welchen Algorithmen und aus welcher Kombination der Algorithmen sich die Lösung ergeben muß, der inhaltlichen Ebene. Diese Auswahl bewirkt den veränderten Inhalt, der eng mit der inneren Form verzahnt ist. Die innere Form ist auf einen Programmablaufplan bezogen, der die getroffene Auswahl bezüglich der zu verwendenden Algorithmen und deren Anordnung darstellt. Diese innere Form bewirkt wiederum die äußere Form des Programmablaufplanes. Die Kombination -die getroffene Auswahl und die Anordnung- von Algorithmen bzw. von algorithmischen Lösungselementen stellt die Lösung des Programmierers/Informatikers der jeweils zu lösenden Aufgabe dar. Das Computerprogramm enthält nach den verschiedenen Entwicklungsphasen den Algorithmus in der umfassendsten Form, da durch die Verknüpfung einzelner Algorithmen ein Algorithmus komplexerer Struktur erzeugt wird[570]. Dabei ist der einzelne Algorithmus als Algorithmus im Sinne einer Rechenregel zu verstehen.

Die enge Verzahnung von verändertem Inhalt und von innerer Form liegt somit ebenso bei den Computerprogrammen -wie bei den konventionell erstellten Landkarten- vor. Es ist deshalb genauso sinnvoll, die Unterscheidung zwischen Form und Inhalt aufzugeben, und lediglich zwischen Individualgut und Gemeingut zu unterscheiden. Zum Gemeingut ist der Algorithmus i.S. einer Rechenregel zu zählen.

Ebenso verhält es sich bei der objektorientierten Programmierung. Die eigentliche Lösung wird genauso wie bei der klassischen Programmierung geschaffen, lediglich mit dem Unterschied, daß diese in dem Objekt gekapselt ist. Bei der objektorientierten Programmierung ist der einzelne Algorithmus i.S. einer Rechenregel und der komplexere Algorithmus in dem Objekt gekapselt.

b) Schutzumfang

Die ausschließlichen Verwertungsrechte für Computerprogramme sind in § 69 c UrhG, die zustimmungsbedürftige Handlungen sind, speziell geregelt. Die Prüfung der her-

---

569 Siehe hierzu vorne : 1.Teil, 2. Kapitel, § 3 A. III. 1) und 2).

570 So sieht dies auch : Kortsik, S. 23, 24; Haberstumpf, Der urheberrechtliche Schutz von Computerprogrammen, in Lehmann, S. 21, Rn. 31.

kömmlichen Verwertungsechte bei ATKIS[571] hat gezeigt, daß diese dem Urheber hinsichtlich der erweiterten Nutzungs- und damit Eingriffshandlungen bei einem Online- und Netzwerk-Einsatz keinen ausreichenden Schutz bieten. Eine vergleichbare Rechtslage ist bei den Computerprogrammen vor Erlaß der Computerrichtlinie ebenfalls verzeichnet worden. Die Computerrichtlinie hat deshalb auch die Verwertungsrechte neu geregelt. Inwiefern diese den neuen technischen Gegebenheiten gerecht werden, gilt es zu prüfen.

aa) Die dauerhafte oder vorübergehende Vervielfältigung

Bereits bei den Verwertungsrechten der digitalen Kartenbeständen von ATKIS[572] wurde die gesetzliche Regelung des § 69 c Nr.1 UrhG und deren Bedeutung hinsichtlich der vorübergehenden Vervielfältigung erwähnt. So hat der Rechtsinhaber gem. § 69 c Nr.1 S.1 UrhG das ausschließliche Recht, die dauerhafte oder vorübergehende Vervielfältigung, ganz oder teilweise, eines Computerprogramms mit jedem Mittel und in jeder Form vorzunehmen oder zu gestatten. Somit ist der Urheber gegen die gleichzeitige Nutzung eines Computerprogrammes an verschiedenen Arbeitsplätzen, der vorübergehenden Vervielfältigung durch die Bildschirmanzeige, geschützt. Der Urheber hat damit aber auch einen Schutz gegen die Übermittlung eines Computerprogamms per Online, da Vervielfältigungen eines Computerprogramms mit jedem Mittel und in jeder Form zustimmungsbedürftig sind. Diese Rechtsnorm bietet dem Urheber gegen diese neuen technischen Möglichkeiten einen ausreichenden Schutz und damit eine Sicherung seines Partizipationsinteresses.

Der Gesetzgeber hat desweiteren zwar nach § 69 c Nr.1 S.2 UrhG solche Handlungen unter die zustimmungsbedürftigen Handlungen gereiht, die beim Laden, Anzeigen, Ablaufen, Übertragen oder Speichern des Computerprogramms eine Vervielfältigung erfordern. Er hat jedoch gem. § 69 d Abs.1 UrhG die bestimmungsgemäße Benutzung eines rechtmäßig erworbenen Computerprogramms von den zustimmungsbedürftigen Handlungen ausgenommen, da der Urheber bei einem rechtmäßigen Erwerb durch den Erwerber bereits sein Entgelt für seine Schöpfung erhalten hat.[573]

---

571 Siehe hierzu vorne : 2.Teil, 3. Kapitel, § 11 A. I. 2) b).
572 Siehe hierzu: 2.Teil, 3. Kapitel, § 11 A. I. 2) b) bb).
573 Siehe hierzu vorne : 2.Teil, 3. Kapitel, § 11 A. I. 2) a) bb).

Hinsichtlich der vorübergehenden Speicherung ist dem Urheber sein Entgelt gesichert.

bb) Übersetzung, Bearbeitung, Arrangement und andere Umgestaltungen

Der Rechtsinhaber des Computerprogramms hat das ausschließliche Recht gem. § 69 c Nr.2 S.1 UrhG, die Übersetzung, die Bearbeitung, das Arrangement und andere Umarbeitungen eines Computerprogramms sowie die Vervielfältigung der erzielten Ergebnisse vorzunehmen oder zu gestatten. § 69 c Nr.2 S.1 UrhG ist damit zwar mit § 23 UrhG vergleichbar, aber nicht identisch. Es wird zusätzlich bereits die Herstellung der Übersetzung, der Bearbeitung, des Arrangements und der anderen Umarbeitungen untersagt, denn diese werden gesondert von der Vervielfältigung aufgezählt. Dies hat der Gesetzgeber ausdrücklich in den Motiven zu dieser Regelung klargestellt. Wörtlich hat er dies[574] wie folgt umschrieben : „In Abweichung von § 23 UrhG wird nicht erst die Veröffentlichung oder Verwertung einer Bearbeitung, sondern bereits die Erstellung der Bearbeitung erfaßt.“ Die Herstellung solcher Bearbeitungen ist zum einen durch die digitalen Möglichkeiten einfacher und auch schneller. Zum anderen können diese Bearbeitungen leichter als analoge Bearbeitungen vervielfältigt werden, da digitale Vervielfältigungen ohne erheblichen Zeit- und Arbeitsaufwand sowie ohne Qualitätsverlust erstellt werden können. Somit wird einem erweiterten Schutzbedürfnis des Urhebers hinsichtlich der erweiterten Nutzungsmöglichkeiten Rechnung getragen.

cc) Jede Form der Verbreitung des Originals eines Computerprogramms oder von Vervielfältigungsstücken, einschließlich der Vermietung

Nach § 69 c Nr.3 S.1 UrhG hat der Rechtsinhaber das ausschließliche Recht, *jede Form* der Verbreitung des Originals eines Computerprogramms oder von Vervielfältigungs*stücken*, einschließlich der Vermietung, vorzunehmen oder zu gestatten. Wird nach S.2 ein Vervielfältigungs*stück* eines Computerprogramms mit Zustimmung des Rechtsinhabers im Gebiet der Europäischen Gemeinschaft oder eines anderen Vertragsstaates des Abkommens über den Europäischen Wirtschaftsraum im Wege der Veräußerung in

574 Gesetzesentwurf der Bundesregierung -Entwurf eines Zweiten Gesetzes zur Änderung des Urheberrechtsgesetzes vom 18.12.1992, Begründung - B. Zu den einzelnen Vorschriften, zu § 69 c -zu Nummer 2-, Deutscher Bundestag, 12.Wahlperiode, BT-Drucksache 12/4022, S. 11.

Verkehr gebracht, so erschöpft sich das Verbreitungsrecht in bezug auf dieses Vervielfältigungsstück mit Ausnahme des Vermietrechts.

Als Ergebnis kann festgehalten werden, daß die zustimmungsbedürftigen Verwertungsrechte die erweiterten Eingriffshandlungen der neuen technischen Gegebenheiten in ihren Schutzbereich eingeschlossen haben.

B. Kfz-Navigationssysteme

I. Sammelwerk des § 4 UrhG - aber Bereich der kleinsten Münze ?

1) Eigenschöpferische Leistung bei Kfz-Navigationssystemen- kleinste Münze?

a) Digitalisieren der Mittellinien von beispielsweise Straßen der analogen Karten der Landesvermessungsämter

Digitalisieren der Mittellinien von Straßen bedeutet, daß die Mittellinie einer doppellinigen Straßensignatur in ihrem Verlauf digitalisiert wird.

Wenn also der Verlauf einer Folgekarte ohne Generalisierung übernommen wird, dann wird der Verlauf der generalisierten Ergebnisse der Linienelemente übernommen. Dieses alleinige Digitalisieren -ohne eine gleichzeitige Generalisierung- ist eine Kopie des Verlaufs der Straße der vorhandenen Karte und nicht eigenschöpferisch.[575] Diese generalisierten Ergebnisse dürfen jedoch nur dann „genutzt" werden, wenn gleichzeitig eine Generalisierung und damit ein gleichzeitiges eigenschöpferisches Schaffen stattfindet. Wird hingegen der Verlauf von Straßen der Ersterfassung -die eigentlichen Vermessungsergebnisse- digitalisiert, darf dieser unverändert übernommen werden. Die eigentlichen Vermessungsergebnisse sind keine eigenschöpferischen Ergebnisse.

Es verbleibt somit „lediglich"[576] bei der Anordnung der aufgenommenen Daten die Möglichkeit für ein eigenschöpferisches Schaffen. Ist eine solche jedoch nicht nach einer individuellen Anordnungskonzeption erstellt, so kann keine eigenschöpferische Datenbank bejaht werden. Eine individuelle Anordnung ist nur gegeben, wenn diese auf unterschiedlichen Gesichtspunkten aufbaut. Eine solche ist insbesondere dann zu beja-

575 Siehe hierzu vorne : 1.Teil, 2. Kapitel, § 3 A. I. und 2.Teil, 3. Kapitel, § 11 A. I. 1) b) aa).
576 Dieses „lediglich" bezieht sich auf das Digitalisieren der generalisierten Ergebnisse.

hen, wenn diese eine Vielzahl konkreter Auswahlentscheidungen enthält. Sind mehrere Entscheidungen unter individuellen, subjektiven Gesichtspunkten getroffen worden, so ist dies ein Indiz für eine persönliche geistige Schöpfung, was vorne beim Urheberrechtsschutz bei den computererstellten Landkarten bzw. den digitalen Kartenbeständen[577] dargelegt worden ist.

Hat die betreffende Anordnung dieses erforderliche Mindestmaß an Individualität nicht erreicht, so liegt der Bereich der kleinsten Münze vor. Dieser Bereich wird urheberrechtlich nicht geschützt. Um diesen Bereich nicht völlig ungeschützt zu lassen, ist fraglich, ob hier der wettbewerbliche Leistungsschutz weiterhilft und ob dieser neben den Sonderschutzgesetzen überhaupt bestehen kann. Insofern muß erstens geklärt werden, ob das Urheberrechtsgesetz als Sonderschutzgesetz abschließend ist. Zweitens gilt zu prüfen, inwieweit der wettbewerbliche Leistungsschutz im Falle von Mühe- bzw- Fleißleistungen und handwerklichen Leistungen einen echten alternativen Schutz bieten kann.

b) Übernahme des digitalen Kartenbestandes von den Landesvermessungsämtern

Wird ein Teil eines digitalen Kartenbestandes oder der gesamte digitale Kartenbestand von dem Hersteller von Kfz-Navigationssystemen übernommen, dann kann dies nur durch eine digitale Kopie geschehen. Ein eigenschöpferisches Schaffen ist insoweit völlig ausgeschlossen.

Übernehmen die Hersteller der Kfz-Navigationssysteme den digitalen Kartenbestand von ATKIS, dann bedürfen sie der Zustimmung des Urhebers von ATKIS. Denn ATKIS ist eine eigenschöpferische Datenbank.[578]

2) Hinzufügen von thematischen Inhalten - Bereich der kleinsten Münze ?

Im 1.Teil[579] wurde jedoch bereits festgestellt, daß die thematischen Inhalte bei Kfz-Navigationssystemen zumeist vollständig aufgenommen werden. Eine vollständige Aufnahme von beispielsweise Hotels kann jedoch nicht das Maß an Individualität für eine persönliche geistige Schöpfung erreichen. Denn eine Auswahl nach der Vollstän-

---

577 Siehe hierzu vorne : 2.Teil, 3. Kapitel, § 11 A. I. 1) b) bb).
578 Siehe hierzu : 2.Teil, 3. Kapitel, § 11 A. I. 1) b).
579 Siehe : 1.Teil, 2. Kapitel, § 3 B. III.

digkeit ist eine solche aus der Natur der Sache.[580] Somit kann bei der vollständigen Aufnahme von thematischen Inhalten in der Auswahl keine persönliche geistige Schöpfung gesehen werden. Es verbleibt lediglich die Möglichkeit eines eigenschöpferischen Schaffens hinsichtlich der Anordnung der aufgenommenen Daten.

3) Anderer Signaturenkatalog - andere Darstellungsweise als in den Landkarten

Bei den Kfz-Navigationssystemen wird Wert auf die Funktionalität und nicht auf die Ästhetik oder die Lesbarkeit gelegt.[581] Es werden deshalb überwiegend keine eigenschöpferischen Siganturen entwickelt. Eigenschöpferische Signaturen können dann bejaht werden, wenn das Charakteristische des Darzustellenden herausgearbeitet worden ist.[582]

II. Computerprogramm zur Funktionsweise des Kfz-Navigationssystems

Die Computerprogramme zur Funktionsweise von Kfz-Navigationssystemen erfordern ebenso wie die Computerprogramme von ATKIS mehrere Berechnungen und damit auch die Kombination von Algorithmen. Um als Lösung eine solche Kombination von Algorithmen zu erhalten, müssen zuvor mehrere wertende Entscheidungen hinsichtlich der Anordnung als auch der Auswahl getroffen werden. Diese wertenden Entscheidungen können als Indiz für ein über dem handwerklichen/alltäglichen/üblichen liegendes Schaffen gelten. Das Indiz spricht also für eine persönliche geistige Schöpfung der Computerprogramme bei Kfz-Navigationssystemen.[583]

---

580 Siehe hierzu : 2. Teil, 3. Kapitel, § 11 A. I. 1) b) bb) aaa).
581 Siehe hierzu : 1.Teil, 2. Kapitel, § 3 B. III und IV.
582 Siehe hierzu vorne : 2.Teil, 2. Kapitel, § 8 B II.
583 Siehe hierzu vorne : 2.Teil, 3. Kapitel, § 11 A. II. 2) b).

§ 12 Urheberrechtsschutz *nach Erlaß* der EG-Datenbankrichtlinie

A. Erlaß der EG-Datenbankrichtlinie

Wie bereits vorne[584] aufgezeigt worden ist, bietet das Urheberrechtsgesetz *vor* Erlaß der EG-Datenbankrichtlinie dem Urheber keinen ausreichenden Schutz vor allem im Sinne von Rechtsklarheit und Rechtssicherheit. Dies ist insbesondere wegen der neuen technischen Gegebenheiten sowohl auf Schutzvoraussetzungsseite als auch auf Schutzumfangsseite, bei den Verwertungsrechten, der Fall. Insofern soll nachfolgend geklärt werden, ob die EG-Datenbankrichtlinie dem Urheber von digitalen Kartenbeständen einen ausreichenden urheberrechtlichen Schutz gewährt.

Die EG-Datenbankrichtlinie bietet aber nicht lediglich einen urheberrechtlichen Schutz, sondern auch einen Schutz durch das Recht sui generis. Insofern ist eine Schutzerweiterung zu verzeichnen. Denn die EG-Datenbankrichtlinie ist aus der urspünglichen Intention der EU-Kommission, eine Harmonisierung und Vollendung der Schaffung eines europäischen Binnenmarktes zu erzielen und damit die Wettbewerbsfähigkeit von Europa zu stärken, erlassen worden. Der Wunsch nach einer solchen Harmonisierung erstreckt sich auch auf eine erfolgreiche Verwirklichung der Informationsgesellschaft, die sich durch den technischen Fortschritt und den damit einhergehenden Datenbankeinsatz bedingt.

I. Entwicklungsgeschichte und Gründe für den urheberrechtlichen Teil der EG-Datenbankrichtlinie

Schon im Weißbuch von 1985 wurde zum Ausdruck gebracht, daß sich urheberrechtliche Unterschiede unmittelbar und negativ auf den innergemeinschaftlichen Handel und auf die Fähigkeit der Unternehmen auswirken, den gemeinsamen Markt als das einzige Umfeld für ihre Wirtschaftstätigkeiten anzusehen[585]. Durch die neuen Technologien seien die Grenzen irrelevant geworden oder hätten zumindest erheblich an Bedeutung verloren. Hierfür seien aber viele Rechtsprobleme und Wettbewerbsverzerrungen zu lö-

---

584 Siehe hierzu vorne : 2.Teil, 3. Kapitel, § 11 A. I. 1) und 2).

585 Weißbuch der Kommission an den Europäischen Rat, KOM (85) 310 endg., Brüssel, 14. Juni 1985, S. 36.

sen[586]. Ein Fehlen eines gemeinschaftlichen Rahmens für grenzüberschreitende Tätigkeiten der Unternehmen und für die Zusammenarbeit zwischen Unternehmen der verschiedenen Mitgliedstaaten habe dazu geführt, daß eine Vielzahl von potentiell gemeinsamen Projekten niemals das Licht der Welt erblickt hätten[587]. Die Rechtsordnungen müßten dem technologischen Wandel in verschiedenen Bereichen angepaßt werden, um so eine sichere Rechtsgrundlage für Investitionen in neuen technologischen Bereichen schaffen zu können.[588]

In den Initiativen zum Grünbuch wurde das Urheberrecht als ein Eckpfeiler des geistigen Schöpfungsprozesses bezeichnet. Das Urheberrecht schützen, heißt, die Gegenwart und die Zukunft der schöpferischen Tätigkeit im Interesse der Urheber, der Unternehmen des Kultursektors, der Verbraucher und letztlich der ganzen Gesellschaft zu sichern[589].

Im Grünbuch von 1995 wurden die Gründe und insbesondere die Bedingungen für die Schaffung eines harmonisierten Binnenmarktes verstärkt deutlich gemacht. So wurde für die erfolgreiche Verwirklichung der Informationsgesellschaft ein kohärenter Rechtsrahmen gefordert, so daß die Vielzahl von neuen Diensten und Erzeugnissen, die entwickelt werden, aus den Datenautobahnen ungeteilten Nutzen ziehen können[590]. Desweiteren heißt es in dem Grünbuch von 1995[591], daß schöpferische Bemühungen und die damit einhergehenden hohen Investitionen nur dann erfolgen werden, wenn das Urheberrecht und die verwandten Schutzrechte Werken und Leistungen auch im digitalen Bereich ausreichenden Schutz bieten. Durch die Besonderheit der digitalen Technologie sei eine wesentlich leichtere Übertragung und Vervielfältigung einer großen Anzahl von Daten möglich als bei der herkömmlichen Technik.

Als weiterer Grund wurde angegeben, daß durch die größeren Unterschiede im Schutzniveau für Werke und Leistungen zwischen den einzelnen Mitgliedstaaten die Verwirklichung des Binnenmarktes behindert wird. So könne insbesondere der freie Verkehr der

---

586 Weißbuch, a.a.O., S. 33.
587 Weißbuch, a.a.O., S. 34.
588 Weißbuch, a.a.O., S. 36.
589 Initiativen zum Grünbuch, Arbeitsprogramm der Kommission auf dem Gebiet des Urheberrechts und der verwandten Schutzrechte, in Kommission der Europäischen Gemeinschaften, KOM (90) 584 endg., Brüssel, 17. Januar 1991, S. 2.
590 Grünbuch, Urheberrecht und verwandte Schutzrechte in der Informationsgesellschaft, Kommission der Europäischen Gemeinschaften, Brüssel, den 19.07.1995, S. 3 - 5.
591 Grünbuch, a.a.O., S. 3 - 5.

davon betroffenen Waren und Dienstleistungen beeinträchtigt werden[592]. Und schließlich wurde ein rechtlicher Schutz als wichtig erachtet, da die Datenautobahnen zukünftig mehr und mehr Werke sowie anderes geschütztes Material transportieren werden. Der Schutz dürfe aber die Nutzung der Datennetze nicht behindern[593].

Um einen harmonisierten und vollendenten europäischen Binnenmarkt zu schaffen und damit die europäische Wettbewerbsfähigkeit zu stärken, sind als rechtliche Schutzmittel bzw. Helfer *die Schaffung eines hierfür zugeschnittenen* Urheberrechts für Datenbanken und die Schaffung des Rechts sui generis durchaus geeignet. Bereits vorne[594] wurde verdeutlicht, daß ein ausreichender urheberrechtlicher Schutz einen wirtschaftlichen Anreiz für die Schaffung neuer Werke[595] bieten und damit den Wettbewerb auf höherer Ebene anregen soll.[596] So übernimmt das Urheberrecht auch eine wesentliche Funktion im dynamischen Wettbewerbskonzept und sichert so die Funktionsfähigkeit des Wettbewerbs[597]. Wirtschaftliche Überlegungen haben insbesondere auch deshalb im Urheberrecht ihre Berechtigung, da mittlerweile das Urheberrecht nicht nur Schutz den Werken der reinen Kunst und der gehobenen Literatur gewährt. Dies wird durch die verschiedenen Werkkategorien des § 2 Abs.1 UrhG deutlich. So fallen hierunter auch solche Werkkategorien, bei denen ein Gebrauchszweck oder ein gewerblicher Charakter im Vordergrund stehen[598]. Gerade bei den Datenbanken wurde deutlich, daß diese nicht einen allzu großen Spielraum für eigenschöpferisches Tun haben. So kann lediglich in der Strukturierung eine persönliche geistige Schöpfung liegen. Desweiteren werden die meisten geschützten Werke nicht mehr von einem einzelnen in einer selbständigen und unabhängigen Stellung stehenden Urheber geschaffen, sondern von Arbeitnehmern, die in einem Unternehmen beschäftigt sind. Insofern stehen auch hier wirtschaftliche Interessen im Vordergrund.[599] So ist das Urheberrecht auch wie das Wettbewerbsrecht maßgeblich vom gleichen Rechtsgedanken geprägt, nämlich von der Rechtsüberzeugung,

---

592 Grünbuch, a.a.O., S. 3 - 5.
593 Grünbuch, a.a.O., S. 3 - 5.
594 Siehe hierzu vorne : 2.Teil, 1. Kapitel, § 6 A. und C.
595 Schulte-Beckhausen, S. 99.
596 Ebenso: Schulte-Beckhausen, S. 97; Lehmann, GRUR Int. 1983, S. 356, 360 ff.; Kur, GRUR 1990, S. 1, 5.
597 Ebenso : Schulte-Beckhausen, S. 97; siehe hierzu : 3.Teil, 1. Kapitel, § 13 B.
598 So auch : Schulte-Beckhausen, S. 95.
599 Schulte-Beckhausen, S. 96.

daß einer schöpferischen Leistung Schutz gegen Nachahmung gebührt.[600] Inwieweit das Urheberrecht der EG-Datenbankrichtlinie jedoch tatsächlich zur Harmonisierung und Vollendung des europäischen Binnenmarktes beiträgt und damit auch des unzureichenden urheberrechtlichen Schutzes vor Erlaß der Richtlinie gerecht wird, kann erst nach der Auseinandersetzung mit dem urheberrechtlichen Teil der EG-Datenbankrichtlinie beantwortet werden.

II. Regelungsinhalte : Schutz einer Datenbank

1) Schutzvoraussetzungen

a) Datenbank - eine Sammlung von Werken, Daten oder anderen unabhängigen Elementen

Art.1 Abs.2 der Richtlinie besagt wörtlich: „Eine Datenbank ist eine Sammlung von Werken, Daten oder anderen unabhängigen Elementen, die systematisch oder methodisch angeordnet und einzeln mit elektronischen Mitteln oder auf andere Weise zugänglich sind". Was im näheren unter einer Datenbank zu verstehen ist, ergibt sich aus dem Erwägungsgrund 17 der Richtlinie. Wörtlich heißt es in Erwägungsgrund 17[601]: „Unter dem Begriff „Datenbank" sollten Sammlungen von literarischen, künstlerischen, musikalischen oder anderen Werken sowie von anderem Material wie Texten, Tönen, Bildern, Zahlen, Fakten und Daten verstanden werden. Es muß sich um Sammlungen von Werken, Daten oder anderen unabhängigen Elementen handeln, die systematisch oder methodisch angeordnet und einzeln zugänglich sind. Daraus ergibt sich, daß die Aufzeichnung eines audiovisuellen, kinematographischen, literarischen oder musikalischen Werkes als solche nicht in den Anwendungsbereich dieser Richtlinie fällt".

Die Definition der Datenbank ist zwar mit der Definition des Sammelwerkes des § 4 UrhG vergleichbar. Sie ist jedoch nur insoweit die gleiche geblieben, indem von

600 Gerhardus, S. 32.

601 Erwägungsgrund 17, Richtlinie 96/9/EG des Europäischen Parlaments und des Rates vom 11.März 1996 über den rechtlichen Schutz von Datenbanken, in Amtsblatt der Europäischen Gemeinschaften Nr. L 77, S. 21.

Sammlungen von Werken die Rede ist. Der Begriff „anderen Beiträgen“ wurde durch den Begriff „*unabhängige Elemente*“ ersetzt. Zwar werden unter Beiträgen Ergebnisse geistiger Tätigkeiten verstanden, die unterhalb der Werkqualität angesiedelt sind,[602] diese können aber nicht mit den unabhängigen Elementen gleichgesetzt werden. Denn andere Beiträge sind nicht so *un*abhängige Elemente, da unter andere Beiträge solche wie Gerichtsentscheidungen oder Gesetze zu fassen sind.[603] Desweiteren wurde die Definition durch den Begriff „*Daten*“ und durch den Zusatz „*Sammlung einzeln mit elektronischen Mitteln oder auf andere Weise zugänglich ist*“ erweitert.

ATKIS besteht ja zum einen aus Sammlungen von Landkarten und Werken, die entweder durch Scannen oder durch Digitalisierung aufgenommen worden sind. Sie lassen sich somit unter den Begriff „Sammlung von Werken“ und auch unter den Begriff „Daten“ zuordnen, da sie nach dem Scannen oder Digitalisieren in digitaler Form vorliegen. Zum anderen setzt sich ATKIS aus dem OK und dem SK zusammen. Diese liegen auch in digitaler Form als Daten vor. Insoweit läßt sich ATKIS unter Art. 1 Abs.2 und auch unter den Erwägungsgrund 17 einordnen. Da ATKIS nicht ohne elektronische Mittel sinnlich wahrnehmbar gemacht werden kann[604], trägt auch der Zusatz, daß die Sammlung einzeln mit elektronischen Mitteln oder auf andere Weise zugänglich ist, einem ausreichenden Schutz Rechnung.

Desweiteren ist in Abs.1 des Art.1 ein ganz neuer Text eingefügt worden, indem es dort heißt: „Diese Richtlinie betrifft den Rechtsschutz von Datenbanken *in jeglicher Form*“. ATKIS kann auf einem Daten- bzw. Fessträger, auf einer Festplatte oder durch einen Online- bzw. Netzwerk-Einsatz vorliegen. Damit wird diese Schutzvoraussetzung auch diesen neuen technischen Gegebenheiten voll gerecht.

602 Siehe hierzu vorne : 2.Teil, 3. Kapitel, § 11 A. I.1) a) aa) und Fromm/Nordemann-Vinck, § 4 Rn.1; Schricker-Loewenheim, § 4 Rn.9.

603 Schricker-Loewenheim, § 4 Rn.9; OLG Frankfurt, GRUR 1986, S. 242 -Gesetzessammlung- und siehe hierzu vorne : 2.Teil, 3. Kapitel, § 11 A. I.1) a) aa).

604 Siehe hierzu vorne : 2.Teil, 3. Kapitel, § 11 A. I. 1).

b) *Eigene geistige Schöpfung - Auswahl und Anordnung*

In Art. 3 der EG-Datenbankrichtlinie wird klargestellt, was unter einer eigenen geistigen Schöpfung im Sinne der Richtlinie zu verstehen ist. Art. 3 Abs.1 lautet : „Gemäß dieser Richtlinie werden Datenbanken, die aufgrund der Auswahl oder Anordnung des Stoffes eine eigene geistige Schöpfung ihres Urhebers darstellen, als solche urheberrechtlich geschützt. Bei der Bestimmung, ob sie für diesen Schutz in Betracht kommen, sind keine anderen Kriterien anzuwenden.“ In Erwägungsgrund 15[605] wird klargestellt, daß sich der zu gewährende Schutz auf *die Struktur der Datenbank* beziehen soll. Dies spiegelt sich auch in der Formulierung von Art. 1 Abs.2 der Richtlinie wieder, indem eine Datenbank eine Sammlung von Werken, Daten oder anderen unabhängigen Elementen sein soll, die *systematisch oder methodisch angeordnet* worden ist. Bei den Sammelwerken wurde festgestellt[606], daß sich die Umschreibung der persönlichen geistigen Schöpfung durch die Begriffe Auslese oder Auswahl letztlich auch auf *die Struktur der Sammlung* beziehen. Statt des Begriffs „Auslese“ wird der Begriff „Auswahl“ verwendet, der jedoch vom Wortsinn her dasselbe bedeutet.

ATKIS ist überspitzt ausgedrückt eine eigenschöpferisch strukturierte Datensammlung und damit kommen die Schutzvoraussetzungen der Datenbank eines zu fordernden Schutzes für ATKIS entgegen.

c) *Gestaltungshöhe / Schutz der kleinen Münze ?*

In Erwägungsgrund 16 wird im näheren Stellung genommen, wie es sich mit der eigenen geistigen Schöpfung hinsichtlich der Gestaltungshöhe verhält. Hiernach sollen keine anderen Kriterien angewendet werden als die Originalität im Sinne einer geistigen Schöpfung. Insofern soll insbesondere keine Beurteilung der Qualität oder des ästhetischen Wertes der Datenbank vorgenommen werden. Wenn also keine Beurteilung der Qualität erfolgen soll, spricht dies gegen besonders hohe Anforderungen an die Gestaltungshöhe. Besonders hohe Anforderungen sind solche, die ein deutliches Überragen ei-

---

605 Erwägungsgrund 15, Richtlinie 96/9/EG des Europäischen Parlaments und des Rates vom 11.März 1996 über den rechtlichen Schutz von Datenbanken, in Amtsblatt der Europäischen Gemeinschaften Nr. L 77, S. L 77/21.

606 Siehe hierzu vorne : 2.Teil, 3. Kapitel, § 11 A. I.1) a).

nes Durchschnittserstellers verlangen. Insoweit entspricht die Nichtbeurteilung der Qualität für den Schutz der kleinen Münze.

An anderer Stelle[607] wurde ausführlich dargetan, daß der Bereich der kleinen Münze von der persönlichen geistigen Schöpfung umfaßt werden kann. Die Grenze ist immer dort zu ziehen, wo das Handwerkliche, Alltägliche, Schematische oder Übliche beginnt. Das Recht sui generis schützt die kleinste Münze, nicht die kleine Münze. Im Umkehrschluß besagt dies, daß nach der EG-Datenbankrichtlinie der Bereich der kleinen Münze durchaus eine eigene geistige Schöpfung einer Datenbank sein kann. Dies ergibt sich aber auch aus den Erfahrungen mit der Computerrichtlinie und deren Umsetzung in die besonderen Bestimmungen bei Computerprogrammen. In der Computerrichtlinie in Art 1 Abs.3 S. 2 hieß es auch : „Zur Bestimmung ihrer Schutzfähigkeit sind keine anderen Kriterien anzuwenden.“[608] Diese Formulierung wurde deshalb gewählt, um die damals von der Rechtsprechung[609] geforderten erhöhten Anforderungen zu senken. Es wurde gefordert, daß der Urheber im Vergleich zu einem Durchschnittsprogrammierer eine überdurchschnittliche Leistung erbringen muß. Hierbei wurde ein deutliches Überragen über der Leistung des Durchschnittprogrammierers verlangt[610]. Heinz[611] sieht hier ebenso eine Parallele zu der Computerrichtlinie. So macht er insbesondere deutlich, daß bei der Datenbankrichtlinie auch untersagt ist, besondere Qualitätskriterien zur Voraussetzung des Datenbankschutzes zu machen. Herberger[612] vertritt die Ansicht, daß keine allzu hohen Anforderungen an die Schöpfungshöhe des Art. 3 gestellt werden dürften. Denn es seien gemäß Art.3 keine anderen Kriterien anzuwenden. Zuzustimmen ist somit auch Berger[613], wenn nach ihm die kleine Münze Schutz genießen soll. Er geht jedoch hingegen zu weit, wenn er elektronische Telefonverzeichnisse unter die kleine Münze reiht. Solche tangieren doch, wenn diese in alphabetischer Reihenfolge erstellt sind, den Bereich der kleinsten Münze. Er müßte vielmehr zwischen solchen unterscheiden, die nach eigenen Auswahlentscheidungen ein Verzeichnis bilden, und zwischen solchen,

---

607 Siehe hierzu vorne : 2.Teil, 1. Kapitel, § 5 B. II.

608 Richtlinie des Rates vom 14.Mai 1991 über den Rechtsschutz von Computerprogrammen (91/250/EWG), in Amtsblatt der Europäischen Gemeinschaften, Nr. L 122/44, S. 44.

609 BGH, GRUR 1985, S. 1041 -Inkasso-Entscheidung-; BGH, GRUR 1991, S. 449 -Betriebssystem-Entscheidung-.

610 BGH, GRUR 1985, S. 1041, 1047 f. -Inkasso-Programm-.

611 Heinz, GRUR 1996, S. 455 ff.

612 Herberger, jur-pc 1996, S. 207.

613 Berger, GRUR 1997, S. 170/171.

die lediglich nach alphabetischer Reihenfolge erstellt worden sind. Lehmann[614] bringt aber deutlich zum Ausdruck, daß Telefonbücher oder einfache Adressenverzeichnisse, die unterhalb der schöpferischen Schwelle des Urheberrechts liegen, durch das Recht sui generis geschützt werden. Damit will er auch die kleine Münze unter den urheberrechtlichen Schutz der EG-Datenbankrichtlinie stellen.

Da ein Sammelwerk und eine Datenbank sich im wesentlichen nur hinsichtlich der neuen technischen Gegebenheiten, wie des elektronischen Zugriffs und der Daten, unterscheiden, gelten die entwickelten Indizien für eine persönliche geistige Schöpfung beim Sammelwerk auch bei der Datenbank. Ein Indiz für eine persönliche geistige Schöpfung eines Sammelwerkes iSd § 4 UrhG wurde darin gesehen, wenn die Auslese bzw. Anordnung auf einer Konzeption beruht, die viele Entscheidungen und damit eine schwierige Tätigkeit erfordert hat. Als weiteres Indiz wurden die vielen Entscheidungen, die unter individuellen, subjektiven Gesichtspunkten getroffen worden sind, gewertet.
Wie bereits vorne[615] aufgezeigt worden ist, ist ATKIS eine strukturierte Datensammlung, die über dem Handwerklichen liegt und die Voraussetzungen einer Konzeption, die unter individuellen bzw. subjektiven Gesichtspunkten erstellt worden ist, erfüllt. Insoweit gewährt der Schutz der kleinen Münze bei einer Datenbank nach Art. 3 einen ausreichenden Schutz für ATKIS.

d) Kein Schutz des Inhalts

In Abs.2 des Art.3 wurde ebenfalls ein neuer Text eingeführt. So heißt es wörtlich : „Der durch diese Richtlinie gewährte urheberrechtliche Schutz einer Datenbank erstreckt sich nicht auf deren Inhalt und läßt Rechte an diesem Inhalt unberührt“. Damit wird explizit ausgesprochen, daß bei Datenbanken ein Schutz eines Inhalts nicht gewährt werden soll. Zwar wird der Inhalt von Sammelwerken ebenfalls nicht geschützt. Dies ergibt sich aber nicht ausdrücklich aus dem Wortlaut des § 4 UrhG. Insofern hat dies klarstellenden Charakter.
Hinsichtlich der Schutzvoraussetzungen bei Datenbanken bietet die EG-Datenbankrichtlinie im Hinblick auf die neuen technischen Gegebenheiten -wie bei ATKIS- einen

614 Lehmann, NJW-CoR 1996, S. 249.
615 Siehe hierzu vorne : 2.Teil, 3. Kapitel, § 11 A. I. 1) b).

ausreichenden urheberrechtlichen Schutz. Damit wird sie auch der Intention der EU-Kommission gerecht. Wie es sich aber mit den Verwertungsrechten verhält, ist damit aber noch nicht beantwortet.
Nunmehr muß also geprüft werden, ob dasselbe bei den Verwertungsrechten des Urhebers zutrifft und wie dessen Schutz aussieht.

2) *Schutzumfang*

Der Schutz erstreckt sich auf das ausschließliche Recht des Urhebers, bestimmte Handlungen vorzunehmen bzw. zu erlauben -zustimmungsbedürftige Handlungen-.

a) *Die vorübergehende oder dauerhafte Vervielfältigung - parallel zu dem Vervielfältigungsrecht des § 16 UrhG ?*

Nach Art.5 a) hat der Urheber das ausschließliche Recht, die vorübergehende oder dauerhafte Vervielfältigung, ganz oder teilweise, mit *jedem Mittel und in jeder Form* vorzunehmen oder zu erlauben. Wörtlich entspricht diese Formulierung der entsprechenden Vorschrift bei Computerprogrammen, § 69 c Nr.1 S.1 UrhG. In Erwägungsgrund 31 der EG-Datenbankrichtlinie[616] wird klargestellt, daß der urheberrechtliche Schutz von Datenbanken auch die Zurverfügungstellung von Datenbanken in einer anderen Weise als durch die Verbreitung von Vervielfältigungsstücken miteinschließt. Dies besagt, daß nach Art.5 a) der Online- und Netzwerk-Zugriff von Datenbanken in das ausschließliche Vervielfältigungsrecht des Urhebers fällt[617]. Bereits vorne[618] wurde ein fehlender urheberrechtlicher Schutz der vorübergehenden digitalen Vervielfältigung der Bildschirmanzeige bei einem Online- und Netzwerk-Zugriff bemängelt. Es wurde ein Schutz wie die vorübergehende Vervielfältigung bei den Computerprogrammen vorgeschlagen und als ausreichend erachtet.
Art.5 a) wird diesem Erfordernis und damit den Gegebenheiten eines Online- und Netzwerk-Zugriffs von digitalen Kartenbeständen gerecht, da die Begrifflichkeit „der vorübergehenden Vervielfältigung" der Vervielfältigung bei der Bildschirmanzeige ent-

---

616 Erwägungsgrund 31, Richtlinie 96/9/EG des Europäischen Parlaments und des Rates vom 11.März 1996 über den rechtlichen Schutz von Datenbanken, in Amtsblatt der Europäischen Gemeinschaften Nr. L 77, S. 22.
617 Kappes, S. 268.
618 Siehe vorne : 2.Teil, 3. Kapitel, § 11 A. I. 2) b) bb).

spricht. Desweiteren umfassen die Begriffe „mit jedem Mittel" und „in jeder Form" den Gegebenheiten eines Online- und Netzwerk-Zugriffs. Eine Vervielfältigung mit jedem Mittel bedeutet, daß die Vervielfältigung mit digitaler Übermittlung wie bei einem Online- und Netzwerk-Zugriff geschehen kann. Die Vervielfältigung in jeder Form schließt auch die mittels Online- und Netzwerk-Zugriffs mitein, da diese ja digital und vorübergehend ist.

Bei den digitalen Kartenbeständen kommen aber nicht nur die vorübergehenden Vervielfältigungen bei der Bildschirmanzeige des Online- und Netzwerk-Zugriffs vor, sondern auch die der *vorübergehenden* Vervielfältigungen beim bestimmungsgemäßen Gebrauch, wie dies bei der bestimmungsgemäßen Nutzung der Datenbank ATKIS der Fall ist. Eine solche Speicherung als Eingriffshandlung und damit als zustimmungsbedürftige Handlung zu werten, wurde bereits im 3. Kapitel des 2.Teils[619] verneint. Der Urheber hat sein Entgelt für seine Schöpfung durch den rechtmäßigen Erwerb des Erwerbers erhalten.

Gem. Art. 6 Abs.1 Nr.1 der EG-Datenbankrichtlinie bedarf der rechtmäßige Benutzer einer Datenbank für die in Art. 5 gezählten Handlungen -und damit auch für die vorübergehende Vervielfältigung- nicht der Zustimmung des Urhebers, wenn sie für den Zugang zum Inhalt der Datenbank und deren *normale Benutzung* durch den rechtmäßigen Benutzer erforderlich sind. Somit wird die normale und bestimmungsgemäße Benutzung von den zustimmungsbedürftigen Handlungen ausgeschlossen. Sofern der rechtmäßige Benutzer nur berechtigt ist, einen Teil zu nutzen, gilt diese Bestimmung nur für diesen Teil -S.2 des Abs.1-. Diese Ausnahme der zustimmungsbedürftigen Handlungen wird dem Erfordernis, die bestimmungsgemäße Benutzung von der Zustimmung des Urhebers auszuschließen, gerecht.

Somit werden in Art.5 a) die vorübergehenden Vervielfältigungen bei einem Netzwerk- oder bei einem Online-Zugriff geregelt. Diese Vervielfältigungen bedürfen der ausschließlichen Zustimmung durch den Urheber, und insofern hat der Urheber einen ausreichenden Schutzumfang.

---

619 Siehe hierzu vorne : 2.Teil, 3. Kapitel, § 11 A. I. 2) a) bb) und b) bb).

b) Übersetzung, Bearbeitung, Anordnung und jede andere Umgestaltung

Gem. Art.5 b) hat der Urheber ferner das ausschließliche Recht die Übersetzung, Bearbeitung, Anordnung und jede andere Umgestaltung vorzunehmen oder zu erlauben. Dieser Artikel enthält einen neuen Begriff, den der *Anordnung*. Ein solcher ist im Urheberrechtsgesetz[620] weder bei den allgemeinen Verwertungsrechten[621] noch bei den besonderen Bestimmungen für Computerprogramme auffindbar[622]. Gerade der Begriff „Anordnung" ist auf die Strukturierung von Datenbanken zugeschnitten. Denn bei diesen kann eine Veränderung der Anordnung leichter vorgenommen werden als eine Veränderung der Auswahl. So wurde bereits vorne die Aufnahme des Begriffs „Anordnung" in den Gesetzestext gefordert.[623]

Der Begriff der Bearbeitung ist der Gleiche wie in § 23 UrhG und trägt insoweit auch einer solchen auf digitaler Ebene Rechnung. Der Begriff „anderer Umgestaltungen" in § 23 UrhG ist jedoch in Art. 5 b) präzisiert auf die digitalen Gegebenheiten, indem „*jede* andere Umgestaltung" eine zustimmungsbedürftige Handlung ist. Umgestaltungen auf digitaler Ebene können wesentlich leichter und schneller als bei den analogen Sammelwerken vorgenommen werden, da das Kopieren und das neue Plazieren wesentlich einfacher vor sich gehen kann. Wenn also jede andere Umgestaltung zu den zustimmungsbedürftigen Handlungen gezählt wird, ist dem Partizipationsinteresse des Urhebers Genüge getan. Insoweit wird ein ausreichender Schutz für ATKIS und Geoinformationssysteme geboten.

c) Öffentliche Verbreitung der Datenbank oder eines ihrer Vervielfältigungsstücke

Nach Art.5 c) hat der Urheber das ausschließliche Recht *jede Form* der öffentlichen Verbreitung der Datenbank oder eines ihrer Vervielfältigungsstücke vorzunehmen oder zu erlauben. Unter jede Form der öffentlichen Verbreitung fällt auch die digitale Form der Online- und Netzwerk-Übermittlungen. Somit schließt Art. 5 c) die Schutzlücke des § 17 UrhG.

---

620 Damit ist das Urheberrechtsgesetz vor Erlaß und Umsetzung der EG-Datenbankrichtlinie gemeint.
621 Siehe hierzu vorne : 2.Teil, 3. Kapitel, § 11 A. I. 2) c).
622 Siehe hierzu vorne : 2.Teil, 3. Kapitel, § 11 A. II. 3) b) bb).
623 Siehe hierzu vorne : 2.Teil, 3. Kapitel, § 11 A. I. 2) c).

Zwar ist in Satz 2 die Erschöpfung des ausschließlichen Rechts genannt. In Erwägungsgrund 33[624] wird jedoch klargestellt, daß der Erschöpfungsgrundsatz bei einer Online- und Netzwerk-Übermittlung nicht gelten soll.

Der Urheber hat ein Interesse an jeder weiteren Nutzung seines Werkes angemessen zu partizipieren.[625] So heißt es in Erwägungsgrund 33[626] wörtlich : „Die Frage der Erschöpfung des Verbreitungsrechts stellt sich nicht im Fall von Online-Datenbanken, die in den Dienstleistungsbereich fallen. Dies gilt auch in bezug auf ein physisches Vervielfältigungsstück einer solchen Datenbank, das vom Nutzer der betreffenden Dienstleistung mit Zustimmung des Rechtsinhabers hergestellt wurde. Anders als im Fall der CD-ROM bzw. CD-I, bei denen das geistige Eigentum an ein physisches Trägermedium, d.h. an eine Ware gebunden ist, stellt jede Online-Leistung nämlich eine Handlung dar, die, sofern das Urheberrecht dies vorsieht, genehmigungspflichtig ist". Somit sichert Art. 5 c) dem Urheber einen ausreichenden Schutz und damit die Partizipation bei einer Online- und Netzwerk-Übermittlung.

Insoweit wird den neuen technischen Gegebenheiten einer Online- oder einer Netzwerk-Übermittlung von Geoinformationssystemen Rechnung getragen.

d) Öffentliche Wiedergabe, Vorführung oder Aufführung

Nach Art.5 d) steht dem Urheber das ausschließliche Recht zu, *jede* öffentliche Wiedergabe, Vorführung oder Aufführung vorzunehmen oder zu erlauben. Diese Rechtsnorm ist weitgehend vergleichbar mit § 15 Abs.1 i.V.m. §§ 19, 20 UrhG, aber mit dem Unterschied, daß *jede* öffentliche Wiedergabe in den Schutz miteingeschlossen wird. Insofern fällt die körperliche und auch die *un*körperliche Wiedergabe in den Schutzbereich des Art. 5 d) . Somit wird die Online- und die Netzwerk-Übermittlung in den Schutzbereich miteinbezogen.

Bereits vorne[627] wurde kritisiert, daß der Begriff der Öffentlichkeit im Sinne des § 15 UrhG ein solcher ist, der eine persönliche Verbundenheit auch bei einer Mehrzahl von Personen nicht genügen läßt. Insoweit sind öffentliche Wiedergaben in kleinen, lokalen

---

624 Erwägungsgrund 33, a.a.O. S. 22.
625 Siehe hierzu vorne : 2.Teil, 3. Kapitel, § 11 A. I. 2) b) aa) aaa).
626 Erwägungsgrund 33, a.a.O.
627 Siehe hierzu vorne : 2.Teil, 3. Kapitel, § 11 A. I. 2) b) aa).

Netzwerken nicht in den Schutzbereich miteinbezogen. In der EG-Datenbankrichtlinie ist der Begriff „Öffentlichkeit" zwar nicht ausdrücklich geregelt, dennoch kann dieser bei der Umsetzung in innerdeutsches Recht durch die Neueinführung dieser Regelungen in einem anderen Sinne ausgelegt werden. Wenn also die Umsetzung dieser Regelungen nicht durch eine richtlinienkonforme Auslegung, sondern durch eine Neueinführung spezieller Regelungen für die Datenbank vorgenommen wird, kann eine Auslegung in diesem Sinne vorgenommen werden. Dies soll bei der Umsetzung der EG-Datenbankrichtlinie in innerdeutsches Recht[628] nochmals verdeutlicht werden.

Art.5 c) wird somit auch den neuen technischen und erweiterten Möglichkeiten eines Online- und Netzwerk-Einsatzes gerecht.

e) Vervielfältigung, öffentliche Verbreitung, Wiedergabe, Vorführung oder Aufführung

Und schließlich steht dem Urheber nach Art. 5 e) das ausschließliche Recht zu, *jede Vervielfältigung sowie öffentliche Verbreitung, Wiedergabe, Vorführung oder Aufführung* der Ergebnisse der unter Buchstabe b) genannten Handlungen vorzunehmen oder zu erlauben. Damit wird also nicht nur die Bearbeitung, die Anordnung sowie jede andere Umgestaltung als zustimmungsbedürftig erachtet, sondern vor allem auch deren Vervielfältigung und Übermittlung wie die Verbreitung, Wiedergabe, Vorführung oder Aufführung. Diese Handlungen sind ja im eigentlichen Sinne die Handlungen, an denen der Urheber ein Partizipationsinteresse hat, und nicht von seiten eines Dritten um die Früchte seiner Schöpfung gebracht werden will.

Dieses Recht entspricht insoweit §§ 15 Abs.1 und Abs.2 i.V.m. §§ 16, 17, 18, 19, 20, 21, 22 UrhG sowie weitgehend auch § 23 UrhG. § 23 UrhG spricht aber lediglich von Bearbeitungen oder anderen Umgestaltungen, nicht wie Art. 5 e) von Anordnungen. Wie bereits[629] dargetan, handelt es sich dabei um einen völlig neuen Rechtsbegriff und damit um eine Schutzerweiterung. Insofern ist ein ausreichender Schutz für Geo-Informationssysteme zu bejahen.

---

628 Siehe hierzu später : 2.Teil, 3. Kapitel, § 12 A. III. 2).
629 Siehe hierzu : 2.Teil, 3. Kapitel, § 11 A. I. 2) c).

Insgesamt bieten die Verwertungsrechte den Geoinformationssystemen einen ausreichenden Schutz, vor allem wegen der Berücksichtigung des Online- und Netzwerk-Einsatzes.

f) Einschränkung des Schutzumfangs durch die nicht zustimmungsbedürftige Handlung der normalen Benutzung

Artikel 6 Abs.1 schränkt das ausschließliche Recht des Urhebers ein, indem der rechtmäßige Benutzer einer Datenbank oder ihrer Vervielfältigungsstücke für die in Artikel 5 aufgezählten Handlungen nicht der Zustimmung des Urhebers der Datenbank bedarf, wenn sie für den Zugang zum Inhalt der Datenbank und deren normale Benutzung durch den rechtmäßigen Benutzer erforderlich sind. Sofern der rechtmäßige Benutzer nur berechtigt ist, einen Teil der Datenbank zu nutzen, gilt diese Bestimmung nur für diesen Teil.

Diese Einschränkung seiner ausschließlichen Nutzungsrechte bedeutet keine Einschränkung des Schutzumfangs des Urhebers. Der Urheber hat ja seinen Lohn bereits von dem rechtmäßigen Nutzer erhalten. Rechtmäßiger Nutzer ist nur derjenige, der entweder durch Nutzungsvertrag die Erlaubnis für die bestimmungsgemäße Nutzung vom Urheber erhalten hat oder derjenige, der von diesem Nutzungsberechtigten wiederum die Erlaubnis zur Nutzung der Datenbank bekommen hat. Durch den Nutzungsvertrag hat der Urheber ein angemessenes Entgelt bzw. eine angemessene Belohnung für seine Schöpfung erhalten. Somit liegt in dieser Einschränkung keine eigentliche Einschränkung des Schutzumfangs. Der Urheber hat insoweit nach wie vor einen ausreichenden urheberrechtlichen Schutz.

Durch die vorstehenden Ausführungen ist ersichtlich geworden, daß die EG-Datenbankrichtlinie der Forderung eines ausreichenden urheberrechtlichen Schutzes -sowohl auf Schutzvorausetzungsseite als auch auf Schutzumfangseite- und damit auch der Intention der EU-Kommission, den harmonisierten und vollendeten europäischen Binnenmarkt zu schaffen, gerecht wird.

Wie die Umsetzung in innerdeutsches Recht vollzogen werden kann, ist hierdurch noch nicht geklärt und bedarf deshalb der Prüfung.

III. Umsetzung der EG-Datenbankrichtlinie in innerdeutsches Recht -Urheberrechtlicher Teil -

1) Schaffung eines neuen Paragraphen § 4 a UrhG -Datenbank-

In diesem Kapitel soll geprüft und aufgezeigt werden, wie der urheberrechtliche Teil der EG-Datenbankrichtlinie in innerdeutsches Recht umgesetzt werden muß. Hierbei handelt es sich um die Definition der Datenbank, die ja neue Begriffe enthält.

a) Richtlinienkonforme Umsetzung - wortgleiche Umsetzung ?

aa) Die Begriffe : „Daten", „andere unabhängige Elemente", „einzeln mit elektronischen Mitteln"

Der Begriff „Daten" ist ein neuer, der in der Gesetzesumschreibung des Sammelwerkes von § 4 UrhG nicht vorkommt. Zwar können Werke oder andere Beiträge in digitaler Form vorliegen und damit aus Daten bestehen. Daten können jedoch auch *einzeln* vorliegen. Desweiteren wurde bereits festgestellt, daß bloße Daten nicht von § 4 UrhG umfaßt werden.[630] Diese können auch nicht durch eine extensive Auslegung unter § 4 UrhG gefaßt werden.[631] Insofern ist fraglich, wie der Begriff „Daten" bzw. der Begriff „der einzelnen Daten" in innerdeutsches Recht umgesetzt werden muß. Dies hängt davon ab, wie die Umsetzung der Richtlinie in innerdeutsches Recht vor sich gehen muß. Denn die Richtlinie hat grundsätzlich nach gefestigter europäischer und nationaler Rechtsprechung Vorrang vor dem nationalen Recht. Zwar ist die Rangfrage zwischen nationalem Recht und Gemeinschaftsrecht im EGV nicht ausdrücklich geregelt. Doch sind in Art. 189 EGV in Verbindung mit Art. 5 Abs.2 EGV und dem Grundsatz der einheitlichen Geltung und Anwendung des Gemeinschaftsrechts Anhaltspunkte zu finden.[632] Der EuGH[633] geht davon aus, daß der Vorrang des Gemeinschaftsrechts kraft seiner Eigenständigkeit besteht. Der Gesetzgeber ist deshalb grundsätzlich verpflichtet, das nationale

---

630 Siehe hierzu vorne : 2.Teil, 3. Kapitel, § 11 A. I. 1) a) aa).

631 Siehe hierzu insbesondere : Drucksache IV/270, S. 39, danach sollen nur Sammlungen von Werken oder anderen Beiträgen als Sammelwerke Urheberrechtsschutz genießen. So sollen Anthologien, Kochbücher und dergleichen als Sammelwerke geschützt sein. Einzelne Daten können folglich nicht dazu gezählt werden.

632 Rohde, S. 167.

633 EuGH, Slg. I 1964, 1251 -Costa/E.N.E.L.-; EuGH, Slg. I 1990, 2879 -Tafelwein-.

Recht an die Richtlinie anzupassen.[634] Allerdings bedarf es dann nicht der Umsetzung der Richtlinie, wenn das innerstaatliche Recht den bereits dort aufgestellten Anforderungen entspricht.[635] Dies ist hier jedoch nicht der Fall.

Zwar hat die Gesetzgebung das Recht zur Entscheidung, wie die Anpassung des nationalen Rechts an die in einer europäischen Richtlinie definierten Ziele zu erfolgen hat. Die Richtlinie ist aber nach Art.189 Abs.3 EGV hinsichtlich des zu erreichenden Ziels verbindlich, wobei sie jedoch den innerstaatlichen Stellen die Wahl der Form und der Mittel überläßt. So handelt es sich bei Richtlinien i.S.v. Art.189 Abs.3 EGV um ein Mittel der Rechtsetzung, deren Ziel nicht die Schaffung eines wörtlich-einheitlichen, sondern lediglich eines *materiell-gleichwertigen* Rechts in allen Mitgliedstaaten[636] ist. Selbst in Erwägungsgrund 32[637] der Richtlinie ist die Rede von materieller Gleichwertigkeit. In Erwägungsgrund 32 heißt es : „Die Mitgliedstaaten sind gehalten, zumindest die materielle Gleichwertigkeit ihrer einzelstaatlichen Bestimmungen in bezug auf die in dieser Richtlinie vorgesehenen zustimmungsbedürftigen Handlungen sicherzustellen".

Eine Richtlinie stellt also einen Kompromiß zwischen der Notwendigkeit der Vereinheitlichung des Rechts in der Gemeinschaft und der Rücksichtnahme auf nationale Besonderheiten dar, denen bei der Ausführung der Richtlinie Spielraum gewährt werden soll. Dennoch muß durch die EG-Datenbankrichtlinie größtmögliche Harmonisierung hergestellt werden, da es sich hier um eine auf Art.100 a EGV gestützte Richtlinie handelt. Bei einer solchen ist von dem Regelfall der sog. „totalen" *Harmonisierung* auszugehen, d.h. der Mitgliedstaat darf vom Harmonisierungsniveau der Richtlinie weder nach oben noch nach unten abweichen.[638] Denn ihr Hauptanwendungsgebiet ist die Angleichung solcher Rechtsvorschriften der Mitgliedstaaten, die sich unmittelbar auf die Errichtung oder das Funktionieren des Gemeinsamen Binnenmarktes auswirken.[639] Ein

---

634 Everling, ZGR 1992, S. 378; von der Groeben/Thiesing/Ehlermann (Hrsg.)-Zuleeg, Art. 5 Rn.5; Lutter, Europäisches Unternehmensrecht, S. 12.

635 Erdmann/Bornkamm, GRUR 1991, S. 879; Grabitz/Hilf, Art.5 Rn. 55; Everling, ZGR 1992, S. 377.

636 Kappes, S. 269; Blaurock, JZ 1994, S. 270, 274.

637 Erwägungsgrund 32, a.a.O., S. L 77/22, zwar bezieht sich dieser Erwägungsgrund auf die Verwertungsrechte. Dennoch kann man hieraus schließen, daß dies auch für die Schutzvoraussetzungen gelten soll.

638 Winkel, ZG 1997, S. 119; siehe auch : Erdmann/Bornkamm, GRUR 1991, S. 879, nach denen Richtlinien nach Art. 100 a EGV den Mitgliedstaaten aufgeben, durch entsprechende Gesetze die in der Richtlinie zur Harmonisierung festgelegten Grundsätze in das innerstaatliche Recht umzusetzen; ebenso : Grabitz/Hilf, Art.5 Rn. 55.

639 So auch : Gündisch/Lenz, S. 27, die sich dabei aber auf Art. 100 EGV stützen.

gemeinsamer Binnenmarkt kann nur durch Rechtsangleichung und damit durch klare und eindeutige Rechtsnormen erzielt werden. Um also *größtmögliche Harmonisierung* im Sinne von Rechtsangleichung und damit von Rechtssicherheit bzw. Rechtsklarheit zu erreichen, bedarf es der Anpassung.

Die EU-Kommission hat die Daten gesondert neben den Werken aufgezählt. Sie wollte ja die Zunahme von Datenbanken und damit die Informationsgesellschaft fördern. Dadurch sollte die europäische Wettbewerbsfähigkeit gestärkt werden. Die Zunahme von Daten in digitaler Form hat die EU-Kommission veranlaßt, diese Begriffe in der EG-Datenbankrichtlinie aufzunehmen. Insofern sollen damit auch die einzelnen digitalen Daten geschützt sein, nicht lediglich Werke oder Beiträge in digitaler Form. Will man dieser Zunahme und den damit einhergehenden technischen Gegebenheiten gerecht werden, muß im Sinne der Rechtsklarheit und der damit zu erzielenden größtmöglichen Harmonisierung der Begriff „Daten" gesetzlich aufgenommen werden. Desweiteren spricht die Tatsache, daß diese Umschreibung der Datenbank so detailliert ist und völlig neue Begriffe enthält, die im geltenden Gesetz in keiner Weise annähernd vorhanden sind, für eine wortgleiche Umsetzung des Art.1 Abs.2 der EG-Datenbankrichtlinie.
Der Begriff „*un*abhängige Elemente" kann ebenso nicht unter den Begriff „Werke" oder unter den Begriff „andere Beiträge" subsumiert werden. Der Begriff „andere Beiträge" bedeutet nicht dasselbe wie „*un*abhängige Elemente".
Es wurde bereits festgestellt[640], daß die Begriffsumschreibung „einzeln mit elektronischen Mitteln oder auf andere Weise zugänglich" zwar unter § 4 UrhG gefaßt werden kann. Für die urheberrechtliche Schutzfähigkeit eines Werkes ist es ja unerheblich, ob dieses nur mittelbar sinnlich wahrnehmbar gemacht werden kann.[641] Dennoch ist für die Rechtsklarheit und die dadurch zu erzielende größtmögliche Harmonisierung erforderlich, die Begriffsumschreibung gesetzlich zu fixieren.

640 Siehe hierzu vorne : 2.Teil, 3. Kapitel, § 11 A. I. 1) b) aa).
641 Siehe hierzu vorne : 2.Teil, 1. Kapitel, § 5 B. I. und 3. Kapitel, § 11 A. I. 1) b).

bb) Die Begriffsumschreibung : „in jeglicher Form"

Abs.1 des Artikel 1 des Geltungsbereichs von Datenbanken der EG-Datenbankrichtlinie kann nicht unter die Begriffsumschreibung von § 4 UrhG eingeordnet werden. Nach Abs.1 betrifft die Richtlinie den Rechtsschutz von Datenbanken *in jeglicher Form*. Dies bedeutet, daß die Datenbank auch dann einen Schutz hat, wenn diese in digitaler Form vorliegt. Eine solche Begrifflichkeit ist in § 4 UrhG nicht vorhanden. Zwar ist es für einen urheberrechtlichen Schutz unerheblich, ob diese nur mittelbar sinnlich wahrnehmbar gemacht werden kann, doch gilt hier das bereits Gesagte hinsichtlich der Rechtsklarheit und der größtmöglichen Harmonisierung.

cc) Kein Schutz der Computerprogramme

Die Wortlaut von Art. 1 Abs.3 ist ebenso ein völlig neuer. Er ist im Urheberrechtsgesetz *vor* Umsetzung der EG-Datenbankrichtlinie nicht vorhanden und läßt sich auch unter keine Begrifflichkeit des § 4 UrhG subsumieren. Abs.3 macht nämlich explizit klar, daß sich der Schutz nicht auf „für die Herstellung oder den Betrieb elektronisch zugänglicher Datenbanken verwendete Computerprogramme" erstreckt. Dieser Wortlaut ist von elementarer Bedeutung, da die Datenbank zumeist in digitaler Form vorliegt und erst mit Hilfe von elektronischen Mitteln und Computerprogrammen für den Benutzer der Datenbank sichtbar gemacht werden muß. Desweiteren sind Datenbank und Computerprogramme zwei getrennte Werke.

Diese Unterschiedlichmachung ist somit sehr sinnvoll und ebenso unter dem Aspekt der Rechtsklarheit sowie größtmöglichen Harmonisierung zu befürworten.

dd) Kein Schutz des Inhalts

Desweiteren stellt sich auch hier die Frage, wie Artikel 3 Abs.2 der Richtlinie in innerdeutsches Recht umgesetzt werden kann. Die Klarstellung in Art.3 Abs.2, daß sich der Schutz einer Datenbank nicht auf deren Inhalt erstreckt und Rechte an diesem unberührt läßt, ist in § 4 UrhG nicht auffindbar. Zwar wurde der Inhalt eines Sammelwerkes bzw. Datenbank von § 4 UrhG nicht geschützt, doch ist es eine völlig „neue Regelung" und sollte ebenso unter dem Aspekt der größtmöglichen Harmonisierung gesetzlich festgelegt werden.

Insgesamt ist also festzuhalten, daß die Begriffsumschreibung der Datenbank nicht unter das Urheberrechtsgesetz *vor* Erlaß der EG-Datenbankrichtlinie umgesetzt werden soll. Es bedarf vielmehr der wortgleichen Umsetzung der Datenbank-Regelung in innerdeutsches Recht und somit der Schaffung eines neuen Paragraphen. Erst dadurch kann eine größtmögliche Harmonisierung erreicht werden. Insoweit kann Kappes[642], der hinsichtlich des Art. 3 Datenbankrichtlinie keine Änderung des Urheberrechtsgesetzes oder der Rechtsprechung für erforderlich hält, nicht zugestimmt werden.

b) Schaffung eines neuen Paragraphen

Die erlassene europäische EG-Datenbankrichtlinie erfordert also bei der Umsetzung in innerdeutsches Recht die Schaffung eines neuen Paragraphen. Dies ist möglich, obwohl die Mitgliedstaaten keine ausschließliche Rechtsetzungskompetenz haben. Auf Art. 100 a EGV erlassene Richtlinien fordern ja eine Angleichung bzw. Neuschaffung von harmonisierten Normen, um so die Errichtung und das Funktionieren des europäischen Binnenmarktes zu fördern bzw. zu ermöglichen.[643] Eine solche Umsetzung der Datenbank durch Schaffung und Einführung eines gesonderten und neuen Paragraphen in das deutsche Urheberrechtsgesetz ist somit erlaubt.

Es ist allerdings fraglich, an welcher Stelle des Urheberrechtsgesetzes der neue Paragraph für die Datenbank eingefügt werden soll. Zwar ist die Art der Umsetzung Sache der Mitgliedstaaten, sofern sie die Richtlinie materiell-gleichwertig in nationales Recht umsetzen. Dennoch ist es sinnvoll, bei der Einführung neuer Paragraphen die Gesetzessystematik des Urheberrechtsgesetzes zu beachten. So kann die Aufnahme der Datenbank zu den in § 2 Abs.1 geschützten Werkkategorien nicht mit der Gesetzessystematik vereinbart werden, da eine Datenbank mit einem Sammelwerk vergleichbar ist. Sammelwerke sind nicht Werke im eigentlichen Sinne wie die in § 2 Abs.1 UrhG aufgezählten. Sie setzen sich vielmehr aus bereits bestehenden Werken oder Elementen zusammen. Diesem nicht unwesentlichen Unterschied hat der deutsche Gesetzgeber ja durch die Einfügung einer gesonderten Vorschrift, § 4 UrhG, Rechnung getragen. Nach der Gesetzessystematik des deutschen Urheberrechtsgesetzes sollte deshalb die Daten-

642 Kappes, S. 267.
643 Ebenso : Bleckmann/Pieper, in Lenz (Hrsg.), EG-Handbuch, S. 677, 715 f. Kappes, S. 277.

bank in der Nähe des § 4 UrhG plaziert werden. Sie soll durch eine gesonderte Vorschrift, § 4 a UrhG, also direkt nach dem Sammelwerk, in das deutsche Urheberrechtsgesetz umgesetzt und aufgenommen werden. Insofern bedarf es der Einführung der neuen Vorschrift, § 4 a UrhG -Datenbanken-. § 4 a UrhG -Datenbanken- soll somit lauten : „Sammlungen von Werken, Daten oder anderen unabhängigen Elementen, die systematisch oder methodisch angeordnet und einzeln mit elektronischen Mitteln oder auf andere Weise zugänglich sind, die aufgrund der Auswahl oder Anordnung des Stoffes eine persönliche geistige Schöpfung ihres Urhebers darstellen, werden als solche urheberrechtlich geschützt. Bei der Bestimmung, ob sie für diesen Schutz in Betracht kommen, sind keine anderen Kriterien anzuwenden."

Durch die Einführung des § 4 a UrhG ist jedoch noch nicht beantwortet, wie die Umsetzung der Verwertungsrechte der EG-Datenbankrichtlinie in innerdeutsches Recht vor sich gehen muß. Es muß zuerst geklärt werden, ob die Verwertungsrechte des Urhebers der EG-Datenbankrichtlinie durch richtlinienkonforme Auslegung unter geltendes Recht gefaßt werden können oder nicht.

2) Umsetzung der Verwertungsrechte in innerdeutsches Urheberrecht - Schaffung der besonderen Bestimmungen für Datenbanken

Es wurde ja bereits mehrfach aufgezeigt[644], daß die neuen zu fordernden Verwertungsrechte nicht unter die Verwertungsrechte des Urheberrechtsgesetzes gefaßt werden können. So kann die vorübergehende Vervielfältigung nicht unter §§ 15, 16 UrhG, jede Form der öffentlichen Verbreitung der Datenbank nicht unter §§ 15, 17 UrhG, der Öffentlichkeitsbegriff des Art. 5 d) nicht unter den Öffentlichkeitsbegriff des § 15 Abs.3 und die öffentliche Wiedergabe des Art.5 d) nicht unter die unkörperliche Wiedergabe des § 15 Abs.2 UrhG subsumiert werden. Dabei wurde zu dem Ergebnis gelangt, daß diese allenfalls durch eine extensive Anwendung der bisherigen Verwertungsrechte unter geltendes deutsches Recht gefaßt werden können. Die neuen Verwertungsrechte wurden -wie die gesamte EG-Datenbankrichtlinie- unter dem Aspekt der Harmonisierung des europäischen Binnenmarktes durch Rechtsangleichung und Schutzerweiterung

644 Siehe hierzu vorne : 2.Teil, 3. Kapitel, § 11 A. I. 2) b) aa) und bb).

auf die neuen technischen Gegebenheiten geschaffen. Eine lediglich extensive Anwendung des bisherigen Rechts schafft aber keine größtmögliche Harmonisierung.
Ähnlich verhält es sich bei den neuen Begriffen „Anordnung" sowie „jede andere Umgestaltung". Diese können zwar unter den Bearbeitungsbegriff des § 23 UrhG gefaßt werden. Damit würde jedoch nicht den neuen technischen Gegebenheiten und Eingriffshandlungen Rechnung getragen. Somit würde auch keine Rechtsklarheit und Rechtssicherheit geschaffen und auch keine größtmögliche Harmonisierung erreicht. Es bedarf also der Schaffung neuer gesetzlicher Normen. An früherer Stelle[645] wurden bereits die Möglichkeiten der neuen zu fordernden Regelungen angesprochen. Der Gesetzgeber hat hierbei zwei Möglichkeiten.
Er könnte dies einerseits durch explizite Nennung der neuen Verwertungsbegriffe in § 15 UrhG durchführen. Dabei müßte er wiederum diese neu genannten Verwertungsrechte jeweils in einer neuen Norm definieren.
Der Gesetzgeber könnte andererseits die neuen Verwertungsrechte durch Schaffung neuer gesetzlichen Normen in einem neuen gesonderten Abschnitt umsetzen. Dieser Umsetzungsmöglichkeit soll der Vorzug gegeben werden.[646] So kann zum einen das Auffinden dieser neuen Normen an verschiedenen Stellen im Gesetz vermieden werden. Zum anderen kann der Rechtsunterworfene einheitlich und übersichtlich die speziellen Bestimmungen an einer Stelle im Gesetz finden, was zur Rechtsklarheit und Rechtssicherheit beiträgt. Desweiteren können durch die Schaffung eines gesonderten Abschnitts Ausstrahlungen der speziellen Bestimmungen für Datenbanken auf das klassische Urheberrecht verhindert werden, zumal sich die Auslegung der Bestimmungen für Datenbanken nach anderen Maßstäben richtet als das historisch gewachsene deutsche Urheberrecht. Und schließlich kann dadurch eine möglichst EG-weite einheitliche Auslegung der Bestimmungen für Datenbanken gefördert werden.
Die Verwertungsrechte sollen also -zusammen mit der näheren gesetzlichen Ausgestaltung der Datenbank von § 4 a UrhG- in einem gesonderten Abschnitt für Datenbanken eingefügt werden. Das heißt zum einen, daß der gesonderte Abschnitt für Datenbanken

645 Siehe hierzu vorne : 2.Teil, 3. Kapitel, § 11 A. I. 2) b) aa) und bb).
646 Die Gründe stützen sich im wesentlichen auf die Gründe des deutschen Gesetzgebers bei der Umsetzung der EG-Computerrichtlinie in innerdeutsches Recht, BT-Drucksache 12/4022, S. 8

der neunte Abschnitt ist und dieser als „Besondere Bestimmungen für Datenbanken" bezeichnet werden und bei §§ 69 h ff. UrhG beginnen soll.

Zum anderen soll die vorübergehende Vervielfältigung zusammen mit der Vervielfältigung in einer neuen Norm geregelt werden. Die neue gesetzliche Bestimmung soll aber nicht nur die Vervielfältigung für Datenbanken regeln, sondern darüber hinaus auch jede Form der Verbreitung, die Übersetzung etc. sowie jede öffentliche Wiedergabe. Diese Regelung soll wortgleich mit Artikel 5 -Zustimmungsbedürftige Handlungen- der EG-Datenbankrichtlinie übereinstimmen.

Und schließlich muß der § 4 a UrhG durch folgenden Satz ergänzt werden : „Im näheren werden Datenbanken in dem gesonderten neunten Abschnitt für Datenbanken geregelt."

B. Urheberrechtsschutz *nach Umsetzung* der EG-Datenbankrichtlinie in innerdeutsches Recht durch den deutschen Gesetzgeber und Kritik

Der deutsche Gesetzgeber hat keine gesonderte Vorschrift für Datenbanken, § 4 a UrhG, sowie keinen gesonderten Abschnitt für Datenbanken und damit auch keine Neuregelungen für Verwertungsrechte geschaffen. Im nachfolgenden soll dies im näheren betrachtet werden.

I. Schutzvoraussetzungen

Der Gesetzgeber hat den § 4 UrhG neu gefaßt, indem er Abs.1 in der Formulierung verändert und durch Einfügung eines zweiten Absatzes über das Datenbankwerk ergänzt hat. Dabei hat der Gesetzgeber die gesetzliche Regelung von § 4 UrhG neu bezeichnet, indem diese statt „Sammelwerk" nunmehr „Sammelwerke und Datenbankwerke" lautet. So hat der Gesetzgeber Abs.1 wie folgt neu gefaßt : „Sammlungen von Werken, *Daten oder anderen unabhängigen Elementen*, die aufgrund der *Auswahl* oder Anordnung der Elemente eine persönliche geistige Schöpfung sind (Sammelwerke), werden, unbeschädet eines an den *einzelnen Elementen gegebenenfalls* bestehenden Urheberrechts *oder verwandten Schutzrechts*, wie selbständige Werke geschützt." Abs.2 hat der Gesetzgeber wie folgt formuliert : „Datenbank*werk* im Sinne dieses Gesetzes ist ein Sammelwerk, dessen Elemente systematisch oder methodisch angeordnet und einzeln mit Hilfe elektronischer Mittel oder auf andere Weise zugänglich sind. Ein zur Schaffung des Datenbankwerkes oder zur Ermöglichung des Zugangs zu dessen Elementen verwendetes Computerprogramm (§ 69 a) ist nicht Bestandteil des Datenbankwerkes".

Der Gesetzgeber hat mehrere Begriffe wie „Daten", „anderen unabhängigen Elementen", „Auswahl", „den einzelnen Elementen gegebenenfalls" oder wie „verwandten Schutzrechts" neu in Abs.1 aufgenommen. Er hat die ursprüngliche Formulierung „Sammlungen von Werken oder anderen Beiträgen" in die Formulierung „Sammlungen von Werken, Daten oder anderen unabhängigen Elementen" gebracht. Desweiteren hat er die Begrifflichkeit „andere Beiträge" durch die Umschreibung „Daten oder anderen unabhängigen Elementen" ersetzt. Damit hat er den neuen Begriff „Daten" in die gesetzliche Regelung miteingebracht. Statt der Begrifflichkeit „andere Beiträge" hat er die offenere Fomulierung „unabhängige Elemente" gewählt, die mehr für die neuen technischen Gegebenheiten zugeschnitten ist. In den Motiven der Endfassung der Umsetzung[647] spricht sich der Gesetzgeber lediglich dahingehend aus, daß er auf die bisherige Erwähnung von „anderen Beiträgen" verzichten will und statt dessen aus Artikel 1 Abs.2 der Richtlinie die *neutralere* Formulierung „anderen unabhängigen Elementen" übernehmen will. Desweiteren hat der Gesetzgeber die Formulierung „unbeschadet des Urheberrechts an den aufgenommenen Werken wie selbständige Werke geschützt" durch die neue Wortwahl „unbeschadet eines an den einzelnen Elementen gegebenenfalls bestehenden Urheberrechts oder verwandten Schutzrechts, wie selbständige Werke geschützt" ersetzt. Damit hat er sich statt der Wortwahl „an den aufgenommenen Werken" für die viel weitreichendere Umschreibung „an den einzelnen Elementen" entschieden und insoweit die Begriffe „Werke", „Daten" oder „anderen unabhängigen Elementen" miteinbezogen. Durch die Erweiterung der Begrifflichkeit „oder verwandten Schutzrechts" hat der Gesetzgeber auch etwaige bestehende Leistungsschutzrechte berücksichtigt. Aus den Motiven[648] der Legaldefinition des § 4 UrhG läßt sich entnehmen, daß der Gesetzgeber an die Leistungsschutzrechte des Tonträgerherstellers bei ei-

647 Entwurf eines Gesetzes zur Regelung der Rahmenbedingung für Informations- und Kommunikationsdienste (Informations- und Kommunikationsdienste-Gesetz -IuKDG), Deutscher Bundestag, 13.Wahlperiode, 11.06.1997, B. Besonderer Teil, zu Artikel 7, 1.Zur Gesamtkonzeption, BT-Drucksache 13/7934, S. 43.

648 BT-Drucksache 13/7934, a.a.O., S. 43.

nem akustischen Lexikon gedacht hat. Er hat somit die Norm des § 4 UrhG den neuen technischen Sammlungen und den damit einhergehenden Schutzerfordernissen angepaßt.

Die Definition des Datenbankwerkes in Abs.2 bezieht sich auf die Definition des Sammelwerkes und zum Teil auf die Begrifflichkeiten des Artikel 1 Abs.2 der EG-Datenbankrichtlinie, die sich in der Begriffsumschreibung „dessen Elemente systematisch oder methodisch angeordnet und einzeln mit Hilfe elektronischer Mittel oder auf andere Weise zugänglich sind“ finden läßt. Der Gesetzgeber begründet seine Definition damit, daß das Erfordernis einer kreativen Auswahl oder Anordnung der Elemente sich bereits aus der Unterordnung des Begriffs „Datenbankwerk“ unter den Begriff „Sammelwerk“ ergebe.[649]

Die Klarstellung im Gesetzestext, daß ein zur Schaffung des Datenbankwerkes oder zur Ermöglichung des Zugangs zu dessen Elementen verwendetes Computerprogramm nicht Bestandteil des Datenbankwerkes ist, entspricht dem Richtlinientext.

In dem Gesetzestext von § 4 Abs.2 UrhG fehlt jedoch die Formulierung „der urheberrechtliche Schutz einer Datenbank erstreckt sich nicht auf den Inhalt und läßt Rechte an diesem Inhalt unberührt“ des Richtlinientextes. Diese Formulierung ist hinsichtlich des neugeschaffenen Rechts sui generis und der speziellen Systematik des § 4 UrhG erforderlich, um die Abgrenzung dieser beiden Schutzgesetze deutlich hervorzubringen.

Der Vergleich des vom Gesetzgeber gewählten Wortlauts von § 4 UrhG mit dem in dieser Abhandlung geforderten Wortlaut von § 4 a zeigt[650], daß beide vom wesentlichen Sinngehalt her identisch sind, abgesehen von dem soeben angeführten Kritikpunkt hinsichtlich des Inhalts. Der wesentliche Unterschied besteht jedoch darin, daß in dieser Abhandlung die nähere gesetzliche Ausgestaltung für Datenbanken in dem gesonderten neunten Abschnitt vorgeschlagen worden ist.[651] Es kann zwar im wesentlichen die Definition des Datenbankwerkes in der Fassung des Gesetzgebers übernommen werden, doch entbindet dies nicht von dem Erfordernis der Neuregelungen für die Verwertungs-

---

649 BT-Drucksache 13/7934, a.a.O., S. 43.
650 Siehe hierzu vorne : 2.Teil, 3. Kapitel, § 12 A. III. 1) b).
651 Siehe hierzu vorne : 2.Teil, 3. Kapitel, § 12 A. III. 2).

rechte und den damit zusammenhängenden gesetzlichen Regelungen.[652] Insofern ist auch nach wie vor die Schaffung eines eigenen Abschnitts für Datenbanken zu fordern.
Laut den Motiven[653] der Endfassung der umgesetzten Richtlinie will der Gesetzgeber auf die Schaffung eines eigenen Abschnitts im Urheberrechtsgesetz deshalb verzichten, da die wenigen Sonderregelungen für „Datenbankwerke" jeweils im Zusammenhang mit den entsprechenden allgemeinen Regelungen getroffen würden. Statt dessen werde der Begriff „Datenbankwerk" als Unterbegriff des Begriffs „Sammelwerk" konzipiert. Damit bringt der Gesetzgeber zum Ausdruck, daß er die Neuerungen für Datenbankwerke nur als wenige Sonderregelungen sieht.
In seinem ersten Entwurf[654] zur Umsetzung der EG-Datenbankrichtlinie sieht er sogar in Bezug auf die EG-Datenbankrichtlinie keine Neuerung, sondern sie bringe lediglich eine Reihe von Präzisierungen in Einzelfragen mit sich, die überwiegend klarstellenden Charakter hätten. Gleichzeitig hat er jedoch in diesem Entwurfsstadium des Gesetzes für die Schaffung eines neunten Abschnitts plädiert hat[655]. In diesem neunten Abschnitt wollte er die Begriffsumschreibung der Datenbankrichtlinie wörtlich übernehmen, um so durch den begrifflichen Gleichklang bezüglich des Geltungsbereichs der Umsetzungsregeln den *größtmöglichen Harmonisierungseffekt* zu erzielen.[656]

---

652 Siehe hierzu vorne : 2.Teil, 3. Kapitel, § 12 A. III. 2).

653 Entwurf eines Gesetzes zur Regelung der Rahmenbedingung für Informations- und Kommunikationsdienste (Informations- und Kommunikationsdienste-Gesetz - IuKDG), Deutscher Bundestag, 13. Wahlperiode, 11.06.1997, B.Besonderer Teil, zu Artikel 7, BT-Drucksache 13/7934, S. 42 f.

654 Entwurf eines Gesetzes zur Regelung der Rahmenbedingungen für Informations- und Kommunikationsdienste (Informations- und Kommunikationsdienste-Gesetz -IuKDG), Gesetzentwurf der Bundesregierung, zu Artikel 7 (Änderung des Urheberrechtsgesetzes), Allgemeines, 2. Zum urheberrechtlichen Schutz von Datenbanken nach der Richtlinie 96/9/EG und nach geltendem Recht, 20.12.96, BR-Drucksache 966/96, S. 41.

655 BR-Drucksache 966/96, a.a.O., S. 41 f. und Entwurf eines Gesetzes zur Regelung der Rahmenbedingungen für Informations- und Kommunikationsdienste (Informations- und Kommunikationsdienste-Gesetz -IuKDG), Deutscher Bundestag, 13.Wahlperiode, 09.April 1997, Allgemeines - 2. Zum urheberrechtlichen Schutz von Datenbanken nach der Richtlinie 96/9/EG und nach geltendem Recht, BT-Drucksache 13/7385, S. 39 f.

656 BR-Drucksache 966/96, Zu den Vorschriften im einzelnen - zu Artikel 7 Nr.1 - zu § 69 h, S. 44.

II. Schutzumfang

Bei der Umsetzung des urheberrechtlichen Teils der EG-Datenbankrichtlinie hat der Gesetzgeber nicht nur keine besonderen Bestimmungen für Datenbanken geschaffen, sondern es wurden auch keine neuen Regelungen für die Verwertungsrechte normiert.

Nach der Auffassung des Gesetzgebers genügen die bisherigen Verwertungsrechte für die Umsetzung der Verwertungsrechte der EG-Datenbankrichtlinie. Der Gesetzgeber sieht die „vorübergehende oder dauerhafte Vervielfältigung, ganz oder teilweise, mit jedem Mittel und in jeder Form“ der EG-Datenbankrichtlinie durch den Vervielfältigungsbegriff von § 16 UrhG sowie „jede Form der öffentlichen Verbreitung“ der EG-Datenbankrichtlinie durch den Verbreitungsbegriff von § 17 UrhG und durch den Begriff der öffentlichen Wiedergabe abgedeckt. Insoweit hat der Gesetzgeber sich für eine richtlinienkonforme Auslegung der bisherigen Verwertungsrechte entschieden, statt neue gesetzliche Regelungen zu schaffen.

Sein Vorgehen begründet er bereits in den Entwürfen[657] zur Umsetzung der EG-Datenbankrichtlinie mit mehrerlei Argumenten. So seien die Mitgliedstaaten nicht gehalten, eine bestimmte Systematik der Verwertungsrechte einzuführen, wenn sie nur die materielle Deckungsgleichheit mit den Regeln der Richtlinie gewährleisten würden. Folglich können nach Ansicht des Gesetzgebers die allgemeinen Regelungen für Verwertungsrechte ausreichen, da diese die dem Urheber einer Datenbank durch Artikel 5 der Richtlinie vorbehaltenen Handlungen hinreichend abdecken würden. Wörtlich heißt es : „Für das Vervielfältigungsrecht (§ 16 UrhG), das Recht zu Bearbeitungen oder anderen Umgestaltungen (§ 23 UrhG) und das Verbreitungsrecht im Sinne einer Verbreitung von Vervielfältigungsstücken der Datenbank in körperlicher Form, z.B. als CD-ROM, „off-line“, (§ 17 UrhG) erscheint dies ohne weiteres einleuchtend. Zugleich wird mit dem Festhalten am herkömmlichen Verbreitungsbegriff (Beschränkung auf die Verbreitung von Vervielfältigungsstücken in körperlicher Form) auch sichergestellt, daß das Erschöpfungsprinzip - in Artikel 5 Buchstabe c Satz 2 der Richtlinie deckungsgleich mit § 17 Abs.2 Urheberrechtsgesetz als Grundsatz der nationalen bzw. gemeinschaftsweiten Erschöpfung festgelegt - nicht auch gilt für unkörperliche Formen der Vermarktung; in

657 BR-Drucksache 966/96, zu keine Sonderregelung der Verwertungsrechte, S. 45 f. und BT-Drucksache 13/7385, S. 43 f.

der Richtlinie wird dies durch den Erwägungsgrund 33 ausdrücklich klargestellt. Auch das Recht der öffentlichen Wiedergabe (§ 15 Abs.2 UrhG) mit seinen Unterarten dient der Abdeckung der in Artikel 5 der Richtlinie genannten Handlungen“.[658]

Als weiteren wesentlichen Grund führt der Gesetzgeber die Erwägungsgründe 30 und 31 der Richtlinie an, wonach der Urheber das Recht haben soll, zu bestimmen, in welcher Weise und durch wen das Werk genutzt wird, einschließlich der „Zurverfügungstellung von Datenbanken in einer anderen Weise als durch die Verbreitung von Vervielfältigungsstücken“.[659]

Daraus folgert der Gesetzgeber, daß ausdrücklich die Verwertung der Datenbanken durch Bereitstellung eines elektronischen, interaktiven Zugangs im Rahmen der Netzkommunikation, die Online-Verwertung, angesprochen sei. Damit ordne die Richtlinie diese wirtschaftlich außerordentlich wichtige Verwertungsform nicht ausdrücklich einer bestimmten Untergliederung der in Artikel 5 vorbehaltenen Handlungen zu. Denn die Mitgliedstaaten sollten zwar ein ausschließliches Recht in diesem Bereich gewähren, aber in der systematischen Zuordnung frei bleiben.[660]

Auf geltendes deutsches Urheberrecht bezogen, sieht der Gesetzgeber[661] in der Aufzählung der Verwertungsrechte in § 15 UrhG ebenfalls den im Erwägungsgrund 30 der Richtlinie hervorgehobenen Grundsatz, daß dem Urheber allgemein das ausschließliche Recht zugeordnet sei, über die Verwertung seines Werkes zu entscheiden. Dabei stützt sich der Gesetzgeber auf die Motive des Urheberrechtsgesetzes von 1965 zu § 15 UrhG, indem er diese wörtlich wie folgt wiedergibt : „...verzichtet der Entwurf auf eine erschöpfende Aufzählung der Verwertungsrechte und gibt dem Urheber statt dessen ganz allgemein das Recht, sein Werk zu verwerten, wobei die einzelnen zur Zeit bekannten, im Geschäftsverkehr entwickelten Verwertungsformen ... nur als Beispiele angeführt werden. Dadurch wird klargestellt, daß auch etwaige künftige Verwertungsformen, die heute noch nicht bekannt sind, dem Urheber vorbehalten sein sollen.“[662] Daher betrach-

---

658 BR-Drucksache 966/96, a.a.O., S. 45 und BT-Drucksache 13/7385, zu keine Sonderregelung der Verwertungsrechte, S. 43.

659 BR-Drucksache 966/96, a.a.O., S. 45 f. und BT-Drucksache 13/7385, zu keine Sonderregelung der Verwertungsrechte, S. 43 f.

660 BR-Drucksache 966/96, a.a.O., S. 45 f. und BT-Drucksache 13/7385, a.a.O., S. 43 f.

661 BR-Drucksache 966/96, a.a.O., S. 46 und BT-Drucksache 13/7385, zu keine Sonderregelung der Verwertungsrechte, S. 44.

662 BR-Drucksache 966/96, a.a.O., S. 46 und BT-Drucksache 13/7385, a.a.O., S. 44.

tet der Gesetzgeber es als gesichert, daß die Verwertung einer Datenbank in der Form der Online-Zurverfügungstellung für den individuellen Abruf durch die eine Öffentlichkeit darstellenden Benutzer dem Urheber als ausschließliches Recht vorbehalten sei. Die Umsetzung der durch Artikel 5 der Richtlinie festgelegten ausschließlichen Rechte seien in der Substanz damit bereits sichergestellt. Zur systematischen Einordnung zeichne sich als vorherrschend diejenige Lehrmeinung ab, die diesen Vorgang dem alle unkörperlichen Verwertungsarten übergreifenden Recht der öffentlichen Wiedergabe (§ 15 Abs.2 UrhG) zuordne.[663] Der Gesetzgeber will insofern die Klärung der systematischen Einordnung der interaktiven Netzkommunikation speziell für das Recht der Datenbanken zurückstellen. Diese Frage werde ohnehin in absehbarer Zeit in allgemeinerer Weise zur gesetzgeberischen Klärung anstehen.[664] Insoweit gibt er zu, die Frage zu welchen Verwertungsrechten die neuen Übermittlungstechniken zu zählen sind, wie die Online-Übermittlung, nicht abschließend beantworten zu können. In denselben Entwürfen[665], allerdings die Umsetzung des Rechts sui generis betreffend, hat sich der Gesetzgeber sogar ausdrücklich für die Übernahme der neuen Verwertungsbegriffe ausgesprochen, von denen er jedoch später wieder abrückt. Was der Gesetzgeber in den gleichen Entwürfen bei den Ausführungen des Rechts sui generis gefordert hat, sollte allein aus Gründen der Konsequenz auch für die urheberrechtlichen Verwertungshandlungen gelten. Der Gesetzgeber ist in seinen Begründungen hinsichtlich der Umsetzung der zustimmungsbedürftigen Handlungen, der Verwertungsrechte, widersprüchlich.

Diese „Umsetzungslösung" der EG-Datenbankrichtlinie überzeugt jedoch nicht. So ist es zwar richtig, wenn der Gesetzgeber aufzeigt, daß der Wille des Gesetzgebers zum Urheberrechtsgesetz von 1965 war, auch etwaige künftige Verwertungsformen, die damals noch nicht bekannt gewesen sind, dem Urheber vorzubehalten und deshalb auf eine erschöpfende Aufzählung zu verzichten. Dennoch kann dieses Argument nicht für das Ausreichen der bisherigen Verwertungsrechte herangezogen werden. Es wurde ja bereits mehrfach aufgezeigt, daß die Begriffsbestimmungen der Verwertungsrechte ab-

663 Drucksache 966/96, a.a.O., S. 46 und BT-Drucksache 13/7385, a.a.O., S. 44.
664 Drucksache 966/96, a.a.O., S. 46 und BT-Drucksache 13/7385, a.a.O., S. 44.
665 Drucksache 966/96, zu Artikel 7 Nr.2 - zu § 87 a, S. 47 und BT-Drucksache 13/7385, Zu Nummer 2 (Einfügung eines Sechsten Abschnitts -Schutz der Hersteller von Datenbanken) - zu § 87 a (Gegenstand des Schutzes und Verwertungsrechte), S. 45.

schließend sind und die Verwertungsrechte der EG-Datenbankrichtlinie lediglich durch eine *extensive Auslegung* unter die bisherigen Verwertungsrechte des deutschen Urheberrechtsgesetzes gefaßt werden können.[666] Insoweit war das deutsche Urheberrechtsgesetz nicht bereits angepaßt, sondern es hätte an die EG-Datenbankrichtlinie angepaßt werden müssen. Zwar ist Adressat[667] des Umsetzungsgebots nicht allein der Gesetzgeber, doch ändert dies nichts an seiner grundsätzlichen Pflicht nationales Recht an die Richtlinie anzupassen.[668] Es bedarf nur dann nicht der Umsetzung der Richtlinie, wenn das innerstaatliche Recht den bereits dort aufgestellten Anforderungen entspricht[669], was hier jedoch nicht der Fall war.

Wie verhält es sich aber, wenn der Gesetzgeber nachweislich von der bereits bestehenden Richtlinienkonformität des nationalen Rechts ausging und daher eine Umsetzung unterließ ?[670] Können dann die Verwertungsrechte durch eine richtlinienkonforme Auslegung der nationalen Gerichte materiell-gleichwertig den Verwertungsrechten der EG-Datenbankrichtlinie entsprechen ? Gerichte sind zwar auch Adressate des Umsetzungsgebots und sind insofern zur gemeinschaftskonformen bzw. richtlinienkonformen Auslegung verpflichtet.[671] Diese Pflicht soll aber nicht die Umsetzungspflicht des nationa-

---

666 Siehe hierzu insbesondere : 2.Teil, 3. Kapitel, § 11 A. I. 2) b).

667 Zu den Adressaten des Umsetzungsgebotes zählen auch die Gerichte, die das nationale Recht im Lichte des Wortlauts und des Zwecks der Richtlinie auszulegen haben (Art.189 AbS. 3 EGV), und alle Träger der öffentlichen Gewalt in den Mitgliedstaaten, die die zur Erfüllung der Umsetzungsverpflichtung erforderlichen Maßnahmen zu treffen haben (Art.5 EGV), so Erdmann/Bornkamm, GRUR 1991, S. 879; siehe auch hierzu : Grabitz/Hilf (Hrsg.)-v.Bogdandy, Art.5 EGV Rn.41 - 44, 53, 55; Scherzberg, Jura 1993, S. 231; Nettesheim, AöR, S. 282 - 289; Zuleeg, ZGR 1980, S. 470 f.; Everling, in FS Carstens Bd.1, S. 101; Everling, ZGR 1992, S. 377 ff.; Möllers, EuR 1998, S. 39 und 45; Jarass, S. 101 - 105.

668 Denn der nationale Gesetzgeber handelt bei der Umsetzung von Richtlinien nicht aufgrund einer Ermächtigung oder gar Delegation durch die Gemeinschaft, sondern die Mitgliedstaaten bzw. der jeweilige Gesetzgeber eines Mitgliedstaates werden kraft ihrer fortbestehenden Staatsgewalt tätig. So ist also Grundlage des im Rahmen einer europäischen Harmonisierung durch Richtlinien erlassenen nationalen Rechts die Rechts- und Verfassungsordnung der jeweiligen Mitgliedstaaten, so Everling, ZGR 1992, S. 378; von der Groeben/Thiesing/Ehlermann (Hrsg.)-Zuleeg, Art. 5 EGV Rn.5; Lutter, Europäisches Unternehmensrecht, S. 12.

669 Everling, ZGR 1992, S. 377; Erdmann/Bornkamm, GRUR 1991, S. 879; Grabitz/Hilf, Art.5 Rn. 55.

670 Grundmann, ZEuP 1996, S. 420, nach dem sinngemäß eine solche Fallkonstellation den Vorrang der Richtlinienregelung gegenüber der nationalen Norm auslöst; siehe hierzu auch : Hommelhoff, AcP 192 (1992), S. 95 - 98.

671 Everling, ZGR 1992, S. 380 : Diese Umsetzungsverpflichtung folge einerseits aus Art. 5 EGV und andererseits auch aus dem Sinn der Rechtsangleichung nach dem Vertrage. So erschöpfe sich dies nicht nur in einer Harmonisierung der Vorschriften, sondern müsse auch zu einer einheitlichen Anwendung des harmonisierten Rechts führen, wenn die Ziele nach Art. 100 a EGV erreicht werden sollten; Rodriguez Iglesias/Riechenberg, in FS Everling II, S. 1213, 1215; M. Schmidt, RabelsZ Bd.59 (1995), S. 582 f.; Spetzler, in RIW 1991, S. 580; von der Groeben/Thiesing/Ehlermann (Hrsg.)-Zuleeg, Art. 5 Rn.5; Ehricke, RabelsZ Bd.59 (1995), S. 624 f.; Möllers, EuR 1998, S. 21;

len Gesetzgebers ersetzen.[672] Die Pflicht der Gerichte zur richtlinienkonformen Auslegung soll „lediglich“ dazu dienen, daß das vereinheitlichte Recht in den Mitgliedstaaten sich nicht durch eine unterschiedliche Auslegung wieder auseinander entwickelt.[673] So sollen also die Gerichte helfen, daß das umgesetzte Recht in den Mitgliedstaaten übereinstimmend *-richtlinienkonform-* ausgelegt und damit gesichert wird. Sie sollen zu einer einheitlichen Anwendung des harmonisierten Rechts helfen, so daß die Ziele der Harmonisierung des Binnenmarktes nach Art. 100 a EGV erreicht werden können.[674]

Es stellt sich deshalb die Frage, wie weit die Gerichte richtlinienkonform auslegen dürfen.

Nach dem EuGH[675] und nach der überwiegenden Auffassung[676] kann eine richtlinienkonforme Auslegung *nur im Lichte des Wortlauts der nationalen Norm soweit als mög-*

Hommelhoff, AcP 192 (1992), S. 95; Erdmann/Bornkamm, GRUR 1991, S. 879; Lutter, Europäisches Unternehmensrecht, S. 21 f.; Bleckmann, ZGR 1992, S. 365 ff.; Zuleeg, ZGR 1980, S. 478; Nettesheim, AöR 119n (1994), S. 261, 272 - 289; Di Fabio, NJW 1990, S. 947, 953; Gellermann, S. 107 ff.; Brechmann, S. 266 ff.; Scherzberg, Jura 1993, S. 225, 232; Klein, in FS Everling Bd. I, 1995, S. 641, 646; Steindorff, in FS Everling Bd. II, 1995, S. 1455, 1458; Basedow, in FS Brandner 1996, S. 651, 656 f.; Reich, EuZW 1996, S. 709, 710; Bach, JZ 1990, S. 1111; EuGH, Rs. 14/83, Slg. 1984, 1891, 1909 -von Colson und Kaman-; EuGH, Rs. 79/83, Slg.1984, 1921, 1942 -Harz-; EuGH, Rs. 80/86, Slg. 1987, 3969, 3986 f. -Kolpinghuis-; EuGH, Rs.C-106/89, Slg. I 1990, 4135, 4136, 4158 -Marleasing-; EuGH, Slg. I 1994, 3325, 3327, 3357 -Faccini Dori-.

672 Lutter, Europäisches Unternehmensrecht, S. 17, was sich nach ihm schon aus dem Erfordernis der Rechtsklarheit und Rechtssicherheit ergibt. Ähnlich Reich, EuZW 1996, S. 710, nach dem der Richter *nur soweit wie möglich* die Richtlinie bei der Auslegung nationalen Rechts berücksichtigen muß, den Gerichten aber keine contra-legem Auslegung auferlegt.

673 Everling, ZGR 1992, S. 380; siehe auch : Bach, JZ 1990, S. 1111.

674 Everling, ZGR 1992, S. 380.

675 EuGH, Rs.C-106/89, Slg. I 1990, 4135, 4158 -Marleasing-; EuGH, Rs. 14/83, Slg.1984, 1891, 1909 -von Colson und Kamann-; EuGH, Slg. I 1994, 3325, 3357 -Faccini Dori-; EuGH, Slg. I 1997, 1653 -Kommission/Deutschland (Studenten)-; EuGH, Rs. C-63/97, EuZW 1999, S. 244 Tz.22 -Bayerische Motorenwerke AG (BMW) und BMW Nederland BV/Ronald Karel Deenik-, nach dem das anwendbare nationale Recht, *soweit irgend möglich*, im Lichte des Wortlauts und der Ziele der Richtlinie auszulegen ist, um das von dieser angestrebte Ziel zu erreichen und damit Art.189 Abs.3 EGV gerecht zu werden.

676 Grabitz/Hilf, Art. 5 Rn.55; Everling, in FS Carstens Bd. 1, 1984, S. 95, 101; Nettesheim, AöR 1994, S. 284; Reich, EuZW 1996, S. 710, nach dem der Richter nur soweit wie möglich die Richtlinie bei der Auslegung nationalen Rechts berücksichtigen muß, den Gerichten aber keine contra-legem Auslegung auferlegt; Reich, Bürgerrechte in der Europäischen Union, S. 99, macht deutlich, daß der Grundsatz der Formwahlfreiheit dadurch eingeschränkt wird, daß die vom Staat gewählten Mittel grundsätzlich dem Bürger subjektive Rechte gewähren müssen, wenn ein solches durch die Richtlinie intendiert ist. Dies bedeute nicht, daß der Mitgliedstaat die Richtlinienvorschriften wortwörtlich übernehmen müsse. Die berechtigten Bürger müßten aber aus dem Umsetzungsakt ihre Rechte kennen und erkennen, damit sie sie auch vor staatlichen Gerichten durchsetzen könnten; Nettesheim, AöR 119n (1994), S. 261, 284; Di Fabio, NJW 1990, S. 947, 953; Gellermann, S. 107 ff.; Jarass, S. 93 ff.; Brechmann, S. 266 ff.; Scherzberg, Jura 1993, S. 225, 232; Klein, in FS Everling Bd. I, 1995, S. 641, 646; Steindorff, in FS Everling Bd. II, 1995, S. 1455, 1458; Basedow, in FS Brandner 1996, S. 651, 658; Reich, EuZW 1996, S. 709, 710.

lich vorgenommen werden. So sollen die Gerichte verpflichtet sein, das nationale Recht *unter voller Ausschöpfung des richterlichen Beurteilungsspielraums* in Übereinstimmung mit den Anforderungen des Gemeinschaftsrechts auszulegen und anzuwenden. Dieser Auffassung kann zugestimmt werden, da die volle Ausschöpfung des richterlichen Beurteilungsspielraums auch eine extensive Auslegung im Lichte der Richtlinie mit einschließt. Der richterliche Beurteilungsspielraum wird nämlich durch die Bindung des Richters an das Gesetz begrenzt. Die Bindung des Richters an das Gesetz bezieht sich auf die Bindung an den Wortsinn, an die gesetzgeberischen Regelungszwecke und an den objektiven Normzweck[677]. Die gesetzgeberischen Regelungszwecke ergeben sich aus den Gesetzesmaterialien und der Entstehungszeit sowie aus dem gesetzesimmanenten System.[678] Das gesetzesimmanente System bedeutet, daß die einzelne Norm nicht nur in einem äußeren Gesamtkontext mit anderen Vorschriften steht, sondern in einem System vielfältiger gesetzgeberischer Anordnungen und Wertungen integriert ist.[679] Insofern kann der Richter die Wertungen des Gesetzgebers konsequent zu Ende führen[680] bzw. den gesetzgeberischen Plan zu Ende denken[681], wenn er sich an die Regelungsabsicht, den Plan und die immanente Teleologie des Gesetzes gebunden hält. Insoweit ist eine Auslegung *über* den *Wortsinn* noch als *Auslegung im weiteren bzw. extensiven Sinne* zu verstehen.[682] Folglich muß eine *extensive Auslegung im Lichte der Richtlinie zulässig* und geboten sein, solange sie sich am Plan und der Teleologie des nationalen Gesetzes orientiert[683], also den Wertungen des Gesetzes entspricht und nicht den Grundstrukturen des geschriebenen Rechts widerspricht.[684] Selbst wenn die Richtlinie nicht

677 Neuner, S. 90 - 111.

678 Neuner, S. 103 - 109.

679 Neuner, S. 105 und mit Verweis auf Canaris, S. 90 f.

680 Neuner, S. 105.

681 Siehe hierzu auch die Ausführungen von : Grundmann, ZEuP 1996, S. 420, der aber von Rechtsfortbildung spricht und diese auch zuläßt; siehe hierzu auch : Möllers, EuR 1998, S. 20, der ebenso eine Rechtsfortbildung zuläßt.

682 Neuner, S. 106; Larenz/Canaris, S. 187 und S. 191.

683 Siehe hierzu auch die Ausführungen von : Spetzler, RIW 1991, S. 579 - 582, der aber von Rechtsfortbildung spricht und diese zuläßt. Siehe auch : Lutter, JZ 1992 S. 607; Ehricke, RabelsZ Bd.59 (1995), S. 640, nach dem der Richter unter Umständen verpflichtet sein kann, ausländisches Recht (*systemimmanent*) fortzubilden, um gegebenenfalls zutage getretene Lücken zu schließen.

684 Siehe hierzu auch : Möllers, EuR 1998, S. 45, der aber von Rechtsfortbildung spricht und diese zuläßt.

unmittelbar zwischen Privaten wirken kann, bleibt ihre Zielvorstellung und ihr Umsetzungsbefehl doch erhalten.[685] Der nationale Richter darf sich ihr nicht verweigern.[686]
Eine contra-legem Entscheidung, eine gesetzesübersteigende Auslegung, kann hingegen nicht zulässig sein. Eine solche liegt dann vor, wenn die Regelungsabsicht des historischen Gesetzgebers mißachtet wird, sofern diese mit dem möglichen Wortsinn der Gesetzesnorm noch vereinbar ist oder im Wege der Analogie oder Restriktion durchgesetzt werden könnte. Contra-legem ist somit eine Entscheidung, wenn sie im Widerspruch zu den Vorstellungen des gesetzgebenden Organs steht, allerdings zum Schutze des Vertrauens der Rechtsunterworfenen zudem vom Wortsinn des Gesetzes abhängig ist.[687] Insofern ist Reich darin zuzustimmen, wenn der nationale Richter die Richtlinie nur soweit wie möglich bei der Auslegung nationalen Rechts berücksichtigen muß, er aber zu *keiner contra-legem* Auslegung verpflichtet ist.[688] Die Grenze der richtlinienkonformen Auslegung ist also bei der extensiven Auslegung zu ziehen.
Somit gilt zu prüfen, ob die deutschen Verwertungsrechte durch eine extensive Auslegung im Lichte der Richtlinie ausgelegt werden können oder ob es einer contra-legem Auslegung bedarf.
Vor der „angeblichen" Umsetzung konnten die neuen technischen Gegebenheiten bzw. die vorübergehende Vervielfältigung und jede Verbreitung[689] allenfalls durch eine *extensive* Anwendung in den Schutz der Verwertungsrechte miteinbezogen werden. In den dortigen Motiven hat sich ja der Gesetzgeber nicht explizit zu der vorübergehenden Vervielfältigung und nicht zu jeder Form der öffentlichen Verbreitung geäußert und die Begriffsbestimmungen der § 16 bis 22 UrhG als abschließend deklariert.
Da die vorübergehende Vervielfältigung unter dem wirtschaftlichen Aspekt der Vervielfältigung im körperlichen Sinne gleich kommt und § 15 UrhG auch künftige Verwertungsformen unter Schutz stellen will, konnte die vorübergehende Vervielfältigung durch *eine extensive Auslegung* des körperlichen Vervielfältigungsbegriffs des § 16 UrhG in den Schutzbereich einbezogen werden. Das Gleiche gilt hinsichtlich jeder Form

685 Möllers, EuR 1998, S. 45.
686 Lutter, JZ 1992, S. 607.
687 Neuner, S. 132.
688 Reich, EuZW 1996, S. 710.
689 Die extensive Anwendung des Verbreitungsbegriffs des § 17 UrhG wurde aber unter dem Aspekt des Schutzzwecks verneint, da durch den Erschöpfungsgrundsatz des § 17 Abs. 2 UrhG der Urheber keine ausreichende Partizipation bei der Online- und Netzwerk-Übermittlung erhalten würde.

der öffentlichen Verbreitung, bei der allerdings wegen des Erschöpfungsgrundsatzes die extensive Anwendung dem Schutzzweck des § 17 UrhG zuwiderlaufen würde. So können also die Wertungen des Gesetzgebers zum einen unter dem Blickwinkel „des allgemeinen Verwertungsrechts des § 15 UrhG“ und zum anderen unter dem Blickwinkel „des wirtschaftlichen Aspekts“ bzw. unter dem Blickwinkel „dem Urheber eine ausreichende Partizipation zu gewähren“ fortgesetzt werden.

In den *jetzigen* Motiven hat der Gesetzgeber jedoch die „neue“ Ansicht zum Ausdruck gebracht, daß der diese neuen Verwertungsformen von den bisherigen Verwertungsrechten umfaßt haben will. Dies spricht damit um so mehr für eine extensive Auslegung im Sinne der Richtlinie. Desweiteren hat der deutsche Gesetzgeber die unkörperlichen Formen der Vermarktung von dem Erschöpfungsgrundsatz ausgenommen und dabei auf den Erwägungsgrund 33 der Richtlinie abgestellt. Erwägungsgrund 33 nimmt ja die Online-Leistung von dem Erschöpfungsgrundsatz aus und sieht jede Online-Leistung als genehmigungspflichtig an. Insofern kann auch jede Online-Zugänglichmachung/Übermittlung und die Übermittlung eines größeren Netzwerkes durch eine extensive Auslegung des Verbreitungsbegriffs von § 17 UrhG in den Schutzbereich einbezogen werden.[690] Somit kann der Urheber an jeder solchen Zugänglichmachung/Übermittlung partizipieren und hat somit einen ausreichenden Schutz.

Die kleinen, lokalen Netzwerke sind jedoch von einem Schutz ausgeschlossen. Denn in den Motiven hat der Gesetzgeber keine neue Ansicht hinsichtlich des Öffentlichkeitsbegriffs des § 15 Abs.3 UrhG kundgetan. So ist selbst eine restriktive Auslegung des § 15 Abs.3 UrhG nicht möglich, wie bereits vor dem Erlaß der EG-Datenbankrichtlinie aufgezeigt worden ist.[691]

Wie bereits bei der Abhandlung der Verwertungsrechte vor dem Erlaß der EG-Datenbankrichtlinie deutlich gemacht worden ist, können die Online-Zugänglichmachung und die Zugänglichmachung eines größeren Netzwerkes unter § 15 Abs.2 UrhG subsumiert werden. Der Gesetzgeber spricht sich in den jetzigen Motiven auch für einen

690 Drucksache 966/96, a.a.O., S. 45 und Drucksache 13/7385, a.a.O, S. 43 und Erwägungsgrund 33, Richtlinie 96/9/EG des Europäischen Parlaments und des Rates vom 11.März 1996 über den rechtlichen Schutz von Datenbanken, in Amtsblatt der Europäischen Gemeinschaften Nr. L 77, S. L 77/22.

691 Siehe hierzu im einzelnen vorne : 2.Teil, 3. Kapitel, § 11 A. I. 2) b) aa) aaa).

Schutz der Online-Zurverfügungstellung unter § 15 Abs. 2 UrhG aus. Ein kleines lokales Netzwerk kann nicht unter § 15 Abs.2 UrhG subsumiert werden.[692]

Insgesamt liegt somit keine contra-legem Rechtsfortbildung vor. Damit ist der Richter verpflichtet, die Verwertungsrechte *richtlinienkonform auszulegen*. Hierdurch erhält der einzelne Urheber zwar einen ausreichenden Schutz, aber nicht einen solchen im Sinne der anzustrebenden Rechtssicherheit und Rechtsklarheit. Durch die extensive Auslegung im Lichte der Richtlinie können die Gerichte zwar zur Harmonisierung der Rechtsnormen verhelfen, mit der aber die eigentlich anzustrebende Harmonisierung nicht gleichgesetzt werden darf. So wird lediglich eine *minimale Harmonisierung erreicht*, aber *keine größtmögliche Harmonisierung*. Der jeweilige Gesetzgeber sollte vielmehr bemüht sein, seinen eigentlichen Umsetzungsauftrag korrekt zu erfüllen und sich insoweit an den jeweiligen Richtlinien orientieren. Die richtlinienkonforme Auslegung darf nicht zu einem Instrument werden, mit dem die Mitgliedstaaten die nötige Umsetzung der Richtlinien zu vermeiden versuchen.[693] Erst so kann eine größtmögliche Harmonisierung erreicht werden. Die eigentliche Aufgabe der Gerichte ist ja das harmonisierte Recht sicherzustellen und nicht dem unzureichend harmonisierten Recht zur Harmonisierung zu verhelfen. So erfordern Rechtssicherheit und Rechtsklarheit, daß die Rechtsunterworfenen ihre Rechte und Pflichten der ihnen gegenüber geltenden Vorschriften möglichst eindeutig entnehmen können.[694]

Da der Gesetzgeber keinen eigenen Abschnitt für Datenbanken und damit auch nicht für die Verwertungsrechte geschaffen hat, hat er die Umsetzung des Verwertungsrechts „der Bearbeitung oder jede andere Umgestaltung der zustimmungsbedürftigen Handlungen" der EG-Datenbankrichtlinie ebenso nicht in einen gesonderten Abschnitt für Datenbanken gebracht. Vielmehr ist § 23 S.2 UrhG durch die Einfügung der Begriffsumschreibung „oder um die Bearbeitung oder Umgestaltung eines Datenbankwerkes" ergänzt worden. Dabei ist der Gesetzgeber ähnlich wie bei der Umsetzung der zustimmungsbedürftigen Handlungen -der Vervielfältigung, Verbreitung und der öffentlichen Wiedergabe- vorgegangen.

---

692 Siehe hierzu : 2.Teil, 3. Kapitel, § 1 A. 2) b) ccc).
693 Everling, ZGR 1992, S. 388.
694 Everling, a.a.O., S. 389.

Ähnlich ist der Gesetzgeber bei den *nicht* zustimmungsbedürftigen Handlungen vorgegangen. Da er weder einen eigenen Abschnitt für Datenbanken noch neue Normen für Verwertungsrechte geschaffen hat, hat er die *nicht* zustimmungsbedürftigen Handlungen bei den Schranken des Urheberrechts geregelt. Er hat diese in § 55 a UrhG -Benutzung eines Datenbankwerkes- normiert. Zulässig ist nach S.1 die Bearbeitung sowie die Vervielfältigung eines Datenbankwerkes durch den Eigentümer eines mit Zustimmung des Urhebers durch Veräußerung in Verkehr gebrachten Vervielfältigungsstücks des Datenbankwerkes, den in sonstiger Weise zu dessen Gebrauch berechtigten oder denjenigen, dem ein Datenbankwerk aufgrund eines mit dem Urheber oder eines mit dessen Zustimmung mit einem Dritten geschlossenen Vertrags zugänglich gemacht wird, wenn und soweit die Bearbeitung oder Vervielfältigung *für den Zugang zu den Elementen des Datenbankwerkes und für dessen übliche Benutzung erforderlich ist.*

In dieser Gesetzesnorm wurden neue Begriffe eingeführt. So wurde der Begriff „berechtigter Benutzer" in die Umschreibung „den in sonstiger Weise zu dessen Gebrauch berechtigten oder denjenigen, dem ein Datenbankwerk aufgrund eines mit dem Urheber oder eines mit dessen Zustimmung mit einem Dritten geschlossenen Vertrags zugänglich gemacht wird" gebracht. Als Begründung wird in den Motiven zum Gesetzesentwurf[695] angeführt, daß als „berechtigter Benutzer" des umzusetzenden Artikels 6 Abs.1 nicht der Inhaber eines vertraglich eingeräumten urheberrechtlichen Nutzungsrechts gemeint sei. Es sei darunter vielmehr der „berechtigte Benutzer" als „Endverbraucher" im Sinne einer rechtmäßig vorgenommenen (distributorischen) Verwertungshandlung zu verstehen. Diesem sei weder notwendiger- noch auch typischerweise ein urheberrechtliches Nutzungsrecht vertraglich eingeräumt.[696] Der Gesetzgeber verzichtet deshalb auf den mißveständlichen Terminus „berechtigter Benutzer" und will statt dessen die Stellung des Adressaten einer rechtmäßig vorgenommenen (distributorischen) Verwertungshandlung (im Online-Bereich öffentliche Wiedergabe; im Offline-Bereich Verbreitung) umschreiben.[697]

Es ist nicht richtig, wenn der Gesetzgeber annimmt, daß der rechtmäßige Benutzer des Art.6 Abs.1 der EG-Datenbankrichtlinie nur als Inhaber eines vertraglich eingeräumten

695 BT-Drucksache 13/7934, S. 43.
696 BT-Drucksache 13/7934, S. 43.
697 BT-Drucksache 13/7934, S. 43.

Nutzungsrechts gemeint ist. Zwar heißt es in Erwägungsgrund 34 wörtlich : „Hat der Rechtsinhaber sich entschieden, einem Benutzer durch einen Online-Dienst oder durch andere Mittel der Verbreitung eine Kopie der Datenbank zur Verfügung zu stellen, so muß dieser rechtmäßige Benutzer Zugang zu der Datenbank haben und sie für die Zwecke und in der Art und Weise benutzen zu können, die in dem Lizenzvertrag mit dem Rechtsinhaber festgelegt sind, auch wenn für diesen Zugang und diese Benutzung Handlungen erforderlich sind, die ansonsten zustimmungsbedürftig sind.“[698] Damit soll lediglich klargestellt werden, daß auch der Endverbraucher, der durch den Rechtsinhaber ermächtigt ist, die Datenbank benutzen kann. Unter Rechtsinhaber muß also derjenige verstanden werden, der von dem Urheber das vertraglich bestimmte Nutzungsrecht eingeräumt bekommen hat. So macht Erwägungsgrund 34 nur deutlich, daß auch die Endverbraucher in Artikel 6 Abs.1 einbezogen werden. Artikel 6 Abs.1 muß auch im Zusammenhang mit Artikel 5 ausgelegt werden und nicht ausschließlich mit Erwägungsgrund 34.

Artikel 6 nimmt ausdrücklich auf Artikel 5 Bezug, indem der rechtmäßige Benutzer für die in Artikel 5 aufgezählten Handlungen nicht der Zustimmung des Urhebers der Datenbank bedarf, wenn sie für den Zugang zum Inhalt der Datenbank und deren normale Benutzung durch den rechtmäßigen Benutzer erforderlich sind. Damit darf nicht nur als rechtmäßiger Benutzer der Endverbraucher bezeichnet werden, sondern darüber hinaus der Rechtsinhaber eines vertraglich eingeräumten Nutzungsrechts.

In Artikel 5 werden ja die ausschließlichen Verwertungsrechte des Urhebers genannt.

Desweiteren wurde statt der Begriffsumschreibung „für den Zugang zum *Inhalt* der Datenbank und deren *normale* Benutzung“ die neue Formulierung „für den Zugang *zu den Elementen des Datenbankwerkes* und für dessen *übliche* Benutzung erforderlich ist“ gewählt. Hinsichtlich der Beweggründe dieser Neuformulierung läßt sich im direkten Zusammenhang in den Motiven des Gesetzgebers nichts finden. Es kann lediglich aus den Gründen zur Gesamtkonzeption der Endfassung des Entwurfes entnommen werden, daß die Änderung den Einwand „das Recht sui generis sei kein am Inhalt bestehendes Schutzrecht“ berücksichtigt hat.[699]

---

698 Erwägungsgrund 34, a.a.O., S. L 77/22.
699 BT-Drucksache 13/7934, a.a.O., S. 42.

Die Neuformulierung „für den Zugang zu den Elementen der Datenbank“ ist insoweit zu befürworten, es bedarf hingegen nicht der neuen Formulierung „übliche Benutzung“.

Die Zuordnung der nicht zustimmungsbedürftigen Handlungen zu den Schranken des Urheberrechtsgesetzes hat der Gesetzgeber[700] dadurch begründet, indem er die von Artikel 6 Abs.1 der Richtlinie angeordnete Rechtsfolge primär als Schrankenregelung versteht und nicht als urhebervertragsrechtliche Bestimmung. Denn der Endverbraucher, den keinerlei nutzungsvertragliche Rechtsbeziehungen mit dem Urheber verbinden (müßten), soll bestimmte (nämlich „für den Zugang zu den Elementen des Datenbankwerks und für dessen übliche Benutzung“ erforderliche) Handlungen erlaubnisfrei vornehmen können. Desweiteren zieht der Gesetzgeber einen Vergleich mit der Umsetzung der EG-Computerrichtlinie in innerdeutsches Recht, indem er folgende Ausführungen als Begründung für die Plazierung der nicht zustimmungsbedürftigen Handlungen bei den Schranken des Urheberrechtsgesetzes verwendet : „Wie im Fall des der Umsetzung der Richtlinie über den Rechtsschutz von Computerprogrammen dienenden § 69 d Abs.1 i.V.m. § 69 c Nr. 1 und 2 werden die im Rahmen eines solchen „normal use“ zulässigen Handlungen spezifiziert : Zulässig sind danach die Bearbeitung sowie die (in der Regel durch vorübergehendes Abspeichern erfolgende) Vervielfältigung, nicht aber sonstige Verwertungshandlungen.“ [701]
Dieser Vergleich kann nicht als eigentliche Begründung gewählt werden, sondern ist vielmehr die logische Konsequenz davon, daß der Gesetzgeber die Verwertungsrechte - die zustimmungsbedürftigen Handlungen- durch richtlinienkonforme Auslegung der bisherigen Verwertungsrechte umsetzen und damit keine neuen Verwertungshandlungen in einem gesonderten neunten Abschnitt für Datenbanken normieren wollte. Desweiteren überzeugt die Plazierung bei den Schrankenbestimmungen nicht. Denn der Gesetzgeber hat die normalen Nutzungshandlungen bei Comuterprogrammen nicht bei den Schranken des Urheberrechtsgesetzes plaziert, sondern sie in dem Abschnitt für die „Besonderen Bestimmungen für Computerprogramme“ eingefügt. Der Gesetzgeber hat auf der einen Seite bei der Umsetzung der EG-Computerrichtlinie neue gesetzliche

700 BT-Drucksache 13/7934, a.a.O., S. 43 f.
701 BT-Drucksache 13/7934, a.a.O., S. 44.

Normen in einem gesonderten Abschnitt gegründet, um die Sonderregelungen im Interesse der Rechtsklarheit in einem einheitlichen Abschnitt zusammenzufassen. Auf der anderen Seite hat er bei einer vergleichbaren Lage -der Umsetzung der EG-Datenbankrichtlinie- jedoch anders gehandelt. Damit ist er in bezug auf die Gesetzessystematik in doppelter Weise inkonsequent. Der Rechtsunterworfene erhält durch eine solche „Gesetzessystematik" keine Rechtsklarheit und insofern auch keinen ausreichenden urheberrechtlichen Schutz. Der Rechtsunterworfene muß davon ausgehen können, daß der Gesetzgeber sich an seine einmal gewählte Gesetzessystematik hält und nicht durch ständige Ausnahmen davon abzuweichen versucht.

Insgesamt kann festgehalten werden, daß der Gesetzgeber die Verwertungsrechte nicht materiell-gleichwertig in innerdeutsches Recht umgesetzt und damit seine grundsätzliche Umsetzungspflicht nicht erfüllt hat. Zwar erhält der Urheber durch die *richtlinienkonforme Auslegung* einen ausreichenden Schutz -abgesehen von kleinen lokalen Netzwerken-, doch wird dadurch nicht zur Rechtssicherheit/Rechtsklarheit und zur größtmöglichen Harmonisierung beigetragen.

3. Teil
Leistungsschutz

1.Kapitel
Leistungsschutz nach § 1 UWG

§ 13 Zulässig neben dem Urheberrechtsgesetz ? - Schutzzweck des UWG ?

Bei den Stadtplänen und bei den Kfz-Navigationssystemen wurde festgestellt, daß diese *zumeist* den Bereich der kleinsten Münze tangieren und insofern von einem urheberrechtlichen Schutz ausgeschlossen sind. Deshalb ist nachfolgend zu klären, ob Stadtpläne und Kfz-Navigationssysteme einen wettbewerbsrechtlichen Leistungsschutz nach § 1 UWG erhalten können. Hierzu gilt die Frage zu beantworten, ob eine Leistung, die nicht unter Urheberrechtsschutz fällt, dennoch von dem UWG einen Schutz erfahren kann. Dies hängt alleinig davon ab, ob das Urheberrechtsgesetz als Sonderschutzgesetz den Schutz von Leistungen abschließend regelt.

A. Urheberrechtsgesetz - abschließende Sonderschutzregelung für Leistungen ?

I. Nach dem Gesetzestext des UrhG ?

Im Urheberrechtsgesetz finden sich zwei gesetzliche Normen, die sich hinsichtlich anderer Gesetze äußern. Dies sind § 97 Abs.3 und § 69 g Abs.1 UrhG.

§ 97 Abs.3 UrhG besagt, daß Ansprüche aus anderen gesetzlichen Vorschriften unberührt bleiben. Diese Regelung ist sehr allgemein gehalten und erwähnt das UWG nicht explizit. Aus der systematischen Stellung dieser Regelung können jedoch nur solche Ansprüche gemeint sein, die sich aus der Innehabung einer durch das Urheberrechtsgesetz geschützten Rechtsstellung ergeben. Dabei ist vorrangig an bereicherungsrechtliche Ansprüche zu denken.[702] Insofern kann aus dieser Regelung nicht geschlossen werden,

702 Schulte-Beckhausen, S. 15 mit Verweis auf Baums, BB 1988, S. 429 ff.

daß das UrhG hinsichtlich des Schutzes von Leistungen abschließend ist und insoweit ein Leistungsschutz nach UWG verneint werden kann.

Anders ist es jedoch in § 69 g Abs.1 UrhG. § 69 g Abs.1 UrhG spricht nämlich ausdrücklich das Gesetz gegen unlauteren Wettbewerb an, aber lediglich in bezug auf die Computerprogramme. So heißt es in § 69 g Abs.1 UrhG wörtlich : „Die Bestimmungen dieses Abschnitts *lassen die Anwendung sonstiger Rechtsvorschriften* auf Computerprogramme, insbesondere über den Schutz von Erfindungen, Topographien von Halbleitererzeugnissen, Warenzeichen und *den Schutz gegen unlauteren Wettbewerb* einschließlich des Schutzes von Geschäfts- und Betriebsgeheimnissen, sowie schuldrechtliche Vereinbarungen unberührt.“ Diese Bestimmung bezieht sich aber ausschließlich auf die Computerprogramme.
Aus diesen beiden gesetzlichen Normen kann nicht eindeutig verneint werden, daß die Sonderrechtsschutzgesetze abschließend sind. Insofern kann nicht von vorneherein ein Schutz durch das UWG ausgeschlossen werden.

Selbst der Gesetzgeber spricht sich in seinen Motiven von 1965[703] aus, daß die Zeit für die Einführung eines sondergesetzlichen Schutzes für bestimmte Leistungen noch nicht reif ist. Damit räumt er ein, daß er mit dem Erlaß von neuen Schutzrechten nicht für alle erdenkbaren Fälle in der Zukunft einen ausreichenden sondergesetzlichen Schutz geschaffen hat. Hiermit können auch solche der Leistungen an sich, also die der verwandten Schutzrechte, gemeint sein. Ferner hat der Gesetzgeber in dem Beschluß des Deutschen Bundestages von 1985[704] dies noch nachdrücklicher formuliert. So soll die Bundesregierung ersucht werden, alle drei Jahre ab Inkrafttreten des Gesetzes einen Bericht, unter anderem über die Einwirkungen der technischen Entwicklung auf das Urheberrecht und die Leistungsschutzrechte, zu erstatten und gegebenenfalls geeignete Maßnahmen zur Sicherung des geistigen Eigentums auch in seinem wirtschaftlichen Bestand

703 Entwurf eines Gesetzes über Urheberrecht und verwandte Schutzrechte (Urheberrechtsgesetz), Deutscher Bundestag, 4.Wahlperiode, 23.März 1962, Begründung - A. Einleitung II. Grundzüge des Entwurfs, 7.Verwandte Schutzrechte, 7 f) Schutz des Sendeunternehmens, BT-Drucksache IV/270, S. 34 - 35.

704 Beschluß des Deutschen Bundestages vom 23.Mai 1985 zum Gesetz zur Änderung von Vorschriften auf dem Gebiet des Urheberrechts vom 24. Juni 1985, Verhandlungen des Deutschen Bundestages, 10.Wahlperiode, Stenographische Berichte, 10/3360, S. 3.

vorzuschlagen. Zwar könnte man hieraus schließen, daß sich dieser Leistungsschutz des Gesetzgebers nur auf die der Sonderschutzgesetze beziehen soll. Ein Leistungsschutz ist jedoch auch über den wettbewerbsrechtlichen Leistungsschutz möglich, allerdings nicht in solch einem umfassenden Sinne wie der eines ausschließlichen Gesetzes. Die Äußerungen des Gesetzgebers lassen sich somit dahingehend interpretieren, daß ein ausschließlicher Leistungsschutz nur über das Urheberrecht und die verwandten Schutzrechte zu erreichen ist. Ein anderweitiger Schutz, wie etwa das UWG, läßt er demnach zu.

II. Verschiedene Rechtsauffassungen

Die überwiegende Rechtsprechung[705] und die überwiegende Literatur[706] sind der Auffassung, daß die Sonderschutzgesetze -wie das Urheberrecht- den Schutz bestimmter Leistungen abschließend regeln. Sie lassen einen Leistungsschutz nur dann zu, wenn bestimmte wettbewerbswidrige Handlungen vorgenommen worden sind. Die Leistung an sich wollen sie nicht schützen, nur bei Vorliegen besonderer wettbewerbswidriger Handlungen. So folgt nach ihnen aus der gesetzlichen Anerkennung besonderer Ausschließlichkeitsrechte für bestimmte Arbeitsergebnisse und Leistungen, daß die wirtschaftliche Betätigung des einzelnen außerhalb des Sonderschutzbereichs im Interesse der Allgemeinheit und der Mitbewerber frei sein soll[707]. Ferner fordert nach ihnen ein funktionierender Wettbewerb die Nachahmungsfreiheit, da Weiterentwicklung und Fortschritt ein Orientieren an bereits Vorhandenem bzw. ein freies Benutzen/Teilhaben

705 BGHZ 5, 1, 10 -Hummel-; BGHZ 21, 266, 269 -Uhrenrohwerke-; BGHZ 26, 52, 59 -Sherlock holmes-; BGHZ 37, 1, 19 f. -AKI-; BGHZ 41, 55, 57 -Klemmbausteine-; BGHZ 44, 288, 295 -Apfelmadonna-; BGHZ 60, 168, 169 -Modeneuheit-; BGH, GRUR 1969, S. 618, 619 -Kunststoffzähne-; BGH, GRUR 1970, S. 250, 252 -Hummel III-; BGH, GRUR 1981, S. 517, 519 -Rollhocker-; BGH, GRUR 1982, S. 305, 307 -Büromöbelprogramm-; BGH, GRUR 1986, S. 673, 675 -Beschlagprogramm-; BGH, GRUR 1990, S. 528, 529 -Rollen-Clips-.

706 Baumbach/Hefermehl, § 1 Rn. 439 ; v. Gamm, Wettbewerbsrecht, 21. Kapitel, Rn.3; v. Gamm, Geschmacksmustergesetz, Einf., Rn.23; Max, S. 8 ff.; Bornmüller, S. 170 f.; Preuß, S. 281; Gastiger, GRUR 1965, S. 179, 182; Schmieder, NJW 1966, S. 1446 f.; Tetzner, JR 1968, S. 324 ff.; Kolle, GRUR 1982, S. 443, 457; Hefermehl, FS Universität Heidelberg, S. 331, 335 f.; Vierheilig, GRUR 1977, S. 704; Nordemann, Wettbewerbsrecht, Rn.355 f.; Mehrings, S. 163; Hubmann, GRUR 1975, S. 230; Krüger, GRUR 1986, S. 115, 126; Wilhelm, GRUR 1986, S. 126; Kroitzsch, GRUR 1986, S. 579, 582 ff.

707 Siehe hierzu im besonderen : Schulte-Beckhausen, S. 18; Baumbach/Hefermehl, § 1 Rn.439; Schönherr, GRUR Int. 1975, S. 237.

an der neuesten Technik bedingt[708]. Die Nachahmungsfreiheit sei als Vehikel des Fortschritts in Technik, Kultur und Wissenschaft erforderlich. Um etwas fortzuentwickeln, sei es unerläßlich, auf Vorhandenes zurückzugreifen[709].

Die Begründungen beziehen sich im eigentlichen auf die Nachahmungsfreiheit. Dieses Argument der generellen Nachahmungsfreiheit läßt sich jedoch zum einen hinsichtlich des Schutzzwecks des UWG und zum anderen hinsichtlich der Schutzvoraussetzungen entkräften.

Die Mindermeinung in der Literatur[710] sieht dies hingegen anders. Nach dieser ist das Urheberrechtsgesetz nicht abschließend, da die Begrenzung des Urheberrechts auf bestimmte Leistungsergebnisse nicht zur Folge habe, daß außerhalb des Anwendungsbereiches des UrhG ein Interesse an der Verwertung der eigenen Leistung als nicht mehr schutzwürdig anzusehen sei. Hier greife u.U. die Generalklausel des UWG ein und gewähre dem Wettbewerber Abwehransprüche[711]. Damit ist der ergänzende wettbewerbliche Leistungsschutz gemeint. Der Wille des Gesetzgebers ist, die Entwicklung auf wirtschaftlichem bzw. kulturellem Gebiet dadurch voranzutreiben, daß partikulär und graduell unterschiedlich der Wettbewerb eingeschränkt wird. So schützt das Urheberrecht u. a. vor wirtschaftlicher Nutzung des Werkes durch unbefugte Dritte und das UWG vor unlauteren und unbilligen Beeinträchtigungen der wirtschaftlichen Belange des Leistungsinhabers[712]. Die Schutzbereiche von Urheber- und Wettbewerbsrecht liegen nämlich viel näher zusammen, als gemeinhin angenommen wird[713].

708 RGZ 135, 385, 394 -Künstliche Blumen-; BGHZ 37, 1, 19 f. -AKI-; BGHZ 44, 288, 301 -Apfelmadonna-; BGH, GRUR 1966, S. 617, 620 -Saxophon-; BGH, GRUR 1969, 618, 619 -Kunststoffzähne-; OLG Köln, WRP 1992, S. 407, 408; Preuß, S. 280.

709 Baumbach/Hefermehl, § 1 Rn. 439; Gerhardus, S. 65.

710 Gerhardus, S. 34; Schulte-Beckhausen, S. 53 - 55.

711 Gerhardus, S. 34.

712 So auch insbesondere Gerhardus, S. 34; so im Ergebnis auch : Schulte-Beckhausen, S. 42, 45, 53 - 56.

713 Gerhardus, S. 34.

B. Schutzzweck des UWG

Der Schutzzweck des UWG ist, einen lauteren Wettbewerb herzustellen[714], der einem umfassenden Interessenschutz entspricht[715]. Denn durch den Wettbewerb werden die Entstehung und die Verbreitung des technischen Fortschritts gefördert, was zu einer Erhöhung der Wachstumsrate der gesamtwirtschaftlichen Produktionskapazität führt[716]. Ein solch lauterer Wettbewerb kann jedoch die Nachahmungsfreiheit nicht schlechthin dulden. Würde man eine solche ohne jegliche Einschränkungen hinnehmen, dann würde nämlich der Wettbewerb geradezu behindert. Insofern bedarf ein lauterer Wettbewerb vielmehr der Berücksichtigung der Interessen des Leistungserbringers und der Allgemeinheit, um so überhaupt einen Anreiz zur Erstellung von Produkten zu schaffen. Ein lauterer Wettbewerb bedeutet im eigentlichen, die Funktionsfähigkeit des Wettbewerbs herzustellen und zu erhalten, die sowohl einen innovatorischen als auch einen imitatorischen Wettbewerb -das dynamische Wettbewerbskonzept- erfordert[717]. Der innovatorische und der imitatorische Wettbewerb basiert auf den verschiedenen Interessen, die des Leistungserbringers, des Nachahmers und der Allgemeinheit, und berücksichtigt diese. Die Interessen der Allgemeinheit sind solche, die überindividuell und über die Gruppeninteressen hinausgreifen. Vorrangig geht es dabei also um das allgemeine Interesse *am Funktionieren des Wettbewerbs* als Institution[718]. Für solch' einen Wettbewerb genügt nicht lediglich ein natürlicher Wettbewerbsvorsprung, es bedarf vielmehr eines derartig effektiven Schutzes, der einen Wettbewerbsvorsprung schafft und so überhaupt einen Wettbewerb ermöglicht. Das heißt, Wettbewerb ist ein dynamischer Prozeß von Initiative und Reaktion, also von Investieren -der innovatorische Wettbewerb- und von Verstoß -der imitatorische Wettbewerb-[719]. Ein Unternehmer wird sich nur dann zu einer neuen Initiative am Markt entschließen, wenn er eine hinreichende Sicherheit dafür hat, daß er zumindest die Kosten, die ihm für diesen Vorstoß entstehen werden, am Markt hereinholen kann. Dem ist so, da unternehmerisches Handeln grundsätzlich lang-

---

714 Siehe hierzu : Gerhardus, S. 30; Baumbach/Hefermehl, Einl., Rn.50 und 51; Schulte-Beckhausen, S. 48.

715 Statt vieler : Baumbach/Hefermehl, Einl., Rn.50.

716 Schulte-Beckhausen, S. 53.

717 Gerhardus, S. 67 f.

718 Baumbach/Hefermehl, Einl., Rn.81; Schricker, GRUR 1974, S. 579 f.; ebenso : Schulte-Beckhausen, S. 42 und S. 45.

719 Schulte-Beckhausen, S. 54; Gerhardus, S. 67 f.

fristig auf Gewinnmaximierung ausgerichtet ist.[720] Es bedarf also eines Anreizes zum Investieren bzw. zur Schaffung neuer Produkte, d.h. eines Anreizes zu einer *Leistung.* Ein Anreiz besteht jedoch nur dann, wenn sich die *Leistungen und Investitionen* amortisieren lassen. Ein solcher Anreiz kann also nur durch einen ausreichenden Schutz der Leistungen und Investitionen gewährleistet werden, was insoweit parallel zum Urheberrecht ist. Insofern muß das UWG auch einen Schutz der Leistung an sich bewirken und nicht lediglich der besonders zu verachtenden Handlungsweise gegen die Leistung. Eine solche Amortisierung verlangt einen Schutz für eine bestimmte Zeit. Dafür ist allerdings die Voraussetzung erforderlich, daß die Zeit zwischen dem ersten Erfolg seines Vorstoßes und dem Verlust der besonderen Vorteile durch die Reaktion der Konkurrenten so lang ist, daß die Finanzierung seiner Initiative aus vorheriger Sicht gesichert erscheint.[721] Wenn nach dieser Prognose die notwendige reaktionsfreie Zeit nicht der Zeit entspricht, die dem Unternehmer tatsächlich am Markt zur Verfügung steht, um seine Kosten zu decken, so wird er die Initiative unterlassen.[722] Ist dies nicht gewährleistet, so wird der Unternehmer durch die vorzeitige Nachahmung der Konkurrenten nicht nur seine Kosten nicht decken können, sondern -was noch gravierender ist- es werden die Nachahmer aus den vom ihm entwickelten Neuheiten Gewinne erwirtschaften. Denn sie müssen anders als der Pionier bzw. Unternehmer in ihre Preisgestaltung nicht die Kosten für die Entwicklung des neuen Produktes miteinbeziehen. Insofern muß für den Anreiz zu einer Initiative die verfügbare reaktionsfreie Zeit genauso lang oder gar länger sein, wie die Zeit, die der Unternehmer benötigt, um seine Kosten zu realisieren[723]. Dabei bedarf es aber der unabdingbaren Berücksichtigung, daß die frei verfügbare Zeit für den initiativ handelnden Unternehmer nicht zu lang sein darf. Ansonsten besteht die Gefahr der Verfestigung einer Marktposition, welche zu einer dauerhaften Stellung wirtschaftlicher Macht ausgebaut werden könnte. Insoweit muß folglich gewährleistet werden, daß nach Ablauf der notwendigen reaktionsfreien Zeit die Reaktionen der Konkurrenten wieder einsetzen können, und so der Wettbewerbsvorsprung des Pioniers wieder

---

720 Schulte-Beckhausen, S. 55; Jabbusch, GRUR 1980, S. 761, 762 f.
721 Schulte-Beckhausen, S. 55.
722 Schulte-Beckhausen, S. 55; Prahl, S. 31 ff.
723 Schulte-Beckhausen, S. 55; Prahl, S. 32; Jabbusch, GRUR 1980, S. 761, 762 f. Kantzenbach, S. 39, 40 ff.

beseitigt wird[724]. Die Zeit für den Wettbewerbsvorsprung muß geschaffen werden, um so eine wesentliche Voraussetzung des Wettbewerbsgeschehens, des Verstoßes eines Wettbewerbers, zu erhalten[725]. Für einen gut funktionierenden Wettbewerb bedarf es also zum einen eines Schutzes der Investitionen des Unternehmers für eine bestimmte Zeit und zum anderen muß die Zeit für eine Schutzgewährung angemessen sein. Angemessen ist eine solche, wenn der erforderliche Wettbewerbsvorsprung gewährt wird, aber auch gleichzeitig die Interessen des Konkurrenten miteinbezogen werden.[726] Somit muß der wettbewerbsrechtliche Leistungsschutz eine zeitliche Begrenzung des Nachahmungsschutzes erhalten. Der wettbewerbsrechtliche Leistungsschutz muß also auf den Zeitraum beschränkt sein, in dem der Erbringer des schutzfähigen Erzeugnisses üblicherweise eine angemessene Belohnung für die Herstellung seiner Leistung erwirtschaften kann[727]. Die Funktionsfähigkeit des Wettbewerbs hinsichtlich der Funktion des technischen Fortschritts ist also erst dann erreicht, wenn die notwendige und die verfügbare reaktionsfreie Zeit annähernd übereinstimmen[728]. Der imitatorische Wettbewerb, der Verstoß, kann nach der befristeten Schutzzeit beginnen, da der imitatorische Wettbewerb geradezu ein Nachahmen-Dürfen verlangt.

Aus dem Schutzzweck des UWG, einen lauteren Wettbewerb herzustellen bzw. zu erhalten, kann geschlossen werden, daß das UWG auch die *Leistung an sich* zu schützen hat. Dabei darf es sich aber nicht um jede beliebige Leistung handeln. Vielmehr muß es solch eine Leistung sein, die es lohnt im Wettbewerb nachzuahmen und folglich auch zu schützen. Insofern muß die *Schutzwürdigkeit der Leistung* gegeben sein. Der Schutz der Leistung an sich soll bei den Schutzvoraussetzungen[729], insbesondere bei den guten Sitten, noch deutlicher gemacht werden.

---

724 Schulte-Beckhausen, S. 55; Heuß, in FS Röper, S. 123; Marx, S. 50; Martin, S. 41.
725 Kartte, S. 42, 94 f.; Lehmann, GRUR Int. 1983, 356, 360 ff.; Lehmann, GRUR Int. 1986, S. 6, 14; Lehmann, BB 1982, S. 1997 ff.; Albach, S. 95, 98 f.
726 Schulte-Beckhausen, S. 56.
727 So insbesondere auch : Schulte-Beckhausen, S. 256.
728 Schulte-Beckhausen, S. 55; Prahl, S. 38 ff.; Jabbusch, GRUR 1980, S. 761, 763.
729 Siehe hierzu später : 3.Teil, 1. Kapitel, § 14 A. II.

§ 14 Schutz der Leistung an sich ?

A. Schutzvoraussetzungen

Für den wettbewerblichen Leistungsschutz kommt die unbestimmte Generalklausel des § 1 UWG in Betracht. Nach § 1 UWG kann, wer im geschäftlichen Verkehre zu Zwecken des Wettbewerbs Handlungen vornimmt, die gegen die guten Sitten verstoßen, auf Unterlassung und Schadensersatz in Anspruch genommen werden.
Aus dem unmittelbaren Wortlaut des Gesetzestextes kann lediglich entnommen werden, daß einerseits ein Wettbewerbsverhältnis gegeben sein muß -zu Zwecken des Wettbewerbs- und andererseits Handlungen vorgenommen sein müssen, die einen Verstoß gegen die guten Sitten bedeuten.

I. Im geschäftlichen Verkehre zu Zwecken des Wettbewerbes

Ein Wettbewerbsverhältnis muß schon darin gesehen werden, wenn eine fremde Leistung ausgenutzt bzw. ausgebeutet wird, indem diese einfach übernommen oder identisch nachgeahmt wird. Es muß also kein konkretes Wettbewerbsverhältnis zwischen dem durch die Wettbewerbshandlung geförderten und dem dadurch betroffenem Unternehmen bestehen, was überwiegend von der Rechtsprechung[730] und teilweise von der Literatur[731] gefordert wird. So liegt nach der Rechtsprechung ein Wettbewerbsverhältnis vor, wenn ein wettbewerbsbezogener Eingriff in die wirtschaftliche Verwertung des Leistungsergebnisses eines anderen stattgefunden hat[732]. Denn würde man an einer solchen strengen Voraussetzung einen Schutz nach § 1 UWG scheitern lassen, würden nicht alle Handlungen, die gegen die guten Sitten verstoßen, von dem Schutzbereich des § 1 UWG erfaßt[733]. Der Schutzzweck des § 1 UWG ist doch, einen lauteren Wettbewerb herzustellen. Ein solcher muß aber bereits Handlungen mißbilligen, die eine Ausbeutung einer Leistung an sich zur wirtschaftlichen Verwertung darstellen. Eine Auffassung der

---

730 BGH, GRUR 1983, 247 ff. -Rolls-Royce-; BGH, GRUR 1985, S. 550 - 552 -Dimple-.
731 Kroitzsch, GRUR 1986, S. 579, 581; Grunewald, NJW 1987, S. 105 f.
732 BGH, GRUR 1983, S. 247 ff. -Rolls-Royce-; BGH, GRUR 1985, S. 550 - 552 -Dimple-.
733 So insbesondere auch : Schulte-Beckhausen, S. 61.

Literatur[734] kommt auch zu dem Ergebnis, daß kein Wettbewerbsverhältnis vorliegen muß. Sie begründet es hingegen teilweise anders. Einerseits sieht sie in dem Wortlaut des § 1 UWG kein Verlangen nach einem Wettbewerbsverhältnis. Anderserseits ist nach ihr die Voraussetzung zu Zwecken des Wettbewerbs schon dann erfüllt, wenn ein nach den äußeren Umständen absatzförderndes Verhalten vorliege.

Insofern genügt für das Vorliegen eines Wettbewerbsverhältnisses, daß eine fremde Leistung ausgenutzt bzw. ausgebeutet wird.

II. Vornehmen von Handlungen, die gegen die guten Sitten verstoßen - Ausbeutung der Leistung an sich ?

1) Ungeschriebenes Tatbestandsmerkmal : Erhebliche Leistung oder Leistung im Sinne der wettbewerblichen Eigenart ?

Im Gesetzestext ist mit keinem Wort der Begriff „einer Leistung" erwähnt. Dennoch beziehen sich diese Handlungen auf ein Produkt bzw. dessen innewohnende Leistung. Will man die Wettbewerbswidrigkeit des Wettbewerbers feststellen, müssen die gesamten Umstände, die für die wettbewerbsrechtliche Beurteilung erheblich sein können, berücksichtigt werden. So kann bei der Beurteilung der Wettbewerbswidrigkeit nicht davon abgesehen werden, ob die fremde Leistung unter wettbewerblichen Gesichtspunkten überhaupt schutzwürdig erscheint. Es muß also die *Schutzwürdigkeit* der *Leistung* vorhanden sein. Diese wird allerdings nicht einheitlich definiert.

Von der Rechtsprechung wird auf der einen Seite vordergründig die Schutzwürdigkeit an die wettbewerbliche Eigenart geknüpft. Die wettbewerbliche Eigenart mißt sie an den Unlauterkeitsmerkmalen der Sittenwidrigkeit wie beispielsweise der Herkunftstäuschung oder der Rufausbeutung. Solche Unlauterkeitsmerkmale hat sie bei der Beurteilung, ob die Handlungen einen Verstoß gegen die guten Sitten darstellen, aufgestellt[735].

---

734 Baumbach/Hefermehl, Einl., Rn.247 f.; Schricker, GRUR 1974, S. 579 - 581; Lehmann, GRUR Int. 1986, S. 6, 11.

735 BGHZ 5, 1, 10 -Hummel-; BGHZ 21, 266, 269 -Uhrenrohwerke-; BGHZ 26, 52, 59 -Sherlock holmes-; BGHZ 37, 1, 19 f. -AKI-; BGHZ 41, 55, 57 -Klemmbausteine-; BGHZ 44, 288, 295 -Apfelmadonna-; BGHZ 60, 168, 169 -Modeneuheit-; BGH, GRUR 1969, S. 618, 619 -Kunststoffzähne-; BGH, GRUR 1970, S. 250, 252 -Hummel III-; BGH, GRUR 1981, S. 517, 519 -Rollhocker-; BGH, GRUR 1982, S. 305, 307 -Büromöbelprogramm-; BGH, GRUR 1986, S. 673, 675 -Beschlag-

Sie hat aber nicht zum Ausdruck gebracht, daß solche Unlauterkeitsmerkmale nur im Kennzeichnungsbereich gelten können. Zum anderen hat sie die wettbewerbliche Eigenart bereits *in einer besonderen Leistung* gesehen, ohne darauf abzustellen, ob auch kennzeichenrechtliche Elemente gegeben sind. So hat sie den Schutz auf eine Gestaltung bezogen, die einen überdurchschnittlichen Einsatz an Zeit, Arbeit, Geld und Fähigkeiten erfordert hat. In einer anderen Entscheidung ist Bezug auf ein Arbeitsergebnis genommen worden, das unter Einsatz beträchtlicher Arbeit und Kosten erstellt worden ist [736]. Wiederum in einer anderen Entscheidung, die zu Computerprogrammen, kam es nach der Rechtsprechung[737] entscheidend darauf an, daß die Erstellung des Programmes einen nicht unerheblichen Aufwand an Zeit, Mühe und Kosten verursacht hat. Es ist zwar durchaus richtig, wenn sie erhebliche Leistungen außerhalb des Kennzeichnungsbereichs als schutzwürdig ansieht. Sie hat aber den Bereich der wettbewerblichen Eigenart überdehnt und zugleich das von ihr vordergründig Entscheidende ignoriert[738].

Die Literatur stellt überwiegend auf die Schutzwürdigkeit im Sinne der wettbewerblichen Eigenart ab[739] und sieht diese im direkten Zusammenhang mit den unlauteren Umständen. Sie differenziert jedoch ebensowenig zwischen der wettbewerblichen Eigenart im kennzeichnungsrechtlichen Bereich und der erheblichen Leistung außerhalb dieses Bereichs. So stehen nach Baumbach/Hefermehl die an die Schutzwürdigkeit des nachgeahmten Leistungsergebnisses zu stellenden Anforderungen in einer Wechselbeziehung zu dem Unlauterkeitsgehalt des Verhaltens des Nachahmers. Je stärker der Unlauterkeitsgehalt, um so geringer kann der Grad wettbewerblicher Eigenart sein[740].

Aber auch in der Literatur[741] gibt es Stimmen, die an der schützenswerten Leistung selbst, ohne eine wettbewerbliche Eigenart zu fordern, anknüpfen.

---

programm-; BGH, GRUR 1990, S. 528, 529 -Rollen-Clips-.

736 BGH, GRUR 1966, S. 503 ff. -Apfel-Madonna-.

737 LG München, CR 1986, S. 332 f.

738 So kritisiert dies auch zu Recht : Schulte-Beckhausen, S. 198; BGHZ 60, 168, 170 -Modeneuheit-; BGH, WRP 1976, S. 370 -Ovalpuderdose-; BGH, GRUR 1984, S. 453, 454 -Hemdblusenkleid-; Kur, GRUR 1990, S. 1, 8.

739 Baumbach/Hefermehl, § 1 Rn. 445 und 452; Krüger, GRUR 1986, S. 115 - 120; Sambuc, GRUR 1986, S. 130, 135 ff.

740 Baumbach/Hefermehl, § 1 UWG Rn. 445.

741 Sambuc, GRUR 1986, S. 130; Kur, GRUR 1990, S. 1; Fezer, WRP 1994, S. 63; Müller-Laube, ZHR Bd. 156 (1992), S. 480, 489 ff.; Körner, FS Nirk, S. 515, 523 f.; Kappes, S. 179 ff.; Schulte-Beckhausen, S. 208 f.

Wie bereits angedeutet, kann nicht schlechthin eine beliebige Leistung gemeint sein, sondern es muß die *Schutzwürdigkeit der Leistung* gegeben sein. Da es bei § 1 UWG um den Schutz des lauteren Wettbewerbs geht, muß die Schutzwürdigkeit der Leistung dann bejaht werden, wenn es sich um eine solche Leistung handelt, die es lohnt im Wettbewerb nachzuahmen und die dadurch wiederum den Wettbewerb fördert. Eine solche ist zum einen bei den Leistungen des kennzeichnungsrechtlichen Bereichs gegeben, die die wettbewerbliche Eigenart ausweisen müssen. Die wettbewerbliche Eigenart wird an den Unlauterkeitsmerkmalen gemessen. Zum anderen muß eine solche Leistung auch bei einer erheblichen Leistung außerhalb des kennzeichnungsrechtlichen Bereichs bejaht werden. Es kann damit nur eine Leistung gemeint sein, die einen überdurchschnittlichen Einsatz an Arbeit, Zeit und Kosten erfordert hat. So sieht dies auch Schulte-Beckhausen[742], wenn die Herstellung der Leistung regelmäßig und typischerweise Entwicklungskosten und besondere Investitionskosten verursacht hat. Nur eine erhebliche Leistung wird die Mitbewerber zum Nachahmen oder zur unmittelbaren Leistungsübernahme anregen.

Die Leistungen des kennzeichnungsrechtlichen Bereichs müssen insofern an der wettbewerblichen Eigenart festgemacht werden, die außerhalb des kennzeichnungsrechtlichen Bereichs an der *Erheblichkeit der Leistung*. Die Schutzwürdgkeit ist also bei den Leistungen, die sowohl den kennzeichnungsrechtlichen als auch den außerkennzeichnungsrechtlichen Bereich betreffen, vorhanden.

2) Handlungen als Verstoß gegen die guten Sitten - Ausbeutung der Leistung an sich?

Desweiteren müssen nach § 1 UWG diese Ausnutzungshandlungen gegen die guten Sitten verstoßen. § 1 UWG soll nämlich Schutz gegen den unlauteren Wettbewerb bieten, was ja bereits durch den Schutzzweck festgestellt worden ist. Um diesen unlauteren Wettbewerb zu bestrafen, muß die Unlauterkeit an dem Maßstab des unbestimmten Rechtsbegriffs „der guten Sitten“ gemessen werden, nicht jedoch unbedingt an den unlauteren Wettbewerbshandlungen.[743] Der Begriff „der guten Sitten“ dient folglich als

742 Schulte-Beckhausen, S. 208 f.
743 Baumbach/Hefermehl, Einl. UWG, Rn.65.

Maßstab für die Beurteilung einer Wettbewerbshandlung[744]. Aber wie ist dieser unbestimmte Begriff auszulegen ?

a) Gesetzesauslegung - Unbestimmter Rechtsbegriff der guten Sitten

aa) Wörtlich - mehrdeutig

Der Begriff „der guten Sitten" ist in seinem Wortsinn mehrdeutig. So kann dieser eine Verweisung auf die tatsächlich bestehenden Sitten -die Bräuche und Gewohnheiten des geschäftlichen Verkehrs- oder auf die Sittlichkeit -das sittliche Empfinden, die Moral- bedeuten[745]. Stützt sich die Rechtsprechung und die Literatur auf die Sittlichkeit im Sinne der Moral, so stellt sie auf das Anstandsgefühl aller billig und gerecht Denkenden ab[746]. Dieser moralisch-ethische Auslegungsgrundsatz kann jedoch nicht überzeugen. So sind Entscheidungen der Rechtsprechung schon mehrfach von dem BGH aufgehoben worden, da dieser die Rechtsansichten der Gerichte, was diese unter dem Anstandsgefühl aller billig und gerecht Denkenden verstehen, als zumeist irrig bezeichnete[747]. Ferner unterliegen die moralisch-ethischen Wertmaßstäbe einem ständigen Wandel und sind somit als Maßstab nicht ausreichend sicher.

Wird der Begriff „der guten Sitten" im Sinne der Bräuche und Gewohnheiten des geschäftlichen Verkehrs verstanden, so ist damit ein Bezug zu der herrschenden Sozialmoral hergestellt. Die herrschende Sozialmoral[748] findet sich aber in außerrechtlichen Moralvorstellungen wieder. Eine solche ist aber kaum festzumachen, da für sie die Pluralität unterschiedlicher, miteinander ringender Wertauffassungen kennzeichnend ist[749]. Desweiteren ist die Sozialmoral ebenso wie die ethische Moral einem ständigen Wandel unterzogen.

Die wörtliche Auslegung des Begriffs „der guten Sitten" kann also zu keinem eindeutigen Ergebnis verhelfen. Insofern muß die Gesetzesauslegung fortgesetzt werden.

---

744 So auch : Baumbach/Hefermehl, a.a.O.

745 Baumbach/Hefermehl, Einl. UWG, Rn.66.

746 RGZ 48, 114 - 124; 80, 219 - 220; BGHZ 10, 228 - 232; 17, 327 - 332; BGH, NJW 1976, S. 1883.

747 BGH, GRUR 1972, S. 553 -Onko statt Blumen-.

748 Henkel, § 8, 3; Soergel-Hefermehl, § 138 BGB Rn.2; Sack, GRUR 1970, S. 493.

749 Baumbach/Hefermehl, Einl. UWG, Rn.66; Simitis, S. 168 ff., 197; Schricker, Gesetzesverletzung und Sittenverstoß, S. 207, 223.

bb) Nach dem Sinnzusammenhang - nach dem Schutzzweck

Der Begriff „der guten Sitten" muß funktionsbezogen gesehen werden, da der unbestimmte Rechtsbegriff „der guten Sitten", welcher das BGB in §§ 138, 826 und das UWG in § 1 verwendet, nicht überall denselben Inhalt hat. Die Wertung darf nicht von dem unterschiedlichen Gegenstand der Beurteilung in den verschiedenen Regelungen losgelöst sein[750]. Der Gegenstand der Beurteilung beeinflußt wiederum den Bewertungsmaßstab. Es besteht folglich ein funktioneller Zusammenhang, was bedeutet, daß der Begriff „der guten Sitten" im Zusammenhang mit dem Sinngehalt des jeweiligen Gesetzes gesehen werden muß. Der Begriff „der guten Sitten" des § 1 UWG muß deshalb im Einklang mit dem Sinngehalt des Wettbewerbsrechtes stehen[751] und damit mit dem eigentlichen Schutzzweck des Wettbewerbsrechts. Dieser ist, einen lauteren Wettbewerb herzustellen und zu schützen.

Ein lauterer Wettbewerb ist der dynamische Wettbewerb, der den Interessen des Leistungserbringers, des Nachahmers und der Allgemeinheit im Sinne der Funktionsfähigkeit des Wettbewerbs ausreichend Rechnung trägt.[752] Die guten Sitten müssen also an diesen Interessen gemessen werden und sich an diesen orientieren. Folglich muß eine Interessenabwägung stattfinden[753]. Es wurde bislang aufgezeigt, daß die Funktionsfähigkeit insbesondere auch einen Schutz einer erheblichen Leistung fordert, und nicht nur, wenn eine besonders zu verachtende Handlungsweise vorliegt. Somit kann hieraus geschlossen werden, daß es nicht nur um die Abgrenzung zwischen lauteren und unlauteren Ausnutzungshandlungen geht, sondern auch um den Schutz der Arbeitsergebnisse. Denn die Art und Weise bzw. die besonderen Umstände sind bereits durch die Ausbeutung eines fremden Arbeitsergebnisses[754] und damit der Ersparnis von Mühen sowie Kosten indiziert.[755] Diese besonderen Umstände stellen einen Verstoß gegen die guten Sitten dar. Es bedarf also nicht unbedingt der speziell zu verachtenden Handlungsweise.

750 Baumbach/Hefermehl, Einl. UWG, Rn.69; Schricker, Gesetzesverletzung und Sittenverstoß, S. 248, 275; Vogt, NJW 1976, S. 729 - 730.

751 BGH, GRUR 1972, S. 561 ff. -Kavaform-.

752 Siehe hierzu vorne : 3.Teil, 1. Kapitel, § 13 B.

753 Ebenso : Gerhardus, S. 31, 36, 39, 40 - 57, davon insbesondere S. 54 und S. 57; Baumbach/ Hefermehl, Einl. UWG, Rn.83; Hefermehl, FS Universität Heidelberg, S. 331 ff.; Schricker, Gesetzesverletzung und Sittenverstoß, S. 237 f.; Schricker, GRUR Int.1970, S. 32, 41; Sack, GRUR 1970, S. 493, 500; Baudenbacher, GRUR 1981, S. 19 f.

754 Gerhardus, 36 - 39.

755 So auch : Schulte-Beckhausen, S. 256.

Ein Verstoß gegen die guten Sitten ist also dann zu bejahen, wenn der lautere Wettbewerb verletzt ist. Eine solche Verletzung muß in der Behinderung der Funktionsfähigkeit des Wettbewerbs gesehen werden, wenn sich also der Konkurrent sämtliche Aufwendungen der Leistung erspart und mit diesen erbeuteten Leistungen am Wettbewerb unmittelbar teilnimmt. Ein unmittelbares Teilnehmen liegt vor, wenn keine Zeitspanne für den eigentlichen Leistungserbringer geschaffen wird. Eine solche Zeitspanne soll dem eigentlichen Leistungserbringer die Früchte seiner Arbeit sichern. Der Konkurrent behindert insoweit den eigentlichen Leistungserbringer an dem Teilwerden seiner -ihm zustehenden- Früchte. Eine solche Behinderung soll aber deshalb ausgeschlossen werden, um überhaupt einen Anreiz zur Schaffung von Leistungen zu erzeugen. Somit kann in der *Ausbeutung einer erheblichen Leistung* ein Verstoß gegen die guten Sitten gegeben sein.

b) Verschiedene Rechtsauffassungen - Hinzutreten von besonderen Umständen ?

Die überwiegende Rechtsprechung[756] und die überwiegende Literatur[757] fordern zwar für einen Verstoß gegen die guten Sitten das zusätzliche Hinzutreten von besonders unlauteren Umständen, da sie die Nachahmung ja grundsätzlich als frei deklarieren. Desweiteren kann nach ihnen ein Schutz der Leistung an sich wegen der abschließenden Regelung der Sonderschutzgesetze nicht vom UWG geregelt werden. Die Leistung an sich kann insofern frei übernommen und nachgeahmt werden. So nimmt die Rechtspre-

---

756 BGHZ 5, 1, 10 -Hummel I-; BGHZ 21, 266, 269 -Uhrenrohwerke-; BGHZ 26, 52, 59 -Sherlock holmes-; BGHZ 37, 1, 19 f. -AKI-; BGHZ 41, 55, 57 -Klemmbausteine-; BGHZ 44, 288, 295 -Apfelmadonna-; BGHZ 60, 168, 169 -Modenneuheit-; BGH, GRUR 1955, S. 402 -Anreißgerät-; BGH, GRUR 1959, S. 240 - 243 -Nelkenstecklinge-; BGH, GRUR 1960, S. 244 - 246 -Simili-Schmuck-; GRUR 1969, S. 618, 619 -Kunststoffzähne-; BGH, GRUR 1970, S. 250, 252 Hummel III-; BGH, GRUR 1981, S. 517, 519 -Rollhocker-; BGH, GRUR 1982, S. 305, 307 -Büromöbelprogramm-; BGH, GRUR 1983, S. 377 - 379 -Brombeer-Muster-; LG Frankfurt, GRUR 1983, S. 757 und GRUR 1984, S. 509 -Donkey Kong Junior I/II-; BGH, GRUR 1986, S. 673, 675 -Beschlagprogramm-; LG Frankfurt, GRUR 1988, S. 678 -PAM-Crash-; BGH, GRUR 1988, S. 690 - 693 -Kristallfiguren-; BGH, GRUR 1990, S. 528, 529 -Rollen-Clips-; BGH, LM § 1 UWG Nr. 482 -Informationsdienst-; OLG Frankfurt, jur-pc 1994, S. 2628 - 2632; LG Hamburg, CR 1994, S. 476 f.

757 Tetzner, JR 1965, S. 66 ff.; Seiler, BB 1967, S. 257 ff.; Schönherr, GRUR Int. 1975, S. 237 ff.; v.Gamm, GRUR 1978, S. 453 ff.; v. Gamm, Wettbewerbsrecht, 21. Kapitel, Rn.3; v. Gamm, Wettbewerbsrecht, Einf., Rn.23; Baumbach/Hefermehl, § 1 Rn. 439, 450 ff., 468, 541 ff.; Max, S. 8 ff.; Bornmüller, S. 170 f.; Preuß, S. 281; Gastiger, GRUR 1965, S. 179, 182; Schmieder, NJW 1966, S. 1446 f.; Tetzner, JR 1968, S. 324 ff.; Kolle, GRUR 1982, S. 443, 457; Hefermehl, FS Universität Heidelberg, S. 331, 335 f.; Vierheilig, GRUR 1977, S. 704; Nordemann, Wettbewerbsrecht, Rn.355 f.; Mehrings, S. 163; Hubmann, GRUR 1975, S. 230; Krüger, GRUR 1986, S. 115, 126; Wilhelm, GRUR 1986, S. 126; Kroitzsch, GRUR 1986, S. 579, 582 ff.

chung und die Literatur zwar vordergründig erst dann einen Verstoß gegen die guten Sitten an, wenn durch die Nachahmung oder die unmittelbare Leistungsübernahme besondere unlautere Umstände wie beispielsweise die Herkunftstäuschung/die Verwechslung[758], die Rufausbeutung[759], das Erschleichen[760] und der Vertrauensbruch[761], das systematische Nachahmen in Form von Behinderung[762] oder die Behinderung in der unmittelbaren Leistungsübernahme[763] gegeben sind.

Die Rechtsprechung vertritt jedoch keine einheitliche Linie. So fordert sie zwar das Hinzutreten von Unlauterkeitsmerkmalen, bejaht aber wegen des Ersparnisses von Aufwendungen eine Schutzverletzung. Sie bezeichnet die Ersparnis von eigenen Aufwendungen und den damit einhergehenden Wettbewerbsvorsprung als wettbewerbliche Eigenart bzw. als das damit zusammenhängende unlautere Verhalten. Die Wettbewerbswidrigkeit wird in dem Unlauterkeitsmerkmal der Behinderung des Originalherstellers, der seinen wettbewerblichen Vorsprung wegen des Vertriebs der billigen Kopien des Nachahmers nicht realisieren kann, gesehen[764].

Setzt man sich mit den Entscheidungen der Rechtsprechung weiter auseinander, dann muß man feststellen, daß die Rechtsprechung auch den Schutz der Leistung bei der unmittelbaren Leistungsübernahme und bei der sogenannten identischen Nachahmung selbst schützen will. So wird eine unmittelbare Leistungsübernahme als wettbewerbswidrig deklariert, wenn ein fremdes, unter Kostenaufwand hergestelltes Erzeugnis zum Gegenstand des eigenen Angebots gemacht wird. Dies hat die Rechtsprechung angenommen, wenn die unmittelbare Aneignung eines fremden wettbewerblich eigenartigen Arbeitsergebnisses zum Schaden dessen geschieht, dem billigerweise die Früchte davon zukommen müßten[765]. In einer anderen Entscheidung macht die Rechtsprechung einen

---

758 BGHZ 5, 1, 10 -Hummel I-; BGHZ 21, 266, 269 -Uhrenrohwerke-; BGH, GRUR 1969, 618, 619 -Kunststoffzähne-; BGH, GRUR 1982, S. 305, 307 -Büromöbelprogramm-.

759 RG, GRUR 1925, S. 280 f. -Käthe-Kruse-Puppen-.

760 BGH, GRUR 1955, S. 402 -Anreißgerät-.

761 BGH, GRUR 1983, S. 377 - 379 -Brombeer-Muster-.

762 BGH, GRUR 1959, S. 240 - 243 -Nelkenstecklinge-; BGH, GRUR 1960, S. 244 - 246 -Simili-Schmuck-; BGH, GRUR 1966, S. 503 - 507; BGH, GRUR 1969, S. 618 - 620 -Kunststoffzähne-; BGH, GRUR 1988, S. 690 - 693 -Kristallfiguren-.

763 LG Frankfurt, GRUR 1983, S. 757 und GRUR 1984, S. 509 -Donkey Kong Junior I/II-; GRUR 1988, S. 678 -PAM-Crash-.

764 LG München, CR 1986, S. 332; LG Frankfurt, GRUR 1983, S. 757 und GRUR 1984, 509 -Donkey Kong Junior I/II-; GRUR 1988, S. 678 -PAM-Crash-.

765 RG 73, 294 - 297 -Schallplatten-; BGHZ 51, 41 - 46 -Reprint-.

Verstoß gegen § 1 UWG an dem erheblichen Wettbewerbsvorsprung des Wettbewerbers fest, da ansonsten dem Leistungserbringer jeder Anreiz zur Initiative genommen werde, wenn er für eine bahnbrechende Leistung Mühe und Kosten aufwenden und das Risiko in Kauf nehmen müßte[766]. Ebenso wurde in einer anderen Entscheidung in der unmittelbaren Leistungsübernahme eine Ausnutzung gesehen, wenn ein fremdes, den Einsatz beträchtlicher Arbeit und Kosten voraussetzendes Arbeitsergebnis *ohne nennenswerte Eigenleistung* mühelos ausgebeutet werde[767]. Und schließlich in anderen Entscheidungen wurde die Nachahmung als unzulässig erachtet, da der Nachahmer Mühen und Kosten des Ersthersteller spare und sich dadurch einen ungerechtfertigten Wettbewerbsvorsprung verschaffe. Dies seien die besonderen Umstände, die die Ausbeutung als Verstoß gegen die guten Sitten erscheinen lassen[768].

Die überwiegende Literatur knüpft an die unlauteren Umstände an. So wird beispielsweise dann Wettbewerbswidrigkeit bejaht, wenn durch die Nachahmung der Verkehr über die betriebliche Herkunft der Ware getäuscht wird. Dabei wird aber vorausgesetzt, daß das Vorbild wettbewerblich eigenartig und dem Nachahmer eine andere Gestaltung zumutbar ist[769]. Ebenso wettbewerbswidrig wird eine Nachahmung gesehen, wenn diese eine Verwechslungsgefahr auslöst. Eine solche ist gegeben, wenn die Nachahmung nicht als solche erkannt wird, sondern als vermeintliche Originalware angesehen und wegen ihres guten Rufs schließlich gekauft wird[770]. Baumbach/Hefermehl[771] gehen sogar so weit, daß sie in der unmittelbaren Aneignung eines fremden Arbeitsergebnisses nicht per se die Wettbewerbsfähigkeit sehen. Sie stellen dabei zwar an das Vorliegen unlauterbarkeitsbegründender Merkmale geringere Anforderungen als bei einer Nachahmung, mit der das Vorbild nachschaffend wiederholt wird. Somit stellen sie auf der einen Seite auch bei der unmittelbaren Übernahme eines fremden Arbeitergebnisses auf Umstände ab, die eine solche anstößig machen. Auf der anderen Seite lassen sie auch,

766 BGH, GRUR 1966, S. 617 - 620 -Saxophon-.
767 BGH, GRUR 1966, S. 503 ff. -Apfel-Madonna-.
768 BGH, GRUR 1973, S. 478 ff. -Modeneuheit-.
769 Baumbach/Hefermehl, § 1 Rn. 450 ff.; Tetzner, JR 1965, S. 6 ff.; Seiler, BB 1967, S. 257 ff.; Schönherr, GRUR Int. 1975, S. 237 ff.; v. Gamm, GRUR 1978, S. 453 ff.
770 Baumbach/Hefermehl, § 1, Rn. 541 ff.; Seiler, BB 1967, S. 259; v.Gamm, Wettbewerbsrecht, S. 323.
771 Baumbach/Hefermehl, § 1 Rn.500.

wenn solche Begleitumstände nicht vorliegen, die unmittelbare Leistungsübernahme als wettbewerbswidrig gelten. Dies ist dann der Fall, wenn der Übernehmer der Leistung sich eigene Aufwendungen erspart und sich damit einen ungerechtfertigten Wettbewerbsvorspung verschafft hat. Er hat hierdurch den Leistungserbringer um die Früchte seiner Arbeit gebracht. Voraussetzung dafür ist aber, daß das Originalerzeugnis nur mit Aufwand an Zeit, Mühe und Kosten geschaffen werden konnte[772].

Die Mindermeinung in der Literatur[773] vertritt hingegen die Auffassung, daß allein das Vorliegen einer unmittelbaren Leistungsübernahme eines schutzwürdigen Leistungsergebnisses die Unlauterbarkeit begründen kann. Es müssen nach Ulmer/Reimer[774] für die Sittenwidrigkeit keine weiteren begründenden Umstände vorliegen. Nach v. Godins[775] wird eine solche unmittelbare Leistungsübernahme als Schmücken mit fremden Federn bezeichnet. Er spricht zwar von Unlauterkeit, sieht diese aber in jeder unmittelbaren Leistungsübernahme als gegeben an. Die Unlauterkeit der unmittelbaren Übernahme bestehe darin, daß durch sie ein fremdes, den Einsatz beträchtlicher Arbeit und Kosten voraussetzendes Leistungsergebnis nahezu ohne eigene Leistung zur Eigenerwerbsförderung und zum Schaden desjenigen mühelos ausgebeutet wird, der das Ergebnis geschaffen hat und dem billigerweise die Früchte zufallen müßten[776].
Somit kann durchaus eine Leistung, die mit erheblichen Aufwendungen und Kosten erstellt worden ist, von dem § 1 UWG geschützt werden.

Insgesamt kann also festgehalten werden, daß bei dem kennzeichnungsrechtlichen Bereich die wettbewerbliche Eigenart sowie das gleichzeitige Vorliegen von unlauteren Umständen vorhanden sein muß. Die wettbewerbliche Eigenart und die unlauteren Umstände stehen in Wechselbeziehung zueinander. Das Vorliegen von unlauteren Umständen indiziert einen Verstoß gegen die guten Sitten.

---

772 Baumbach/Hefermehl, § 1 UWG, Rn. 501 und 505.
773 Ulmer/Reimer, S. 190 ff., 214 ff.; v.Godin, § 1 Anm.98; Krüger, GRUR 1986, S. 115 ff.; Hubmann, GRUR 1975, S. 230 ff.
774 Ulmer/Reimer, S. 190 ff,. 214 ff.
775 v.Godin, § 1 Anm.98.
776 v.Godin, a.a.O.

Außerhalb des kennzeichnungsrechtlichen Bereichs muß die erhebliche Leistung, die mittels erheblichen Mühen und Aufwendungen erstellt worden ist, in den Schutzbereich des § 1 UWG fallen. Ein Verstoß gegen die guten Sitten ist dann indiziert, wenn sich der Nachahmer die erheblichen Aufwendungen erspart. Ein Leistungsschutz durch § 1 UWG ist somit möglich.

c) Indiz für einen Verstoß gegen die guten Sitten im Hinblick auf die Leistung an sich : Ersparnis von Aufwendungen einer erheblichen Leistung

aa) Bei der unmittelbaren Leistungsübernahme ?

Eine unmittelbare Leistungsübernahme ist eigentlich eine Kopie der Leistung. Bei einer unmittelbaren Leistungsübernahme kann der Konkurrent das Original des Erstersteller mittels technischer Reproduktionsverfahren ohne jeglichen zusätzlichen Aufwand übernehmen und damit identische Erzeugnisse/Kopien herstellen[777]. Mittels solch einer Kopie erspart der Konkurrent sich sämtliche Aufwendungen wie Arbeit, Energie und Kosten. Ein solches Ausbeuten von fremden Aufwendungen verstößt gegen die guten Sitten. Der Konkurrent macht dem eigentlichen Leistungserbringer/Ersteller Konkurrenz und zwar mit dessen Leistung. Mit diesen Aufwendungen nimmt er dann auch gleichzeitig am Wettbewerb teil und behindert den Leistungserbringer am Wettbewerb. Demjenigen, dem eigentlich die Früchte seiner Arbeit bzw. seiner erheblichen Aufwendungen zustehen, erhält sie damit nicht oder in nur unzureichendem Maße wegen der Wettbewerbsbehinderung. Ein derartiges unlauteres Verhalten muß durch § 1 UWG verhindert werden, indem dieser Sanktionen enthält[778].

bb) Bei der sogenannten identischen Nachahmung ?

Das Gleiche gilt bei dem sogenannten identischen Nachahmen. Denn das sog. identische Nachahmen geschieht auch ohne eigenen persönlichen Aufwand, lediglich mit dem Unterschied, daß das Nachahmen ohne Einsatz technischer Verfahren geschieht.[779] Bei der sog. identischen Nachahmung benutzt der Nachahmende ein fremdes Arbeitsergebnis, das eine schutzwürdige wettbewerbliche Eigenart aufweist, nicht bloß als Anregung

777 Schulte-Beckhausen, S. 209; Baumbach/Hefermehl, § 1 Rn. 498.
778 So auch : Kappes, S. 190 ff.; Schulte-Beckhausen, S. 209.
779 Schulte-Beckhausen, S. 209.

zum eigenem Schaffen, sondern macht es ohne zwingenden Grund in identischer oder nahezu identischer Form nach, um den Mitbewerber in unbilliger Weise um die Früchte seiner Arbeit zu bringen und zu schädigen[780].

cc) Bei der nachschaffenden Übernahme ?

Anders verhält es hingegen bei der nachschaffenden Übernahme.

Bei der nachschaffenden Übernahme benutzt der Wettbewerber die fremde Leistung nur als Anregung zur selbständigen Schaffung einer vergleichbaren Leistung. Er entwickelt das Erzeugnis aus eigener Anstrengung heraus und vollzieht selbst alle Schritte, die zur endgültigen Herstellung des Erzeugnisses notwendig sind, ohne auf das Originalstück zurückzugreifen[781]. Die Grenze zwischen der identischen Nachahmung und der nachschaffenden Nachahmung ist dort zu ziehen, wo durch die Eigenleistungen des Übernehmers ein Erzeugnis mit einer neuen wettbewerblichen Eigenart oder einer neuen erheblichen Leistung entsteht. Prägt hingegen die Eigenart des Originals bzw. deren erhebliche Leistung das Erzeugnis, dann muß von einer sklavischen Nachahmung gesprochen werden. Eine solche ist wettbewerbswidrig. Entscheidend ist also allein das erzielte Ergebnis aus wirtschaftlicher Sicht.[782]

Somit kann als Ergebnis festgehalten werden, daß die unmittelbare Leistungsübernahme und das identische Nachahmen einer Leistung, die unter erheblichen Aufwendungen, Mühen und Kosten erstellt worden ist, einen Verstoß gegen die guten Sitten indiziert. So impliziert die Ersparnis von Aufwendungen einen Verstoß gegen die guten Sitten und kann insofern als Indiz für einen solchen gelten.

Somit können die erheblichen Leistungen bei der Erstellung des digitalen Kartenbestandes von Kfz-Navigationssystemen einen wettbewerblichen Leistungsschutz durch § 1 UWG erhalten, da sie bei der Erstellung einen erheblichen Zeitaufwand sowie Kostenfaktor, eine Hardware mit einer hohen Speicherkapazität und umfangreiche Computerprogramme erfordern. Die Leistungen bei der Erstellung von Stadtplänen können ebenso unter einen solchen Schutz fallen, aber nur, wenn die Erstellung erhebliche Mühen und

780 Baumbach/Hefermehl, § 1 UWG Rn.506.
781 v.Gamm, Wettbewerbsrecht, 21. Kapitel, Rn.17 und 22 ff.; Schulte-Beckhausen, S. 209.
782 Kappes, S. 191.

Kosten verursacht. Solche werden jedoch nur bei Stadtplänen zu bejahen sein, die eine größeren Stadtplan-Ausschnitt betreffen. Handelt es sich hingegen um einen kleinen Stadtplan-Ausschnitt, der lediglich eine kleine Ortschaft darstellt und der nur wenige Inhalte enthält, muß ein solcher wettbewerbsrechtlicher Schutz ausgeschlossen werden. Dennoch ist die Gewährung eines Leistungsschutzes in mehrerlei Hinsicht mit Rechtsunsicherheiten und damit mit Nachteilen behaftet.

So ist ein Leistungsschutz gesetzlich durch die Generalklausel nicht festgelegt. Zwar kann, wie soeben festgestellt, eine erhebliche Leistung unter den Schutz von § 1 UWG fallen. Die Rechtsprechung vertritt dieses Ergebnis teilweise auch, sie verfolgt jedoch diesbezüglich keine einheitliche Linie. Desweiteren ist insbesondere der erhebliche Nachteil, der nicht gesetzlich festgelegten Schutzdauer zu nennen. Der wettbewerbsrechtliche Schutz kann aber nicht unbegrenzt gewährt werden. Eine Begrenzung der Schutzgewährung findet in den Sonderschutzgesetzen wie beispielsweise in dem Urheberrechts-, Gebrauchsmuster- und Patentrechtsgesetz statt. So werden die persönlichen geistigen Schöpfungen vom Urheberrecht bis zu 70 Jahren nach dem Tod des Schöpfers, die Leistungen vom Gebrauchsmustergesetz 3 Jahre mit der Verlängerungsmöglichkeit bis zu 10 Jahren und vom Patentrecht bis zu 20 Jahren geschützt. In diesen Gesetzen ist die Schutzdauer festgelegt. Die Schutzdauer für den wettbewerbsrechtlichen Schutz muß an der Dauer gemessen werden, in der sich die Aufwendungen amortisieren lassen. Hier taucht bereits die zweite Schwierigkeit auf. Es sind nicht alle Aufwendungen gleich und insofern ist es schwierig einen zeitlichen Rahmen für die Schutzdauer festzumachen. Die zeitliche Schutzdauer der Sonderschutzgesetze darf auf keinen Fall überschritten werden.[783] Ein zeitlicher Anhaltspunkt für die Festlegung könnte die Schutzdauer der verwandten Schutzrechte des Urheberrechts sein, die sich aus dem wettbewerbsrechtlichen Leistungsschutz entwickelt haben. Der Gesetzgeber hat nämlich die Leistungen unter den verwandten Schutzrechten geregelt, die zuvor von der Rechtsprechung unter dem wettbewerbsrechtlichen Leistungsschutz geschützt worden sind. Diese haben teils eine Schutzdauer von 15, 25 oder 50 Jahren. Die nähere Auseinandersetzung mit der Entwicklung der verwandten Schutzrechte soll im Kapitel des Rechts sui gene-

783 So auch : Schulte-Beckhausen, S. 225; Kur, GRUR 1990, S. 1, 11 ff.

ris[784] erfolgen. Falls jedoch die Rechtsprechung im Rahmen der richterlichen Rechtsfortbildung zeitliche Begrenzungen festgelegt hat, dann stellt sich ein weiteres Problem ein. Will ein Leistungserbringer einen Schutz aus § 1 UWG in Anspruch nehmen, dann muß er die Dauer seines für ihn erforderlichen Schutzes *nachweisen*[785]. Bei den verwandten Schutzrechten muß der Leistungserbringer hingegen keinen derartigen Nachweis führen und kann, wenn die Schutzvoraussetzungen für einen Leistungsschutz gegeben sind, die Schutzdauer ohne Nachweis ausschöpfen. Ebenso verhält es sich bei dem Recht sui generis.

Insoweit kann von *keinem* echten alternativen Schutz gesprochen werden. Deshalb gilt es im nachfolgenden Kapitel zu prüfen, ob das Recht sui generis für Leistungen bei digitalen Kartenbeständen einen echten Leistungsschutz bieten kann.

B. Schutzumfang : Unterlassung und Schadensersatz

Nach § 1 UWG kann der Leistungserbringer den Nachahmer oder Ausbeuter auf Unterlassung oder Schadensersatz in Anspruch nehmen. Hinsichtlich der Unterlassung kann der verletzte Leistungserbringer Unterlassung der Ausbeutung oder Nachahmung fordern, ohne daß der Verletzer schuldhaft gehandelt hat[786]. Schadensersatz kann der Leistungserbringer hingegen nur dann verlangen, wenn dem Nachahmer oder Ausbeuter Verschulden zur Last fällt[787]. Hinsichtlich der Berechnung des Schutzumfangs bestehen drei verschiedene Berechnungsmethoden. So kann der Leistungserbringer zum einen den ihm konkret entstandenen Schaden sowie den ihm entgangenen Gewinn, den er erwarten konnte, ersetzt verlangen. Dabei muß er aber alle Positionen im einzelnen nachweisen. Zum anderen kann der Leistungserbringer eine angemessene Lizenzgebühr, die er üblicherweise bei Abschluß eines Lizenzvertrages erhalten hätte, für die Verwertung seiner Leistung geltend machen. Und schließlich kann der den Gewinn, den der Verletzer durch den Eingriff erzielt hat, beanspruchen[788].

---

784 Siehe hierzu später : 3.Teil, 2. Kapitel, § 15 B. II.
785 Schulte-Beckhausen, S. 229.
786 Baumbach/Hefermehl, UWG Einl., Rn.141 mit weiteren Nachweisen.
787 Siehe ebenso : Baumbach/Hefermehl, a.a.O. mit weiteren Nachweisen.
788 Siehe statt vieler : Baumbach/Hefermehl, Einl., Rn.381 ff.

2. Kapitel

Leistungsschutz nach dem Recht sui generis

§ 15 Leistungsschutz *nach Schaffung* des Rechts sui generis durch die EG-Datenbankrichtlinie

Investitionen/Leistungen bei der Schaffung einer Datenbank können, falls keine eigene geistige Schöpfung bejaht werden kann, einen Schutz durch das Recht sui generis erhalten. Für die Schaffung einer Datenbank sind nämlich hohe Investitionen erforderlich, was ja bereits bei der Schaffung von Kfz-Navigationssystemen verdeutlicht worden ist. So sind Investitionen hinsichtlich des Digitalisierens, der hohen Speicherkapazitäten für die großen Datenmengen und der ausgereiften Software erforderlich. Inwieweit das Recht sui generis für solche Investitionen einen Schutz gewährt, gilt es zu prüfen. Hierbei kann gleichzeitig festgestellt werden, ob das Recht sui generis der Intention der EU-Kommission, die Harmonisierung und Vollendung der Schaffung eines europäischen Binnenmarktes zu erzielen und die Wettbewerbsfähigkeit von Europa zu stärken, gerecht wird.

A. Recht sui generis - ein Leistungsschutzrecht?

I. Schutzvoraussetzungen des Rechts sui generis - Auslegung

1) Investition - Leistung ?

In Kapitel III der EG-Datenbankrichtlinie ist das Schutzrecht sui generis geregelt. In Art.7 ist der Schutzgegenstand des Rechts sui generis erläutert. Nach Art.7 Abs.1 heißt es wörtlich : „Die Mitgliedstaaten sehen für den Hersteller einer Datenbank, bei der für die Beschaffung, die Überprüfung oder die Darstellung ihres Inhalts eine in qualitativer oder quantitativer Hinsicht wesentliche Investition erforderlich ist, das Recht vor, die Entnahme und/oder die Weiterverwendung der Gesamtheit oder eines in qualitativer oder quantitativer Hinsicht wesentlichen Teils des Inhalts dieser Datenbank zu untersa-

gen". Wesentlich für einen Schutz ist also insbesondere eine in qualitativer oder quantitativer Hinsicht wesentliche Investition.
Investition bedeutet im allgemeinen nicht nur eine Leistung, sondern eine Leistung, die mit beträchtlichem Aufwand betrieben worden ist. Es muß also eine Leistung mit beträchtlichem qualitativen und quantitativen Aufwand betrieben worden sein. Das Recht sui generis sagt zwar über die Eigenschaften einer Leistung etwas aus, qualitativ und quantitativ, jedoch nicht so „eindeutig" wie das bei der persönlichen geistigen Schöpfung des Urheberrechtsgesetzes der Fall ist.

Aus den Motiven der EG-Datenbankrichtlinie wird indessen mehr Klarheit gewonnen, was unter der qualitativen und quantitativen Investition verstanden werden soll. In Erwägungsgrund 7[789] der EG-Datenbankrichtlinie wird ausgesprochen, daß der Aufbau von Datenbanken die Investition erheblicher menschlicher, technischer und finanzieller Mittel erfordert. Desweiteren ist in Erwägungsgrund 8[790] die Rede von schwerwiegenden wirtschaftlichen und technischen Folgen, wenn eine unerlaubte Entnahme und/oder Weiterverwendung des Inhalts einer Datenbank vorgenommen worden ist. Schließlich wird in Erwägungsgrund 39[791] nochmals auf die Investitionen Bezug genommen, und zwar dergestalt, daß die Hersteller von Datenbanken in bezug auf die widerrechtliche Aneignung der Ergebnisse der finanziellen und beruflichen Investitionen, die für die Beschaffung und das Sammeln des Inhalts getätigt wurden, in der Weise geschützt werden, daß die Gesamtheit oder wesentliche Teile einer Datenbank gegen bestimmte Handlungen eines Benutzers oder eines Konkurrenten geschützt sind. Zuletzt wird in Erwägungsgrund 40[792] von einer Investition gesprochen, die in der Bereitstellung von finanziellen Mitteln und/oder im Einsatz von Zeit, Arbeit und Energie bestehen kann. Die Begriffe „qualitativ" und „quantitativ" können somit durch die Begriffe „erhebliche menschliche, erhebliche technische, erhebliche finanzielle Mittel", „finanzielle, berufliche und wirtschaftliche Investitionen" oder durch „Einsatz von Arbeit und Energie" er-

789 Erwägungsgrund 7, Richtlinie 96/9/EG des Europäischen Parlaments und des Rates vom 11.März 1996 über den rechtlichen Schutz von Datenbanken, in Amtsblatt der Europäischen Gemeinschaften Nr. L 77, S. L 77/20.
790 Erwägungsgrund 8, a.a.O., S. L 77/20.
791 Erwägungsgrund 39, a.a.O., S. L 77/22.
792 Erwägungsgrund 40, a.a.O., S. L 77/22.

setzt werden. Hieraus kann man schließen, daß ein Schutz von solch einer Investition vorgenommen werden soll, die einen erheblichen Einsatz von Zeit, Arbeit, Energie und finanziellen Mitteln erfordert hat. Damit ist einerseits ein Schutz für die Belohnung an Arbeit und Zeit, und andererseits die Bereitschaft finanzielle Mittel einzubringen, beabsichtigt. So sieht dies auch Reich[793], nach dem die Investition in der Bereitstellung von finanziellen Mitteln und/oder im Einsatz von Zeitarbeit und Energie bestehen kann. Insoweit ist eine Parallele zu dem wettbewerbsrechtlichen Leistungsschutz zu verzeichnen, was an späterer Stelle -bei der Entwicklungsgeschichte des Rechts sui generis und der verwandten Schutzrechte[794]- noch dargetan wird.
Die Schutzvoraussetzungen unterscheiden sich damit in starkem Maße von der persönlichen geistigen Schöpfung des Urheberrechts. Das Urheberrecht will ja an sich die individuelle Schöpfung schützen, nicht die Leistung in beträchtlichem Ausmaß. Zudem besteht ein nicht zu verachtender Unterschied zwischen Schöpfung und Leistung. Das Urheberrecht schützt nur eine Schöpfung, die die erforderliche Gestaltungshöhe erreicht hat. Eine solche hat sie dann erreicht, wenn sie über dem Handwerklichen/Alltäglichen/Üblichen liegt. Eine Leistung in beträchtlichem Ausmaß erreicht nicht diese Gestaltungshöhe, sie gehört zum Bereich der kleinsten Münze. Bei der Leistung in beträchtlichem Ausmaß handelt es sich um reine „Mühe- und Fleiß"- Leistungen[795] bzw. um eine unternehmerische Leistung ohne jeden kreativen Beitrag[796]. Solche Leistungen sind jedoch schutzbedürftige Leistungen, was Wiebe[797] zutreffend annimmt.

Geo-Informationssysteme erfordern einen sehr hohen Aufwand an Zeit und an Arbeit sowie eine hochleistungsfähige Hardware, was sehr hohe Investitionen sind. Diese Investitionen werden von dem Schutzrecht sui generis geschützt. So erhalten also auch solche Geo-Informationssysteme einen Schutz, die nicht das erforderliche Maß für eine persönliche geistige Schöpfung erreichen und damit nicht urheberrechtlich geschützt werden.

793 Reich, Europäisches Verbraucherrecht, S. 294.
794 Siehe hierzu : 3.Teil, 2. Kapitel, § 15 B. II.
795 Lehmann, NJW-CoR 1996, S. 249.
796 Lehmann, NJW-CoR 1996, S. 249.
797 Wiebe, CR 1996, S. 198 ff.

Wie bereits oben[798] aufgezeigt worden ist, erfüllen die aufgezeigten Kfz-Navigationssysteme nicht die Voraussetzungen für eine persönliche geistige Schöpfung. Sie erreichen insbesondere nicht die erforderliche Gestaltungshöhe. Sie liegen hinsichtlich ihrem schöpferischen Tun unterhalb dem Bereich der kleinen Münze und gehören stattdessen zum Bereich der kleinsten Münze, da es sich bei der Schaffung dieser digitalen Kartenbestände um reine Mühe- und Fleißleistungen handelt. Die Schaffung von Kfz-Navigationssystemen erfordert einen hohen Arbeitsaufwand und damit auch einen hohen zeitlichen Aufwand, ein hohes Maß an Energie sowie eine hochleistungsfähige Hardware, die große Datenmengen speichern können muß. Diese Aufwendungen sind also menschliche, technische und finanzielle Investitionen. Solche werden durch das Recht sui generis geschützt.

Somit ist zwar ein allumfassender Schutz für die Datenbank eines Kfz-Navigationssystems gewährleistet. Der Richtlinientext sollte jedoch dahingehend ergänzt werden, daß die Definition, was eine Datenbank ist, in die Regelung des Schutzgegenstandes des Recht sui generis aufgenommen wird. Dies hat lediglich klarstellenden Charakter und soll bei der Umsetzung in innerdeutsches Recht beachtet werden.

Insgesamt dürfte damit ein hinreichender Anreiz zum Investieren gegeben sein, wenn solche Investitionen von den Schutzvoraussetzungen umfaßt sind, da die Schutzvoraussetzungen den Schutzumfang abstecken. Einen solchen Anreiz wollte ja die Europäische Kommission schaffen, was jedoch erst bei der Entwicklungsgeschichte des Rechts sui generis nähers erläutert werden soll.[799]

2) Inhaber des Rechts sui generis - „Hersteller" der Datenbank

Schutz des Rechts sui generis soll dem Hersteller der Datenbank zukommen. Laut Erwägungsgrund 41[800] ist Hersteller der Datenbank die Person, die die Initiative ergreift und das Investitionsrisiko trägt, wodurch wiederum die Parallele zum wettbewerbsrechtlichen Leistungsschutz des § 1 UWG sichtbar wird. So sollen daher insbesondere Auftragnehmer nicht unter den Begriff des Herstellers fallen. Hintergrund ist, daß derjenige, der investiert, seinen Lohn hierfür erhält. Erst wenn dies sicher gestellt ist, wird

798 Siehe hierzu vorne : 2.Teil, 3. Kapitel, § 11 B.
799 Siehe hierzu : 3.Teil, 2. Kapitel, § 15 B. II.
800 Erwägungsgrund 41, a.a.O., S. L 77/23.

dieser überhaupt einen Anreiz zum Investieren erhalten. Durch die Schaffung des Herstellerbegriffs erhält derjenige die Früchte der Arbeit, der sich auch die Arbeit bzw. die Investition gemacht hat. Ein Schmücken mit fremden Federn ist somit fast nahezu ausgeschlossen.

II. Schutzgegenstand - Schutzumfang

Der Schutzgegenstand bzw. Schutzumfang bezieht sich nach Art.7 Abs.1 auf das Recht der Untersagung der Entnahme und/oder der Weiterverwendung der Gesamtheit oder eines in qualitativer oder quantitativer Hinsicht wesentlichen Teils des Inhalts der betreffenden Datenbank. Dabei bedeutet gem. Art.7 Abs.2 a) *Entnahme* die ständige oder vorübergehende *Übertragung* der Gesamtheit oder eines wesentlichen Teils des Inhalts einer Datenbank auf einen anderen Datenträger, ungeachtet der dafür verwendeten Mittel und der Form der Entnahme. Diese ständige oder vorübergehende Übertragung ist vergleichbar mit der Vervielfältigung und der vorübergehenden Vervielfältigung. Sie ist aber durch die Wortwahl *„Übertragung"* weiter gefaßt, denn der Begriff der eigentlichen Vervielfältigung ist vordergründig mit einer körperlichen Festlegung gekoppelt. Durch das Adjektiv „vorübergehend" wird die körperliche Fixierung wieder relativiert. Insoweit ist der Begriff „Übertragung" weiter auslegbar und kann sich damit an zukünftige neue und weitere Eingriffshandlungen anpassen.

Weiterverwendung bedeutet hingegen gem. Art.7 Abs.2 b) *jede Form öffentlicher Verfügbarmachung* der Gesamtheit oder eines wesentlichen Teils des Inhalts der Datenbank durch die Verbreitung von Vervielfältigungsstücken, durch Vermietung, durch Online-Übermittlung oder durch andere Formen der Übermittlung. Mit dem Erstverkauf eines Vervielfältigungsstücks einer Datenbank in der Gemeinschaft durch den Rechtsinhaber oder mit seiner Zustimmung erschöpft sich in der Gemeinschaft das Recht, den Weiterverkauf dieses Vervielfältigungsstücks zu kontrollieren.

Durch die Begriffe „Online-Übermittlung" und „durch andere Formen der Übermittlung" sind auch die neuen technischen Möglichkeiten der Übertragung, der Übermittlung und auch der Verbreitung gesetzlich geregelt, da sich unter die Begrifflichkeit „durch andere Formen" auch die öffentliche Verbreitung und öffentliche Wiedergabe subsumieren lassen. Desweiteren ist die Begrifflichkeit *„jede Form* der öffentlichen Verfügbarmachung" sehr weit gefaßt und ermöglicht so nicht nur die derzeitigen neuen technischen Eingriffshandlungen zu erfassen, sondern es besteht darüber hinaus auch die Möglichkeit „eventuell" neue Eingriffshandlungen miteinzubeziehen. Die Begriffe der Übertragung und der Verfügbarmachung umfassen somit die möglichen Eingriffshandlungen von seiten Dritter in das Recht des Herstellers.

Ferner wird für einen ausreichenden Schutzumfang des Herstellers dadurch gesorgt, indem nicht nur die Entnahme oder Weiterverwendung wesentlicher Teile oder der Gesamtheit des Inhalts der Datenbank untersagt ist, sondern nach Abs.5 auch die wiederholte und systematische Entnahme und/oder Weiterverwendung unwesentlicher Teile des Inhalts der Datenbank als nicht zulässig erachtet wird. Dies ist nach Abs.5 dann der Fall, wenn dies auf Handlungen hinausläuft, die einer normalen Nutzung der Datenbank entgegenstehen oder die berechtigten Interessen des Herstelles der Datenbank unzumutbar beeinträchtigen. Es ist also keine Schutzumgehung dadurch zulässig, indem lediglich versucht wird wiederholt und systematisch Teile der Datenbank zu entnehmen oder weiterzuverwenden. Ein solches Vorgehen kommt nach mehrmaliger Wiederholung des wesentlichen Teils oder der Gesamtheit der Datenbank gleich. Der Schutz von Art.7 betrifft also den „Bestandsschutz" des Inhalts der Datenbank. Dieser soll die getätigten wesentlichen Investitionen vor Ausnutzung bewahren, was wiederum den Bezug zum Wettbewerbsrecht deutlich sichtbar macht. Der Hersteller der Datenbank hat ja die Investitionen getätigt und verdient deshalb allein den Lohn seiner Investitionen. Somit ist auch für den Hersteller der Datenbank durch die Verwertungsrechte des Rechts sui generis ein allumfassender Schutz gegeben, es wird ihm also ein ausreichender Schutzumfang „zugesprochen".

Die Einschränkung in Artikel 8 Abs.1 ist für den Hersteller der Datenbank keine eigentliche Schutzeinschränkung. Abs.1 S.1 besagt zwar, daß der Hersteller einer der Öffentlichkeit -in welcher Weise auch immer- zur Verfügung gestellten Datenbank dem rechtmäßigen Benutzer dieser Datenbank nicht untersagen kann, in qualitativer und/oder quantitativer Hinsicht unwesentliche Teile des Inhalts der Datenbank zu beliebigen Zwecken zu entnehmen und/oder weiterzuverwenden. Dieser Absatz 1 muß aber im Zusammenhang mit Abs.2 und auch mit dem Artikel 7 Abs.5 gesehen werden. In Abs.2

wird nämlich klargestellt, daß der rechtmäßige Benutzer einer Datenbank keine Handlungen vornehmen darf, die die normale Nutzung dieser Datenbank beeinträchtigen oder die *berechtigten Interessen des Herstellers der Datenbank unzumutbar beeinträchtigen.* Ebenso wird der Hersteller in seiner Investition dadurch geschützt, indem nach Artikel 7 Abs.5 -wie bereits oben aufgezeigt worden ist- eine wiederholte und systematische Entnahme und/oder Weiterverwendung unwesentlicher Teile des Inhalts der Datenbank unzulässig ist, wenn dies auf Handlungen hinausläuft, die einer normalen Nutzung der Datenbank entgegenstehen oder die berechtigten Interessen des Herstellers der Datenbank unzumutbar beeinträchtigen. Der Artikel 8 Abs.1 muß also in dem Sinne verstanden werden, daß nur dann eine Entnahme/Weiterverwendung durch den rechtmäßigen Benutzer zulässig ist, wenn diese die Interessen des Herstellers der Datenbank nicht unzumutbar beeinträchtigt. So bleibt der Hersteller in seinem Bestandsschutz, seiner Investition, unverletzt. Somit erfährt der Hersteller der Datenbank durch diese Einschränkung des Artikel 8 Abs.1 keine eigentliche Einbuße in seinem Schutzumfang.

B. Recht sui generis - ein Leistungsschutzgesetz wie die der verwandten Schutzrechte und der Bestimmungen für die Filmwerke des Urheberrechtsgesetzes - Gesetzessystematik?

I. Hinsichtlich der Gesetzestexte der verwandten Schutzrechte

1) Hinsichtlich der Schutzvoraussetzungen

a) „Intensive Leistung "

Kommt dieser Schutz der beträchtlichen Leistung sprich Investition dem Schutz eines Leistungsschutzgesetzes wie der verwandten Schutzrechte sowie der Regelung für Filmwerke gleich ? Die verwandten Schutzrechte sowie die Regelung für Filmwerke kennen den Begriff der Investition nicht, sondern verwenden den Begriff der Leistung. Ob diese Leistungen auch beträchtliche Leistungen sind, gilt es nunmehr zu prüfen. Dies soll vor allem auch unter dem Aspekt, ob sich das Recht sui generis nach der Umsetzung in innerdeutsches Recht in die Systematik des Urheberrechtsgesetzes, speziell der verwandten Schutzrechte und der Regelung für Filmwerke, einfügen läßt, geschehen. Die verwandten Schutzrechte des Urheberrechtsgesetzes sind in §§ 70 - 87 UrhG geregelt, und zwar der Schutz bestimmter Ausgaben, der Schutz der Lichtbilder, der Schutz des ausübenden Künstlers, der Schutz des Herstellers von Tonträgern sowie der Schutz des Sendeunternehmens. Die besonderen Bestimmungen für Filme in §§ 88 ff. UrhG, der Filmwerke und der Laufbilder, haben einen Leistungsschutz zum Gegenstand. Die *verwandten Schutzrechte* sind für den Schutz einer *schutzwürdigen Leistung* geschaffen worden. Der Gesetzgeber wollte hier klar zwischen einer persönlichen geistigen Schöpfung und einer schutzwürdigen Leistung trennen. Bei den verwandten Schutzrechten handelt es sich allerdings um eine recht heterogene Zusammenstellung von Rechten mit verschiedenen Schutzrichtungen, darunter auch solche von rein gewerblichen Leistungen[801]. Deshalb hat der Gesetzgeber eine dogmatisch reinliche Scheidung vorgenommen, indem er im ersten Teil des Urheberrechtsgesetzes die Behandlung des eigentlichen Urheberrechts geregelt hat und im zweiten Teil die Rechte derjenigen, die in einem mehr oder weniger engen Zusammenhang mit der Verwertung eines Werkes eine schutzwürdige Leistung erbringen, unter der Bezeichnung „verwandte Schutzrechte" zusammengefaßt hat[802].

Auffallend ist bei den verwandten Schutzrechten, daß § 71 UrhG der einzige Paragraph der verwandten Schutzrechte ist, der den mit einer Erstausgabe verbundenen Arbeits- und Kostenaufwand belohnt. Die §§ 73 ff. UrhG schützen hingegen die persönliche Darbietung des ausübenden Künstlers. Und schließlich haben die Rechte der §§ 81, 85, 87 ihren Schutzgegenstand in der organisatorischen, technischen und wirtschaftlichen Leistung der durch diese begünstigten Unternehmer[803]. So hat beispielsweise nach § 85 Abs.1 UrhG der Hersteller eines Tonträgers das ausschließliche Recht, den Tonträger zu vervielfältigen und zu verbreiten. Ist der Tonträger in einem Unternehmen hergestellt worden, so gilt der Inhaber des Unternehmens als Hersteller. Das Recht entsteht nicht durch Vervielfältigung eines Tonträgers. Dieses Recht schützt den Tonträgerhersteller

801 Schmieder, UFITA Bd. 73 (1975), S. 65 ff.
802 Fromm/Nordemann-Vinck, vor § 70 Rn.2.
803 Fromm/Nordemann-Vinck, vor § 70 Rn.4.

gegen unbefugte Benutzung seines Arbeitsergebnisses[804]. Dabei ist das Schutzrecht dem Hersteller des Tonträgers, d.h. demjenigen zugesprochen, der die Aufnahme auf einen Tonträger bewirkt[805]. Dieses Schutzrecht will also das Arbeitsergebnis, die organisatorische und wirtschaftliche Leistung, schützen. Hierfür spricht auch, daß bei der Einschaltung mehrerer am Arbeitsprozeß Beteiligter die Herstellereigenschaft demjenigen zuerkannt wird, der die organisatorische Leitung und die wirtschaftliche Verantwortung für den ersten Festlegungsvorgang trägt[806]. Insofern ist auch hier eine Parallele zum Recht sui generis zu verzeichnen, da die wirtschaftliche Leistung sowie der Schutz für das Arbeitsergebnis der Investition und deren Bedeutung sehr nahe kommt.

Also gibt es bei den verwandten Schutzrechten drei Kategorien hinsichtlich des Schutzgegenstandes bzw. der Schutzvoraussetzungen : der Schutzgegenstand der persönlichen Darbietung des ausübenden Künstlers, die Ausnahme der Belohnung des Arbeits- und Kostenaufwandes und der Schutz einer organisatorischen, technischen und wirtschaftlichen Leistung. Die erste Kategorie „der persönlichen Darbietung“ kommt der Begrifflichkeit „der erheblichen Investition“ nicht nahe. Anders verhält es sich indes mit der zweiten Kategorie „der Belohnung des Arbeits- und Kostenaufwandes“. Denn die qualitative und quantitative Investition wird von dem Recht sui generis als Investition erheblicher menschlicher, technischer, finanzieller, beruflicher, wirtschaftlicher Mittel verstanden. Anders ausgedrückt können sie auch als erheblicher Einsatz von Zeit, Arbeit, Energie und finanzieller Mittel bezeichnet werden. Das Recht sui generis will also auch den Arbeits- und Kostenaufwand belohnen. Es können nämlich menschliche Mittel durch Arbeitsaufwand ersetzt werden, und technische, finanzielle, berufliche sowie wirtschaftliche Mittel können mit dem Kostenaufwand gleichgesetzt werden. Das Recht sui generis ist insoweit auch ein Leistungsschutzrecht wie das der zweiten Kategorie. Vergleicht man schließlich die letzte Kategorie der verwandten Schutzrechte, die des Schutzes einer organisatorischen, technischen und wirtschaftlichen Leistung, so ist auch eine Parallele zu verzeichnen. Der Schutz der technischen und wirtschaftlichen Leistung ist auch bei dem Recht sui generis festzustellen, nicht aber der der organisatorischen

804 Siehe auch Fromm/Nordemann-Vinck, §§ 85/86 Rn.1.
805 Fromm/Nordemann-Vinck, §§ 85/86 Rn.4.
806 Fromm/Nordemann-Vinck, §§ 85/86 Rn.4.

Leistung. Bei der dritten Kategorie ist somit überwiegend eine Übereinstimmung des Schutzgegenstandes, nicht jedoch eine Gleichsetzung, festzustellen.
Eine Investition beinhaltet ja auch die Belohnung des Arbeits- und Kostenaufwandes, der Leistung in beträchtlichem Aufwand. Hierin ist also eine Parallele hinsichtlich des Schutzgegenstandes zu dem Recht sui generis festzustellen. Von seiten der Parallele ist es also durchaus möglich, das Recht sui generis in das Urheberrechtsgesetz aufzunehmen. Das Recht sui generis ist ein Leistungsschutzgesetz, aber ein solches, das eine erhebliche Leistung schützt. Ein Bruch mit der Systematik ist insoweit nicht zu verzeichnen.

§ 94 UrhG gehört indes nicht mehr explizit zu den verwandten Schutzrechten, sondern zu den besonderen Bestimmungen für Filme. Gem.§ 94 UrhG hat der Filmhersteller das ausschließliche Recht, den Bildträger oder Bild- und Tonträger, auf den das Filmwerk aufgenommen ist, zu vervielfältigen, zu verbreiten und zur öffentlichen Vorführung oder Funksendung zu benutzen. Der Filmhersteller hat ferner das Recht, jede Entstellung oder Kürzung des Bildträgers oder Bild- und Tonträgers zu verbieten, die geeignet ist, seine berechtigten Interessen an diesem zu gefährden. Hiernach gilt als schutzwürdig die organisatorische und wirtschaftliche Leistung. Der Filmhersteller erbringt ja keine persönliche geistige Schöpfung, er stellt einen Film her, wie der Name schon sagt. Zudem ist für die Entstehung der Schutzrechte aus § 94 UrhG gleichgültig, ob es sich um ein Filmwerk oder um Laufbilder handelt. Somit beziehen sich die vom Gesetz gewährten Rechte nicht auf das Filmwerk, sondern auf den Filmstreifen (Filmträger), d.h. den Bildträger (beim Stummfilm) oder auf den Bild- und Tonträger (beim Tonfilm). Durch die Träger des Films wird deutlich, daß sich der Schutz auf die Belohnung der wirtschaftlichen Leistung in bezug auf das Herstellen des Filmstreifens bezieht.

b) Begriff des Herstellers

Der Begriff des Herstellers ist bei den verwandten Schutzrechten in § 85 UrhG zu finden. Nach § 85 Abs.1 S.1 UrhG hat der Hersteller eines Tonträgers das ausschließliche Recht, den Tonträger zu vervielfältigen und zu verbreiten. Ist der Tonträger in einem Unternehmen hergestellt worden, so gilt nach S.2 der Inhaber des Unternehmens als Hersteller. Daraus kann man schließen, daß derjenige als Hersteller gelten soll, der die

Initiative der Herstellung vornimmt und deren Herstellungskosten trägt. So sieht dies auch Hertin[807], nach dem Hersteller des Tonträgers derjenige ist, der die Aufnahme auf einen Tonträger bewirkt hat. Bei der Einschaltung mehrerer ist nach ihm hingegen die Herstellereigenschaft demjenigen zuzuerkennen, der die organisatorische Leitung und die wirtschaftliche Verantwortung für den ersten Festlegungsvorgang trägt[808]. Damit ist auch der Herstellerbegriff eines Tonträgers mit dem des Rechts sui generis von Datenbanken vergleichbar. Hersteller des Rechts sui generis ist derjenige, der die Initiative für die Herstellung der Datenbank und deren Investitionsrisiko trägt.

Ebenso verhält es sich bei dem Filmherstellerbegriff des § 94 UrhG der besonderen Bestimmungen von Filmen. Nach § 94 Abs.1 UrhG hat der Filmhersteller das ausschließliche Recht, den Bildträger oder Bild- und Tonträger, auf den das Filmwerk aufgenommen ist, zu vervielfältigen, zu verbreiten und zur öffentlichen Vorführung oder Funksendung zu benutzen. Aus dem Gesetzestext kann man lediglich entnehmen, daß derjenige Filmhersteller ist, der das Filmwerk auf einen Bild- oder Tonträger aufgenommen hat. Damit wird unter Filmhersteller derjenige Unternehmer verstanden, der die erste Bildfolgenfixierung vornimmt.[809] Jedoch wird derjenige, der als technischer oder organisatorischer Mitarbeiter bei der Filmfestlegung zu tun hat, nicht zum Filmhersteller, denn maßgeblich ist allein, wer die Innehabung der organisatorischen Leitung und wirtschaftlichen Verantwortung für den ersten Festlegungsvorgang hat. So gilt deshalb im Zweifel derjenige als Hersteller, der durch eine tatsächlich ausgeübte organisatorische Tätigkeit den Film als fertiges Ergebnis der schöpferischen Leistungen der an seiner Schaffung mitwirkenden Personen sowie auch der nicht-schöpferischen Leistungen herstellt[810]. Hersteller ist somit ebenso derjenige, der die Investition tätigt und das Investitionsrisiko zu tragen hat.

2) *Hinsichtlich des Schutzgegenstandes - Schutzumfanges*

Parallelitäten hinsichtlich des Schutzgegenstandes/Schutzumfanges zu dem Recht sui generis sind in den verwandten Schutzrechten in §§ 85, 94 UrhG festzustellen. § 85

807 Fromm/Nordemann-Hertin, §§ 85/86 Rn.4.
808 Fromm/Nordemann-Hertin, a.a.O.
809 Fromm/Nordemann-Hertin, § 94 Rn.4.
810 Fromm/Nordemann-Hertin, § 94 Rn.4; BGH, UFITA Bd.55 (1970), S. 313, 320 -Triumph des Willens-; BGH 120, 67 ff. -Filmhersteller-.

UrhG regelt das Vervielfältigungs- und Verbreitungsrecht des Herstellers von Tonträgern. So hat der Hersteller das ausschließliche Recht, den Tonträger zu vervielfältigen und zu verbreiten. Nach § 94 Abs. 1 S.1 UrhG hat der Filmhersteller das ausschließliche Recht, den Bildträger oder Bild- und Tonträger, auf den das Filmwerk aufgenommen worden ist, zu vervielfältigen, zu verbreiten und zur öffentlichen Vorführung oder Funksendung zu benutzen. Das Vorführungsrecht ist in § 19 UrhG geregelt, das Funksendungsrecht ist hingegen in § 20 UrhG -Senderecht-. Die Entnahme bzw. die ständige oder vorübergehende Übertragung und die Weiterverwendung bzw. jede Form der öffentlichen Verfügbarmachung umfassen auch die Vervielfältigung, Verbreitung und auch das Senderecht. Somit ist die Parallelität zwischen dem Recht sui generis und den verwandten Schutzrechten auch hinsichtlich des Schutzumfanges zu verzeichnen.

II. Hinsichtlich der Entstehungsgeschichte des Rechts sui generis - vergleichbar mit der der verwandten Schutzrechte - Entwicklung aus dem wettbewerbsrechtlichen Leistungsschutz

1) Entwicklungsgeschichte des Rechts sui generis

Das Recht sui generis ist ein dem *wettbewerbsrechtlichen Leistungsschutzes* entstammendes Leistungsschutzrecht. So wurde bereits im ersten Entwurf des Rechts sui generis deutlich gemacht, daß es bei diesem Recht eigentlich um die *Harmonisierung* des *wettbewerbsrechtlichen* Schutzes von Datenbanken innerhalb der EG geht[811]. Bereits im *Weißbuch von 1985*, das dem ersten Entwurf zeitlich vorausging, wurde die Wichtigkeit eines gut funktionierenden Wettbewerbs in Europa ausgesprochen[812]. Das sollte durch die Zusammenarbeit der europäischen Unternehmen erreicht werden[813].

Grund für das Entstehen des Rechts sui generis ist also auch, wie bei dem urheberrechtlichen Teil der EG-Datenbankrichtlinie, die Schaffung der Vollendung und Harmonisierung des Binnenmarktes und die Stärkung der europäischen Wettbewerbsfähigkeit. Dies

811 Erwägungsgrund 5, Erwägungsgründe zum Vorschlag für eine EG-Richtlinie über den rechtlichen Schutz von Datenbanken, jur-pc-aktuell 10/1992, S.IV.

812 Weißbuch der Kommission an den Europäischen Rat, KOM (85) 310 endg., Brüssel, 14. Juni 1985, S. 33 - 36.

813 Weißbuch, a.a.O., S. 33.

erfordert aber einen einheitlichen europäischen Rechtsrahmen sowie einen *ausreichenden wettbewerbsrechtlichen Schutz.*

So ist der Intention der Kommission der Europäischen Gemeinschaften, daß nur ein ausreichender Schutz die Wettbewerbsfähigkeit aufrechterhält, im vollen Umfang zuzustimmen. Grundsätzlich erfordert nämlich die Teilnahme am Wettbewerb und damit auch ein gut funktionierender Wettbewerb einen derartigen effektiven Schutz, der einen Wettbewerbsvorsprung schafft und so erst überhaupt einen Wettbewerb ermöglicht. Es gilt, wie bereits bei dem Kapitel des wettbewerblichen Leistungsschutzes[814] dargestellt worden ist, das dynamische Wettbewerbskonzept.

Im nachfolgenden *Grünbuch von 1988* machte die europäische Kommission klar, daß die Hindernisse für den freien Informationsfluß zwischen den Mitgliedstaaten beseitigt werden müssen, wenn die europäische Gemeinschaft auf dem Markt für Informationsdienste eine wettbewerbsfähige Rolle entwickeln soll[815].

In dem zeitlich *nachfolgenden ersten Vorschlag für eine Richtlinie* wurde ja insbesondere die *Harmonisierung des wettbewerbsrechtlichen Schutzes* des Rechts sui generis deutlich ausgesprochen[816]. In Erwägungsgrund 5[817] lautet es, solange es in den Mitgliedstaaten noch kein harmonisiertes Gesetzes- oder Richterrecht zum unlauteren Wettbewerb gibt, sind jedoch zusätzlich zu dem urheberrechtlichen Schutz weitere Maßnahmen erforderlich, um eine unlautere Entnahme und Weiterverwertung des Inhalts einer Datenbank zu unterbinden. Der Bezug zum Wettbewerbsrecht wird auch durch Erwägungsgrund 7[818] deutlich. In dem heißt es, daß der unerlaubte Zugang zu einer Datenbank und die Entnahme ihres Inhalts Handlungen sind, die schwerwiegende wirtschaftliche und technische Folgen haben können. Die Begriffe „unerlaubte Handlungen" und „wirtschaftlich" stellen einen eindeutigen Bezug zum Wettbewerbsrecht her, da in § 1 UWG insbesondere die Handlungen die zu unterbindende Tätigkeit sind. Desweiteren

---

814 Siehe hierzu vorne : 3.Teil, 1. Kapitel, § 13 B.
815 Grünbuch über das Urheberrecht und die technologische Herausforderung -Urheberrechtsfragen, die ein sofortiges Handeln erfordern, Mitteilung der Kommission, Brüssel, den 23.8.1988, KOM (88) 172 endg., S. 207.
816 Erwägungsgrund 5, Erwägungsgründe zum Vorschlag für eine EG-Richtlinie über den rechtlichen Schutz von Datenbanken, jur-pc-aktuell 10/1992, S. IV.
817 Erwägungsgrund 5, a.a.O.
818 Erwägungsgrund 7, jur-pc-aktuell 10/1992, S. IV.

wird in Erwägungsgrund 8[819] die Bedeutung und der Aufbau von Datenbanken deutlich gemacht. So lautet es : „Datenbanken sind für die Entwicklung des Informationsmarktes in der Gemeinschaft von vitaler Bedeutung; sie werden für ein breites Spektrum anderer Tätigkeiten und Wirtschaftsbereiche von Nutzen sein." Die exponentielle Zunahme von Daten würde in allen Mitgliedstaaten Investitionen in fortgeschrittene Informationssysteme erforderlich machen.[820] In Erwägungsgrund 12[821] kommt ganz klar das Prinzip zum Ausdruck, daß ein ausreichender Wettbewerbsschutz einen Schutz des innovatorischen Wettbewerbs erfordert, und erst dann der imitatorische Wettbewerb stattfinden darf. So heißt es : „Eine derartige Investition in moderne Datenspeicher- und Retrieval-Systeme wird in der Gemeinschaft nicht stattfinden werden, solange kein solides, einheitliches System für den Schutz der Rechte der Urheber von Datenbanken und die Unterdrückung von Piraterie und unlauterem Wettbewerb geschaffen ist".[822] Insbesondere wird in Erwägungsgrund 28[823] nochmals das Entstehen aus dem Wettbewerbsrecht sowie die Parallelität zum Wettbewerbsrecht vor Augen geführt. Das Recht sui generis soll die Stellung der Hersteller von Datenbanken gegenüber widerrechtlicher Aneignung der Ergebnisse der finanziellen und beruflichen Investitionen schützen, die für das Erhalten und Sammeln von Daten getätigt wurden. So sollen bestimmte Handlungen in Verbindung mit dem Inhalt einer Datenbank Beschränkungen unterworfen werden, auch wenn derartige Inhalte selbst nicht urheberrechtlich oder durch andere Rechte geschützt sind. Das Recht sui generis wird im ersten Vorschlag[824] sowie in den hierzu vorliegenden Erwägungsgründen als *Recht auf Schutz vor unlauterer Entnahme* genannt[825]. Schutz vor unlauterer Entnahme stellt wiederum den Bezug zum Wettbewerbsrecht her. Ebenso hat in Erwägungsgrund 31[826] der Ersteller einer kommerziell vertriebenen Datenbank, die die einzig mögliche Quelle eines bestimmten Werkes oder bestimmter In-

819 Erwägungsgrund 8, jur-pc-aktuell 10/1992, S. IV.
820 Erwägungsgrund 9, jur-pc-aktuell 10/1992, S. IV.
821 Erwägungsgrund 12, jur-pc-aktuell 10/1992, S. V.
822 Erwägungsgrund 12, jur-pc-aktuell 10/1992, S. V.
823 Erwägungsgrund 28, jur-pc-aktuell 10/1992, S. VI.
824 Erster Vorschlag für eine Richtlinie des Rates der Europäischen Gemeinschaften über den rechtlichen Schutz von Datenbanken (von der Kommission vorgelegt), Art. 2 Schutzgegenstand : Urheberrecht und Recht auf Schutz vor unlauteren Auszügen des Inhalts einer Datenbank, jur-pc-aktuell 9/1992, S. I.
825 Erwägungsgrund 29, jur-pc-aktuell 10/1992, S. VI.
826 Erwägungsgrund 31, jur-pc-aktuell 10/1992, S. VI.

formationen darstellt, das Recht, dieses Werk oder diese Informationen durch Lizenzvergabe für die Benutzung durch andere zugänglich zu machen. Hierdurch wird ebenso die Intention der Harmonisierung des Wettbewerbs deutlich.

Im *zweiten Entwurf*, dem *geänderten Vorschlag* für eine Richtlinie des Rates über den Rechtsschutz von Datenbanken vom 4. Oktober *1993*[827], wird zwischen dem Kapitel, das das Urheberrecht der Datenbank betrifft, und dem Kapitel, das das Recht sui generis umfaßt, getrennt. Hierdurch sollten die verschiedenen Schutzansätze dieser beiden Rechte verdeutlicht werden. Zugleich wird das Recht sui generis als solches erstmals bezeichnet. Der geänderte Richtlinienvorschlag enthält neben einer substantiellen Änderung eine Reihe von Änderungen, die den ursprünglichen Text präzisieren und übersichtlicher machen sollen. Bei dem Recht sui generis wird anstelle des Begriffs „unlautere Entnahme“ der Begriff „unerlaubte Entnahme“ verwendet[828]. Insbesondere wird durch die Verlängerung der Schutzdauer von 10 Jahren auf 15 Jahre der Schutzzweck des Rechts sui generis nochmals verdeutlicht. Die längere Schutzdauer wird deshalb für erforderlich erachtet, da diese den Erfordernissen der Industrie besser entspricht, die ihre Investitionen in die Erstellung von Datenbanken rentabilisieren muß.[829] Es geht also beim Recht sui generis um die Rentabilisierung und Amortisierung von Investitionen und damit auch um den Anreiz zum Investieren. Erst wenn dieser gegeben ist, wird eine gut funktionierende Wirtschaft geschaffen und damit die Wettbewerbsfähigkeit von Europa erhalten.

Im *Grünbuch von 1995* wird das Recht sui generis als das zentrale *Element zur Schaffung eines neuen wirtschaftlichen Rechts* zum Schutze wesentlicher Investitionen des Datenbankherstellers bezeichnet[830]. Denn der Aufbau von Datenbanken erfordere erhebliche menschliche, technische sowie finanzielle Mittel, während sie zu einem

---

827 Geänderter Vorschlag für eine Richtlinie des Rates über den Rechtsschutz von Datenbanken, Kommission der Europäischen Gemeinschaften, KOM (93) 464 endg. - SYN 393, Brüssel, den 4.Oktober 1993.

828 Begründung d) und Art.10 im Kapitel III: Schutzrechte sui generis, Geänderter Vorschlag für eine Richtlinie des Rates über den Rechtsschutz von Datenbanken, Kommission der Europäischen Gemeinschaften, Brüssel, den 4. Oktober 1993, KOM (93) 464 endg. - SYN 393, S. 2 und 28.

829 Kommentar zu Art.12, Geänderter Vorschlag für eine Richtlinie des Rates über den Rechtsschutz von Datenbanken, Kommission der Europäischen Gemeinschaften, Brüssel, den 4. Oktober 1993, KOM (93) 464 endg. SYN 393, S. 7

830 Grünbuch, Urheberrecht und verwandte Schutzrechte in der Informationsgesellschaft, Kommission der Europäischen Gemeinschaften, Brüssel, den 19.07.1995, KOM (95) 382 endg., S. 32.

Bruchteil der zu ihrer unabhängigen Entwicklung erforderlichen Kosten kopiert werden könnten. Folglich seien der widerrechtliche Zugang zu einer Datenbank sowie die unerlaubte Entnahme seines Inhalts Handlungen, die schwerwiegende wirtschaftliche und technische Folgen haben könnten.

Selbst *in der endgültig erlassenen Richtlinie* wird bei dem Recht sui generis der Bezug zum Wettbewerbsrecht sichtbar. So ist in den Erwägungsgründen die Rede von unlauterem Wettbewerb[831] und von bestimmten Handlungen eines Konkurrenten[832]. In Erwägungsgrund 6[833] wird das Erfordernis des Rechts sui generis mit der noch fehlenden harmonisierten Regelung betreffend den unlauteren Wettbewerb bzw. die fehlende Rechtsprechung auf diesem Gebiet begründet. In Erwägungsgrund 39[834] wird der Schutz der Gesamtheit oder wesentlicher Teile einer Datenbank gegen bestimmte Handlungen eines Benutzers oder eines Konkurrenten geschützt. Bestimmte Handlungen eines Konkurrenten nehmen eindeutig Bezug auf das Wettbewerbsrecht. Denn § 1 UWG bietet Schutz gegen die Vornahme von Handlungen im geschäftlichen Verkehr zu Zwecken des Wettbewerbsrechts, die gegen die guten Sitten verstoßen. In Erwägungsgrund 42[835] wird auch von der Herstellung eines parasitären Konkurrenzprodukts gesprochen. Dies bezieht sich ebenso auf das Wettbewerbsrecht. Das Recht sui generis will aber nicht lediglich gegen Handlungen eines Konkurrenten schützen, sondern darüber hinaus gegen Handlungen eines *Benutzers*. Es will dadurch nicht nur die Harmonisierung des wettbewerbsrechtlichen Schutzes sondern ein „Mehr" an Schutz. So heißt es auch in Erwägungsgrund 42[836], wo darüberhinaus das Recht auf Verbot der Entnahme und/oder Weiterverwendung auch auf den Benutzer, der durch seinen Handlungen auch einen qualitativ oder quantitativ erheblichen Schaden für die Investition verursacht, gelten soll. Das Recht sui generis schützt also mehr als nur der wettbewerbliche Leistungsschutz. Insofern ist die Auffassung von Kappes[837], daß das Recht sui generis den glei-

831 Erwägungsgrund 6, Richtlinie 96/9/EG des Europäischen Parlaments und des Rates vom 11. März 1996 über den rechtlichen Schutz von Datenbanken, S. L 77/20.
832 Erwägungsgrund 39, a.a.O., S. L 77/22.
833 Erwägungsgrund 6, a.a.O., S. L 77/20.
834 Erwägungsgrund 39, a.a.O., S. L 77/22.
835 Erwägungsgrund 42, a.a.O., S. L 77/23.
836 Erwägungsgrund 42, a.a.O., S. L 77/23.
837 Kappes, S. 286, wobei er aber deutlich macht, daß das Recht sui generis im Gegensatz zum wettbewerblichen Leistungsschutz des § 1 UWG ein ausschließliches Recht ist, und insofern nicht im Wege

chen Schutzgegenstand abdeckt wie das wettbewerbliche Leistungsschutzrecht, nicht zu folgen. Ein „Mehr“ an wettbewerbsrechtlichen Leistungsschutz läßt sich daraus erklären, daß der Benutzer durch die unerlaubte Entnahme dem Investor auch einen hohen Schaden zufügt. Dem Investor entgeht nämlich durch solch eine unerlaubte Entnahme die Vergütung für seine Investitionen. Diese Handlungen sind insbesondere deshalb untersagt bzw. verboten, da sie dem Investor schaden und er sonst keine Amortisierung erhalten würde. Der Investor bzw. Hersteller wird also nur dann eine Datenbank schaffen, wenn er hierfür eine Vergütung bekommt. Würde dies nicht so sein, so würde kein Anreiz für so hohe Investitionen bestehen.
Auf der anderen Seite darf aber nicht übersehen werden, daß in Erwägungsgrund 47[838] ausdrücklich klargestellt wird, daß die Anwendung der gemeinschaftlichen oder einzelstaatlichen Wettbewerbsvorschriften von den Bestimmungen dieser Richtlinie unberührt bleiben. Dies stellt aber insofern kein Widerspruch zu dem so eben Festgestellten dar. Es ist lediglich in der Weise zu verstehen, daß der Schutz durch das Recht sui generis nicht in einer Weise gewährt werden kann, durch die der Mißbrauch einer beherrschenden Stellung erleichtert wird, insbesondere in bezug auf die Schaffung und Verbreitung neuer Produkte und Dienste, die einen Mehrwert geistiger, dokumentarischer, technischer, wirtschaftlicher oder kommerzieller Art aufweisen.

2) *Entwicklungsgeschichte der verwandten Schutzrechte - Entwicklung aus dem wettbewerbsrechtlichen Leistungsschutz*

Die verwandten Schutzrechte sind aus dem wettbewerbsrechtlichen Leistungsschutz entstanden. So wurden früher die Leistungen, die heute von den verwandten Schutzrechten geschützt werden, von dem wettbewerbsrechtlichen Leistungsschutz der Generalklausel des § 1 UWG geschützt. Die früher erlassenen Urteile wurden zum Vorläufer einer späteren gesetzlichen Anerkennung ausschließlicher Befugnisse. Insoweit kam ihnen eine Schrittmacherfunktion zu. Gerhardus zeigt zutreffend auf, daß der Gesetzgeber in seiner Begründung zum Regierungsentwurf dieselben Leistungen durch die verwandten Schutzrechte schützen will, die zuvor durch den wettbewerbsrechtlichen Lei-

---

einer richtlinienkonformen Auslegung des § 1 UWG durch die Rechtsprechung erfolgen können, siehe auch zum gleichen Schutzgegenstand : S. 277.

838 Erwägungsgrund 47, a.a.O., L 77/23.

stungsschutz geschützt worden sind. So werden plötzlich Leistungen mit der gleichen Begründung sonderrechtlich geschützt, die zuvor doch angeblich nur wettbewerbsrechtlich gegen die Art und Weise der Imitation geschützt waren[839]. Vordergründig hat die Rechtsprechung zwar den Schutz der Art und Weise, der bestimmten Handlung, vorgegeben, was sie letztlich aber an den hohen Aufwendungen an Mühe und Kosten festmachte. Bereits in einem Urteil des RGs von 1910[840] wurde eine Verletzung von § 1 UWG bejaht. So wurde in dieser Entscheidung ein besonderer Umstand der Nachahmung darin gesehen, daß die fertige Arbeitsleistung der Klägerin unter Einsparung erheblicher Mühen und Kosten, die die Klägerin aufgewandt habe, ausgenutzt worden ist. Auch in zwei nachfolgenden Entscheidungen sah das Gericht als entscheidendes Kriterium für eine Wettbewerbsverletzung die Benutzung des fremden, mit Mühe und Kosten errungenen Arbeitsergebnisses an. Denn dies widerspreche dem Anstandsgefühl der billig und gerecht Denkenden[841]. Die nachfolgenden Urteile wichen jedoch von diesem großzügigen Schützungskurs ab. Erst seit 1960 folgt der BGH wieder dem oben dargestellten Kurs. Der BGH[842] sah den wettbewerbsrechtlichen Leistungsschutz bei der Aufzeichnung von Tonbandaufnahmen einer Opernaufführung ohne Genehmigung verletzt. Es widerspreche nämlich dem Anstandsgefühl des verständigen Gewerbetreibenden, Leistungen Dritter, die erfahrungsgemäß nur gegen eine angemessene Vergütung zur Verfügung gestellt werden, sich ohne Erlaubnis des Leistenden anzueignen und kostenlos zur Förderung des eigenen gewerblichen Gewinnstrebens auszunutzen. Dabei stellte der BGH ausdrücklich darauf ab, daß *es insbesondere um die unmittelbare Ausnutzung in unveränderter Form gehe*[843]. In einer anderen Entscheidung bezeichnete der BGH ein unmittelbares Ausnutzen einer fremden Leistung als Schmarotzen dieser[844] und wertete ein solches Handeln als eine unlautere Wettbewerbsmaßnahme[845]. Daraus kann geschlossen werden, daß die Einsparung bzw. Ersparung von Mühen und Kosten einen Verstoß gegen die guten Sitten, also gegen die Art und Weise der Handlung, impliziert. Es bedarf also nicht unbedingt der speziell zu verachtenden Handlungsweise, sondern

839 Gerhardus, S. 45.
840 RGZ, S. 294 ff. -Schallplatten-.
841 RG, GRUR 1925, S. 280 f. -Käthe-Kruse-Puppen-; RG, GRUR 1927, S. 132 ff. -Puppenjunge-.
842 BGH, GRUR 1960, S. 614 ff. -Figaros Hochzeit-.
843 BGH, GRUR 1960, S. 617 -Figaros Hochzeit-.
844 BGH, GRUR 1962, S. 470 ff. (475) -AKI-.
845 BGH, a.a.O.

diese ist bereits durch die Ersparnis von Mühen und Kosten indiziert[846]. Der Rechtsprechung ist insofern im vollem Umfange zuzustimmen. Denn das UWG hat insbesondere die Aufgabe[847], einen gut funktionierenden Wettbewerb herzustellen bzw. zu erhalten, welcher einen ausreichenden Schutz für die erhebliche Leistung -aber nur für eine bestimmte Zeit- erfordert.

Auch aus den Motiven des Gesetzgebers zu den verwandten Schutzrechten wird deutlich, daß sich die verwandten Schutzrechte aus dem wettbewerbsrechtlichen Leistungsschutz entwickelt haben. So argumentiert der Gesetzgeber in seinen Motiven[848] hinsichtlich des Schutzes des Herstellers von Tonträgern wörtlich : „Der bestehende Schutz sichert die wirtschaftlichen Interessen des Herstellers von Tonträgern nicht in ausreichendem Maße.“...“Auch der Schutz auf Grund des Gesetzes gegen den unlauteren Wettbewerb wird wegen der besonderen rein wettbewerblichen Voraussetzungen in § 1 UWG nicht immer durchgreifen, zumal insoweit häufig Beweisschwierigkeiten bestehen werden[849] “...“Der Entwurf sieht daher ein eigenes Leistungsschutzrecht des Herstellers von Tonträgern vor. Zwar erbringt dieser keine künstlerische Leistung wie der ausübende Künstler. Der Schutz erscheint jedoch mit Rücksicht auf die hochwertige technische Leistung und die großen wirtschaftlichen Aufwendungen, die die Herstellung eines zum Vertrieb geeigneten Tonträgers erfordert, gerechtfertigt[850] “. Somit wird aus den Motiven klar, daß der Gesetzgeber diesen verwandten Schutzrechten einen „wettbewerblichen“ Leistungsschutz zuspricht, und zwar deshalb, weil sie wirtschaftliche Aufwendungen, d.h. erhebliche Investitionen sowie hochwertige technische Leistungen inne haben. Die geschützten Leistungen, die -wie soeben dargelegt- früher von der Rechtsprechung unter dem wettbewerblichen Leistungsschutz geschützt worden sind, waren erhebliche Leistungen.

---

846 So auch : Schulte-Beckhausen, S. 256.
847 Siehe hierzu im einzelnen : 3.Teil, 1. Kapitel, § 13 B.
848 Entwurf eines Gesetzes über Urheberrecht und verwandte Schutzrechte (Urheberrechtsgesetz) vom 23.März 1962, Begründung - B. Die einzelnen Vorschriften, Zweiter Teil Verwandte Schutzrechte, Vierter Abschnitt -Schutz des Herstellers von Tonträgern-, BT-Drucksache IV/270, S. 95.
849 BT-Drucksache IV/270, a.a.O., S. 95.
850 BT-Drucksache IV/270, a.a.O., S. 95.

In der Begründung zu § 91 UrhG[851] kommt ebenso der Schutz von erheblichen Leistungen im Sinne von Investitionen zum Ausdruck. So heißt es wörtlich : „ Bei Darbietungen, die von einem Unternehmen (Bühnenunternehmen, Konzertunternehmen oder dergl.) veranstaltet werden, sind die wirtschaftlichen Interessen des Inhabers des Unternehmens zu berücksichtigen. Dieser muß dagegen geschützt werden, daß die von ihm mit Mühe und Kosten durchgeführten Darbietungen von anderen ohne seine Erlaubnis durch Bildschirm- oder Lautsprecherübertragung in Räume außerhalb der Veranstaltung, durch Aufnahme auf Bild- oder Tonträger und deren Vervielfältigung oder durch Funksendung ausgenutzt werden."

Wie bereits oben bei den Schutzvoraussetzungen der verwandten Schutzrechte aufgezeigt worden ist, wird durch die verwandten Schutzrechte das Leistungsergebnis, das unter Aufwendung von Mühen und Kosten geschaffen worden ist, geschützt. Insofern werden also Investitionen unter einen Schutz gestellt.

III. Umsetzung in innerdeutsches Urheberrecht : Recht sui generis - Zuordnen zu dem Kapitel der verwandten Schutzrechte

Es wurde bereits festgestellt, daß das Recht sui generis vergleichbar mit den verwandten Schutzrechten ist. Insbesondere ist eine große Parallelität zwischen dem Recht sui generis und den verwandten Schutzrechten sowohl hinsichtlich der Schutzvoraussetzungen als auch hinsichtlich der Entwicklungsgeschichte zu verzeichnen. Ein Unterschied ist lediglich darin zu erblicken, daß ein Großteil der verwandten Schutzrechte sich auf ästhetische Bereiche bezieht. Ein Festlegen auf einen bestimmten Bereich ist bei dem Recht sui generis jedoch nicht festzustellen. Das Recht sui generis ist nicht vornehmlich auf ästhetische oder technische Bereiche beschränkt, sondern es kann alle Arten von Sammlungen betreffen. Entscheidend ist nur, daß bei der Herstellung eine wesentliche Investition getätigt worden ist. Hinsichtlich einer Schutzverletzung ist entscheidend, daß

---

851 Entwurf eines Gesetzes über Urheberrecht und verwandte Schutzrechte (Urheberrechtsgesetz) vom 23.März 1962, Begründung - B. Die einzelnen Vorschriften, Zweiter Teil Verwandte Schutzrechte, Dritter Abschnitt -Schutz des ausübenden Künstlers-, zu § 91 - Schutz des Veranstalters, BT-Drucksache IV/270, S. 94.

ein wesentlicher Teil der Datenbank oder wiederholt geringe Teile entnommen oder weiterverwendet worden sind.
Somit spricht diese aufgezeigte Parallelität zwischen den verwandten Schutzrechten und dem Recht sui generis für die Einordnung des Rechts sui generis zu den, dem Urheberrecht nachfolgenden, verwandten Schutzrechten.

Desweiteren sprechen auch die Gründe, weshalb die verwandten Schutzrechte dem Urheberrechtsgesetz nachfolgend angeordnet worden sind, für die Zuordnung des Rechts sui generis zu den verwandten Schutzrechten.
Die verwandten Schutzrechte sind deshalb zu dem UrhG gereiht worden, da die Leistungen im engen Zusammenhang mit den Werken des Urheberrechtsgesetzes stehen. Wörtlich lautet es in den Motiven[852] zu den verwandten Schutzrechten : „ Im Zweiten Teil des Entwurfs sind eine Reihe von Rechten zusammengefaßt, durch die Leistungen geschützt werden sollen, die zwar nicht als schöpferisch anzusehen, wohl aber der schöpferischen Leistung des Urhebers ähnlich sind oder im Zusammenhang mit den Werken der Urheber erbracht werden"..."Die Einbeziehung der Leistungsschutzrechte in das Urheberrechtsgesetz erscheint wegen des engen Sachzusammenhangs geboten, weil diese Rechte vorwiegend gerade durch die Darbietung und Verwertung urheberrechtlich geschützter Werke begründet werden."[853]
In dieser Abhandlung wurde insbesondere deutlich, daß solche digitalen Kartenbestände, die hinsichtlich ihrem „eigenschöpferischen" Tun lediglich den Bereich der kleinsten Münze bzw. reine Fleiß- und Müheleistungen erreichen, nicht mehr in den urheberrechtlichen Schutzbereich fallen. Solche Leistungen stehen dennoch im engen Zusammenhang mit den urheberrechtlich geschützten digitalen Kartenbeständen. Sie unterscheiden sich „nur" hinsichtlich der nicht erreichten Gestaltungshöhe für eine urheberrechtliche persönliche geistige Schöpfung.
Insgesamt ist das Recht sui generis bei der Umsetzung in innerdeutsches Recht zu den verwandten Schutzrechten zuzuordnen. Es soll als § 87 a ff. UrhG eingefügt werden, al-

852 Entwurf eines Gesetzes über Urheberrecht und verwandte Schutzrechte (Urheberrechtsgesetz) vom 23.März 1962, Begründung - B. Die einzelnen Vorschriften, Zweiter Teil Verwandte Schutzrechte, BT-Drucksache IV/270, S. 86.
853 BT-Drucksache IV/270, a.a.O., S. 87.

so nachfolgend von § 87 UrhG -Schutz des Sendeunternehmens-. Bei Umsetzung des Rechts sui generis in innerdeutsches Recht kann insoweit kein Bruch mit der Gesetzessystematik entstehen. Der § 87 a UrhG soll wie folgt formuliert werden : „Der Hersteller einer Datenbank, bei der für die Beschaffung, die Überprüfung oder die Darstellung ihres Inhalts eine in qualitativer oder quantitativer Hinsicht wesentliche Investition erforderlich ist, hat das Recht, die Entnahme und/oder die Weiterverwendung der Gesamtheit oder eines in qualitativer oder quantitativer Hinsicht wesentlichen Teils des Inhalts dieser Datenbank zu untersagen. Eine Datenbank ist eine Sammlung von Werken, Daten oder anderen unabhängigen Elementen, die systematisch oder methodisch angeordnet und einzeln mit Hilfe elektronischer Mittel oder auf andere Weise zugänglich sind."

§ 16 Leistungsschutz *nach Umsetzung* des Recht sui generis in innerdeutsches Recht durch den deutschen Gesetzgeber und Kritik

A. Schutzvoraussetzungen

Das Recht sui generis ist in dem sechsten Abschnitt -Schutz des Datenbankherstellers- nach § 87 ff. UrhG eingefügt worden. In § 87 a -Begriffsbestimmungen- sind die Datenbank (Abs.1) und der Datenbankhersteller (Abs.2) definiert. Der § 87 Abs.1 lautet wie folgt : „Datenbank im Sinne dieses Gesetzes ist eine Sammlung von Werken, Daten oder anderen unabhängigen Elementen, die systematisch oder methodisch angeordnet und einzeln mit Hilfe elektronischer Mittel oder auf andere Weise zugänglich sind und deren Beschaffung, Überprüfung oder Darstellung eine nach Art oder Umfang wesentliche Investition erfordert. Eine in ihrem Inhalt nach Art oder Umfang wesentlich geänderte Datenbank gilt als neue Datenbank, sofern die Änderung eine nach Art oder Umfang wesentliche Investition erfordert." Nach Abs.2 ist Datenbankhersteller im Sinne dieses Gesetzes derjenige, der die Investition im Sinne von Absatz 1 vorgenommen hat. Die Fassung des § 87 a UrhG ist im wesentlichen vergleichbar mit der Fassung der Richtlinie, abgesehen von der zusätzlichen Formulierung, was eine Datenbank ist. Der Gesetzgeber hat in die Definition der Datenbank die Formulierung „ist eine Sammlung von Werken, Daten oder anderen unabhängigen Elementen, die systematisch oder methodisch angeordnet und einzeln mit Hilfe elektronischer Mittel oder auf andere Weise zugänglich sind" mitaufgenommen. Insoweit hat der Gesetzgeber den „gleichen" Normentext wie den geforderten gewählt.[854]

Die zusätzliche Klarstellung des Gesetzgebers in Abs.2, daß Datenbankhersteller der Investor ist, ist nicht unbedingt zu fordern. Sie ergibt sich bereits aus der Formulierung des Richtlinientextes von Artikel 7 der EG-Datenbankrichtlinie und hat damit nur klarstellenden Charakter.

B. Schutzumfang

Der Schutzumfang des Datenbankherstellers ist in § 87 b UrhG -Rechte des Datenbankherstellers- normiert. So hat nach Abs.1 S.1 der Datenbankhersteller das ausschließliche Recht, die Datenbank insgesamt oder einen nach Art oder Umfang wesentlichen Teil der Datenbank zu vervielfältigen, zu verbreiten und öffentlich wiederzugeben. Nach S.2 steht der Vervielfältigung, Verbreitung oder öffentlichen Wiedergabe eines nach Art und Umfang wesentlichen Teils der Datenbank die wiederholte und systematische Vervielfältigung, Verbreitung oder öffentliche Wiedergabe von nach Art und Umfang unwesentlichen Teilen der Datenbank gleich, sofern diese Handlungen einer normalen Auswertung der Datenbank zuwiderlaufen oder die berechtigten Interessen des Datenbankherstellers unzumutbar beeinträchtigen.

Gem. Abs.2 sind die § 17 Abs.2 und § 27 Abs.2 und 3 entsprechend anzuwenden.

§ 87 b UrhG weist nicht dieselben Begriffe wie die der „Entnahme" und die der „Weiterverwendung" des Richtlinientextes aus. Die Regelung des § 87 b enthält stattdessen die Begriffe der „Vervielfältigung", der „Verbreitung" und der „öffentlichen Wiedergabe". Der Gesetzgeber hat sich somit in § 87 b UrhG hinsichtlich der ausschließlichen Verwertungsrechte des Datenbankherstellers für dieselben Kategorien (Vervielfältigung, Verbreitung, öffentliche Wiedergabe) wie diejenigen des Urhebers und der Inhaber der übrigen Leistungsschutzrechte entschieden[855], obwohl er ursprüng-

854 Siehe hierzu vorne : 3.Teil, 2. Kapitel, § 15 B. III.

855 Entwurf eines Gesetzes zur Regelung der Rahmenbedingung für Informations- und Kommunikationsdienste (Informations- und Kommunikationsdienste-Gesetz-IuKDG), Deutscher Bundestag, 13.Wahlperiode, 11.06.1997, B. Besonderer Teil, zu Artikel 7, 3.Sui-generis-Rechtsschutz von Datenbanken c), BT-Drucksache 13/7934, S. 44.

lich nahezu wörtlich die Entnahme und Weiterverwendung der Richtlinie übernehmen wollte und so eine möglichst EG-einheitliche Auslegung der Bestimmungen zum Rechtsschutz für Datenbankhersteller gewährleisten wollte.[856] Er vertritt in der Begründung zum endgültigen Entwurf[857] der umgesetzten Richtlinie die Ansicht, daß trotz dieser Abweichung von der in der Richtlinie verwendeten Terminologie („Entnahme" und „Weiterverwendung") die Regelung mit dem normativen Regelungsbefehl der Richtlinie vereinbar ist. Nach Erwägungsgrund 32 der Richtlinie seien die Mitgliedstaaten gehalten, „zumindest die materielle Gleichwertigkeit ihrer einzelstaatlichen Bestimmungen in bezug auf die in dieser Richtlinie vorgesehenen zustimmungsbedürftigen Handlungen sicherzustellen". Dieser Erwägungsgrund beziehe sich in seiner systematischen Stellung nach zwar lediglich auf den urheberrechtlichen Schutz von Datenbanken, er konkretisiere aber nur die ohnehin geltende Regelung des Artikel 189 Abs.3 EGV, wonach Richtlinien nur hinsichtlich des zu erreichenden Ziels verbindlich seien, den Mitgliedstaaten jedoch die Wahl der zur Erreichung dieses Ziels eingesetzten Mittel überlassen bleibe.[858]

Der Gesetzgeber geht in seiner Ansicht sogar so weit, daß nach ihm das „Entnahmerecht" nach der in der Richtlinie enthaltenen Legaldefinition identisch mit

856 Entwurf eines Gesetzes zur Regelung der Rahmenbedingungen für Informations- und Kommunikationsdienste (Informations- und Kommunikationsdienste-Gesetz-IuKDG), Gesetzentwurf der Bundesregierung, zu Artikel 7 (Änderung des Urheberrechtsgesetzes), Zu den Vorschriften im einzelnen, zu Artikel 7 Nr. 2 (Einfügung eines Sechsten Abschnitts - Schutz der Hersteller von Datenbanken) - zu § 87 a (Gegenstand des Schutzes und Verwertungsrechte), BR-Drucksache 966/96, S. 47 und Entwurf eines Gesetzes zur Regelung der Rahmenbedingungen für Informations- und Kommunikationsdienste (Informations- und Kommunikationsdienste-Gesetz-IuKDG), Deutscher Bundestag,13.Wahlperiode, 09.April 1997, Zu den Vorschriften im einzelnen, Zu Nummer 2 (Einfügung eines Sechsten Abschnitts - Schutz der Hersteller von Datenbanken), zu § 87 a (Gegenstand des Schutzes und Verwertungsrechte), BT-Drucksache 13/7385, S. 45. So begründet der Gesetzgeber in diesen Entwurfsstadien die nahezu wörtliche Übernahme der Begriffe der Entnahme und Weiterverwendung mit mehrerlei Gründen. Denn der Richtliniengeber habe das Recht sui generis auch durch die Wahl des Wortlauts der Normen bewußt gegenüber dem Urheberrecht abgegrenzt. Die Verwendung der Richtlinienbegriffe fordere auch im deutschen Umsetzungsgesetz eine möglichst EG-einheitliche Auslegung der Bestimmungen zum Rechtsschutz für Datenbankhersteller. Eine Verwendung der urheberrechtlichen Begriffe sei mit der derzeit noch unentschiedenen Frage der rechtsdogmatischen Einordnung der digitalen Übermittlung in die urheberrechtlichen Verwertungsrechte belastet. Desweiteren machte der Gesetzgeber in diesen Entwürfen deutlich, daß bereits dann eine Entnahmehandlung vorliege, wenn wenigstens eine vorübergehende Übertragung auf einen anderen Datenträger erforderlich sei. Der Begriff der Weiterverwendung erfaße auch alle sonstigen Fälle der öffentlichen Verfügbarmachung einer Datenbank. So würden durch die Unabhängigkeit der Nutzung von Mittel und Form auch künftige, heute noch unbekannte Formen der Entnahme und Weiterverwendung erfaßt werden.

857 BT-Drucksache 13/7934, a.a.O., S. 44.

858 BT-Drucksache 13/7934, a.a.O., S. 44.

dem Vervielfältigungsrecht des Urheberrechtsgesetzes ist. Desweiteren umfaßt nach ihm das Recht der Weiterverwendung sowohl das Verbreitungsrecht als auch das Recht der öffentlichen Wiedergabe.[859]

Dieser Auffassung kann insoweit jedoch nicht gefolgt werden. Das Entnahmerecht des Rechts sui generis kann nicht mit dem Vervielfältigungsrecht im Sinne des körperlichen Vervielfältigungsbegriffs des § 16 gleichgesetzt werden. Denn Entnahme des Rechts sui generis bedeutet die *ständige oder vorübergehende* Übertragung der Gesamtheit oder eines wesentlichen Teils des Inhalts einer Datenbank auf einen anderen Datenträger, *ungeachtet der dafür verwendeten Mittel und der Form* der Entnahme. Dieses Recht kann jedoch nur in dem Sinne einer vorübergehenden oder dauerhaften Vervielfältigung, ganz oder teilweise, mit jedem Mittel und in jeder Form interpretiert werden, wie dies bei dem urheberrechtlichen Verwertungsrecht der Vervielfältigung der EG-Datenbankrichtlinie der Fall ist. Dies wurde bereits[860] bei der Auslegung des Rechts sui generis aufgezeigt. Ebensowenig kann das Recht der Weiterverwendung unter die Begriffe der Verbreitung i.S.d. Verbreitungsrechts des § 17 UrhG und der unkörperlichen Wiedergabe im Sinne des § 15 Abs.2 UrhG gefaßt werden. Weiterverwendung des Rechts sui generis bedeutet *jede* Form öffentlicher Verfügbarmachung der Gesamtheit oder eines wesentlichen Teils des Inhalts der Datenbank durch die Verbreitung von Vervielfältigungsstükken, durch Vermietung, durch Online-Übermittlung oder durch andere Formen der Übermittlung. Das Recht der Weiterverwendung muß also als *jede* Form der öffentlichen Verbreitung der Datenbank oder eines ihrer Vervielfältigungsstücke oder als *jede* öffentliche Wiedergabe verstanden werden. Bereits vorne[861] wurde bei der Auslegung des Vervielfältigungsbegriffs des § 16 UrhG sowie des Verbreitungsrechts des § 17 UrhG und des unbenannten Rechts der unkörperlichen Wiedergabe des § 15 Abs.2 UrhG deutlich gemacht, daß der Verbreitungsbegriff nur die körperliche Verbreitung miteinbezieht und daß der Öffentlichkeitsbegriff des § 15 Abs.3 für kleine lokale Netzwerke nicht einschlägig ist. In diesem Zusammenhang wurde zwar die Möglichkeit der extensiven Auslegung aufgezeigt, diese aber wegen des Erfordernisses nach Rechtssicherheit und Rechtsklarheit als nicht erstrebenswert erachtet. Insofern müßte die Ver-

859 BT-Drucksache 13/7934, a.a.O., S. 44.
860 Siehe hierzu vorne im einzelnen : 3.Teil, 2. Kapitel, § 15 A. II.
861 Siehe hierzu vorne : 2.Teil, 3. Kapitel, § 11 A. I. 2) b) aa) und bb).

breitung und auch die öffentliche Wiedergabe zumindest in dem oben genannten Sinne definiert werden. Der Gesetzgeber hat zwar somit die Verwertungsrechte des Recht sui generis nicht materiell-gleichwertig in innerdeutsches Recht umgesetzt. Die Verwertungsrechte können aber ebenso richtlinienkonform ausgelegt werden und so materiell-gleichwertig den Verwertungsrechten der EG-Datenbankrichtlinie entsprechen. Dies ist möglich, da zum einen der Gesetzgeber die Richtlinie nachweislich materiell-gleichwertig umsetzen wollte[862] und zum anderen er auf die Verwertungsrechte des urheberrechtlichen Teils verweist. Bei den Verwertungsrechten des urheberrechtlichen Teils wollte der Gesetzgeber ja auch diese neuen technischen Gegebenheiten in einen Schutz miteinbeziehen. Insoweit gilt hier das Gleiche wie bei der Umsetzung der Verwertungsrechte des urheberrechtlichen Teils.[863]

Desweiteren hat der Gesetzgeber die Online-Leistung in seinen Motiven von dem Erschöpfungsgrundsatz ausgenommen und auf den Erwägungsgrund 33 der Richtlinie abgestellt.[864] Somit kann das Online-Zugänglichmachen und das Zugänglichmachen eines größeren Netzwerkes durch eine richtlinienkonforme Auslegung des § 87 b UrhG in den Schutzbereich miteinbezogen werden,[865] nicht aber eines kleinen lokalen Netzwerkes.[866]

Der Schutzumfang ist durch § 87 e UrhG -Verträge über die Benutzung einer Datenbank- eingeschränkt. § 87 e UrhG ist wie folgt gefaßt : „Eine vertragliche Vereinbarung, durch die sich der Eigentümer eines mit Zustimmung des Datenbankherstellers durch Veräußerung in Verkehr gebrachten Vervielfältigungsstücks der Datenbank, der in sonstiger Weise zu dessen Gebrauch Berechtigte oder derjenige, dem eine Datenbank aufgrund eines mit dem Datenbankhersteller oder eines mit dessen Zustimmung mit einem Dritten geschlossenen Vertrags zugänglich gemacht wird, gegenüber dem Datenbank-

862 Siehe hierzu im einzelnen : 2.Teil, 3. Kapitel, § 12 B. II. und Grundmann, ZEuP 1996, S. 420, nach dem der Vorrang der Richtlinienregelung gegenüber der nationalen Norm u.a. dann ausgelöst wird, wenn der Gesetzgeber eine richtlinienkonforme Umsetzung anstrebte und durch Erlaß eines Umsetzungsgesetzes seiner Pflicht aus Art. 189 AbS. 3 UrhG nachkommen wollte.

863 2.Teil, 3. Kapitel, § 12 B. II.

864 BT-Drucksache 13/7934, a.a.O., zu Artikel 7 - 3.Sui-generis-Rechtsschutz von Datenbanken d), S. 44 f. und BT-Drucksache 13/7385, Zu Nummer 2 (Einfügung eines sechsten Abschnitts - Schutz der Hersteller von Datenbanken) - Zu § 87 a (Gegenstand des Schutzes und Verwertungsrechte) - Zu Absatz 4, S. 46.

865 Siehe hierzu auch : 2.Teil, 3. Kapitel, § 12 B. II, wo auch die extensive Auslegung und der Erschöpfungsgrundsatz näher aufgezeigt worden sind und Erwägungsgrund 33, Richtlinie 96/9/EG des Europäischen Parlaments und des Rates vom 11.März 1996 über den rechtlichen Schutz von Datenbanken, in Amtsblatt der Europäischen Gemeinschaften Nr. L 77, S. L 77/22.

866 Siehe hierzu vorne : 2.Teil, 3. Kapitel, § 11 A. I. 2) b) aa) aaa) und 2.Teil, 3. Kapitel, § 12. B. II.

hersteller verpflichtet, die Vervielfältigung, Verbreitung oder öffentliche Wiedergabe von nach Art und Umfang unwesentlichen Teilen der Datenbank zu unterlassen, ist insoweit unwirksam, als diese Handlungen weder einer normalen Auswertung der Datenbank zuwiderlaufen noch die berechtigten Interessen des Datenbankherstellers unzumutbar beeinträchtigen."

Nach dem Gesetzgeber handelt es sich bei § 87 e UrhG *nicht* um eine Schrankenregelung wie bei § 55 a UrhG, sondern um eine rein vertragsrechtliche (nicht urhebervertragsrechtliche) Regelung. Ein schuldrechtlicher Unterlassungsanspruch in bezug auf solche Handlungen, die kraft des ausschließlichen Verwertungsrechts des Datenbankherstellers nicht untersagt werden könnten (nämlich die Verwertung von nach Art und Umfang unwesentlichen Teilen der Datenbank), solle nicht wirksam begründet werden können.[867]

Der Wortlaut von Artikel 8 der EG-Datenbankrichtlinie stellt zwar „auf die in qualitativer und/oder quantitativer Hinsicht unwesentliche Teile eines Inhalts der Datenbank *zu beliebigen Zwecken* zu entnehmen und/oder weiterzuverwenden" ab. Ein solches Abstellen auf beliebige Zwecke bedeutet jedoch etwas anderes als auf solche Handlungen abzustellen, die für den Zugang zum Inhalt der Datenbank und deren normale Benutzung durch den rechtmäßigen Benutzer erforderlich sind. Es sind vielmehr Entnahme oder Weiterverwendungen für davon unabhängige Zwecke erlaubt. Insofern muß diese Regelung bei der Umsetzung als die Bestimmung „Rechte und Pflichten des rechtmäßigen Benutzers" lauten. Dies entspricht insoweit der Bezeichnung in der EG-Datenbankrichtlinie.

Als Ergebnis kann hinsichtlich der Umsetzung der Verwertungsrechte des Rechts sui generis festgehalten werden, daß der deutsche Gesetzgeber diese nicht materiell-gleichwertig umgesetzt hat und insoweit seiner Umsetzungspflicht nicht nachgekommen ist. Erst durch *richtlinienkonforme Auslegung* wird ein ausreichender urheberrechtlicher Schutz der Verwertungsrechte erzielt. Dadurch wird aber nicht dem Erfordernis nach Rechtsklarheit und -sicherheit entsprochen.

867 BT-Drucksache 13/7934, a.a.O., S. 45.

Gesamtergebnis

Die Arbeit „Urheberrechtsschutz bei Landkarten“ hat folgendes ergeben :

Ein ausreichender urheberrechtlicher Schutz für die konventionell erstellten Karten war bereits durch das Urheberrechtsgesetz *vor* der Umsetzung der EG-Datenbankrichtlinie gegeben. Dies gilt sowohl für die Schutzvoraussetzungsseite als auch für die Schutzumfangseite, die Verwertungsrechte.

Nach dem Urheberrechtsgesetz kann ein urheberrechtlicher Schutz und damit eine persönliche geistige Schöpfung erst dann bejaht werden, wenn ein über dem handwerklichen/alltäglichen/üblichen liegendes Tun gegeben ist. Denn die der Schöpfung immanente Gestaltungshöhe fordert ein solches Maß an Individualität. Insofern kann der Bereich der kleinen Münze nur dann urheberrechtlich geschützt werden, wenn dieser dahingehend definiert wird, daß dieser über dem Handwerklichen/Alltäglichen/Üblichen liegen muß. Dabei ist jedoch zu berücksichtigen, daß der über dem alltäglichen, handwerklichen liegende Bereich bei den jeweiligen Werkkategorien unterschiedlich ist. Für die Bejahung einer persönlichen geistigen Schöpfung bedarf es deshalb zuätzlich der Berücksichtigung des Unterbaus, falls ein solcher bei der betreffenden Werkkategorie vorhanden ist.

Um jedoch klare Anhaltspunkte für ein urheberrechtliches Beurteilen zu erhalten, wann ein über dem handwerklichen/alltäglichen/üblichen liegendes Schaffen bei einer Landkarte gegeben ist, wurden Fallgruppen bzw. Indizien aufgestellt. So gilt als Indiz für ein eigenschöpferisches Tun, das Überwiegen der eigenschöpferischen Komponente gegenüber der wissenschaftlichen Komponente. Das Überwiegen der eigenschöpferischen Komponente ist dann zu bejahen, wenn ein über dem handwerklichen/alltäglichen/üblichen liegendes Schaffen vorliegt. Für ein solches genügt bei der Generalisierung nicht lediglich ein Vereinfachen, was einem schematischen Vorgehen gleichkommt, es bedarf vielmehr des Betonens und Charakterisierens der Landschaft aus der Sicht des jeweiligen Kartographen. Denn erst das Betonen und Charakterisieren erfordert eigene wertende Entscheidungen. Ein weiteres Indiz für das Überwiegen der eigenschöpferischen Komponente ist in vermehrten eigenen *wertenden* Entscheidungen zu sehen. Das heißt, je mehr eigene wertende Entscheidungen getroffen worden sind, desto eher kann ein eigenschöpferisches Schaffen angenommen werden. Solche vermehrten eigenen *wertenden* Entscheidungen sind dann zu bejahen, wenn eine Auswahl/Selektion von Wesentlichem und Unwesentlichem mit einer gleichzeitigen Betonung des Wesentlichen/des Charakteristischen vorgenommen worden ist.

Ein Überwiegen der eigenschöpferischen Komponente liegt zumeist bei den Folgekarten vor. Es muß also zwischen den Karten der Ersterfassung und den der Folgekarten unterschieden werden.

Bei Stadtplänen, die zwar auch zu den Folgekarten gehören, wird jedoch nur zum einen ein Überwiegen der eigenschöpferischen Komponente zu bejahen sein, wenn die Siedlungs- und Bebauungsstruktur *deutlich* -offene und geschlossene Bauweise- herausgearbeitet worden ist, was jedoch nicht allzu oft gegeben sein wird. Denn ein solches Herausarbeiten erfordert nicht nur ein Vereinfachen, sondern darüber hinaus ein Betonen/Typisieren/Charakterisieren. Zum anderen kann bei den bildhaften Signaturen die eigenschöpferische Komponente überwiegen, wenn diese das Charakteristische des Darzustellenden hervorbringen.

Die Form-Inhalt-Problematik wurde dadurch gelöst, indem der eigentliche Inhalt, die eigentliche wissenschaftliche Erkenntnis, von einem urheberrechtlichen Schutz ausgeschlossen wird. Der veränderte Inhalt, die innere und die äußere Form sollen hingegen urheberrechtlich geschützt werden, wenn diese das erforderliche Mindestmaß für eine persönliche geistige Schöpfung erreichen. Dabei wurde es als sinnvoll erachtet, die Unterscheidung zwischen dem Inhalt und der Form aufzugeben, da der veränderte Inhalt und die innere Form eng miteinander verzahnt sind und insofern schwerlich voneinander getrennt werden können. Vielmehr soll zwischen dem Gemeingut und dem Individualgut differenziert werden. Zu dem Gemeingut soll der eigentliche Inhalt, die eigentliche wissenschaftliche Erkenntnis, und zu dem Individualgut sollen die generalisierten Ergebnisse gezählt werden. Die generalisierten Ergebnisse sind der veränderte Inhalt, die innere und die äußere Form.

Für digitale Kartenbestände hat das Urheberrechtsgestz *vor* Erlaß der EG-Datenbankrichtlinie keinen ausreichenden Schutz geboten. Das Sammelwerk gem. § 4 UrhG wird den neuen technischen Gegebenheiten, wie des Begriffs „Daten" und des Begriffs

„elektronischer Zugriff", nicht ganz gerecht. Ferner umfassen die Verwertungsrechte in ihrem Schutzbereich nicht die neuen technischen Möglichkeiten des Netzwerk- und Online-Einsatzes. Erst durch die *extensive Auslegung* der Verwertungsrechte kann ein ausreichender urheberrechtlicher Schutz erreicht werden, was aber dem Wunsch nach Rechtsklarheit nicht entgegenkommt.

Die EG-Datenbankrichtlinie schafft sowohl einen ausreichenden urheberrechtlichen als auch leistungsrechtlichen Schutz hinsichtlich der Schutzvoraussetzungen und des Schutzumfangs. Sie erfüllt damit die Intention der EU-Kommission, einen harmonisierten und vollendenten europäischen Binnenmarkt zu schaffen und damit die europäische Wettbewerbsfähigkeit zu stärken.

Das Urheberrechtsgesetz bietet *nach* der Umsetzung der EG-Datenbankrichtlinie einen ausreichenden urheberrechtlichen Schutz hinsichtlich der Schutzvoraussetzungen. Hinsichtlich des Schutzumfangs, der Verwertungsrechte, wird ein ausreichender urheberrechtlicher Schutz -abgesehen von kleinen lokalen Netzwerken- jedoch erst im Wege der *richtlinienkonformen Auslegung* erreicht. Insoweit wird dem Wunsch nach Rechtsklarheit nach wie vor *nicht* entsprochen. Der Gesetzgeber ist zwar nur verpflichtet, Richtlinien materiell-gleichwertig umzusetzen, dies entbindet ihn aber nicht von seiner grundsätzlichen Umsetzungspflicht. Die Umsetzungspflicht besagt, daß er Normen schaffen muß, die den Normen der EG-Datenbankrichtlinie materiell entsprechen. Da die Normen der Verwertungsrechte vor der Umsetzung der EG-Datenbankrichtlinie dieser nicht materiell entsprochen haben, hätte er materiell-gleichwertige Normen für die Verwertungsrechte schaffen müssen. Dies hat der Gesetzgeber aber nicht getan und ist somit seiner Umsetzungspflicht nicht nachgekommen.

Das umgesetzte Recht sui generis bietet in den §§ 87 ff. UrhG hinsichtlich der Schutzvoraussetzungen einen ausreichenden leistungsrechtlichen Schutz. Der deutsche Gesetzgeber hat auch hier die Verwertungsrechte nicht materiell-gleichwertig umgesetzt. Er hat die Begriffe der Entnahme und der Weiterverwendung nicht in dem erweiterten Verständnis gesehen, das den neuen technischen Möglichkeiten der Offline- und Online-Nutzungen gerecht werden würde. Denn das Recht der Entnahme kann nur in dem Sinne einer vorübergehenden oder dauerhaften Vervielfältigung, ganz oder teilweise, mit jedem Mittel und in jeder Form interpretiert werden. Ebenso muß das Recht der Weiterverwendung als jede Form der öffentlichen Verbreitung der Datenbank oder eines ihrer Vervielfältigungsstücke oder als jede öffentliche Wiedergabe verstanden werden. Der Gesetzgeber hat diese stattdessen als Vervielfältigung, Verbreitung und öffentliche Wiedergabe in die §§ 87 ff. UrhG umgesetzt. Deshalb bedürfen auch die Verwertungsrechte des Rechts sui generis einer *richtlinienkonformen Auslegung,* um materiellgleichwertig den Verwertungsrechten des Rechts sui generis der EG-Datenbankrichtlinie zu entsprechen. Somit wird auch bei den Verwertungsrechten des Rechts sui generis ein ausreichender urheberrechtlicher Schutz *erst* im Wege der *richtlinienkonformen Auslegung* erreicht -abgesehen von kleinen lokalen Netzwerken- und damit kein Beitrag zur Rechtsklarheit geleistet.

Der wettbewerbsrechtliche Leistungsschutz kann nicht als echter alternativer Schutz bezeichnet werden. Der wettbewerbsrechtliche Leistungsschutz nach § 1 UWG kann zwar auch einen Schutz einer erheblichen Leistung bieten. Eine solche Schutzgewährung ist jedoch mit mehreren Unsicherheitsfaktoren behaftet. So muß zum einen der eigentliche Leistungserbringer den Nachweis für einen Schaden erbringen und zum anderen ist die zeitliche Befristung der Schutzgewährung nicht gesetzlich geregelt, was wiederum einen Unsicherheitsfaktor darstellt.

Literaturverzeichnis

Albach, Hans, Innovatorischer und imitatorischer Wettbewerb in der Wirtschaftsordnung, in FIW-Schriftenreihe, Band 120, Neuorientierung des Wettbewerbsschutzes, Köln Berlin Bonn München 1986, S. 95

Allfeld, in Kobel, Der urheberrechtliche Schutz an Kartenwerken, in GRUR 1928, 33. Jahrgang, S. 537 - 559

Altenpohl, Martina, Der urheberrechtliche Schutz von Forschungsergebnissen, Bern 1987

Appelrath, Hans-Jürgen und Kamp, Vera, ATKIS-basierter Raumbezug im Niedersächsischen Krebsregister, in Kophstahl/Sellge (Hrsg.), Das Geoinformationssystem ATKIS und seine Nutzung in Wirtschaft und Verwaltung, Vorträge anläßlich des 2. AdV-Symposiums ATKIS am 27. und 28. Juni 1995, Niedersächsisches Landesverwaltungsamt -Landesvermessung-, S. 215

Arbeitsgemeinschaft der Vermessungsverwaltungen der Länder der Bundesrepublik der Bundesrepublik Deutschland (AdV)(Hrsg.), Amtliches Topographisch-Kartographisches Informationssystem ATKIS, ATKIS-Gesamtdokumentation, Teil D, ATKIS-Objektartenkatalog (ATKIS-OK), Stand: 01.11.1995, Landesvermessungsamt Nordrhein Westfalen Bonn (zit.: ATKIS-Gesamtdokumentation)

Bach, Albrecht, Direkte Wirkungen von EG-Richtlinien, in JZ 1990, S. 1108 - 1116

Basedow, Jürgen, Der Bundesgerichtshof, seine Rechtsanwälte und die Verantwortung für das europäische Privatrecht, in FS Brandner 1996, S. 651 - 681

Baudenbacher, Carl, Machtbedingte Wettbewerbsstörungen als Unlauterkeitstatbestände, in GRUR 1981, S. 19 - 29

Bauer, Manfred, Vermessung und Ortung mit Satelliten -NAVSTAR-GPS und andere satellitengestützte Navigationssysteme-, 4.völlig überarbeitete Auflage, Heidelberg 1997

Baumbach, Adolf und Hefermehl, Wolfgang, Wettbewerbsrecht -Gesetz gegen den unlauteren Wettbewerb, Zugabeverordnung, Rabattgesetz und Nebengesetze-, Kommentar, 19.Auflage München 1996

Baums, Theodor, Wettbewerbsrechtlicher Schutz von Computerprogrammen, in BB 1988, S. 429 - 434

Berger, Christian, Der Schutz elektronischer Datenbanken nach der EG-Richtlinie vom 11.3.1996, in GRUR 1997, S. 169 - 179

Bielenberg, Peter Eduard, Das urheberrechtlich schützbare Werk und das Urheberpersönlichkeitsrecht, in GRUR 1974, S. 589 - 590

Bill, Ralf, Grundlagen der Geo-Informationssysteme, Bd.2, Analysen, Anwendungen und neue Entwicklungen, Heidelberg 1996

Bill, Ralf, und Fritsch, Dieter, Grundlagen der Geoinformationssysteme, Bd. 1, Hardware, Software und Daten, 2.Aufl. Heidelberg 1994

Blaurock, Uwe, Europäisches Privatrecht, in JZ 1994, S. 270 - 276

Bleckmann, Albert, Probleme der Auslegung europäischer Richtlinien, in ZGR 1992, S. 364 - 375

Bleckmann, Albert/Pieper, Ulrich, Wettbewerbsrecht und gewerblicher Rechtsschutz, in Lenz, Carl Otto (Hrsg.), EG-Handbuch Recht im Binnenmarkt, 2.Aufl., Herne Berlin 1994, S. 677 - 726

Bornmüller, Gerd, Rechtsschutz für Datenverarbeitungs-Programme, Göttingen 1986

Brechmann, Winfried, Die richtlinienkonforme Auslegung -zugleich ein Beitrag zur Dogmatik der EG-Richtlinie-, München 1994

Brugger, Gustav, Der Begriff der Bearbeitung und Verfilmung im deutschen Urheberrechtsgesetz, UFITA Bd.51(1968), S. 89 - 125

Buchmüller, Hans-Jürgen, Urheberrecht und Computersoftware - zugleich ein Beitrag zum Werkbegriff der Werke der Wissenschaft und zur Stellung des Urhebers im Arbeitsrecht- Diss. Münster 1986

Burstedde, Ingolf, Aufbau eines Netzinformationssystems zur Dokumentation unterirdischer Leitungen, in ZfV 1990, S. 265 - 271

Canaris, Claus-Wilhelm, Systemdenken und Systembegriff in der Jurisprudenz, entwikkelt am Beispiel des deutschen Privatrechts, 2.Aufl., Berlin 1983

Christoffers, Friedrich, Zur Koodinierung beim Einsatz von Geoinformationssystemen in der öffentlichen Verwaltung in Niedersachsen, in Kophstahl/Sellge (Hrsg.), Das Geoinformationssystem ATKIS und seine Nutzung in Wirtschaft und Verwaltung 1995

Di Fabio, Udo, Richtlinienkonformität als ranghöchstes Normauslegungsprinzip ? -Überlegungen zum Einfluß des indirekten Gemeinschaftsrechts auf die nationale Rechtsordnung-, in NJW 1990, S. 947 - 954

Dietz, Adolf, Moderne Kunst und droite de suite, Gewerblicher Rechtsschutz-Urheberrecht-Wirtschaftsrecht, in Mitarbeiter-Festschrift für Eugen Ulmer, Köln Berlin Bonn München 1973

Dreier, Thomas, Rechtsschutz von Computerprogrammen, Die Richtlinie des Rates der EG vom 14. Mai 1991, in CR 1991, S. 577 - 584

--Urheberrecht auf dem Weg zur Informationsgesellschaft -Anpassung des Urheberrechts an die Bedürfnisse der Informationsgesellschaft-, in GRUR 1997, S.859 - 866

Dürr, Kajetan und Schmitt, Manfred, Aktueller Digitaler Atlas München -Aufbau und Einsatz eines kommunalen GIS nach dem MERKIS-Konzept, in ZfV 1992, S. 386 - 395

Eggert, Rita, Tourismus in Peru, Diplomarbeit an der Fachhochschule Karlsruhe im Studiengang Kartographie unter der Leitung von Prof. Dr. H. Musall, WS 1983/84 und mit Karte als Beilage

Ehricke, Ulrich, Die richtlinienkonforme und die gemeinschaftskonforme Auslegung nationalen Rechts -Ein Beitrag zu ihren Grundlagen und zu ihrer Bedeutung für die Verwirklichung eines „europäischen Privatrechts“, in RabelsZ Bd.59 (1995), S. 598 - 644

Ensthaler, Jürgen und Möllenkamp, Heinz T., Reichweite des urheberrechtlichen Softwareschutzes nach der Umsetzung der EG-Richtlinie zum Rechtsschutz der Computerprogramme, in GRUR 1994, S. 151 - 158

Erdmann, Willi, Möglichkeiten und Grenzen des Urheberrechts, in CR 1986, S. 249 - 259

Erdmann, Willi und Bornkamm, Joachim, Schutz von Computerprogrammen-Rechtslage nach der EG-Richtlinie-, in GRUR 1991, S. 877 - 880
Ermann, Walter, Wissenschaftliches Eigentum, Marburg 1929
Ernst, Stefan, Urheberrechtliche Probleme bei der Veranstaltung von On-demand-Diensten, in GRUR 1997, S. 592 - 597
Everling, Ulrich, Zur Auslegung des durch EG-Richtlinien angeglichenen nationalen Rechts, in ZGR 1992, S. 376 - 395
--Zur direkten innerstaatlichen Wirkung der EG-Richtlinien : Ein Beispiel richterlicher Rechtsfortbildung auf der Basis gemeinsamer Rechtsgrundsätze, in FS Carstens Bd.1, 1984, S. 95 - 113

Fabiani, Mario, Sind Apparate geistige Schöpfer ?, in GRUR Int. 1965, S. 422 - 425
Fezer, Karl-Heinz, Leistungsschutz im Wettbewerbsrecht, in WRP 1993, S. 63 - 73
Fromm, Friedrich Karl, Der Apparat als geistiger Schöpfer, in GRUR 1964, S. 304 - 306
Fromm, Friedrich Karl und Nordemann, Wilhelm, Urheberrecht, Kommentar zum Urheberrechtsgesetz und zum Urheberrechtswahrnehmungsgesetz, 8. Auflage, Stuttgart Berlin Köln Mainz 1994 (zitiert: Fromm/Nordemann-Bearbeiter)

Gamm, Otto Friedrich Frhr. von, Die sklavische Nachahmung, in GRUR 1978, S. 453 - 457
--Geschmacksmustergesetz, Kommentar, 2. Auflage, München 1989
--Urheberrechtsgesetz, Kommentar, München 1968
--Wettbewerbsrecht, 5.Aufl., Köln Berlin Bonn München 1987
Gastiger, Sigmund, Inwieweit ist die unmittelbare Ausnutzung einer fremden Leistung ein Akt unlauteren Wettbewerbs ?, in GRUR 1965, S. 179 - 183
Gellermann, Martin, Beeinflussung des bundesdeutschen Rechts durch Richtlinien der EG -dargestellt am Beispiel des europäischen Umweltrechts-, Köln Berlin Bonn München 1994
Gerhardus, Thomas, Berührungspunkte des Urheber- und des Wettbewerbsrechts, Diss. Frankfurt 1994
Gerstenberg, Ekkehard, Die Urheberrechte an den Werken der Kunst, der Architektur und der Photographie, Kommentar, München 1968
--Der Begriff des Kunstwerks in der bildenden Kunst, in GRUR 1963, S. 245 - 251
Girth, Peter, Individualität und Zufall im Urheberrecht, Schriftenreihe der UFITA Bd.48, Berlin 1974
Godin, Hans von, Wettbewerbsrecht, Kommentar, 2.Aufl., Berlin New York 1974
Grabitz, Eberhard und Hilf, Meinhard, Kommentar zur Europäischen Union -Vertrag über die Europäische Union - Vertrag zur Gründung der Europäischen Gemeinschaft, 12. Ergänzungslieferung, Mai 1998, Bd. I : EuV, Art. 1 - 136 a EGV
Groeben, von der, Hans, Thiesing, Jochen und Ehlermann, Claus-Dieter (Hrsg.), Kommentar zum EU-/EG-Vertrag, 5.neubearb. Aufl., Baden-Baden 1997
Grohmann, Hans, Das Recht des Urhebers, Entstellungen und Änderungen seines Werkes zu verhindern, Dissertation Erlangen 1971
Grundmann, Stefan, Richtlinie und nationales Privatrecht, in JZ 1996, S. 274 - 285
--Richtlinienkonforme Auslegung im Bereich des Privatrechts - insbesondere : der Kanon der nationalen Auslegungsmethoden als Grenze ?, in ZEuP 1996, S. 399 - 424

Grunewald, Barbara, Der Schutz bekannter Marken vor Vertrieb branchenfremder Waren unter Benutzung übereinstimmender Zeichen, in NJW 1987, S. 105 - 112
Gündisch, Jürgen, Rechtsschutz in der Europäischen Gemeinschaft -ein Leitfaden für die Praxis- mit einem Geleitwort von Prof. Dr. Carl Otto Lenz, Stuttgart München Hannover Berlin Weimar Dresden 1994 (zit. : Gündisch/Lenz)

Haberstumpf, Helmut, Computerprogramm und Algorithmus, Zur Vereinbarkeit des urheberrechtlichen Schutzes für Computerprogramme mit den Erfordernissen des wissenschaftlichen Fortschritts, in UFITA Bd.95 (1983), S. 221 - 248
--Der urheberrechtliche Schutz von Computerprogrammen, in Rechtsschutz und Verwertung von Computerprogrammen, herausgegeben von Michael Lehmann, Köln 1988
--Gedanken zum Urheberrechtsschutz wissenschaftlicher Werke, in UFITA Bd. 96 (1983), S. 41 - 79
--Zur Individualität wissenschaftlicher Sprachwerke, in UFITA Bd. 64 (1982), S. 1- 82
Hackemann, Martin, Rechtlicher Schutz von Datenbanken, Anmerkungen zu einem Hearing der EG-Kommission, in CR 1991, S. 305 - 310
--Urheberrechtlicher Schutz von Datenbanken - rechtsvergleichend und nach internationalem Recht, in ZUM 1987, S. 269 - 276
Hake, Günter und Grünreich, Dietmar, Kartographie, 7.Auflage, Berlin New York 1994
Hanstein, Friedrich, Niedersächsisches Forstliches Informationssystem NIFIS, in Kophstahl/Sellge (Hrsg.), Das Geoinformationssystem ATKIS und seine Nutzung in Wirtschaft und Verwaltung, Vorträge anläßlich des 2.AdV-Symposiums ATKIS am 27. und 28. Juni 1995 in Hannover, Niedersächsisches Landesverwaltungsamt - Landesvermessung-, S. 207 - 210
Harbeck, Rolf, Überblick über Konzeption, Aufbau und Datenangebot des Geoinformationssystem ATKIS und seine Nutzung in Wirtschaft und Verwaltung, in Kophstahl/Sellge (Hrsg.), Das Geoinformationssystem ATKIS und seine Nutzung in Wirtschaft und Verwaltung, Vorträge anläßlich des 2.AdV-Symposiums ATKIS am 27. und 28. Juni 1995 in Hannover, Niedersächsisches Landesverwaltungsamt - Landesvermessung-, S. 16 f. und S. 27
Hefermehl, Wolfgang, Rechtsfortbildung im Wettbewerbsrecht, in Richterliche Rechtsfortbildung, in Festschrift der Juristischen Fakultät zur 600-Jahr Feier der Ruprecht-Karls-Universität Heidelberg, Heidelberg 1986
Heinz, Karl Eckhart, Die europäische Richtlinie über den rechtlichen Schutz von Datenbanken in verfassungsrechtlicher und rechtstheoretischer Sicht, in GRUR 1996, S. 455 - 460
Henkel, Heinrich, Einführung in die Rechtsphilosophie, München 1977
Herberger, Maximilian, Die Datenbanken sind im Urheberrecht angekommen, in jur-pc 1996, S. 207
Heuß, Ernst, Technischer Fortschritt, Beschäftigung und Wettbewerb, in Wettbewerb und Fortschritt, in Festschrift für Röper, Baden-Baden 1980, S. 123 (zit.: Heuß, FS Röper)
Heß, Burkard, Anmerkung zur Faccini-Dori-Entscheidung, EuGH-Urteil vom 14.7.1994 -C-91/92, in JZ 1995, S. 150 - 152

Hirsch Ballin, Ernst D., Rechtsschutz des Schöpferischen, in Studium Generale (Zeitschrift für die Einheit der Wissenschaften im Zusammenhang ihrer Begriffsbildungen und Forschungsmethoden), 1957, S. 56 - 60

--Zufallsmusik -Ein Beitrag zur Kritik der sogenannten verwandten Schutzrechte-, in UFITA Bd.50 (1967), S. 843 - 853

Hoebbel, Christoph Friedrich, Der Schutz von Sammelwerken, Sachprosa und Datenbanken im deutschen und amerikanischen Urheberrecht, Diss.München 1991

--EG-Richtlinienentwurf über den Rechtsschutz von Datenbanken, in CR 1993, S. 12 - 18

Hörnig, Andreas, Das Bearbeitungsrecht und die Bearbeitung im Urheberrecht unter besonderer Berücksichtigung von Werken der Literatur, in UFITA Bd. 99 (1985), S. 3 - 116

Holländer, Günter, Urheberrechtsschutz nur für weit überdurchschnittliche Computerprogramme ?, in CR 1991, S. 715 - 717

Hommelhoff, Peter, Zivilrecht unter dem Einfluß europäischer Rechtsangleichung, in AcP Bd.192 (1992), S. 71 - 107

Hubmann, Heinrich, Die sklavische Nachahmung, in GRUR 1975, S. 230 - 239

--I. Abhandlungen, Der Rechtsschutz der Idee, in UFITA Bd.24 (1957 / II), S. 1 - 15

--Urheber- und Verlagsrecht, München 1959

--Urheber- und Verlagsrecht, 6. Auflage, München 1987

Hubmann, Heinrich, und Rehbinder, Manfred, Urheber- und Verlagsrecht, 8. Auflage, München 1996

Imhof, Eduard, Thematische Kartographie, Berlin New York 1972

Internationale Kartographische Vereinigung, Mehrsprachiges Wörterbuch kartographischer Fachbegriffe, Wiesbaden 1973

Jabbusch, Wolfgang, Funktionsfähigkeit des Patentschutzes und Patentgesetzgebung, in GRUR 1980, S. 761- 766

Jarass, Hans D., Grundfragen der innerstaatlichen Bedeutung des EG-Rechts -Die Vorgaben des Rechts der Europäischen Gemeinschaft für die nationale Rechtsanwendung und die nationale Rechtsetzung nach Maastricht-, Köln Berlin Bonn München 1994

Jensen, Stefan, ATKIS-Daten im GEOinformationsSystemUMwelt (GEOSUM) der Niedersächsischen Umweltverwaltung, Das Geoinformationssystem ATKIS und seine Nutzung in Wirtschaft und Verwaltung, Vorträge anläßlich des 2.AdV-Symposiums ATKIS am 27. und 28. Juni 1995 in Hannover, Niedersächsisches Landesverwaltungsamt -Landesvermessung-, S. 211 ff.

Joos, Ulrich, Die Erschöpfungslehre im Urheberrecht, München 1991

Kahmen, Heribert, Vermessungskunde, 18. völlig neu bearbeitete und erweiterte Auflage, Berlin New York 1993

Kaltenbach, Thomas und Woerrlein Hartmut, Das große Computerlexikon, 3. Auflage, Haar bei München, 1992

Kantzenbach, Erhard, Die Funktionsfähigkeit des Wettbewerbs, Göttingen 1966

Kappes, Florian, Rechtsschutz computergestützter Informationsversammlungen - Gesetzliche und vertragliche Schutzmöglichkieten für CD-ROM- und Online-Datenbanken einschließlich Multimedia-Anwendungen-, Diss. Augsburg 1995

Kartte, Wolfgang, Ein neues Leitbild für die Wettbewerbspolitik, in FIW-Schriftenreihe, Heft 49, Köln Berlin Bonn München 1969

Katzenberger, Paul, Die Frage des urheberrechtlichen Schutzes amtlicher Werke, in GRUR 1972, S. 686 - 695

--Elektronische Printmedien und Urheberrecht -Urheberrechtliche und urhebervertragsrechtliche Fragen der elektronischen Nutzung von Zeitungen und Zeitschriften-, in AfP 1997, S. 434 - 464

--Urheberrecht und Datenbanken, in GRUR 1990, S. 94 - 100

Klein, Eckart, Objektive Wirkungen von Richtlinien, in FS Everling Bd. I, 1995, S. 641 - 650

Kobel, Der urheberrechtliche Schutz an Kartenwerken, in GRUR 1928, 33. Jahrgang, S. 537 - 559

Koch-Kumrei, Marina, Der urheberrechtliche Schutz wissenschaftlicher Werke in Deutschland und Frankreich -eine rechtsvergleichende Untersuchung-, Diss. München 1990

Kolle, Gert, Der Rechtsschutz der Computersoftware in der Bundesrepublik Deutschland, in GRUR 1982, S. 443 - 461

--Der Rechtsschutz von Computerprogrammen aus nationaler und internationaler Sicht, in GRUR 1974, S. 1 - 17

--Schutz der Computerprogramme, in GRUR Int. 1985, S. 29 - 33

Kophstahl, Erwin und Sellge, Hartmut (Hrsg.), Das Geoinformationssystem ATKIS und seine Nutzung in Wirtschaft und Verwaltung, Vorträge anläßlich des 2.AdV-Symposiums ATKIS am 27. und 28. Juni 1995 in Hannover, Niedersächsisches Landesverwaltungsamt -Landesvermessung-

Körner, Eberhard, Die Behandlung der Software als Gegenstand, in Bruchhausen, Karl (Hrsg.), in Festschrift für Rudolf Nirk, München 1992, S. 515 - 530

Kortsik, Roland, Der urheberrechtliche Schutz von Computersoftware -zugleich ein Beitrag zum urheberrechtlichen Inhaltsschutz wissenschaftlicher Werke, Diss. Mainz 1993

Kotthoff, Jost, Zum Schutz von Datenbanken beim Einsatz von CD-ROMs in Netzwerken, in GRUR 1997, S. 597 - 603.

Kroitzsch, Hermann, Rufausbeutung und § 1 UWG-Lizenz, in GRUR 1986, S. 579 -584

Krüger, Christof, Der Schutz kurzlebiger Produkte gegen Nachahmungen -Nichttechnischer Bereich-, in GRUR 1986, S. 115 - 120

Kummer, Max, Das urheberrechtlich schützbare Werk, Bern 1968

Kur, Annette, Der wettbewerbliche Leistungsschutz, -Gedanken zum wettbewerbsrechtlichen Schutz von Formgebungen, bekannten Marken und „Characters“-, in GRUR 1990, S. 1 - 15

Landesvermessungsamt Nordrhein-Westfalen (Hrsg.), Faltblatt : Die topographischen Karten 1 : 25 000, 1 : 50 000, 1 : 100 000, S. 2 , Bonn-Bad Godesberg 1991

--Musterblatt für die Topographische Karte 1: 25 000, Landesvermessungsamt Nordrhein-Westfalen, 3.Aufl., Bonn-Bad Godesberg 1993

Lang, Stefan M. und Lockemann, Peter C., Datenbankeinsatz, Berlin Heidelberg 1995

Larenz, Karl und Canaris, Claus-Wilhelm, Methodenlehre der Rechtswissenschaft, 3. Auflage, Berlin Heidelberg New York 1995

Lehmann, Michael, Die neue Datenbankrichtlinie und Multimedia, in NJW-CoR 1996, S. 249 - 250
--Die wettbewerbswidrige Ausnutzung und Beeinträchtigung des guten Rufs bekannter Marken, Namen und Herkunftsangaben, in GRUR Int. 1986, S. 6 - 17
--Eigentum, geistiges Eigentum, gewerbliche Schutzrechte, Property Rights als Wettbewerbsbeschränkungen zur Förderung des Wettbewerbs, in GRUR Int. 1983, S. 356 - 362
--Jurisprudenz, Ökonomie, Soziobiologie - Humanwissenschaften, in BB 1982, S. 1997 - 2004

Lesshafft, Karl und Ulmer, Detlef, Urheberrechtliche Schutzfähigkeit und tatsächliche Schutzfähigkeit von Software, in CR 1993, S. 607 - 615
--Urheberrechtsschutz von Computerprogrammen nach der Europäischen Richtlinie, in CR 1991, S. 519 - 525

Loewenheim, Ulrich, Der urheberrechtliche Schutz der Computer-Software, in ZUM 1985, S. 26 - 33

Lutter, Marcus, Die Auslegung angeglichenen Rechts, in JZ 1992, S. 593 - 607
--Europäisches Unternehmensrecht, 3.neubearb.Aufl., Berlin, New York 1991

Martin, Suse, Imitationsreiz und Schutz vor Nachahmung im UWG, Tübingen 1981

Marx, Thomas, Wettbewerbsrecht , Berlin 1978

Max, Dietrich Hubert, Sittenverstoß bei Ausnutzung nicht geschützter gewerblicher Leistungen, Göttingen 1975

Michalski, Lutz, Der Urheberrechtschutz von Software, in DZWir 1995, S. 265 - 272

Moltke, Bertram von, Das Urheberrecht an den Werken der Wissenschaft, Diss. Berlin 1990

Moser, Rolf, Der urheberrechtliche Schutz von wissenschaftlich-technischen Darstellungen in Deutschland und Großbritannien, Diss. München 1986

Mehrings, Josef, Der Rechtsschutz computergestützter Fachinformationen unter besonderer Berücksichtigung von Datenbanken, Diss. Hannover, 1990

Möhring, Philipp und Nicolini, Käte, Urheberrechtsgesetz, Berlin Frankfurt a. M. 1970

Möllers, Thomas M.J., Doppelte Rechtsfortbildung contra legem ? -Zur Umgestaltung des Bürgerlichen Gesetzbuches durch den EuGH und nationale Gerichte-, in EuR 1998, S. 20 - 47

Müglich, Andreas, Urheberrechtsschutz digitaler Kartenwerke, in CR 1995, S. 257 - 262

Müller-Laube, Hans-Martin, Wettbewerbsrechtlicher Schutz gegen Nachahmung und Nachbildung gewerblicher Erzeugnisse, in ZHR Bd. 156 (1992), S. 480 - 511.

Nettesheim, Martin, Auslegung und Fortbildung nationalen Rechts im Lichte des Gemeinschaftsrechts, in AöR 1994, S. 261 - 293

Neuner, Jörg, Die Rechtsfindung contra legem, Diss. München 1990/91

Nirk, Rudolf, Gewerblicher Rechtsschutz, Stuttgart Berlin Köln Mainz 1981

Nordemann, Wilhelm, Der urheberrechtliche Schutz der Computer- Software -Grundsätzliche Aspekte-, in ZUM 1985, S. 10 - 15
--Wettbewerbsrecht, 7.Aufl., Baden-Baden 1994

Ortmann, Jürgen, Einführung in die PC-Grundlagen: Die Nutzung des PCs unter Windows, 4. Auflage, Bonn Paris 1996

Pakuscher, Ernst Karl, Neue Musik und Urheberrecht -zugleich eine Besprechung zweier Diskussionen-, in UFITA Bd.72 (1975), S. 107 - 129
Palandt, Otto (Begr.), Bürgerliches Gesetzbuch mit Einführungsgesetz, 56.Aufl., München 1997
Penck, in Kobel, Der urheberrechtliche Schutz an Kartenwerken, in GRUR 1928, 33. Jahrgang, S. 537 - 559
Philipp, Johannes E., ATKIS-Daten in der Rundfunksendernetzplanung, in Kophstahl / Sellge (Hrsg.), Das Geoinformationssystem ATKIS und seine Nutzung in Wirtschaft und Verwaltung, Vorträge anläßlich des 2. AdV-Symposiums ATKIS am 27. und 28. Juni 1995, Niedersächsisches Landesverwaltungsamt - Landesvermessung-, S. 161.
Pilgrim, Volker von, Der urheberrechtliche Schutz der angewandten Formgestaltung - Zur Problematik eines einheitlichen Rechtsschutzes für Werke der angewandten Kunst und für Geschmacksmuster und -modelle, Wiesbaden 1971
Plander, Harro, Wissenschaftliche Erkenntnise und Urheberrecht an wissenschaftlichen Werken, Ein Beitrag zum urheberrechtlichen Ideenschutz, in UFITA Bd.76 (1976), S. 25 - 73
Plassmann, Clemens, Bearbeitungen und andere Umgestaltungen in § 23 Urheberrechtsgesetz, Dissertation Berlin 1996
Plett, Konstanze, Urheberschaft, Miturheberschaft und wissenschaftliches Gemeinschaftswerk, München 1984
Prahl, Klaus, Patentschutz und Wettbewerb, Göttingen 1969
Preuß, Inge Nora, Der Rechtsschutz von Computerprogrammen - unter besonderer Berücksichtigung der Systematik des Immaterialgüterrechts, Diss. Erlangen-Nürnberg 1987

Raczinski, Bernd, Rademacher, Ulrich und Ivenz, Martin, Rechtsschutz „tool"-gestützter Software, in CR 1991, S. 722 - 725
Rau, Gerhard, Antikunst und Urheberrecht, in UFITA Bd.58 (1978), Berlin 1978
Raubenheimer, Andreas, Beseitigung/Umgehung eines technischen Programmschutzes nach UrhG und UWG, in CR 1996, S. 69 - 79
--Softwareschutz nach dem neuen Urheberrecht, in CR 1994, S. 71 - 77
Reich, Norbert, Bürgerrechte in der Europäischen Union -Subjektive Rechte von Unionsbürgern und Drittstaatsangehörigen unter besonderer Berücksichtigung der Rechtslage nach der Rechtsprechung des EuGH und dem Vertrag von Amsterdam-, 1.Aufl., Baden-Baden 1999
--Der Schutz subjektiver Gemeinschaftsrechte durch Staatshaftung -Anmerkungen zu den Urteilen EuGH, EuZW 1996, 654 - Dillenkofer u.a. und EuGH, EuZW 1996, 695 - Denkavit u.a., in EuZW 1996, S. 709 - 716
--Europäisches Verbraucherrecht -Eine problemorientierte Einführung in das europäische Wirtschaftsrecht-, 3.Aufl., Baden-Baden 1996
Reimer, Dietrich, Zum Urheberrechtsschutz von Darstellungen wissenschaftlicher oder technischer Art, in GRUR 1980, S. 572 - 582
Riedel, Hermann, Schuhmann, Helmut, Marburger, Horst, Urheber- und Verlagsrecht, Kommentar, Wiesbaden, 13.Ergänzungslieferung, 1989
Röttinger, Moritz, Der Rechtsschutz von Datenbanken nach EG-Recht, in ZUM 1992, S. 594 - 607

Rodriguez Iglesias, Gil Carlos und Riechenberg, Kurt, Zur richtlinienkonformen Auslegung des nationalen Rechts (Ein Einsatz für die fehlende horizontale Wirkung ?), in FS Everling II, S. 1213 - 1230.

Rohde, Christian, Europarecht, Berlin Heidelberg New York London Paris Tokyo Hong Kong Barcelona Budapest, 1995

Sack, Rolf, Sittenwidrigkeit, Sozialwidrigkeit und Interessenabwägung, in GRUR 1970, S. 493 - 503

Sambuc, Thomas, Die Eigenart der „wettbewerblichen Eigenart“, in GRUR 1986, S. 130 - 140

Samson, Benvenuto, Das neue Urheberrecht, Baden-Baden 1966

--Die moderne Kunst, die Computer- „Kunst“ und das Urheberrecht, in UFITA Bd.56 (1970), S. 117 - 148

Scherzberg, Arno, Die innerstaatlichen Wirkungen von EG-Richtlinien, in Jura 1993, S. 225 - 232

Schmidt, Marek, Privatrechtsangleichende EU-Richtlinien und nationale Auslegungsmethoden, in RabelsZ Bd. 59 (1995), S. 569 - 597

Schmidt, Stephan, Amtliche Werke und ihr Urheberrechtsschutz, in FuR 1984, S. 245 - 250

Schmidt, Karsten, Urheberrechtlicher Werkbegriff und Gegenwartskunst -Krise oder Bewährung eines gesetzlichen Konzepts ?-, in UFITA Bd. 77 (1976), S. 1 - 52

Schmieder, Hans-Heinrich, Die Verwandten Schutzrechte - ein Torso ? -Lücken im System des Leistungsschutzes und Skizze einer ergänzenden Rekonstruktion-, in UFITA Bd. 73 (1975), S. 65 - 84

--Zum Recht der gewerblichen Nachbildung von Kunstschätzen, in NJW 1966, S. 1446 - 1448

Schönherr, Fritz, Die sklavische Nachahmung in der Praxis der deutschen, österreichischen und schweizer Gerichte, in GRUR Int. 1975, S. 237 - 245

Schramm, Carl, Die schöpferische Leistung, Berlin Köln 1957

--Urheber- und wettbewerbsrechtliche Schutzfähigkeit von Puppen und Tierfiguren, in UFITA Bd.77 (1976), S. 113 - 139

Schraube, Conrad, Schutz der kleinen Münze, in UFITA Bd.61 (1971), S. 127 - 143

Schricker, Gerhard (Hrsg.), Urheberrecht, Kommentar, München 1987

Schricker, Gerhard, Entwicklungstendenzen im Recht des unlauteren Wettbewerbs, in GRUR 1974, S. 579 - 581

--Gesetzesverletzung und Sittenverstoß, München 1970

--Unlauterer Wettbewerb und Verbraucherschutz, in GRUR Int. 1970, S. 32 - 44

--Urheberrecht auf dem Weg zur Informationsgesellschaft, Baden-Baden 1997

--Urheber- und wettbewerbsrechtlicher Schutz von Telefonbüchern und Telefondaten, in Archiv PT 1996, S. 5 - 18

--Zum Urheberrechtsschutz und Geschmacksmusterschutz von Postwertzeichen - Teil I, in GRUR 1991, S. 563 - 573

Schulte-Beckhausen, Thomas, Das Verhältnis des § 1 UWG zu den gewerblichen Schutzrechten und zum Urheberrecht, Diss. Bonn 1993

Schulze, Gernot, Die kleine Münze und ihre Abgrenzungsproblematik bei den Werkarten des Urheberrechts, Diss. Berlin 1981

Sedgewick, Robert, Algorithmen, Bonn München 1991, 1. Nachdruck 1992

Seiler, Ludwig, Zum Tatbestand der sogenannten sklavischen Nachahmung, in BB 1967, S. 257 - 260
Simitis, Konstantin, Gute Sitten und ordre public 1960 -ein kritischer Beitrag zur Anwendung des § 138-, Marburg 1960
Soergel, Hans Theodor, Bürgerliches Gesetzbuch, Kommentar, Schuldrecht III, 11.Auflage, Stuttgart Berlin Köln Mainz 1985 (zitiert : Soergel - Bearbeiter)
Spetzler, Eugen, Richtlinienkonforme Auslegung und steuerjuristische Hermeneutik, in RIW 1991, S. 579 - 582
Steindorff, Ernst, EG-Richtlinien und Illusionen, in FS Everling Bd. II, 1995, S. 1455 - 1467
Stelter, Peter, Aufbau der Straßeninformationsbank und digitale Methoden beim Straßenentwurf, in Kophstahl/Sellge (Hrsg.), Das Geoinformationssystem ATKIS und seine Nutzung in Wirtschaft und Verwaltung, Vorträge anläßlich des 2. AdV-Symposiums ATKIS am 27. und 28. Juni 1995, Niedersächsisches Landesverwaltungsamt -Landesvermessung-, S. 199 ff.

Tetzner, Heinrich, Das „Werk der Musik“ in der Neuen Musik -Zugleich eine Besprechung der Monographie „Urheberrechtliche Probleme Neuer Musik“ von Dr. jur. Margot Weissthanner-, in JZ 1975, S. 649 - 658
--Sklavische Nachahmung und § 1 UWG, in JR 1965, S. 6
--Zur Lehre von der unlauterkeitsbegründenden „unmittelbaren Leistungsübernahme“, in JR 1968, S. 324 - 329
Thoms, Frank, Der urheberrechtliche Schutz der kleinen Münze, Historische Entwicklung - Rechtsvergleichung - Rechtspolitische Wertung, Diss. München 1980, herausgegeben von Michael Lehmann
Tröndle, Herbert, Strafgesetzbuch und Nebengesetze, Kommentar, 48. neubearb. Aufl., München 1997
Troller, Alois, Urheberrecht und Ontologie, in UFITA Bd.50 (1967) Teil B II, S. 385 - 410
--Kurzlehrbuch der Immaterialgüterrechte, Basel 1981
--Immaterialgüterrecht, Bd.2, Basel 1985

Ullmann, Eike, Urheberrechtlicher und patentrechtlicher Schutz von Computerprogrammen, in CR 1992, S. 641 - 648
Ulmer, Eugen, Das neue deutsche Urheberrechtsgesetz, in UFITA Bd. 45 (1965), S. 18 - 50
--Der urheberrechtliche Werkbegriff und die moderne Kunst, Rezensionsabhandlung betreffend Kummer, Das urheberrechtlich schützbare Werk, in GRUR 1968, S. 527 - 530
--Der Urheberrechtsschutz wissenschaftlicher Werke unter besonderer Berücksichtigung der Programme elektronischer Rechenanlagen, in Sitzungsberichte der Bayrischen Akademie der Wissenschaften, München 1967, Heft 1
--Urheber- und Verlagsrecht, 2. Auflage, Berlin Göttingen Heidelberg 1960
--Urheber- und Verlagsrecht, 3. Auflage, Berlin Heidelberg New York 1980
Ulmer, Eugen und Kolle, Gert, Der Urheberrechtsschutz von Computerprogrammen, in GRUR Int. 1982, S. 489 - 500

Ulmer, Eugen und Reimer, Dietrich, Das Recht des unlauteren Wettbewerbs in den Mitgliedstaaten der europäischen Wirtschaftsgemeinschaft, Bd.3, Deutschland, Köln 1968

Ungern-Sternberg, Roderich von, Werke privater Urheber als amtliche Werke, in GRUR 1977, S. 766 - 772

Vickus, Georg, Digitale topographische und kartographische Modelle sowie Entwicklung ihrer Überführungsstrukturen am Beispiel von ATKIS, Diss. der Hohen Landwirtschaftlichen Fakultät der Rheinischen Friedrich-Wilhelms-Universität zu Bonn 1992

Vierheilig, Wilfried, Sittenwidrige Annäherung an fremde Kennzeichen, in GRUR 1974, S. 704 - 713

Vogt, Alfons, Bedeutungsgehalt und Funktion der guten Sitten im Wettbewerbsrecht, in NJW 1976, S. 729 - 736

Voigtländer, Robert, Elster, Alexander und Kleine, Heinz, Urheberrecht -Die Gesetze, betr. das Urheberrecht an Werken der Literatur und der Tonkunst sowie an Werken der bildenden Kunst und der Photographie-, Kommentar, 4. Auflage, Berlin 1952

Voß, Horst-Hermann und Heineke, Hans-Joachim, ATKIS im Rahmen des Niedersächsischen Bodeninformationssystems (NIBIS), in Kophstahl/Sellge (Hrsg.), Das Geoinformationssystem ATKIS und seine Nutzung in Wirtschaft und Verwaltung, Vorträge anläßlich des 2.AdV-Symposiums ATKIS am 27. und 28. Juni 1995 in Hannover, Niedersächsisches Landesverwaltungsamt -Landesvermessung-, S. 181 ff.

Waldenberger, Arthur, Zur zivilrechtlichen Verantwortung für Urheberrechtsverletzungen im Internet, in ZUM 1997, S. 176 - 187

Wanscher, Peter, Probleme der Fortsetzung eines urheberrechtlich geschützten Werkes, Dissertation München 1976

Weissthanner, Margot, Urheberrechtliche Probleme Neuer Musik, 1974

Werneke, Josef, EDV-gestütztes Einsatzleitsystem für Feuerwehr- und Rettungsdienstleitstellen auf der Basis von ATKIS, S. 175 ff., in Kophstahl/Sellge (Hrsg.), Das Geoinformationssystem ATKIS und seine Nutzung in Wirtschaft und Verwaltung 1995

Wiebe, Andreas, Rechtsschutz von Datenbanken und europäische Harmonisierung, in CR 1996, S. 198 - 204

Wilhelm, Hans, Der Schutz kurzlebiger Produkte gegen Nachahmung, in GRUR 1986, S. 126 - 130

Winkel, Klaus, Die Umsetzung von EG-Richtlinien in deutsches Recht unter besonderer Berücksichtigung der Erfahrungen in der Praxis, in ZG 1997, S. 113 - 126

Wirtschaftsministerium Baden-Württemberg (Hrsg.), Broschüre : Dokumentierte Landschaft -Das öffentliche Vermessungswesen in Baden-Württemberg-, S. 5, Stuttgart 1992

Wittmer, Hans Rudolf, Der Schutz von Computersoftware - Urheberrecht oder Sonderrecht ?, Bern 1981

Wohlgenannt, Rudolf, Über die Untersuchung des Begriffs der Wissenschaft, in Diemer, Alwin (Hrsg.), Der Wissenschaftsbegriff, Historische und systematische Untersuchungen, Meisenheim am Glan 1970, S. 238 - 256

Wuermeling, Ulrich, Neuer Rechtsschutz für Datenbanken, in NJW-CoR 1996, S. 183 - 185

Zuleeg, Manfred, Die Rechtswirkung europäischer Richtlinien, ZGR 1980, S. 466 - 485

Materialien in chronologischer Reihenfolge

1) Deutschland

Entwurf eines Gesetzes über Urheberrecht und verwandte Schutzrechte (Urheberrechtsgesetz), Deutscher Bundestag, 4.Wahlperiode, in BT-Drucksache IV/270 vom 23.03. 1962, S. 26 ff.

Beschluß des Deutschen Bundestages vom 23.Mai 1985 zum Gesetz zur Änderung von Vorschriften auf dem Gebiet des Urheberrechts vom 24.Juni 1985, in Verhandlungen des Deutschen Bundestages, 10.Wahlperiode, Stenographische Berichte 1, 10/3360, S. 3

Gesetzesentwurf der Bundesregierung, Entwurf eines Zweiten Gesetzes zur Änderung des Urheberrechtsgesetzes mit Begründung, in BT-Drucksache 12/4022 vom 18.12. 1992, S. 1 ff.

Entwurf eines Gesetzes zur Regelung der Rahmenbedingungen für Informations- und Kommunikationsdienste (Informations-und Kommunikationsdienste-Gesetz-IuKDG), Bundesrat, in BR-Drucksache 966/96 vom 20.12.1996, S. 1 ff.

Entwurf eines Gesetzes zur Regelung der Rahmenbedingungen für Informations- und Kommunikationsdienste (Informations-und Kommunikationsdienste-Gesetz-IuKDG), Deutscher Bundestag, 13.Wahlperiode, in BT-Drucksache 13/7385 vom 09.04.1997, S. 1 ff.

Entwurf eines Gesetzes zur Regelung der Rahmenbedingungen für Informations- und Kommunikationsdienste (Informations-und Kommunikationsdienste-Gesetz-IuKDG), Deutscher Bundestag, 13.Wahlperiode, in BT-Drucksache 13/7934 vom 11.06.1997, S. 1 ff.

2) Europäische Gemeinschaften

Weißbuch der Kommission an den Europäischen Rat, Mailand, 28./29. Juni 1985, in KOM (85) 310 endg. Brüssel, 14. Juni 1985

Initiativen zum Grünbuch, Arbeitsprogramm der Kommission auf dem Gebiet des Urheberrechts und der verwandten Schutzrechte, in Kommission der Europäischen Gemeinschaften, in KOM (90) 584 endg., Brüssel, 17. Januar 1991, S. 2.

Grünbuch über Urheberrecht und die technologische Herausforderung -Urheberrechtsfragen, die ein sofortiges Handeln erfordern, Mitteilung der Kommission, Brüssel, den 23.8.1988, in KOM (88) 172 endg.

Richtlinie 91/250/EG des Rates vom 14. Mai 1991 über den Rechtsschutz von Computerprogrammen, in Amtsblatt der Europäischen Gemeinschaften L 122/42 oder in GRUR Int. 1991, S. 545 - 551

Erster Vorschlag für eine Richtlinie des Rates der Europäischen Gemeinschaften über den rechtlichen Schutz von Datenbanken (von der Kommission vorgelegt), Brüssel, den 13. Mai 1992 KOM (92) 24 endg.-SYN 393, in jur-pc-aktuell 09/1992

Erwägungsgründe zum Vorschlag für eine EG-Richtlinie über den rechtlichen Schutz von Datenbanken, in jur-pc-aktuell 10/1992

Geänderter Vorschlag für eine Richtlinie des Rates über den Rechtsschutz von Datenbanken, Kommission der Europäischen Gemeinschaften, Brüssel, den 4. Oktober 1993, in KOM (93) 464 endg. - SYN 393

Gemeinsamer Standpunkt (EG) Nr. /95 des Rates vom 10. Juli 1995 im Hinblick auf den Erlaß der Richtlinie 95/ / EG des Europäischen Parlaments und des Rates über den rechtlichen Schutz von Datenbanken, Brüssel, den 26. Juli 1995, in Europäische Union - Der Rat 7934/2/95 REV 2 ADD 1

Grünbuch, Urheberrecht und verwandte Schutzrechte in der Informationsgesellschaft, Brüssel vom 19.07.1995, in KOM (95) 382 endg., S. 1 - 90

Richtlinie 96/9/EG des Europäischen Parlaments und des Rates vom 11. März 1996 über den rechtlichen Schutz von Datenbanken, in Amtsblatt der Europäischen Gemeinschaften Nr. L 77, 39. Jahrgang, S. 20 - 27